DE MARI NOSTRO POST DELETAM ROMAM II

로마 멸망 이후의 지중해 세계 하

로마 멸망 이후의 지중해 세계 하

시오노 나나미 · 김석희 옮김

한길사

ROMA NAKI ATO NO CHICHUUKAI SEKAI
by Nanami Shiono

Copyright ⓒ 2009 Nanami Shiono

Original Japanese edition published by SHINCHOSHA Publishing Co.,Ltd.
Korean translation rights arranged with SHINCHOSHA Publishing Co.,Ltd.
through Shinwon Agency Co.
Korean translation copyrights ⓒ 2009 by Hangilsa Publishing Co.,Ltd.

塩野七生, ローマ亡き後の地中海世界(下), 新潮社, 2009

로마 멸망 이후의 지중해 세계 · 하

지은이 시오노 나나미
옮긴이 김석희
펴낸이 김언호

펴낸곳 (주)도서출판 한길사
등록 1976년 12월 24일
주소 10881 경기도 파주시 광인사길 37
홈페이지 www.hangilsa.co.kr
전자우편 hangilsa@hangilsa.co.kr
전화 031-955-2000~3 팩스 031-955-2005

부사장 박관순 총괄이사 김서영 관리이사 곽명호
영업이사 이경호 경영이사 김관영 편집주간 백은숙
편집 박희진 노유연 최현경 강성욱 이한민 김영길
마케팅 정아린 관리 이주환 문주상 이희문 원선아 이진아
디자인 창포 031-955-2097
CTP 블루 인쇄 오색프린팅 제책 신우

제1판 제 1 쇄 2009년 7월 17일
제1판 제12쇄 2022년 8월 1일

값 18,500원

ISBN 978-89-356-6192-3 04900
        978-89-356-6193-0 (전2권)

• 잘못 만들어진 책은 구입하신 서점에서 바꿔드립니다.

로마 멸망 이후의 지중해 세계 · 하

제4장 대국 병립의 시대

제5장 파워게임의 세기

로마 멸망 이후의 지중해 세계 · 상

제4장

대국 병립의 시대

콘스탄티노플 함락

역사에도 강진은 일어난다. 대량 파괴와 살육을 동반하기 때문에 인간 사회에 엄청난 참사인 것은 말할 나위도 없지만, 어느 한 점에 대해서는 '플러스'로 작용한다. 그것은 정신의 태만이나 무지로 말미암아 시대의 변화를 직시하기를 계속 거부하고 있는 사람들에게 통렬한 타격을 가하여 억지로 눈을 뜨게 하는 효용성이다. 중세 유럽인에게 이런 강진은 서기 1453년에 일어난 콘스탄티노플 함락이었다.

하지만 이렇게 반박하는 사람도 많을지 모른다. 수도 콘스탄티노플 함락으로 결정된 비잔티움제국의 멸망은 말하자면 국제 정치이고, 일반 서민은 국제 정치와는 다른 곳에서 살고 있다. 비잔티움제국의 멸망이 역사상 대사건이라는 점에는 이의가 없지만, 그것과 북아프리카에서 온 해적에게 시달려온 지중해 연안의 서민이 무슨 관계가 있는가.

그런데 아무 관계도 없는 듯이 보이는 이 양자가 사실은 깊은 관계로 묶여 있다. 게다가 이런 관계는 지난 역사에서만 볼 수 있는 현상은 아니다. 21세기인 현대에도 당장 몇 가지 예를 들 수 있을 정도다. 인류 역사도 이 면에서 잘라가면 흥미로운 작품을 쓸 수 있을 텐데 하는 생각마저 든다.

그리고 과거로 거슬러 올라가 징후를 수집하는 지진학자를 흉내내면, 콘스탄티노플 함락으로 결정된 비잔티움제국의 운명도 그보다 200년 전에 이미 조짐을 보이고 있었다.

중세에 지진을 일으킨 자로는 여기서도 몽골족을 인정할 수밖에 없지만, 급속한 확대와 그에 뒤이은 번영을 누리고 있던 이슬람 세계에 강진을 일으킨 것도 동방에서 쳐들어온 몽골족이다. 서기 1258년, 몽골군의 맹렬한 공격으로 바그다드가 함락되었다.

바그다드는 페르시아어로 '신이 주신 도읍'이라는 뜻인 모양이다. 티그리스와 유프라테스강이 흐르는 풍요로운 메소포타미아 지방에 진출한 이슬람 세력이, 그때까지 이 지방의 지배자가 수도를 두는 게 당연시되었던 크테시폰을 배제하고, 조금 떨어진 곳에 순수한 이슬람의 도시로서 새로 건설한 것이 바로 바그다드였다. '신이 주신 도읍'에서 '신'은 다른 신이 아니라 알라다.

서기 762년에 건설된 이래, 이 바그다드가 그리스인이나 페르시아인이 세운 메소포타미아의 많은 도시와는 달리 이슬람교도에게 특별한 도시였던 것은 상상하기 어렵지 않다. 이슬람 세계의 중심은 아랍인의 종교와 페르시아인의 문명 사이에 이루어진 행복한 결혼의 성과를 보여주는 도시인 이 바그다드였다.

그런데 그 도시가 500년 뒤에 몽골족 앞에 굴복했다. 모든 이슬람교도에게 몽골족이 역귀처럼 보였다 해도 무리는 아니었다. 1258년에 바그다드가 함락된 이후, 이슬람 세계의 중심은 몽골족이 있는 동방이 아니라 계속 서쪽으로 이동하게 된다.

셀주크투르크가 수도를 둔 것은 소아시아 한복판에 있는 코니아지만, 셀주크를 대신하여 이슬람 세계의 맹주 자리에 오른 오스만투르크는 수도를 부르사로 옮겼다. 부르사는 소아시아 북서부에 있지만, 바로 옆까지 다가와 있는 마르마라해로 나가기만 하면 콘스탄티노플까지는 한걸음이라 해도 좋은 거리에 있다. 마르마라해를 경계로 하여 동쪽은 아시아, 서쪽은 유럽으로 구분되기 때문에, 아라비아반도에서 태어나 메소포타미아 지방에서 꽃을 피운 이슬람 세계는 그 중심을 차츰 유럽 쪽으로 접근시켰다고 말할 수 있었다.

그뿐만 아니라 14세기 후반이 되면 오스만투르크는 아무리 아시아의 끝이라 해도 어쨌든 아시아 쪽에 자리 잡고 있었던 부르사까지 버린다. 유럽에 쳐들어간 투르크군이 트라키아를 정복하고 마케도니아와 불가리아까지 제패하여, 이 시기에는 트라키아 지방의 도시인 에디르네로 수도를 옮겼기 때문이다.

덧붙여 말하면, 일본에서는 더 널리 보급되어 있다는 이유로 '콘스탄티노플'이라는 영어식 이름이 통용되어 왔지만, 이 수도의 올바른 명칭은 그리스어인 '콘스탄티노폴리스'다. 그 이름의 의미는 '콘스탄티누스의 도읍'이다. 대제라는 존칭을 붙여서 부를 때가 많은 로마제국 후기의 콘스탄티누스 황제가 건설한 도시이기 때문에 붙은 이름이다.

또한 여기서는 투르크식 발음인 '에디르네'로 표기한 도시도 원래 이름인 그리스어로는 '하드리아노폴리스'다. 로마제국 전성기의 황제였던 하드리아누스 황제가 건설한 도시이기 때문이다.

고대에는 원래의 그리스식 이름으로 불린 두 도시도 중세에 접어들면 이름이 달라진다. 중세와 르네상스 시대의 사료 가운데 가장 많이 남아 있는 것은 이탈리아인이 쓴 것인데, 이 시대에 모든 면에서 지중해 세계의 동부와 깊고 지속적인 관계를 맺은 것은 베네치아와 제노바를 비롯한 이탈리아의 통상국가였기 때문이다. 또한 종교적으로 이슬람 세계를 의식할 수밖에 없었던 기독교의 핵심을 이루는 교황청도 이탈리아의 로마에 있다. 이런 여러 가지 사정으로 중세와 르네상스 시대에 유럽인들에게 가장 널리 보급되어 있었던 두 도시의 명칭은 그리스식 이름을 이탈리아식으로 발음한 '콘스탄티노폴리'와 '아드리아노폴리'였다.

하지만 이 지방이 투르크의 지배를 받게 된 뒤에는 명칭도 바뀐다. 바뀌었다 해도 이제까지의 명칭을 투르크식으로 발음하게 되었을 뿐이지만, 고대 로마에 기원을 둔 이 두 도시는 '이스탄불'과 '에디르네'가 되어 현재에 이르고 있다. 현대까지 이 이름을 계속 유지하고 있는 것은 500년 뒤인 지금도 두 도시가 투르크(터키)에 속해 있기 때문이다.

고대(그리스어)	Constantinopolis	Hadrianopolis
중세~근세(이탈리아어)	Constantinopoli	Adrianopoli
근세~현대(투르크어)	Istanbul	Edirne

도시 명칭의 변천은 이 시대에 이 지방에서는 단순히 이름이 바뀐 것만으로는 끝나지 않았다. 일찍이 세계를 제패한 로마제국 황제들이 세운 도시에까지 오리엔트 민족인 투르크인이 침식해 들어온 것을 보여주기 때문이다. '아드리아노폴리'가 '에디르네'로 바뀐 것은 서기 1362년. 그리고 이것을 기회로 투르크의 수도가 된 이 도시는 콘스탄티노플보다 서쪽에 자리 잡고 있다. 비잔티움제국의 수도인 콘스탄티노플은 동쪽과 서쪽의 투르크 세력 사이에 낀 꼴이 되었다.

지진학자라면 이 시점에서 이미 마그마가 언제 분출해도 이상하지 않다고 말했을 것이다. 분화구는 물론 콘스탄티노플이다. 존망의 위기를 느낀 비잔티움제국 황제가 일부러 유럽에 가서 지금까지 얕잡아보고 있던 로마 교황과 서유럽 군주들에게 투르크의 진격에 대항하기 위한 원군을 파견해달라고 부탁했을 정도다.

지중해 세계 동부의 현실을 아는 사람이라면, 이 시기에 비잔티움제국의 운명은 누구의 눈에도 바람 앞의 등불로 보였을 것이다. 그만큼 투르크의 콘스탄티노플 포위망은 아무리 낙관적인 사람의 눈도 속일 수 없을 정도로 완벽하게 완성되어 있었다.

그런데 이때 투르크 앞을 가로막는 자가 나타났다. 비잔티움제국은 아니었다. 유럽의 기독교 세력도 아니었다. 싸움을 걸어온 것은 또 몽골족이었다.

서기 1402년, 소아시아 중앙부까지 쳐들어온 몽골군은 오리엔트 일대의 이슬람교도들이 악마처럼 두려워하는 용장 티무르의 지휘를 받고 있었다. 투르크는 이 몽골인에게서 달아나기 위해 계속 서쪽으로 이동해왔고 수도는 유럽 쪽으로 옮겼지만, 영토의 주체는 아시아 쪽에 있다. 그 소아시아가 몽골화하면 오스만투르크의 존속 자체가 위험해진다.

술탄이 몸소 이끄는 10만 대군이 수도 에디르네를 떠나 동쪽으로 향한다. 투르크 대군은 콘스탄티노플 근처를 지나 동쪽으로 갔기 때문에, 비잔티움제국의 수도 주민들은 목표가 자기들인 줄 알고 며칠 동안 심장이 멈춰버린 것처럼 가슴을 졸였다. 하지만 투르크의 10만 대군은 티무르가 이끄는 몽골군을 맞아 싸우기 위해 동쪽으로 가고 있었기 때문에 콘스탄티노플 옆을 그대로 지나쳤다.

몽골과 투르크의 정면 대결은 소아시아 중앙에 있는 앙카라 근처의 평원에서 벌어졌다. 결과는 투르크군의 완패였다. 술탄까지 포로가 되는 참상이 벌어졌고, 그때까지만 해도 이슬람교도 가운데 가장 전투적이고 강력하게 여겨진 투르크군도 몽골족의 적수가 아니라는 것을 실증하고 말았다. 10만 명이나 되는 병사의 태반은 그 자리에서 살해되고, 겨우 달아난 병사들 가운데 수도 에디르네에 도착할 수 있었던 사람은 얼마 되지 않았다. 투르크 병사의 잔학함도 유명했지만, 몽골 병사의 잔학함은 그것을 훨씬 뛰어넘었다.

술탄을 잃고, 오스만투르크로 결속한 이래 처음 경험한 괴멸적인 패배에 당황한 투르크 궁정은 당장 내분 상태에 빠져버렸다. 패배한 군대를 다시 일으켜 세우는 것은 생각지도 못할 일이었다. 나라 자체가 붕괴되기 직전이었다. 이것이 주변 국가들과의 관계에 영향을 미치지 않을 리가 없었다.

오리엔트에서 패권이란 군사적으로 강력한 한 나라가 주변 국가들에 고액의 연공을 강요하고 전쟁을 할 때 병력 제공을 강제하는 것으로 성립된다. 너희를 멸망시키지 않을 테니 그 대신 돈을 내고 사람을 내놓으라는 식이다. 몽골족에 당한 패배는 투르크에게 이 '패권'을 빼앗았다. 이제까지 투르크에 연공을 내고 있던 나라들도 투르크가 티무르에게 완패한 뒤에는 내지 않게 되었다. 트라키아도 마케도니아도 불가리아도 연공 따위는 모른 체하기로 하고 투르크한테서 떠나갔다.

물론 비잔티움제국도 예외는 아니다. 비잔티움제국은 특히 황제가 직접 유럽에 가서 투르크와 싸우기 위한 원군 파견을 호소했을 정도니까, 바람 앞의 등불 같았던 나라의 운명이 호전되었다고 모두 함께 기뻐했다. 그리고 앙카라 회전이 끝난 지 겨우 3년 뒤에 티무르가 죽었다. 이를 계기로 몽골제국은 급격히 쇠퇴하기 때문에, 비잔티움제국으

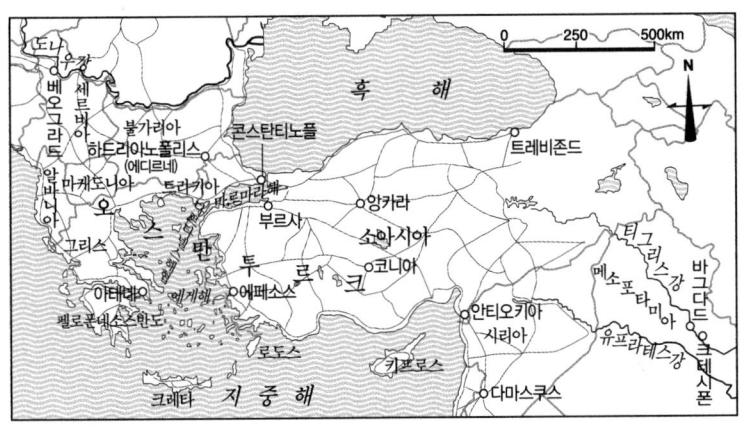

투르크제국과 그 주변(이후의 지도에 그어져 있는 선[──]은 로마 시대의 가도)

로서는 투르크 대신 몽골의 위협을 두려워할 필요도 없게 되었다. 중근동은 오랜만의 소강상태를 만끽하고 있었다.

하지만 주변 국가들이 안심할 수 있었던 것은 20년에 불과했다. 군사력이 자국의 기반인 것을 알고 있는 투르크는 조금씩이지만 착실히 괴멸상태에서 재기하고 있었다. 20년은 투르크군 재건에 걸린 기간이었다. 그리고 15세기가 4분의 1쯤 지났을 무렵에는 비잔티움제국을 포함한 주변 국가들이 다시 투르크에 연공을 내는 처지로 돌아와 있었다. 다시 말해서 1425년에 투르크는 마음만 먹으면 언제든지 콘스탄티노플에 대군을 보내 비잔티움제국의 1천 년 역사에 마침표를 찍을 수도 있는 상태로 돌아와 있었다는 뜻이다. 그런데 그런 일은 일어나지 않았다.

술탄 무라트는 1404년에 태어났다. 투르크군이 몽골에 참패당한 해보다 2년 뒤다. 따라서 그의 성장기는 패배한 투르크군이 재기하느라

고생하고 있던 세월과 겹친다. 그가 성년에 이른 시기에 투르크군은 완전히 재건되어 있었지만, 그때까지의 어려움을 보고 자란 무라트가 다시 강대해진 투르크군을 사용하는 데 신중해진 것도 당연했다. 무라트도 젊은 시절에는 콘스탄티노플 공략을 시도하긴 했지만, 간단치 않다는 것을 알자 재빨리 철수했다. 그리고 그 후 30년 동안 시도조차 하지 않았다.

무라트는 재건된 투르크군을 대규모 침략행위보다 다시 투르크의 패권 아래로 돌아온 국가들에 대한 지배력을 정착시키는 데 사용하는 쪽을 택했다. 무라트가 술탄 자리에 앉아 있었던 30년 동안 투르크제국은 이 노선을 유지한다. '팍스 투르카'(투르크에 의한 평화)라고 불러도 좋은 상태지만, 그로 인한 이익을 어디보다 많이 누린 것이 비잔티움제국의 수도인 콘스탄티노플이었다.

타임터널을 빠져나가 15세기 중엽의 콘스탄티노플을 찾아가서 거리를 오가는 그리스계 주민이나 서유럽에서 온 상인들을 인터뷰했다면, 그들은 한결같이 이렇게 대답하지 않았을까. "투르크와는 당분간 이 상태를 그대로 유지할 겁니다"라고.

실제로 이제 수도와 그 주변만 남아 있는 비잔티움제국을 구태여 멸망시켜야 할 이유는 남아 있지 않았다. 이 상태대로 제국이 존속해도 투르크는 전혀 불편하지 않았다. 이 시기의 콘스탄티노플은 어느 나라 상인에게나 이상적인 자유항이었다. 그리고 투르크도 이 번영에 따른 이익을 충분히 누리고 있었다. 투르크 민족은 군사에도 행정에도 상당한 재능을 갖고 있었지만, 통상민족은 아니었다.

하지만 무라트의 뒤를 이어 술탄이 된 메메드 2세는 1432년에 태어

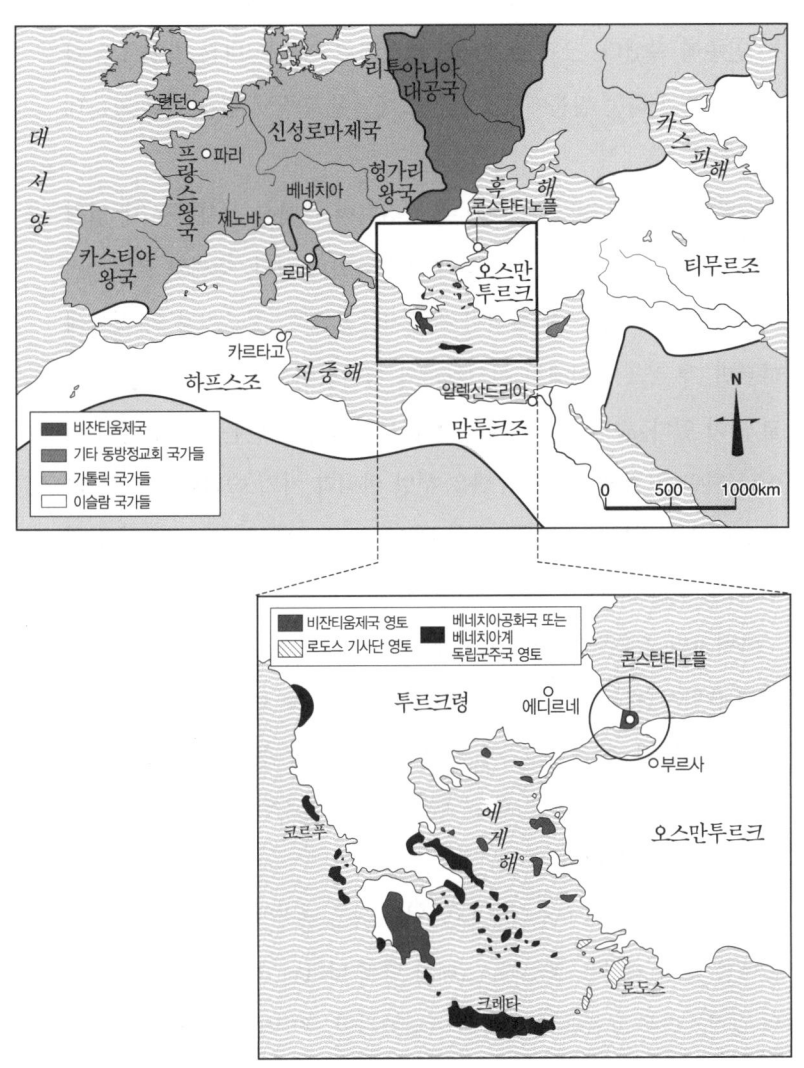

멸망 직전의 비잔티움제국(1453년)

났다. 재건된 투르크군밖에 모르고 자란 셈이다. 또한 술탄이 된 해에 겨우 열아홉 살의 젊은이였던 그는 역사상으로도 극히 드물게 나타나는 인종에 속했다. 그가 존재하지 않았다면 역사는 다른 방향으로 가고 있었을까 하는 질문에 '그렇다'고 대답할 수밖에 없는 인물 가운데 하나였다.

술탄 무라트의 '팍스 투르카'에 심취하여 그것을 실시하는 데 협력을 아끼지 않은 사람이 투르크 재상인 카릴 파샤다. 중세와 르네상스 시대에 가장 기능을 잘 발휘한 베네치아공화국 '첩보기관'의 정보에 따르면, 투르크 궁정에서 친서방파와 친비잔티움파를 대표하는 인물로 되어 있다. 술탄 무라트의 신임도 두터웠다. 술탄은 균형감각이 뛰어난 카릴을 재상으로 중용했을 뿐만 아니라 차기 술탄이 될 아들의 양육까지 맡겼다. 이 아버지는 아들에게 신하인 카릴을 '랄라'(선생님)라고 부르게 했다.

아버지의 죽음으로 술탄 자리에 오른 메메드 2세는 카릴 파샤를 재상에 유임시켰다. 베네치아의 첩보기관은 이것을 보고, 투르크의 대외정책이 지속될 것 같다고 본국 정부에 보고했을 정도였다. 하지만 서구 제일의 첩보기관도 그 후 곧 투르크 궁정 깊숙한 곳에서 일어난 사건까지는 알지 못했다.

술탄에 즉위한 지 1년 뒤인 1452년의 어느 날 밤, 메메드 2세는 흑인 노예를 보내 재상을 불렀다. 노예와 함께 나타난 카릴 파샤는 한밤중의 갑작스러운 호출을 의아하게 여겼겠지만, 주인의 부름을 받은 신하의 예를 지켜서 금화를 수북이 쌓아올린 은쟁반을 받쳐들고 술탄을 만났다.

메메드 2세는 실내복 차림으로 재상을 맞이했다. 늙은 재상은 술탄

앞에 꿇어 엎드려 바닥에 머리를 대고 깊이 절을 한 뒤, 가져온 은쟁반을 받들어 앞에 놓았다. 스무 살의 술탄이 말했다.

"이건 무슨 뜻입니까, 선생님."

메메드 2세는 술탄이 된 뒤에도 공식석상이 아닌 곳에서는 카릴을 계속 '선생님'이라고 불렀다. 늙은 재상은 대답했다.

"주인님, 한밤중에 고위 신하가 주인의 부름을 받았을 때, 아무것도 갖지 않고 어전에 나가면 안 되는 것이 관습입니다. 저도 그 관습에 따랐습니다만, 여기 가져온 것은 사실은 제 것이 아니라 주인님 것입니다."

여기에 젊은이가 대답했다.

"그대가 가진 부는 이제 나한테는 필요없소. 아니, 그대가 갖고 있는 것보다 훨씬 많은 부를 줄 수도 있소. 내가 그대에게 원하는 것은 단 하나.

그 도시를 주시오."

재상 카릴 파샤는 술탄 무라트와 함께 오랫동안 지속해온 정책이 소리를 내며 무너져 내리는 것을 느끼고 있었다. 하지만 그는 신하일 뿐이다. 늙은 재상은 힘없이 고개를 숙인 채 전력을 다해 봉사할 것을 약속할 수밖에 없었다.

콘스탄티노플의 운명은 결정되었다. 1천 년 동안 존속해온 비잔티움제국의 역사에도 마침표가 찍힐 날이 다가온 것이다.

독자들에 대한 부탁

부탁은 다음 한 가지다. 서기 1453년 4월 12일에 투르크군의 대포가 불을 뿜은 뒤 56일 동안 계속되는 콘스탄티노플 공방전을 여기서는 자세히 기술할 수 없는 이유를 이해해달라는 것이다.

공격하는 이슬람 투르크의 전력은 육상만 해도 16만 명. 지키는 기독교 쪽은 서구 상인들까지 포함해도 겨우 7천 명. 절망적인 상태였는데도 두 달 가까이나 버틸 수 있었던 것만으로도 일대 드라마지만, 그것을 다 묘사하려면 하루하루의 공방전과 거기에 참전한 개개인의 생각과 행동을 자세히 추적해갈 수밖에 없다.

하지만 여기서 그렇게 하고 있다가는 흔히 말하는 '나무는 보고 숲은 보지 못하게' 되어버릴 위험이 있다. 사방팔방으로 가지가 멋지게 뻗어나가고 그 가지를 무성한 나뭇잎이 뒤덮고 있는 큰 나무에 조명을 비추는 데 집중해버리면, 숲 전체를 묘사한다는 목적에서 벗어나게 된다.

베네치아공화국의 역사를 다룬 『바다의 도시 이야기』를 쓰고 있을 때 나를 괴롭힌 것도 같은 문제였다. 『바다의 도시 이야기』가 숲이고, 이 베네치아와 깊이 관련되어 있기는 하지만 콘스탄티노플 공방전도, 투르크에 공격당한 성 요한 기사단의 악전고투도, 이슬람 세력과 기독교 세력이 정면으로 격돌한 레판토 해전도 큰 나무이기는 하지만 '숲'이 아니라 역시 '나무'였기 때문이다.

이 문제를 해결하기 위해 당시 내가 채택한 방법은 그런 '나무'들을 '숲' 밖으로 옮겨놓고, 그 '나무'들에 대해 쓸 때는 '숲'을 잊는 방법이었다.

그리하여 『바다의 도시 이야기』와는 별도로 『콘스탄티노플 함락』, 『로도스섬 공방전』, 『레판토 해전』 등 세 작품이 태어났다.

지금의 나도 『바다의 도시 이야기』를 쓰고 있을 때와 같은 문제에 직면해 있다. 『로마 멸망 이후의 지중해 세계』도 '숲'이기 때문이다. 게다가 『바다의 도시 이야기』와 『로마 멸망 이후의 지중해 세계』는 별개로 독립하여 존재하는 '숲'이 아니라, 같은 시대에 같은 지중해 세계를 다루고 있다는 점에서 미묘하게 겹쳐 있는 '숲'이다.

다만 근본적인 차이는 있다. 『바다의 도시 이야기』를 쓰고 있을 당시의 나는 베네치아에서 지중해를 보고 있었던 반면, 이 책에서 내가 서 있는 곳은 지중해 한복판이다. 지중해 한가운데쯤에 서서 전후좌우를 보고 있는 느낌이다.

그 증거로 이 책 상권에서는 베네치아에 대한 언급이 적었다. 다른 나라들과 달리 베네치아공화국만은 베네치아다운 방식으로 상당히 일찍 해적 문제를 해결했기 때문이다. 북아프리카 각지의 '목욕장'에 수용되어 있던 기독교도 노예들 가운데 베네치아 시민은 거의 찾아볼 수 없다는 것이 그 증거다.

하지만 이 하권에서는 베네치아에 대한 언급이 늘어난다. 콘스탄티노플이 함락된 뒤의 지중해 세계에서는 해적도 급변하기 때문이다. 그것은 해양국가이기도 한 베네치아공화국도 지금까지의 해적 대책으로는 대응할 수 없는 시대가 되었다는 뜻이다.

그렇기는 하지만, 『바다의 도시 이야기』를 발표한 해로부터 20년 가까이 지나면 조금은 유리한 점도 있다. 관점은 달라도 같은 시대의 지중해 세계를 다룬 『바다의 도시 이야기』라는 숲은 이미 간행되어 있을 뿐만 아니라, 그것과 깊은 관계가 있는 '나무'도 세 권이나 간행되어 있다는 점이다. 따라서 중세와 르네상스 시대의 지중해 세계를 좀더 자세히 알고 싶은 사람은 이미 출간된 베네치아 역사라는 '숲'과 3대

전투라는 '나무'를 읽어달라고 부탁할 수 있다. 나는 『로마 멸망 이후의 지중해 세계』라고 이름 지은 '숲'을 묘사하는 데 전념할 테니까 하는 느낌으로.

저자가 이렇게 제멋대로 부탁을 하는 것은 실례라고 생각하겠지만, 역사라는 인간 세계의 갖가지 양상을 재현하려면 어딘가 한 점에 조명을 집중하거나 어느 한 곳에 입각점을 둘 필요가 생긴다. '나무를 보고 숲도 보는' 것은 대부분의 경우 불가능하지 않을까 하고 생각할 정도다.

하지만 여기서 『로마인 이야기』를 쓰고 있을 당시에는 이 문제에 어떻게 대처했는지를 돌이켜보고 유쾌한 점을 깨달았다. 그 작품을 쓰고 있던 15년 동안, '나무'와 '숲'의 관계에 대해서는 의식조차 하지 않았기 때문이다.

그러면 왜 의식하지도 않았는가.

같은 1천 년의 역사인데 『바다의 도시 이야기』는 2권으로 끝낼 수 있었던 반면 『로마인 이야기』는 15권을 소비했기 때문일까. 분량의 차이에서 오는 관심의 차이는 역시 존재할 것이다. 하지만 이유가 그것만은 아닌 듯한 생각이 든다.

유럽과 중근동과 북아프리카를 망라하는 대제국을 창설하고 계속 기능을 발휘하게 한 시대의 로마인에게, '우리 바다'라고 불린 지중해를 둘러싼 이 모든 지역에서 일어나는 문제는 자기네 힘으로 해결해야 하는 문제, 자기들밖에 해결할 수 없는 '우리 문제'였다. 그래서 이 로마인들에 대해 쓰고 있던 나도 자연히 '나무도 보고 숲도 보는' 식으로 글을 쓴 게 아닐까 싶다.

한편 베네치아공화국은 지중해 세계의 중요한 일원이기는 했지만, 로마 같은 패권자는 아니었다. 해적에게 납치되어 북아프리카의 '목욕장'에서 고통받는 사람들이 자신들과 같은 기독교도라 해도, 베네치아 시민이나 그 관계자가 아닌 한 그것이 '우리 문제'는 아니었다.

이 베네치아를 당시 유럽의 다른 나라들은 자기중심적이고 자기네 이익을 지키는 것밖에 생각지 않는 장사꾼 국가라고 비난했다. 그런 면이 많았던 것은 나도 인정한다.

하지만 우리가 아는 나라나 제국은 크든 작든 베네치아형 국가가 아니었을까. 요즘에는 이것을 '대국이기주의'라고 부르는 것이 다를 뿐이다.

로마제국이 인류 역사에서는 더 특수한 예가 아니었을까 하는 생각이 들기 시작한다. 로마 이후의 나라들은 제국이라고 불리는 나라도 본질적인 의미에서나 표상적인 면에서도 로마와는 성질이 달라질 수밖에 없었을 것이다.

이렇게 되면 '나무를 보고 숲을 보지 못하는' 문제에 대처하는 방법도 이제 완전히 현실적인 명제가 아닐까.

술탄 메메드 2세

후세 역사가들이 동로마제국이라고 부르기 때문에 사람들이 '기독교를 믿는 로마인의 제국'이라고 믿어온 비잔티움제국은 1453년 5월 29일에 수도 콘스탄티노플 함락과 더불어 멸망했다.

승자인 메메드 2세는 '그 도시를 달라'고 말했을 만큼 간절히 원했던 콘스탄티노플로 투르크제국 수도를 옮긴다. 기독교도인 주민들은 노예가 되었고, 기독교회는 이 도시의 새 주민이 될 이슬람교도를 위한 모스크로 개조되었다. 그리고 이런 일련의 변화는 서방의 기독교 세계로 진격하는 것이 갓 20대에 접어든 이 승리자의 머리를 차지하고 있었던 생각이라는 사실을 보여주었다.

기독교 세계인 유럽은 비잔티움제국이라는 쿠션이 제거된 지금, 젊고 유능하고 대담한 지도자가 이끄는 강대한 이슬람 제국의 위협을 정면으로 받게 되었다.

콘스탄티노플이 함락된 직후, 이 젊은 승리자와 관계를 개선하기 위해 파견된 베네치아공화국 특사 마르첼로를 수행한 부관 랑스키는 무려 8개월에 걸쳐 어려운 교섭을 벌이는 동안 받은 인상을 다음과 같이 기록했다.

〈술탄 메메드는 22세. 균형잡힌 몸매에 키는 평균보다 큰 편에 속한다. 무술에 능하고 친근감보다는 위압감을 준다. 거의 웃지 않고 신중하면서도 어떤 편견에도 사로잡히지 않는다. 한번 결정한 일은 반드시 실행하고, 실행할 때는 대담하다.

알렉산드로스 대왕과 같은 영광을 바라고, 날마다 칠리아코 단코나와 또 한 사람의 이탈리아인이 읽어주는 로마사를 듣는다. 헤로도토스, 리비우스, 쿠르티우스 등의 역사서와 교황들의 전기, 황제들의 평전, 프랑스 왕들의 이야기를 좋아한다. 투르크어, 아랍어, 그리스어, 슬라브어를 말하고, 이탈리아반도의 지리에 훤하다. 아이네이아스가 살았던 곳에서부터 교황이 사는 로마, 황제나 왕들이 궁정을 두고 있는 도시들, 유럽 전역의 나라들이 각각 다른 색으로 분류되고 표시가 붙은 지도를 갖고 있다.

지배하는 데 특별한 욕망을 느끼고 있고, 지리와 군사기술에 가장 강

술탄의 옷차림

한 관심을 보인다. 우리 서구인에 대한 유도심문이 참으로 교묘하다. 우리 기독교도는 이렇게 만만찮은 인물을 상대해야 한다.〉

　비잔티움제국을 멸망시키고 콘스탄티노플의 이름을 이스탄불로 바꾼 메메드 2세는 그 여세를 몰아 서방 기독교 세계에 대한 침공에 적극적으로 나서게 된다. 갓 20대에 접어든 이 젊은이는 자신이 무엇을 실현하고 싶은지를 분명히 알고 있었다.

　콘스탄티노플이 함락되기도 전에 재빨리 조국을 버리고 동방정교회에서 가톨릭으로 종파를 바꾸고 베네치아에서 학구적인 생활을 하고 있던 추기경 베사리온은 술탄 메메드의 야망이 어디에 있느냐는 질문을 받고 이렇게 대답했다.

"그 자신의 생각과 능력으로 세계를 재편성하는 것.

재편성된 세계는 유일한 신밖에 존재하지 않고,

단 한 사람의 황제가 통치하며,

무함마드 이외의 예언자는 인정하지 않는 세계가 될 것이다."

메메드 2세는 아무리 알렉산드로스 대왕을 동경한다 해도 역시 이슬람교도였다. 다신교를 믿은 그리스인이었던 알렉산드로스라면 이렇게 말했을 테니까.

"자신의 생각과 능력으로 세계를 재편성한다.

재편성된 세계는 사람들이 각자 믿는 신들이 존재하고,

그렇기는 하지만 단 한 사람의 황제가 통치하고,

무함마드를 포함한 예언자들을 인정하는 세계"라고.

하지만 일신교인 이슬람교도에게 '세계'란 유대교는 물론 기독교의 존속도 당연하다는 느낌으로 인정하지는 않는, 이슬람교가 주도하는 '세계'였다.

이 야망을 실현하기 위한 군사력도 술탄 메메드는 갖고 있었다. 콘스탄티노플 공략에 육상 전력만 16만 명을 투입할 수 있었다. 이 대규모 전력을 서방 침공에 사용하기로 결정한 메메드는 시간을 낭비하지 않았다. 아니, 낭비하는 것은 용납되지 않았다.

중세의 투르크제국은 상비군을 유지하는 것을 지상명령으로 삼은 고대 로마제국과는 달랐다.

콘스탄티노플 공격에 16만 명이 투입되었지만, 그 가운데 정규군이라고 생각해도 좋은 것은 3분의 1도 안 된다. 나머지는 투르크의 명령에 따라 병력을 제공할 수밖에 없었던 주변국들의 병사들인데, 모두 약소국이기 때문에 파견할 수 있는 병사도 적다. 투르크 술탄의 명령 이니까 어쩔 수 없이 콘스탄티노플 공격에 가담한 세르비아의 경우, 순수한 전력이라 해도 좋은 기사의 수는 1,500명, 기사의 종자나 마부 까지 포함해도 4,500명밖에 안 된다.

세르비아가 이 정도면, 다른 발칸 국가들이 제공하는 병력은 뻔했다. 결국 16만 명 가운데 절반 이상이 전리품을 노리고 모여든 용병이었다 는 이야기가 된다. 투르크군의 이런 실태가 투르크제국 군사력의 약점 이었다. 투르크가 대군을 계속 보유하기 위해서는 계속 이겨야 한다. 속국들은 투르크의 힘이 약해졌다고 생각되면 당장 병력을 제공하지 않게 되고, 전쟁을 돈벌이 기회로밖에 생각지 않는 자들은 이를 악물 고 패배를 견디는 짓은 절대로 하지 않고 패색이 짙어지면 당장 전쟁 터를 버리고 달아난다.

승리자인 술탄이 신뢰할 수 있었던 것은 2만 명이 채 안 되는 예니체 리 군단뿐이었을 것이다.

대도시를 공략하려면 몇 년이 걸리는 것이 당연했던 시대, 콘스탄티 노플은 두 달도 지나기 전에 함락되었다. 이것을 보고 속국들이 투르 크의 힘을 재확인하고, 전쟁 전문가들이 투르크군에서 싸우는 유리함 을 인정한 것은 말할 것도 없다. 게다가 중간 정도의 승리가 아니라 대 승이었기 때문에 효과도 컸다.

하지만 그렇기 때문에 더욱 술탄 메메드는 앞으로도 승리를 계속해 야 할 숙명을 짊어지게 되었다. 한번이라도 패배를 맛보면 당장 16만 병력은 6만 명으로 줄어들었을 테니까. 또한 병사들을 놀게 할 수도 없었다. 승리한 뒤 남아도는 시간을 주체하지 못하는 병사는 사회 불안의 원인이 되기 쉽다. 물론 콘스탄티노플이 함락된 직후 메메드 2세의 행동에는 적이 충격에서 회복될 시간을 주지 않겠다는 성급함이 보이지만, 그에게는 빨리 다음 전쟁으로 옮아가야 할 필요가 있었다.

그는 콘스탄티노플이 함락된 이듬해에 벌써 서쪽으로 진격 명령을 내렸다. 그리고 그 후 1년도 지나지 않은 서기 1455년에 세르비아 정복에 성공했다. 세르비아인들은 1,500명의 기병을 콘스탄티노플 공략전에 제공했지만, 기독교도라는 이유만으로 망국민이 되었다.

이듬해인 1456년에는 보스니아도 투르크의 지배에 굴복했다. 이로써 폴란드와 헝가리가 이슬람 투르크에 대항하는 기독교 세계의 최전선에 서게 되었다.

1460년이 되자 메메드 2세는 휘하의 대군을 남쪽으로 보낸다. 그리스 남부의 펠로폰네소스반도를 통치하고 있던 비잔티움제국의 황통을 잇는 자를 제거하는 것이 목적이었다. 콘스탄티노플이 함락될 때 비잔티움제국의 마지막 황제는 전사했지만, 그의 동생들도 이번 공격으로 한 사람은 죽고 한 사람은 로마로 망명했다. 이로써 그리스는 북쪽에서 남쪽까지 완전히 투르크의 지배를 받게 되었다.

이듬해인 1461년, 메메드 2세의 대군은 소아시아를 향해 다르다넬스해협을 건넜다. 소아시아 북부, 흑해에 면한 도시 트레비존드를 공략하기 위해서다. 이것도 성공하여, 비잔티움제국의 황통을 잇는 또 하나의 나라 트레비존드도 멸망했다. 흑해는 투르크의 바다가 되었다.

베네치아의 첩보기관은 이 시점에서 이미 투르크가 에게해도 투르크의 바다로 만들려 하는 것 같다고 본국에 통보했다.

이 추측이 현실화하는 데에는 2년도 채 걸리지 않았다. 1463년, 그

때까지는 육상 전투밖에 하지 않았던 투르크군이 바다로 진출한 것이다.

에게해로

맨 처음 표적이 된 것은 200년이 넘게 제노바의 식민지였던 레스보스섬이었다. 투르크군의 전법은 여느 때와 마찬가지여서, 8만 명이나되는 대군을 상륙시켜 견고한 성채도시를 육지 쪽에서 공격하는 것이었다. 지키는 제노바 쪽의 전투원은 5천 명. 이 5천 명에 주민 2만 명이협력하여 방어에 나섰지만, 8만 대군 앞에서는 버티지 못했다.

레스보스는 에게해에 떠 있는 섬이기는 하지만, 투르크 영토가 된소아시아의 서쪽 끝과 가깝다. 투르크는 해운국은 아니지만 보급로를확보하느라 고생할 필요가 없었고, 그것도 8만 대군이 차분하게 자리를 잡고 공격에 전념할 수 있었던 이유다.

함락 뒤의 참상은 투르크에 패배하면 어떻게 되는지를 충분히 보여주었고, 서방의 기독교도들에게 10년 전의 콘스탄티노플 함락을 다시상기시켰다.

주민들은 그대로 섬에 눌러앉는 것이 허용되었지만, 그것은 늙은이와 어린이들뿐이었다. 몸이 튼튼한 젊은이는 투르크군 병사로 징용되었고, 여자들은 투르크인의 노예로 끌려가고, 기술자나 지식계급에 속하는 자들은 콘스탄티노플로 강제 이주당했다. 투르크제국의 수도가되어 투르크인들 사이에서 이스탄불이라고 불리게 된 이 도시는 함락당시 많은 주민이 노예가 되었기 때문에, 늘 인구를 보충해야 하는 상태에 있었다.

메메드 2세는 개인용으로 800명에 이르는 소년과 여자를 직접 골라서 이스탄불로 끌고 갔다. 트레비존드 왕의 처제이자 당시 그리스 세계 최고의 미녀로 평판이 나 있었던 레스보스 영주의 아내도 거기에 포함되어 있었다.

영주를 비롯하여 주요 인사 300명은 목숨만은 살려주겠다는 약속을 받고 항복했지만, 그런 약속 따위는 없었다는 듯이 살해되었다. 레스보스섬의 진짜 지배자였던 제노바인들이 모조리 살해된 것은 말할 나위도 없다.

10년 전의 콘스탄티노플 함락으로 큰 손해를 본 제노바공화국에 레스보스 함락은 마지막 일격과 같았다.

제노바와 늘 경쟁관계에 있었던 베네치아에도 그것을 남의 일로만 생각할 수 없는 사태가 다가오고 있었다.

그로부터 6년 뒤인 1469년, 불길한 정보가 베네치아를 불안에 빠뜨리기 시작했다.

소아시아에서 화약이 대량으로 제조되고 있다는 것.

술탄의 명령으로 10만이 넘는 병사의 징집이 시작되었다는 것.

갈리폴리와 콘스탄티노플에 있는 조선소에서 많은 배를 건조하는 작업이 급속도로 진행되고 있다는 것.

이런 것들은 모두 베네치아 첩보기관이 알아낸 정보지만, 다음 예는 베네치아인의 정보 수집이 어떻게 이루어지고 있었는지를 보여주기 때문에 소개하고 싶다.

현지인조차 들어가는 것이 금지되었을 만큼 엄중하게 격리된 장소에서 많은 배가 건조되고 있었는데도 그 사실이 밝혀진 것은 제노바 상인과 거래한 베네치아 상인의 계약서를 분석한 결과였다.

다량의 도료가 팔린 것이다. 그 제노바 상인의 거래처가 투르크 정부라는 사실을 알아내는 것은 간단했다. 통상기지이기도 했던 레스보스섬을 투르크에 빼앗긴 분노를 잊지 못한 제노바인이 여느 때라면 밝히지 않을 일도 밝혔기 때문이다. 남은 일은 투르크 궁정 내부에 침투시킨 첩자가 대함대의 목적지를 알아내는 것이었다.

훗날 영국의 첩보 전문가가 '첩보'의 시작은 중세의 베네치아공화국이라고 말했을 만큼 대단한 베네치아의 '첩보기관'은 이때도 정확한 정보를 입수하는 데 성공했다.

메메드 2세가 대함대의 목적지는 흑해라는 허위 정보를 흘려도 거기에 속지 않았다. 250척이나 되는 대함대의 목적지는 북쪽에 있는 흑해가 아니라 남쪽에 펼쳐진 에게해라는 확증을 잡은 것이다. 그리고 이런 정보를 토대로 세운 예상은 투르크가 베네치아령인 네그로폰테를 공격하러 온다는 것이었다.

당장 베네치아 본국에서 카날레 제독이 이끄는 군용 갤리선 32척이 네그로폰테로 출항했다.

네그로폰테는 아테네 북쪽에 있는 에게해의 섬들 가운데 하나다. 섬이라고는 하지만 면적이 크레타섬의 3분의 2나 되고 그리스 본토와는 좁은 해협을 사이에 두고 있을 뿐이어서, 섬이라기보다 본토의 일부라는 인상이 강하다. 이곳은 베네치아가 주도한 1204년의 제4차 십자군 이래 270년 동안이나 베네치아의 식민지이자 해군기지였다. 그리스로 가는 정기항로를 운항하는 선단도 베네치아를 출항한 뒤 아드리아해를 남하하여 지중해에 들어가 펠로폰네소스반도 남쪽 끝을 돈 뒤에는

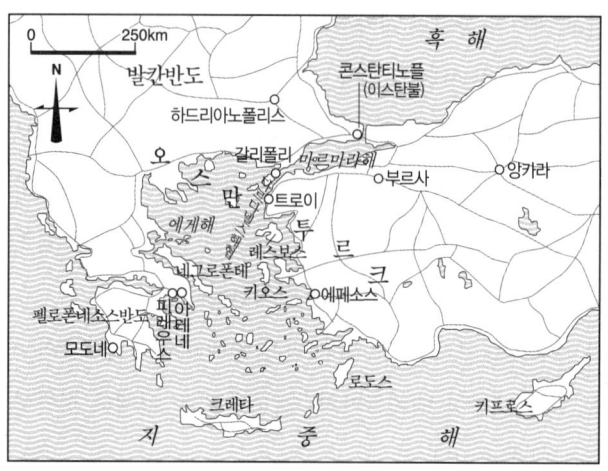

에게해와 그 주변

네그로폰테에 기항하도록 정해져 있다. 베네치아 정기항로를 운항하는 선단은 해적에 대한 대책 때문에 군용 갤리선의 호위를 받아 떠나는 것이 보통이었고, 군선은 해군기지에 기항할 의무가 있었기 때문이다.

또한 상선이 기항해도 불편한 점은 없었다. 옛날 트로이로 가는 그리스 연합군 선단이 집결한 곳인 만큼 네그로폰테와 그리스 본토 사이의 해협은 파도가 잔잔하여, 콘스탄티노플이나 흑해로 가는 상선의 중계기지로도 적합했다. 그리고 아테네는 외항 피레우스가 쓸모없게 된 뒤 물산 집결지의 역할도 잃어버렸기 때문에, 네그로폰테가 아테네 대신 집산지가 되어 있었다. 계획적이고 지속적인 교역 체제가 기능을 발휘하게 하는 것이야말로 자국 경제 번영의 열쇠라고 믿었던 베네치아공화국에서 이 네그로폰테의 중요성은 동지중해 교역의 최대 기지인 크레타섬에 못지않았다.

베네치아 정부가 임명하는 네그로폰테 총독은 콘스탄티노플 주재 대사, 카이로 주재 대사, 크레타 총독과 대등한 권위와 권력을 부여받고 있었다. 베네치아가 얼마나 네그로폰테를 중요시했는지는 베네치아령이었던 시절에 세워진 수많은 요새가 실증하고 있다. 섬 전역에 흩어져 있는 그 요새들은 오늘날에도 찾아볼 수 있다.

이 네그로폰테를 메메드 2세는 자신이 처음 지휘하는 베네치아령 정복의 첫 번째 목표로 골랐다. 메메드 2세는 비잔티움제국을 멸망시킨 여세를 몰아 서방 기독교 세계로 진격해 들어가는 대공세를 육지와 바다 양쪽에서 벌일 작정이었다. 그런 메메드 2세를 육지에서 가로막은 것은 헝가리지만, 바다에서 투르크의 공세를 가로막을 수 있는 것은 일개 해양도시국가이기는 하지만 역시 베네치아였기 때문이다.

그래서 메메드 2세는 레스보스를 공격했을 때보다 더 많은 12만 명의 병사와 250척의 배를 투입했다. 이 대군이 콘스탄티노플(이스탄불)을 출항하여 다르다넬스해협을 지나 에게해로 밀려들어가는 광경은 장관이었다. 베네치아가 풀어놓은 첩자는 한 덩어리가 되어 눈앞을 남하해가는 배들의 돛대가 언제까지나 끝나지 않는 숲 같았다고 보고했다.

이런 투르크와 맞서 베네치아의 네그로폰테 기지를 지키는 방위력 가운데 육군은 거의 없는 거나 마찬가지였다. 본국 인구가 아녀자를 포함해도 20만 명이 채 안 되는 도시국가가 해외에 흩어져 있는 많은 기지를 지키기 위해 자국 남자들을 상주시킬 여유는 없다. 1천 명도 안 되는 베네치아 병사와 그들에게 협력하여 방위에 나선 네그로폰테 주민인 그리스인, 거기다 이곳에 있는 베네치아의 통상기지를 빌려 장사하고 있는 서구의 교역상인들을 모두 합해도 방위력은 레스보스섬을 지킨 제노바 세력보다 적지 않았을까. 콘스탄티노플 함락으로 갈라타에 있었던 큰 거류지를 잃은 제노바가 레스보스섬까지 후퇴해 있었던 반면, 베네치아공화국은 크레타를 비롯한 해외기지가 에게해 각지에 아직 건재했기 때문이다.

하지만 투르크군은 12만 명이 쳐들어온다. 그 10분의 1도 안 되는 병력으로 섬 전체를 방위하는 것은 불가능했다. 따라서 거점 방어책을 취할 수밖에 없다. 네그로폰테에 있는 항구들 중에서도 가장 크고, 게다가 좁은 해협에 면해 있다고는 하지만 바다 쪽으로 불쑥 튀어나가 있는 요새에 방위력을 집중시키기로 했다. 총지휘는 당연히 총독이 맡는다.

육상 방위력에서는 열세가 분명하지만, 해상 방위력에서도 베네치아는 수에서는 열세였다. 투르크는 250척을 투입한 반면, 베네치아는 크레타나 그밖의 기지에서 올 원군을 합해도 71척밖에 안 된다. 하지만 해상 군사력은 해운의 전통에 바탕을 두고 있다. 해상 교역의 전통이 없는 투르크는 피정복민인 그리스인에게 배 조종을 맡기고 있었지만, 그래도 베네치아나 제노바 같은 이탈리아 해양국가와 투르크의 해군전력 차이는 1 대 4나 5의 비율이었다. 250척에 대해 70척이면 충분히 대항할 수 있었을 뿐만 아니라 우세에 설 수도 있었다.

다만 이것은 해상 전투가 벌어졌을 경우의 전력 차이다. 그리고 이 현실을 잘 알고 있었던 메메드 2세는 베네치아와의 해전을 극력 회피한 반면, 네그로폰테를 지키도록 파견된 총독 카날레는 전장 지휘관이라면 반드시 갖추어야 하는 임기응변 능력이 부족했다.

1470년 6월 초, 투르크군이 다르다넬스해협을 나온다는 첩보를 받

메메드 2세

은 카날레는 투르크 해군이 60척씩 선단을 짜서 항해해오면 해전을 벌일 테니까 급히 알리라는 명령과 함께 소형 쾌속선을 정찰에 내보냈다.

투르크군도 대함대를 바다에 내보낼 때의 상식에 따라 몇 개 선단으로 나뉘어 선단별로 대열을 짜서 항해할 거라고 믿었기 때문이다. 이것이 상식이지만, 투르크 해군의 결점을 알고 있는 메메드 2세는 이 상식에 어긋나는 명령을 내렸다. 250척의 배가 한 덩어리로 뭉쳐서 항해하라는 명령이다. 배 사이의 거리를 잘못 잡은 배들끼리 충돌하여 침몰해도, 그런 것은 이 전제군주에게는 충분히 허용되는 위험부담일 뿐이었다.

따라서 정찰선이 본 것은 마치 어린애 무리처럼 대열도 없이 한 덩어리가 되어 몰려오는 투르크 함대였다. 이 보고를 받은 카날레는 크레타에서 도착할 원군을 기다리기로 결정했다. 그것도 방어거점으로 선택한 요새에서 멀리 떨어진 네그로폰테의 또 다른 항구에서 대기하기로 결정했다. 그 덕분에 투르크군은 6월 15일 누구의 방해도 받지 않고 전군이 상륙할 수 있었다.

당시 38세였던 메메드 2세는 진두지휘를 맡고 있으면서도 크레타에서 원군을 태운 함대가 도착하지 않았고 카날레가 지휘하는 32척이 섬의 다른 항구로 간 것도 알고 있었다. 투르크 쪽에도 첩자는 있었다. 특히 메메드 2세는 대부분 돈이 목적인 첩자들을 활용하는 데 능숙했다.

좋은 기회도 잘 활용하는 메메드 2세는 상륙한 지 열흘 뒤에는 벌써 제1차 총공격을 결행했다. 하지만 오랫동안 베네치아의 중요 기지였던 만큼 성채도시는 꿈쩍도 하지 않았다. 반대로 투르크 쪽은 1만 6천 명의 병사를 잃고 배가 30척이나 불타버려서, 결국 철수할 수밖에 없었다.

하지만 인적 피해도 배를 잃은 물적 피해도 메메드 2세의 예상 범위 안에 들어가 있었다. 두 번째 총공격은 닷새 뒤에 이루어졌다. 이것도 실패로 끝났지만, 그 후에도 공격을 늦추지 않았다. 7월 5일과 8일에 대포가 불을 뿜고 병사가 메뚜기처럼 습격하는 총공격을 연달아 결행한다. 그래도 수비군은 잘 버텨냈다. 베네치아의 자랑인 해군이 달려오지 않을 리가 없다고 믿었기 때문에 수비군의 사기는 높았다.

메메드 2세는 여기서 전술을 바꾸었다. 피해가 너무 크고 거듭되는 총공격의 실패를 반성하여 전술을 전환한 것은 아니다. 공격을 오래 끄는 것이 싫었을 뿐이지만, 크레타에서 원군이 도착하는 것을 우려했기 때문이기도 했다.

전술 전환이란 성채를 공격할 때 지금까지처럼 배에 태운 병사를 보내는 것이 아니라, 해협이 좁고 파도가 잔잔한 데 착안하여 거기에 작은 배들을 늘어놓아 다리를 만들기로 한 것이다. 병사를 일일이 배에 태워 보내는 방식과 다리를 단번에 건너게 하는 방식은 투입하는 병력의 양에서 큰 차이가 났다.

수비 쪽도 당장 사태의 중대성을 깨달았다. 성채에서는 만들어지고 있는 배다리를 향해 대포가 불을 뿜고, 다리를 만들고 있는 투르크 병사들을 향해 석궁 화살이 비오듯 쏟아진다. 그와 동시에 성채의 망루 높이 위급을 알리는 검은 깃발을 내걸어, 다른 항구에서 대기하고 있는 카날레 함대에 빨리 참전하라고 재촉했다. 하지만 이것을 보고서도 카날레는 움직이려 하지 않았다.

같은 시기, 메메드 2세는 성채를 빠져나온 그리스인들에게 얻은 정보로 성벽 안에서도 수비가 허술한 부분을 알아냈다. 이튿날부터 시작된 포격은 그 부분에 집중되었다. 그럭저럭하는 동안 다리도 완성되어, 병사들이 지나다닐 뿐만 아니라 다리 위에 설치한 대포에서 포격도 할 수 있게 되었다.

베네치아 기지의 요충이라 해도 좋은 네그로폰테 성채는 육지 쪽에서만이 아니라 바다 쪽에서도 공격을 받게 되었다. 그런데 바로 옆에 있으면서도 전혀 움직이려 하지 않는 자국 해군. 밤이 되어도 그치지 않는 포성과 예니체리 군단병들이 부르는 으스스한 동양풍 노래.

이 모든 것이 수비군을 절망에 빠뜨렸다. 다섯 번째 총공격도 버텨 낸 이튿날, 메메드 2세가 성문을 열라고 권하는 편지를 보내왔다. 네그로폰테 총독은 수비의 주역이었던 사람들의 생각을 들은 뒤, 그 권고를 받아들이기로 했다. 항복한 사람의 목을 베는 짓은 절대로 하지 않겠다고 메메드 2세가 알라신에게 맹세했기 때문이다. 네그로폰테의 베네치아 성채는 이리하여 투르크군의 대포가 불을 뿜은 지 한 달도 지나지 않은 7월 13일에 성문을 열었다.

메메드 2세는 약속을 지켰다. 다만 그다운 방식으로 지켰다. 총독을 비롯하여 수비에 나선 서양인 전원의 목을 베지는 않았지만, 몸통을 둘로 잘라서 죽인 것이다.

그런데 성채가 함락된 날과 같은 날, 로레단이 지휘하는 23척과 베네치아 본국에서 온 베니엘 휘하의 16척이 도착했다. 카날레 휘하의 32척과 합치면 71척이나 되는 군용 갤리선이 집결한 셈이다. 이 베네치아 함대와 투르크 함대는 기묘한 분위기 속에서 서로 노려보고 있었지만, 그것도 결국은 메메드 2세를 2주 동안 네그로폰테에 묶어놓은 효과밖에 없었다. 베네치아의 자랑이었던 해군은 한번 싸워보지도 못하고 자국의 중요한 기지를 적의 손에 넘겨주고 말았다.

그 베네치아인들을 조롱이라도 하듯, 메메드 2세도 승선한 투르크 함대는 콘스탄티노플을 향해 떠난다. 갓 정복한 네그로폰테를 수비하기 위해 2만 명의 병사를 남겼을 뿐이다.

투르크 함대가 에게해를 북상하기 시작한 뒤에도 베네치아 함대는 행동을 결정하지 못하고 있었다. 올 때와 마찬가지로 밀집대형을 이루어 오로지 북쪽으로 올라가기만 하는 투르크 함대를 뒤쫓으면서, 해전을 주장하는 자와 앞으로의 제해권 확보를 고려하여 해군력을 온존해야 한다고 주장하는 자로 의견이 나뉘어 있었다. 이런 경우, 토의가 오래 끌면 끌수록 대세는 신중파 쪽으로 기울어지는 법이다. 이때도 예외는 아니었다. 투르크 함대는 누구의 방해도 받지 않고 다르다넬스해협에 들어갈 수 있었고, 콘스탄티노플로 개선할 수 있었다.

7월 30일에야 네그로폰테가 함락된 것을 안 베네치아 본국 정부는 아연실색했다. 육군의 열세는 알고 있었지만, 해군은 만전의 대책을 취했다고 믿었기 때문이다. 우수한 베네치아 해군에게 보급로가 끊긴 투르크군은 오래 끌 것이 분명한 공방전을 계속할 수 없어서, 결국 네그로폰테 정복을 단념하고 철수할 거라고 예측하고 있었다. 그래서 한 달도 채 버티지 못하고 패했다는 것을 처음 얼마 동안은 아무도 믿으려 하지 않았을 정도였다.

함락 소식과 함께 이 비극으로 입은 손실이 엄청나다는 소식도 들려왔다. 오리엔트와 교역한 전통이 없는 피렌체 상인들은 베네치아의 통상기지에서 장사를 하는 경우가 많았는데, 그 피렌체가 입은 손해도 40만 피오리노에 이른다. 베네치아가 입은 피해는 너무 커서, 정확한 통계를 내는 점에서는 서구에서 제일이라는 베네치아 정부조차 이때는 확실한 액수를 발표하지 못했을 정도다.

투르크가 바다 쪽에서 서구로 쳐들어갈 때 가로막는 세력은 제노바와 베네치아 같은 이탈리아 해양국가다. 통상국가이기도 한 이 나라들의 힘을 약화시키려면 그들의 통상기지를 공략하여 경제면에서 압박하는 수밖에 없다고 생각하고, 그것을 실행에 옮긴 메메드 2세의 생각은 옳았다고 말할 수밖에 없다. 과거의 예에 사로잡혀 있던 베네치아가 틀렸다.

베네치아 정부도 그것을 느꼈는지, 본국에 소환된 카날레 제독의 책임을 추궁할 때도 사형이 아니라 어촌인 포르토그루아로로 종신 추방하는 정도에 그쳤다.

그런데도 서유럽 각국의 군주들로부터 이 형을 경감해달라는 요청이 쇄도한다. 니콜로 카날레가 당시에는 유명한 법학자로서 로마·밀라노·포르투갈·프랑스 주재 대사를 역임하고 자주 열리는 국제회의에 단골로 참석하기도 해서, 베네치아 시민 중에서는 국외에 가장 이름이 알려진 인물이었기 때문이다.

하지만 베네치아 정부는 이런 권위 있는 의견에도 귀를 기울이지 않았다. 그러기는커녕 유명한 지식인에게 해군을 맡기는 데 넌더리가 나서, 지명도는 낮지만 해군 경험이 풍부한 사람을 제독에 임명하게 되었다. 이 기준으로 임명되어 당장 네그로폰테로 출발한 피에트로 모체니고는 한번 싸워보지도 않고 패배하여 사기가 떨어지고 규율도 흐트러져 있던 베네치아 해군을 다시 한번 통합하는 데 성공한다. 통렬한 타격을 받고 쓰러져도 얼른 일어설 필요가 있었다. 쓰러진 채 있으면 제노바가 그랬듯이 링에서 쫓겨나버리기 때문이다.

베네치아공화국은 일어서는 것을 군사에만 의존하지는 않았다. 정보 수집을 중요시하는 나라는 외교도 중요시한다. 계속 진격해오는 투르크의 기세를 떨어뜨리기 위해 이 시기의 베네치아 정부는 메메드 2세에 대한 암살부터 메메드 2세에게 강화 의사를 타진하는 것까지 포함하여 온갖 수단에 호소하지만, 자세한 것은 『바다의 도시 이야기』를 읽어달라고 말할 수밖에 없다.

하지만 그중에서도 완벽한 성공으로 끝난 것은 피를 한 방울도 흘리지 않고 키프로스섬을 합병한 것이었다. 이것을 베네치아가 어떻게 추진했는지에 대해 자세한 내용을 알고 싶으면 『르네상스의 여인들』의 제4화를 읽어달라고 말할 수밖에 없지만, 키프로스 합병에 성공함으로써 베네치아는 네그로폰테를 잃은 데 따른 군사적·경제적 손실을 거의 만회하게 되었다.

이처럼 15세기 후반에 콘스탄티노플 함락으로 시작된 동지중해의 상황 변화를 추적해가면, 이제 투르크 세력에는 저항하기 어렵고 지중해 세계 전체가 붉은 바탕에 하얀 반달이 새겨진 투르크 국기로 뒤덮이는 것도 시간문제였을 거라는 생각이 든다.

하지만 자세히 보면, 아니 당시에는 어느 나라보다 '잘 보고 있었던' 베네치아공화국의 정보에 따르면, 맞설 적이 없는 것 같았던 투르크의 군사력, 특히 해상 군사력에는 치명적인 결함이 숨어 있었다는 것을 알 수 있다.

술탄 메메드 2세의 정복행이 계속 승리만 거두고 있었던 것은 아니다. 10만 대군을 보내놓았지만 기사의 수는 600명에 불과했던 로도스섬에서는 석 달 만에 군대를 철수할 수밖에 없었다. 로도스섬을 본거지로 삼고 있던 성 요한 기사단도 단호하게 방어했지만, 실패한 원인은 무엇보다도 장기전이 되면 투르크군이 뜻밖에도 약하다는 데 있었다.

콘스탄티노플 공격에 투입된 16만 병력 가운데 정말로 투르크 병사라고 말할 수 있는 것은 2만 명도 채 안 되는 예니체리 군단병과 투르크 영토 각지에서 징집한 5만 명 안팎의 병사뿐이었다는 사실을 상기해주기 바란다. 나머지 10만 병력의 태반은 돈을 노린 오합지졸이었을 게 분명하고, 이것이 서구의 기독교 세계를 두려움에 떨게 한 투르크 군의 실체였다.

하지만 육상 군사력이라면 투르크에는 전통이 있다. 아무리 오합지졸이라도 통솔할 수 있는 힘을 가진 지휘관은 부족하지 않았다.

그런데 해상 전력에서는 이야기가 달라진다. 투르크인에게는 해운의 전통이 없다. 배를 움직이는 데 정통한 사람의 절대수가 부족하다. 그리고 이런 종류의 능력은 필요하다고 해서 생겨나는 성질의 것은 아니다.

투르크제국은 서구 기독교 세계로의 진격을 육지와 바다 양쪽에서 진행하기로 결정했다. 지중해로 나가는데, 배도 항해도 모르는 투르크 장군의 지휘에 모든 것을 맡겨놓을 수는 없었다. 배를 조종하는 일은 피정복민인 그리스인에게 맡길 수 있다 해도, 배 안에서의 지위는 투르크인 선장이 위다. 이래서는 군용 갤리선도 전력이 되지 않는다. 무지한 상관의 명령에 따를 사람은 없기 때문이다.

해적·새로운 시대

투르크의 해상 전력이 지닌 이런 결함을 알아차린 것이 술탄 메메드 2세인지, 아니면 투르크 궁정에 있었던 술탄의 측근인지는 알 수 없다. 하지만 투르크가 자국 해군의 이 결함을 재빨리 해결할 수 있는 길을 발견한 것은 1481년에 메메드 2세가 죽기 직전이거나 죽은 직후였던 것 같다. 이 무렵부터 해적들이 숨을 돌려 되살아났기 때문이다. 처음 얼마 동안은 동지중해에서, 다음에는 조금씩 서지중해까지.

그렇다. 투르크제국은 자국의 해상 전력을 해적 두목들한테 맡기기로 한 것이다. 게다가 이 방법은 간편할 뿐만 아니라 값도 싸게 먹혔다.

육군보다 해군을 상비군으로 유지하는 편이 더 돈이 든다. 우선 배가 필요하고, 그 배를 건조하거나 수리하기 위한 조선소를 각지에 설치해둘 필요가 있다. 선원도 먹여야 한다. 이렇게 각종 시설과 그것을 유지하기 위한 경비가 필요한 것이 해상 전력의 특징인데, 해적에게 맡기면 그 비용도 걱정할 필요가 없어진다.

해전을 피할 수 없을 때 해적들을 소집하기만 하면 되었기 때문이다. 게다가 그 밖의 시기에는 해적업에 전념하게 하면 된다. 일종의 계약관계니까 용병이라는 형태의 비정규 군사력이지만, 용병제는 이슬람 세계만이 아니라 같은 시대의 기독교 세계에서도 널리 시행된 제도다. 다만 이슬람 해적은 몇 가지 점에서 서구의 용병과는 달랐다.

첫째, 신앙심이 없는 무리인 기독교도를 적으로 삼는다는 이슬람의 대의에 따르게 된다.

둘째, 사복을 채우는 해적질만 해서는 얻을 수 없는 공인된 사회적 지위를 얻게 된다.

약탈한 물건과 사람의 5분의 1을 '수장'에게 상납하던 시대에 비하면 해적의 처지는 훨씬 강해졌다. 투르크제국의 해군에 없어서는 안 될 중요한 일원이 되었기 때문이다.

투르크가 지중해에 진출하기 전의 북아프리카 해적들은 제노바와 시칠리아와 에스파냐 해군력의 대두로 말미암아 급속히 위세를 잃고 있었다. 로마교황청에서는 이 상태가 그대로 진행되면 북아프리카 해적의 위협도 알제나 튀니스 근해에까지 밀어붙일 수 있다고 말할 정도였다.

상권에서 이야기했듯이 '구출수도회'와 '구출기사단'은 납치되어 노예가 된 기독교도들을 되사서 데려갔지만, 그렇게 구출되는 사람의 수도 조금씩 줄어들고 있었다.

그런데 15세기 말에 그 상태가 역전된다. 콜럼버스가 신대륙을 발견한 1492년에 두 구출 기관이 북아프리카의 '목욕장'에서 데리고 돌아온 사람의 총수는 500명이 넘었다. 각종 사료로 미루어보아 그보다 백배나 많은 사람들이 '목욕장'이라는 이름의 강제수용소에서 시달리고 있었다는 이야기가 된다. 그것도 모두 투르크의 해적 장려 정책 때문이었다.

그리고 이 정책이 바뀔 전망은 전혀 없었다. 해적들이 활약해주면, 투르크가 정복하려는 나라들에 모든 면에서 타격을 주게 되기 때문이다.

군용 갤리선을 빼앗으면 상대의 해군력이 줄어든다.

상선을 빼앗으면 그 나라의 경제력에 타격을 주게 된다.

상륙하여 약탈하고 주민을 납치하는 것도 그 나라의 경제력과 그 경제력을 만들어내는 인력을 감퇴시킨다.

서구의 기독교 세계는 투르크의 위협에 대항할 뿐만 아니라, 그 투르크제국의 후원으로 과거보다 열 배나 많은 배를 타고 습격해오는 북아프리카 해적도 상대해야 했다. 즉 양적으로나 질적으로 향상된 해적에 대처하지 않으면 안 되었다.

해적선의 수가 늘어났을 뿐만 아니라 해적선단을 지휘하는 해적 두목까지도 양적으로나 질적으로 향상했다. 사회적으로 공인된 지위를 누리면서 손쉽게 부를 얻을 수 있는 해적업을 마음껏 할 수 있으니, 우수한 인재가 모여드는 것도 당연했다.

지중해의 해적도 새로운 시대를 맞은 것이다. 그 증거로 상권에 등장한 해적들 가운데 후세까지 이름이 남은 자는 거의 없지만, 이 하권에는 스타 해적이라고 불러도 좋은 유명한 해적들이 차례로 나타난다.

지중해 연안에 사는 사람들이 공포에서 해방될 날은 전혀 오지 않았다.

투르크제국이 지중해로 진출하기 전에는 해적 두목들의 출신지도 북아프리카 일대에 한정되어 있었다. '사라센인'이라고 부르면 그만이었고, 이슬람교의 보급과 함께 북아프리카로 흘러든 아랍인과 이슬람으로 개종한 무어인이나 베르베르인이 대다수였다.

그런데 투르크제국의 후원을 받게 되자 해적 사회에도 새로운 피가 도입된다. 두목들의 출신지도 그리스·유대·이탈리아·에스파냐 등으로 다양해졌다. 본거지는 전과 마찬가지로 북아프리카였지만, 지중해에 면한 항구도시를 졸개들을 거느리고 활보하는 것은 이제 아랍인이나 무어인이나 베르베르인이 아니었다. 이들도 여전히 해적업을 계속하고 있었지만, 이제 더는 두목이 아니라 졸개였다.

이슬람 해적 세계에서도 중세가 끝나고 르네상스 시대에 들어섰나하는 생각이 든다. 출신 계급 같은 울타리가 없어지고 능력만으로 승부하는 세계가 되었다는 의미에서도 그렇다.

이 시대의 사람이었던 마키아벨리는 투르크란 술탄 외에는 모두 노예인 나라라고 썼다. 전원이 노예라는 말은 곧 술탄 외에는 모두 평등하다는 뜻이기도 했다. 해적 세계에서도 두목이 되는 것은 그 사람의 능력에 달려 있는 시대가 되었다.

그래서 인재도 각지에서 모이게 되었겠지만, 능력으로 승부한다 해도 승부의 목적은 해적이다. 역시 능력으로 승부하여 모든 면에서의 생산성을 비약적으로 향상시키고 있던 피렌체나 베네치아를 비롯한 이탈리아 도시국가들과는 다르다. 그것은 이 해적 세계에서의 '성공자'들이 이 세계에 들어온 사정이 잘 보여주고 있었다.

그리스인은 투르크에 정복된 이후에도 그리스정교를 믿는 것은 인정되었지만, 일신교인 이슬람 국가에 살면서 다른 일신교를 믿는 기독교도들은 사회적으로 이급 시민의 처지를 감수할 수밖에 없었다. 많은 그리스인은 이 길을 택했지만, 그리스정교에서 이슬람교로 개종한 자도 적지 않았다. 정복되었을 당시 노예가 된 사람도 많기 때문에, 이들은 노예 신세에서 벗어나고 싶으면 이슬람교도가 될 수밖에 없었다.

개종한 이 그리스인들이 술탄 메메드 2세의 지중해 진격작전에서 해상 수송을 담당했을 게 분명하다. 레스보스섬도, 네그로폰테도, 결국 철수했다고는 하지만 로도스섬도, 그리고 공략하기는 했지만 영유는 체념하고 방기한 남이탈리아의 오트란토도 투르크와의 사이에 바다가 가로놓여 있다. 연전연승으로 기세가 올라 있던 투르크 육군도 배를 타지 않으면 목적지에 도착할 수 없다.

그리고 끌려나온 그리스 선원들도 아마 이 무렵에는 투르크 민족이 바다에 무지하고 경험도 없다는 것을 알아차렸을 것이다. 그리스인들이, 그렇다면 '자회사'를 만들어 '모회사'가 요청할 때는 협력하고 다른 때는 독자적으로 사업을 할 마음이 든 것은 당연했다. 게다가 '모회사'가 그것을 장려하고 있으니까 '자회사'를 설립할 환경은 갖추어진 셈이다. 설립 조건은 이슬람교로 개종하는 것이지만, 이것도 넘기 어려운 장애는 아니었을 것이다. 투르크인은 아랍인과 달리 신앙에서는 더 개방적이고, 기독교에서 개종한 자에 대한 차별도 적었다. 이리하여 그리스가 해적을 배출하게 되었다.

한편 유대인 해적은 적었다. 두목급에는 한두 명이 고작이었다. 이슬람으로 개종하는 유대인의 수 자체가 적었기 때문이겠지만, 이유는 또 하나 있었다. 해적도 집단으로 행동하는 이상은 하나의 조직이고, 조직을 꾸려나가려면 신뢰할 수 있는 여러 명의 부하가 반드시 필요하다. 하지만 아랍인과 마찬가지로 유대인도 가족밖에는 신용하지 않는 성향이 강하다. 그래서 유대인은 해적 두목 노릇을 할 수 있는 능력을 충분히 갖추고 있어도 부하로 삼는 자의 수가 절대적으로 부족했다. 물론 유대인 중에도 '성공자'는 있었지만, 그 인물은 유대인으로는 드물게 다른 민족과 협력관계를 쌓는 데에도 성공한 사람이었다.

가족밖에 신용하지 않는 성향과는 가장 거리가 먼 민족이 이탈리아인이다. 그래서 그리스인과도 투르크인과도 북아프리카 원주민과도 능숙하게 협력관계를 맺었기 때문에, 이 면에서는 문제가 없다. 하지만 한 가지 점에서는 완전히 달랐다. 이탈리아에서 태어나 이슬람 해적이 된 사람은 대부분 소년시절에 납치된 자들이었다. 따라서 그들의 출신지는 북아프리카 해적의 습격을 다른 어느 지방보다도 많이 받은 남이탈리아나 시칠리아에 집중되어 있다. 이들도 평소에는 열심히 해적질을 하다가도 투르크 정부가 소집하면 해군으로 변신하니까, 기독교를 버리고 이슬람교로 개종해 있었다.

에스파냐에서 태어났으면서 그 나라를 습격하는 것을 일과로 삼는 해적이 출현한 것은 아라곤 왕 페르난도와 카스티야 여왕 이사벨이 1492년에 이베리아반도에서 이슬람교도를 완전히 몰아낸 뒤부터다. 이것을 역사에서 '재정복'(레콩키스타)이라고 부르는 것은 수세기 동안이나 이슬람교의 지배를 받은 이 지역을 기독교 세력이 군사력으로 되찾았기 때문이다. 쫓겨난 이슬람교도들은 대부분 북아프리카로 달아났지만, 이베리아반도가 이슬람 치하에 있었던 시대는 무려 800년에 이른다. 이제 일개 난민이 된 에스파냐 태생의 이슬람교도는 살아갈 방도가 별로 없었고, 그래서 적잖은 수가 투르크의 해적 장려책으로 숨을 되돌린 해적 세계에 투신했다. 아이러니하게도 이슬람 치하에 있었던 시절에는 해적의 습격을 별로 받지 않았던 에스파냐도 이슬람교도를 쫓아낸 뒤 해적의 습격에 떨게 되었다.

이렇게 시대는 전진하고 있었지만, 해적은 사라지지 않았다. 대항해시대의 막이 오르고 르네상스 문화가 화려한 꽃을 피우고 있는 한편, 지중해에 면한 기독교 국가들은 질적·양적으로 향상된데다 대국 투르크의 후원까지 받게 된 해적들의 활약 무대가 되었다. 이렇게 되면 기독교 국가들도 국가 규모의 대책을 세워야 한다. 어쨌든 전쟁상태가 아닐 때의 해적행위는 당사자가 아닌 사람들까지 끌어들여 더욱 효과적인 교란전술과 같다고 상대방은 생각하고 있었기 때문이다.

15세기 말에 나라가 책임지고 해적 대책을 실시한 곳은 베네치아공화국뿐이었다 해도 좋다. 이 베네치아가 각지에 기지를 두어 제해권을 쥐고 있었던 것은 지중해 중에서도 아드리아해와 이오니아해와 에게해다. 하지만 베네치아의 교역 상대 중에는 시리아와 이집트와 북아프리카도 있고, 지브롤터해협을 지나 대서양을 북상해야만 도착할 수 있는 북유럽과 영국도 있었다. 제해권을 갖지 않은 해역도 항해해야 한다는 뜻이지만, 제해권을 쥐고 있는 해역도 안심할 수는 없다.

그래서 최악의 사태를 가정하여 온갖 대책을 세우는 경향이 있는 베네치아공화국은 상선단에는 항상 호위함을 붙이기로 했다. 투르크와 전쟁 상태가 아닌 평시에도 대형 군용 갤리선 두 척의 호위를 붙여 상선단을 내보냈다. 완전히 자국 국민으로 구성된 해군을 상비군으로 유지하고 있었던 베네치아니까 가능한 일이었지만, 역시 효과는 있었다. 아무리 질적으로나 양적으로 향상했어도 만만찮은 상대에게는 손을 대지 않는다는 점에서는 이슬람 해적도 전혀 달라지지 않았기 때문이다.

하지만 이 베네치아도 관광객을 태운 배에까지 호위를 붙일 여유는 없다. 이 시대의 관광은 성지순례였지만, 베네치아를 떠나 팔레스타인에 갔다가 돌아오는 이런 종류의 배는 운을 신에게 맡기고 항해했다. 불안정한 국제정세를 뚫고 항해하는 것은 스릴 만점이지만, 당시 베네치아는 국제정치의 파워게임에 참여하는 한편 성지를 순례하는 단체여행을 조직하여 약삭빠르게 돈을 벌고 있었다. 여기에 관해서는 『바다의 도시 이야기』 제9장 '성지순례 패키지 투어'에서 기술했으니까, 흥미가 있으면 한번 읽어보기 바란다.

교황청 해군

성지순례라 해도, 목적지가 예루살렘이 있는 팔레스타인뿐이었던 것은 아니다.

중세의 독실한 사람들에게는 성 베드로와 성 바울이 순교했다고 전해지는 로마도 성지였다. 그리고 로마교황청도 금화가 떨어지는 소리를 좋아하는 경향은 동시대의 통상국가에 못지않았다.

그래서 생각해낸 것이 '성년'(聖年)을 설치하는 것이었다. 서기 1500년은 그 '성년'에 해당했다.

유럽 각지에서 독실한 기독교도들이 일제히 로마로 모여드는 해다. 이것을 이슬람 해적의 눈으로 보면 사냥감이 떼를 지어 사냥터로 몰려나온다는 뜻이었다. 신자들의 양치기이자 '성년'의 주최자이기도 한 로마 교황으로서는 이 양들이 무사하기를 신에게 기도하는 것만으로는 끝나지 않았다.

이리하여 역사상 처음으로 교황청 해군이 설립되었다. 로마를 찾는 신도를 해적으로부터 지키는 것이 목적이었던 것은 물론이지만, '성년'이 끝난 뒤에도 해군이 유지된 것은 이슬람 해적의 사냥터가 되어 있었던 지중해의 당시 상태를 반영한다. 그리고 로마에는 성년이 아니더라도 항상 순례자가 모여든다. 이들을 해적으로부터 지킬 대책을 세워야 할 필요성을 성직자도 느끼지 않을 수 없었을 것이다. 하지만 교황청이 해군을 창설할 수밖에 없었던 근저에는 무엇보다도 공세 일변도가 된 투르크가 이끄는 이슬람 세력에 대한 위기감이 깔려 있었던 것 같다.

이 '교황청 해군'도 첫걸음은 사실 15년 전에 이미 내디뎌졌다. 오트란토는 아무리 남쪽 끝에 있다고는 하지만 이탈리아반도에 있다. 이곳을 투르크가 급습한 사건은 로마교황청을 두려움에 떨게 하기에 충분했다. 그래서 오트란토 참극이 일어난 지 불과 5년 뒤에 하다못해 로마의 외항인 오스티아만이라도 지키기 위해 '해군'을 설치했지만, 그때는 배가 한 척밖에 없었다. 노잡이를 포함하여 200명이 타는 군용 갤리선이니까 전력이라고 말할 수는 있었지만, 단 한 척만으로는 해적들의 웃음거리가 되었을 뿐이다.

이래서는 위안이 되지도 않고, 로마에 오는 순례자가 급증하는 '성년'도 다가오고 있다는 이유로 당시 교황인 보르자 집안의 알렉산데르 6세가 본격적인 해군을 설립하기로 결정한 것이다.

전투용 대형 갤리선(galea)이 3척. 역시 전투용인 소형 갤리선(fusta)이 3척. 수송선 역할을 맡을 대형 범선(galeone)이 2척. 이보다 작은 범선(brigantino)이 3척. 이름은 포경선을 뜻하는 '발레니에라'(balenièra)라고 불렸지만, 실제로는 기함과 다른 선박들 사이의 연락이나 정찰에 쓰이는 소형 쾌속선이 1척.

이렇게 12척으로 이루어진 것이 요란하게 창설된 교황청 해군의 실태였다. 해양국가 베네치아와도, 해적을 동원하게 된 투르크와도 비교가 되지 않는 규모다. 하지만 이 정도 전력이라도 계속 유지하려면 일정하고 지속적인 재원이 필요하다. 로마교황청은 로마 시내로 들어오는 모든 물산에 2퍼센트의 세금을 매기기로 했다. 해적에 대비한 보험이라는 설명에 사람들은 항의도 하지 않고 납득했다. 숨을 되돌린 듯 다시 활발해진 이슬람 해적에 대한 두려움은 지중해 연안에서는 서민까지도 공유하고 있었다.

그리고 육상에서나 해상에서나 교역에 적극적이었던 이탈리아 도시국가들 덕분에 교역에 직접 관여하지 않는 사람들 사이에도 보험(assicurazione)이라는 개념이 널리 퍼져 있었다. 하지만 이 이탈리아어의 어원인 라틴어는 로마제국 시대의 라틴어가 아니다. '팍스 로마나'

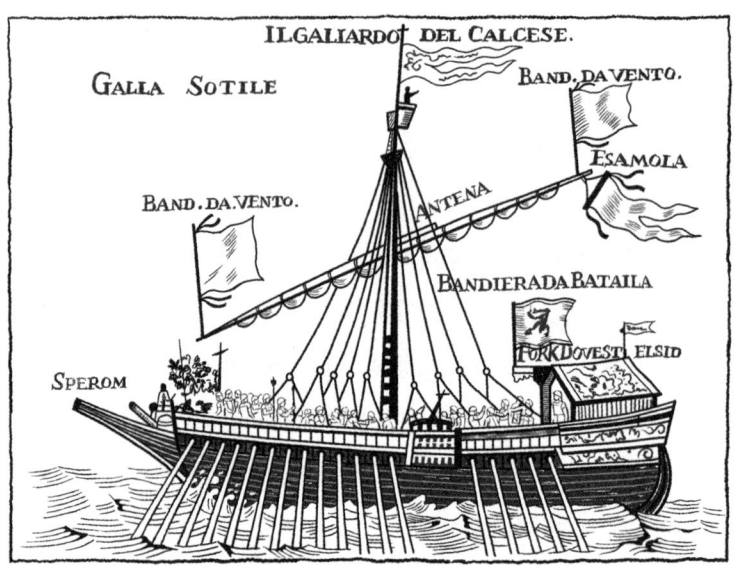

갤리선(2종류)

시대에는 보험도 필요없었다는 것일까.

아무리 시대의 요청에 따른 제도라 해도, 그 제도를 계속 유지해가려면 실적을 보여줄 필요가 있다. 기껏해야 12척이지만, '성년'인 서기 1500년 한 해 동안 로마로 가는 길에 북아프리카 해적에게 피해를 본 순례선은 한 척도 없었다. 이것이 성년이 끝난 뒤에도 교황청 해군을 계속 유지할 이유의 하나가 되었을 게 분명하다.

그런데 지금까지 자신의 군사력을 갖지 않았던 로마 교황도 이제 육군은 없지만 해군은 갖게 되었다. 메메드 2세가 서방으로의 세력 확대를 노린 것은 단순히 영토를 넓히려는 욕망 때문이 아니라 '이슬람의 집'을 확대하기 위해서라는 사실을 이 시대 사람들이 알아차렸다는 증거이기도 하다. 투르크제국의 이 야망은 창업자라는 느낌을 주었던 메메드 2세가 죽고 손자인 셀림이 술탄이 된 뒤에도 계속되었다.

이오니아해로

이탈리아와 그리스 사이에 가로놓인 바다를 이오니아해라고 부르는데, 그 해역의 그리스 쪽에는 크기의 차이는 있지만 섬들이 늘어서 있다. 이 섬들의 이름을 북쪽에서부터 차례로 열거하면 코르푸·팍소스·레우카스·체팔로니아·자킨토스섬이다. 베네치아에는 아드리아해를 나와서 오리엔트로 가는 항로가 된다. 그래서 베네치아는 이들 섬에 기지를 두어 제해권을 유지하려고 애써왔다.

그런데 오랫동안 베네치아령이었던 이 섬들 가운데 레우카스섬을 갑자기 투르크군이 상륙하여 점령해버렸다. 그리고 당장 견고한 요새를 쌓고, 용맹한 투르크 육군 중에서도 특히 용맹하다고 알려진 예니체리 군단을 상주시켰다.

하지만 예니체리 군단병들을 상주시킨 것뿐이라면 평범한 군사행동이지만, 술탄 셀림은 이 섬을 해적에게도 제공했다. 본거지로 삼으라는 것이다. 그 해적의 이름은 카말이었다. 이탈리아인이 카말리키오라고 부른 남자인데, 부하들을 데리고 기꺼이 이주한 것은 말할 것도 없다. 투르크는 그렇게 해놓고, 근처를 항해하는 기독교 국가의 상선들에 터무니없는 액수의 통행료를 요구했다.

예니체리 병사들이 육지의 요새에 설치한 대포로 위협한다. 그것을 무시하고 통과하는 배는 해적들이 쾌속선(푸스타)을 몰고 추적하여, 배와 선원과 짐을 잃고 싶지 않으면 돈을 내라고 강요한다. 투르크가 이런 행위를 하는 목적이 통행료가 아니라는 것은 해적에게 따라잡혀 지불할 수밖에 없었던 통행료가 고스란히 해적 카말의 주머니에 들어간 것을 보아도 알 수 있다. 투르크의 의도는 베네치아공화국의 제해권을 무너뜨리는 데 있었기 때문이다.

이 때문에 가장 많은 피해를 본 것은 이 항로에 자국 상선을 가장 많이 내보내고 있었던 베네치아였다. 하지만 베네치아는 상선단에도 호위선을 딸려 보내는 방법을 택하고 있었기 때문에 피해율은 별로 높지 않았다. 그보다 오리엔트로 가는 상선의 수가 적은 나라에서는 한 척이 피해를 보아도 큰일이다. 피렌체가 비명을 질렀고, 프랑스까지도 소란스러워졌다. 투르크의 표적이 베네치아만은 아니라는 것을 서구는 재인식할 수밖에 없었다.

베네치아는 이 기회를 활용했다. 투르크의 이 폭거를 막으려면 기독교 국가가 단결하여 맞설 수밖에 없다고 로마 교황을 설득한 것이다.

현실적인 베네치아는 혼자서 투르크와 적대하는 것을 가능한 한 피하고 있었지만, 기독교 국가의 일원이라면 인상도 달라지기 때문이다.

서기 1502년, 교황 알렉산데르 6세의 호소에 따라 투르크와의 대결을 목표로 내건 연합함대가 결성되었다. 해상에서 주전력이 될 군용 갤리선의 수만 기록하면 다음과 같다.

베네치아공화국——50척

로도스섬에 본거지를 둔 성 요한 기사단——3척

프랑스——4척

로마교황청——13척. 교황청 해군은 창설된 지 2년밖에 지나지 않았는데 1척도 잃지 않고 오히려 1척이 늘어나 있었다.

하지만 해군은 배가 있는 것만으로는 쓸모가 없다. 교황청의 배 13척을 지휘하게 된 사람은 교황청 소속 주교인 야코포 페사로였고, 베네치아 출신인 이 주교의 형은 베네데토 페사로로서 50척을 이끌고 참전한 베네치아 해군 총사령관이었다. 이것만 보아도 1502년의 기독교 연합함대가 실질적으로는 베네치아 해군이고, 지휘권도 베네치아에 있었다는 것을 알 수 있다.

중세에는 산타마우라라는 이름으로 알려진 레우카스섬을 둘러싸고 있는 바다에 기독교 함대가 나타난 것은 7월이었고, 8월에 전투가 시작되었다. 요새에 틀어박힌 투르크 병사는 2,500명. 그 대부분이 해적이었다. 투르크와는 쓸데없이 싸우지 않기로 결정한 베네치아지만, 싸울 때는 철저하다. 전투가 시작된 지 한 달도 지나지 않은 8월 29일 요새가 함락되었다.

600명을 헤아리는 예니체리 군단병이 사로잡혔다. 연합함대의 총사

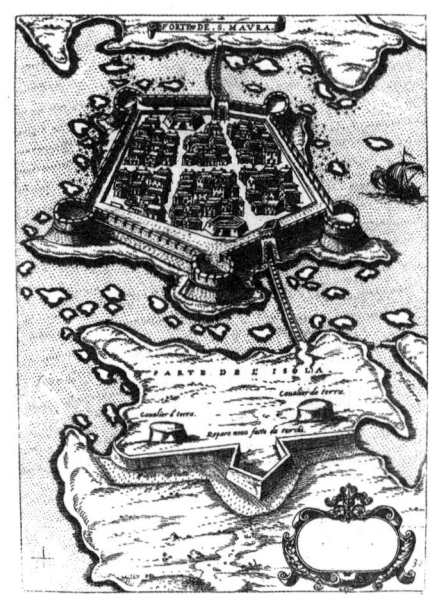

베네치아가 건설한 산타마우라의 요새

령관이기도 한 베네데토 페사로는 이 예니체리 병사들을 전쟁포로로
대우했다. 감금생활은 견뎌야 하지만 살해되지는 않는다는 뜻이다. 하
지만 함께 포로가 된 해적들은 범죄인으로 대우했다. 요새를 둘러싼
성벽에서 해적을 한 사람씩 매다는 교수형에 처했다. 그리고 이탈리아
남부나 시칠리아에서 납치되어 해적선 노잡이로 혹사당하던 남자들
을 해방한 것은 말할 나위도 없다.

하지만 이 레우카스 탈환전은 해적 소굴을 공격하기 위해 정규 해군
이 출동해야 하는 시대가 된 것을 보여주었다. 그리고 투르크 정규군
과 이슬람 해적의 공동투쟁 체제 때문에 서구는 투르크에 대처하기가
점점 더 어려워진다.

서지중해로

해적은 만만찮아 보이는 상대에게는 손을 대지 않는다. 베네치아공화국이 50척으로 이루어진 정규 해군을 출동시키는 것도 서슴지 않는다는 사실을 안 뒤에는 일터를 옮겼다. 이오니아해에서 티레니아해로 옮긴 것이다. 다만 그들의 전쟁터는 피렌체나 피사가 있는 토스카나 지방이나 로마가 있는 라치오 지방의 연안에만 한정되지는 않았다.

선단도 대형화하고 인재도 풍부해진 북아프리카 해적은 제노바가 있는 리구리아 지방에서 남프랑스까지, 그리고 이제는 기독교로 통일된 에스파냐까지 활동무대를 넓혀갔다.

물론 투르크가 대두하기 전에도 이 서지중해 해역에는 해적이 횡행하고 있었다. 하지만 서기 1500년 '이전'과 '이후'의 차이는 해적선단의 대형화와 대포 따위의 화기를 많이 실은 데 따른 장비의 진보, 해적단을 이끄는 두목의 능력 향상 등 세 가지에 있었다. 해적질로 얻는 이익의 5분의 1을 상납해도 공적인 처지가 아니었던 해적에게 공적인 국가—즉 투르크—의 공인을 받은 것이 얼마나 유리하게 작용했는지를 실증한다.

새 시대를 맞은 이 해적을 상대하기 위해 교황청은 해군을 창설했고 베네치아는 정규 해군을 출동시키기까지 했지만, 이슬람 세력을 이베리아반도에서 몰아낸 에스파냐도 해적을 방치할 수는 없게 되었다.

이것을 알아차린 해적들은 전략을 바꾸었다. 적에게 들키기 쉬운 대규모 선단을 짜지 않고 소규모 선단으로 나뉘어 해적질을 하는 방법으로 바꾼 것이다. 규모를 마음대로 늘였다 줄였다 할 수 있는 것도 비정규군의 이점이다. 필요하면 소규모로 나뉘어 행동하다가 또 필요하면

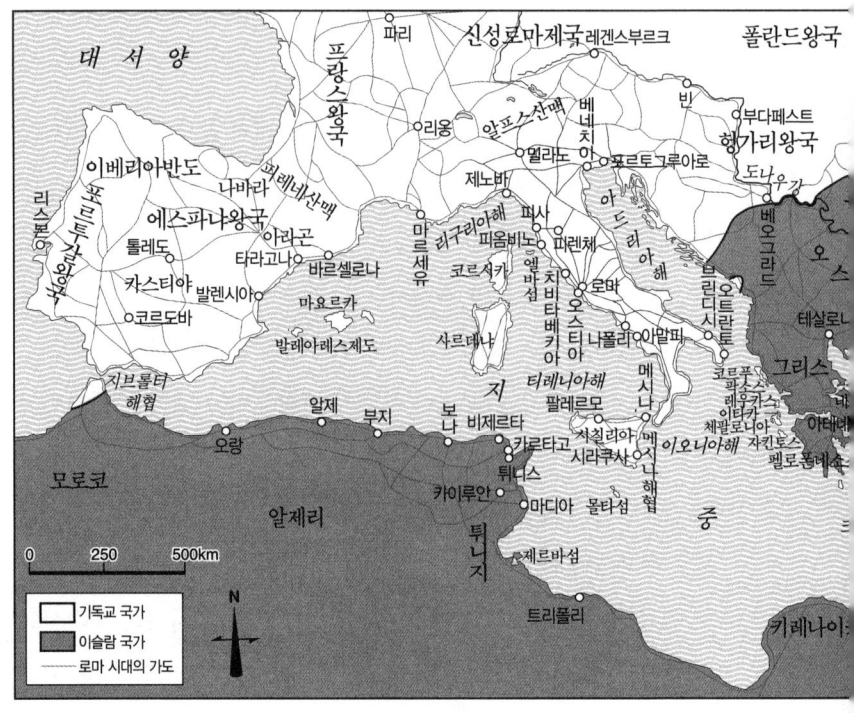

지도 내 라벨:

대 서 양

프랑스왕국

파리

신성로마제국 레겐스부르크

폴란드왕국

리옹 알프스산맥

베네치아

밀라노

포르토그루아로

부다페스트

헝가리왕국

반

도나우강

이베리아반도

나바라

피레네산맥

제노바

아드리아해

포르투갈왕국

리스본

에스파냐왕국

아라곤

타라고나

바르셀로나

피사

리구리아해

피옴비노

피렌체

코르시카

로마

벨린드시란토

베오그라드

톨레도

카스티야

발렌시아

마요르카

마르세유

엘바섬

오스티아

티베리카아

티나폴리

아말피

테살로니

그리스

코르도바

발레아레스제도

사르데냐

오랑

지브롤터 해협

알제

부지

보나 비제르타

카르타고

튀니스

모로코

알제리

0 250 500km

기독교 국가

이슬람 국가

로마 시대의 가도

N

지

중

해

티레니아해

팔레르모

메시나

시칠리아

시라쿠사

메시나 해협

이오니아해

자킨토스

펠로폰네소스

카이루안

마디아 몰타섬

제르바섬

트리폴리

키레나이카

코르푸

레우카스

이타카

체팔로니아

아테네

16세기 의 지중해 세계

당장 집결하여 대군이 될 수 있기 때문이다.

또한 소형화한 해적선단에서는 배도 소형이 주류를 이루게 된다. '푸
스타'라고 불리는 소형 쾌속 갤리선이 '해적선'과 동의어가 되었다.

맨 처음 비명을 지른 것은 이탈리아반도의 서안 일대였다. 1508년,
많은 소형 선단이 리구리아 지방을 습격했다. 제노바가 난을 면한 것
은 해양국가 제노바의 제1항인 이상 수비가 견고할 거라고 여겨졌기
때문이다. 하지만 가까운 도시는 모두 약탈당하고 납치되고 집들은 불
태워졌다. 대포의 포격을 받는 것이 아니라 소총사격을 연달아 받는

것과 비슷했다.

　이듬해인 1509년, 이번에는 해적이 로마 근처에까지 바싹 다가왔다. 교황청 해군은 해군의 전통이 없는 곳에 급조된 것이다. 따라서 평소에도 경계를 게을리하면 안 된다는 것을 아직 모르고 있었다. 허를 찔린 교황청 해군은 외항 오스티아에 정박해 있던 2척 가운데 1척을 승무원과 함께 해적에게 빼앗기고 말았다.

　게다가 빼앗긴 그 배는 순수한 군용선이라고는 3척밖에 없는 교황청 해군의 기함이었다. 돛대에는 하얀 바탕에 성 베드로의 열쇠가 금실로 수놓인 교황기가 나부끼고 있다. 이 배가 튀니스 북쪽에 있는 비제르타항구에 끌려 들어오는 것을 본 이슬람교도들은 열광했다. 반대로 교황기를 이슬람 쪽에 빼앗긴 기독교도들의 비탄과 분노도 강하고 깊었다.

　에스파냐도 국가적으로 해적에게 대처하지 않을 수 없게 된 것은 금과 은을 주로 하는 신대륙의 물산을 가득 실은 배가 에스파냐의 항구에 들어오게 되었기 때문이다. 신대륙에서 오는 배는 지브롤터해협을 지나 지중해로 들어온 뒤 거기에서 북상하여 에스파냐의 지중해 쪽 항구에 들어와서 짐을 부린다. 모로코나 알제리의 항구를 본거지로 삼고 있는 해적으로서는 자기 집 밖에 나와서 기다리고 있으면 되니까, 이렇게 간단한 일은 없었다.

이 시대에 에스파냐에서도 동시대의 이탈리아처럼 보험이 보급되어 있었다면, 신대륙에서 돌아오는 배의 보험률은 상당히 높았을 것이다. 에스파냐 왕이 군대를 파견하여 튀니스와 함께 북아프리카 해적의 최대 본거지였던 알제에 일격을 가할 필요를 느낀 것도 당연했다.

이를 안 알제의 '수장'은 우선 적의 칼끝을 피하는 수법으로 나왔다. 에스파냐 왕의 궁정이 있는 발렌시아로 특사를 보내 알제리와 에스파냐의 관계를 개선하자고 제의한 것이다. 특사는 다음 세 가지를 '선물'로 가져왔다.

1) 납치되어 노예가 되어 있는 기독교도 50명을 알제 쪽의 관계 개선 의지를 증명하기 위해 당장 송환한다.

2) 앞으로는 해마다 에스파냐 왕에게 연공을 바친다.

3) 알제리의 항구에서 떠나는 배의 해적행위는 앞으로 일절 허락하지 않겠다고 맹세한다.

이 제의에 왕이 어떻게 대답했는지는 알 수 없지만, 에스파냐군의 북아프리카 원정은 예정대로 실시되었다. 1509년에 모로코와 알제리의 주요 항구는 에스파냐군의 공격을 받는다. 그중에서도 특히 알제항 바로 북쪽에 불쑥 튀어나와 있는 곳을 점거한 것은 군사적으로 성공이었다.

에스파냐인들은 이 곳에 요새를 짓고, 500명의 병사로 이루어진 수비대를 상주시켰다. 요새에 설치된 대포의 포구는 알제항에서 나가는 배를 향하고 있었다. 그리고 요새에 주둔하는 에스파냐 병사에게는 해적선으로 보이는 배는 모조리 격침하라는 엄명이 내려졌다. 곶에 우뚝 솟아 있는 이 에스파냐 요새는 그 후 '알제 요새'라는 이름으로 알려지게 된다.

이 시기의 에스파냐 왕 페르난도의 전과는 이탈리아에도 전해졌고, 해적 퇴치에도 성과를 거둔 것처럼 보였다. 하지만 실제로는 성과가 별로 없었다. 항구의 북쪽과 남쪽을 양쪽 다 막았다면 또 모르지만, 한쪽만 막으면 달아날 길은 얼마든지 있었다. 그리고 누가 해적선이라는 것을 일부러 선전하면서 항구를 나가겠는가. 결국 '알제 요새'는 에스파냐 왕의 자존심을 만족시켰을 뿐이다.

그리고 왜 에스파냐인들은 요새를 지은 것만으로 만족했는지 알 수 없다. '알제 요새' 안에서만 고립하여 살았다는 것을 보여주는 사료도 없으니까, 요새 생활을 하는 동안에는 에스파냐 장병들도 알제 시내에 나갔을 것이다. 그리고 당시 알제에서는 노예라는 것을 보여주기 위해 머리털도 수염도 박박 밀어버린 기독교도들이 쇠사슬 소리를 울리며 무리지어 걸어가는 것은 익숙한 풍경이었으니까, 그들도 보지 않았을까. 하지만 거기에 대해서 쓴 기록도 편지도 남아 있지 않다. 자기들은 에스파냐 왕의 병사이고, 따라서 같은 기독교도이기는 하지만 그 노예들과는 다르다고 생각했을까.

하지만 이 '알제 요새'의 존재는 알제 주민에게는 굴욕이었다. 다만 이슬람교도의 경우, 그 굴욕감은 자기네 영토의 한 귀퉁이를 적이 점령하고 있다는 생각에서 오는 것은 아니다. 잘못된 신앙의 소유자라는 이유로 기독교도를 '신앙심이 없는 무리'라고 믿어 의심치 않는 이들에게 모든 기독교도는 자기보다 열등한 사람들이다. 실제로 북아프리카에 사는 이슬람교도의 태반이 알고 있는 기독교도는 누더기를 걸치고 쇠사슬에 묶여 끌려가는 가축 같은 비참한 존재였다.

이런 열등한 사람들에게 자기 집 한 귀퉁이를 점령당한 것은 참기 어려운 일이었다. 종교가 개재하지 않았다면, 적은 단순한 적일 뿐이다. 처지에 위아래가 있는 것도 힘이 약한 자가 강한 자에게 굴복한 데 불과하다. 하지만 종교가 개재하면 적은 단순한 적이 아니다. 16세기의 에스파냐인은 이런 미묘한 관계를 악화시키는 씨를 뿌리고 말았다. 해적의 피해를 해소하는 데에는 거의 효과가 없었지만.

해적 쿠르토골리

16세기 초라는 이 시기를 구현하는 인물을 이슬람 쪽에서 고른다면, 쿠르토골리라는 이름의 해적 두목일 것이다. 동업자 중에서는 드물게 이 인물은 투르크족 출신이었고, 그 때문인지 당시 술탄인 셀림에게 일찍 발탁되었다. 이 시기의 튀니지는 주민은 이슬람교도였지만 아직 투르크의 지배를 받고 있지는 않았다. 셀림은 아직 투르크제국 영토라고 말할 수 없는 이 튀니지로 세력을 확대하기 위해 해적 쿠르토골리를 이용하기로 결정했다.

이스탄불 궁정으로 불려간 해적 두목은 튀니지에 가서 기독교도를 상대로 하는 해적업에 전념하겠다고 술탄에게 맹세했다. 술탄은 그에게 선행 투자라도 하는 듯한 느낌으로 풍부한 자금을 준다.

쿠르토골리는 그 자금을 가지고 튀니스에 가서 우선 튀니스의 '수장'(베이)을 만난다. 아브 압달라 모하메드라는 이름의 '수장'은 이슬람교도이기는 했지만 북아프리카 원주민인 베르베르인이기도 했기 때문에, 투르크 술탄의 추천을 받고 온 쿠르토골리를 기꺼이 환영한 것은 아니었다. 그리고 이 튀니스 수장은 당시에는 제노바공화국과 좋은 관계를 유지했고, 제노바 상인이 북아프리카 교역에서 얻는 이익의 일부로 그의 주머니는 두둑해져 있었다.

투르크의 지배에 굴복하고 싶지 않다는 생각과 경제적 이익 때문에 '수장'은 해적에게 좀처럼 만족할 만한 대답을 해주지 않았다. 쿠르토골리가 습격하겠다는 기독교 세계에는 그의 주머니를 채워주는 제노바도 포함되어 있었기 때문이다. 이것을 본 쿠르토골리는 다른 길을 택하기로 했다.

튀니스항이 아니라 튀니스에서 직선거리로 60킬로미터 북쪽에 있는 비제르타항을 해적업의 본거지로 사용하게 해달라고 요청한 것이다. 동시에 해적업으로 얻는 수익의 5분의 1을 '수장'에게 상납하겠다고 약속했다. 그리고 제노바가 항의해오면 해적들은 사적인 조직이고 자기 관할이 아니라고 시치미를 떼면 된다고 조언하기까지 했다. 튀니스 '수장'은 그제야 비로소 고개를 끄덕였다.

비제르타(지금은 비제르테)는 카르타고 시대에나 로마의 지배를 받게 된 뒤에도 항구였던 곳이어서, 지중해에 면한 북아프리카 항구 중에서도 고대부터 알려진 항구다. 특히 고대에는 고귀한 색으로 여겨진 보라색의 원료가 되는 조개의 산지로도 알려져 있었다. 그런데 중세에 접어든 뒤에 쇠퇴한 것은 황제의 색이었던 보라색이 기독교 시대에는 상복의 색깔이 되었기 때문이다. 또한 카르타고를 대신하는 항구가 된 튀니스와 가까워서, 바다를 오가는 사람들의 눈에 잘 띄지 않는 사각에 놓이게 되었기 때문인지도 모른다. 하지만 쿠르토골리가 주목했을 만큼 깊은 후미는 바람을 막아주고, 많은 배를 숨겨둘 수 있을 만큼 넓었다.

이 비제르타에 정착한 쿠르토골리는 배와 선원과 전투원, 즉 해적을 모으는 일에 착수했다. 술탄 셀림에게 받은 자금은 상당히 풍부했던 모양이다. '푸스타' 30척과 승무원 6천 명을 모으는 데 그렇게 오랜 시간을 필요로 하지 않았다. 승무원의 절반은 노잡이지만, 투르크 해적은 노잡이도 자급자족했다. 튀니스에 있는 '목욕장'에 수용되어 있는 기독교도 노예를 노잡이로 쓰려면 '수장'의 허가가 필요하지만, 바다에 나가서 사르데냐나 시칠리아에 상륙하여 납치해오면 그럴 필요가 없었기 때문이다.

쿠르토골리가 처음 한 일은 1508년에 리구리아 지방 일대를 분탕질한 것이었다. 제노바 정부는 튀니스 '수장'에게 엄중히 항의했지만, '수장'은 쿠르토골리의 조언대로 모르쇠로 일관한 모양이다.

이듬해인 1509년에 로마의 외항 오스티아를 급습하여 교황청 해군의 기함을 승무원과 함께 빼앗아간 것도 쿠르토골리의 소행이었다. 그 후에도 쿠르토골리와 그 부하들의 활동은 더욱 늘어나기는 할망정 줄어들지는 않았다. 해양국가로 자타가 공인하는 제노바의 해군과 코르시카 앞바다에서 대결하여, 선원과 함께 포획한 제노바의 배 한 척을 비제르타로 끌고 간 적도 있다. 제노바가 이 모양이면, 이탈리아반도의 서해안 일대가 북쪽에서 남쪽까지 조직적이라고 해도 좋을 정도의 피해를 계속 받은 것은 당연했다.

이처럼 티레니아해에서는 제멋대로 행동하고 있던 쿠르토골리가 이오니아해 쪽에서는 분탕질을 하지 않았다. 하물며 이 시대에 '베네치아의 만'이라고 불린 아드리아해에는 아예 발을 들여놓지도 않았다. 이 시기에 투르크와 베네치아공화국은 우호통상조약을 맺고 있었고, 기독교 국가들 가운데 최대이자 최강의 해군을 보유하고 있는 베네치아를 자극하여 적대관계로 끌고 가는 것은 쿠르토골리의 주군인 투르크 술탄의 뜻에 어긋나는 일이었기 때문이다. 그리고 베네치아도 국가에 이롭지 않은 일에는 눈을 감는 '국가 이기주의'와 무관하지 않았다.

결국 쿠르토골리 앞을 가로막은 것은 로마교황청과 제노바공화국이었다. 이들 두 나라만이 전력이라고 말할 수 있는 규모의 군선을 보유하고 있었기 때문이라기보다, 이 시기의 두 나라에 해적의 만행을 용서할 수 없다고 결심한 굳센 남자가 있었기 때문이다.

메디치 교황

이 시기의 로마 교황은 메디치가 출신인 레오 10세였다. 피렌체 땅에서 꽃을 피운 르네상스 문화의 진정한 후원자이자 '위대한 사람'을 뜻하는 '일 마니피코'라는 존칭으로 불린 로렌초 데 메디치의 둘째아들로서, 성직에 몸담고는 있지만 순수한 르네상스인이었다는 점에서는 이 시대의 이탈리아인 그 자체였다. 그가 사는 교황궁에는 같은 시기에 레오나르도 다 빈치가 살았고, 미켈란젤로와 라파엘로가 일을 하러 다닌 적도 있다.

1515년을 기준으로 하면 레오나르도는 63세, 미켈란젤로는 40세, 라파엘로는 32세였다. 즉 레오 10세는 기독교회의 가장 높은 지위에 앉아 있으면서도 계속 현세적인 세계에서 산 사람이었다. 르네상스 시대의 평전 작가인 파올로 조비오는 이 레오 10세를 이렇게 평했다.

〈교황 레오 10세는 투르크제국과 그 뜻을 명심하여 지키는 해적에게 이기기 위해 기도와 설교에 의지하는 것은 중대한 잘못이라고 생각

교황 레오 10세

했다. 그들이 가져오는 공포와 불안에서 자유로워지고 싶으면 우리도 무장하여 그 군사력을 전략적으로 활용할 수밖에 없다고 생각했다.〉

그해에 40세였던 레오 10세는 생각만 한 것이 아니라 그 생각을 실행에 옮긴다. 기함을 빼앗기고 와해 직전이었던 교황청 해군을 재건한 것이다. 그래 봤자 군용 갤리선 3척에 수송용 범선 4척, 합해서 7척밖에 안 되는 해군이다. 이래서는 도저히 쿠르토골리의 적수가 될 수 없었다.

그해 봄에 교황령의 주요 항구인 치비타베키아 앞바다에 모습을 나타낸 쿠르토골리의 해적선단은 사람들을 공포의 나락에 빠뜨려놓고 엘바섬으로 가버렸지만, 갤리선 4척과 '푸스타' 23척을 합하여 무려 27척이나 되는 대규모 선단이었기 때문이다.

교황의 사촌이기도 한 줄리오 데 메디치 추기경은 프랑스 왕의 궁정에 주재하는 교황청 대사에게 보낸 편지에서 이것을 이야기한 뒤, 이렇게 덧붙였다.

"이 보고를 받았을 때 교황은 몹시 낙담하신 것 같았소."

낙담하는 것도 당연하다. 이쪽은 3척인데 상대는 27척이니까.

범선이 대형이면 방위력은 되지만, 공격력까지는 기대할 수 없다. 적군과 아군이 멀리 떨어진 곳에서 서로 대포를 쏘아댄 트라팔가르 해전은 300년 뒤의 이야기이고, 16세기의 지중해에서 벌어진 해전은 노를 사용하여 접근전을 벌이다가 적선에 올라타고 백병전으로 승부를 결정했다.

이런 형태의 해전에서는 돛에 의존할 수밖에 없는 범선은 전력에 포함시킬 수 없다. 범선은 전진도 후퇴도 바람에 달려 있기 때문이고, 바람이 반드시 전술대로 불어주는 것은 아니기 때문이다.

그래서 해상 전력이 될 수 있는 것은 요즘의 모터와 같은 작용을 하는 노까지 갖추고 돛과 노를 목적에 따라 나누어 사용할 수 있는 갤리선밖에 없었다.

전투가 벌어지면 갤리선은 돛을 내리고 노의 힘만으로 전진한다. 노는 사람이 저으니까, 사람이 생각한 전술대로 배를 움직일 수 있기 때문이다. 따라서 해상 전력은 갤리선의 수로 계산하는 것이 통례였다. 이슬람 해적이 활용하여 유명해진 '푸스타'는 베네치아나 제노바의 갤리선에 비하면 소형이지만, 돛과 노를 둘 다 갖추고 있기 때문에 갤리선이다. 따라서 훌륭한 전력이었다.

베네치아나 제노바의 갤리선 가운데 길이가 40미터급인 배가 많았던 이유는 이들 이탈리아 해양도시국가는 통상국가이고 따라서 상품을 실을 필요가 있었기 때문이다.

그렇기는 하지만 노잡이를 200명이나 쓰니까 당연히 인건비가 비싸

진다. 베네치아는 물론 제노바도 쇠사슬에 묶인 노예는 노잡이로 쓰지 않았다. 이교도의 땅을 습격하여 주민을 납치해오는 관습이 없었기 때문에, 쓰고 싶어도 쓸 수가 없었던 것이다. 동시대의 에스파냐 배에서는 종종 이단재판에서 유죄판결을 받은 죄인을 노잡이로 썼다. 하지만 이런 종교적 열광에는 항상 냉정했던 이탈리아에서는 그런 죄인을 전부 모아봤자 소형 갤리선 한 척을 움직일 수도 없었다. 그래서 일찍부터 아드리아해 동쪽 연안의 사람들을 노잡이로 고용하는 제도를 확립한 베네치아공화국은 물론, 인구가 적은 제노바공화국에서도 노잡이는 어디까지나 자유민이었고 따라서 급료를 받는 직업인이었다.

이 '인간 모터'를 갖추면 항해 비용이 늘어난다. 베네치아 정부는 갤리선에는 단가가 비싼 상품만 싣는 방법으로 이 문제를 해결한다. 단가가 비싼 상품이라면 당시에는 후추를 비롯한 향신료인데, 향신료 시장을 사실상 독점하고 있던 베네치아니까 가능한 일이었다.

같은 이탈리아의 해양도시국가지만, 제노바는 그렇게 할 수 없었다. 콘스탄티노플 함락 이후, 동방과의 교역에서 후퇴할 수밖에 없었던 제노바는 단가가 비싼 상품을 거래하는 것 자체가 어려워지고 있었다. 인구는 베네치아도 적지만, 제노바는 그보다 더 적다. 이런 제노바가 노잡이에게 드는 인건비가 전혀 없는 범선으로 바꾸어가는 것도 당연했다. 원래 넓은 석호 안쪽에 건설된 베네치아와 달리, 등 뒤까지 산이 바싹 다가와 있는 제노바는 항구 안의 수심도 깊다. 흘수선이 얕은 갤리선보다는 수면 아래가 깊은 범선이 제노바에는 더 적합했다.

게다가 국가에 대한 귀속의식도 두 나라는 달랐다.

베네치아의 대형 상용 갤리선은 선단을 짜서 항해에 나서지만, 그

선단에는 군용 갤리선을 호위선으로 딸려 내보내는 것이 보통이었다. 경제력을 유지하기 위해서는 국가도 협력을 아끼지 않는다는 의지의 표명이지만, 그 대신 나라가 필요로 할 때는 경제인도 협력을 아끼지 말아야 했다. 후추를 가득 싣고 귀로에 오른 배라도 가까운 해역에서 전쟁이 일어나면 뱃짐은 가까운 기지의 창고에 넣어두고 선원들과 함께 달려가서 해군 사령관의 지휘를 받을 의무가 있었다. 이리하여 베네치아에서는 상선도 순식간에 군선으로 바뀐다. 불행히도 침몰하면 창고에 남겨둔 뱃짐은 국가가 책임지고 본국까지 운반하여 주인에게 돌려주는 것도 법률로 정해져 있었다.

제노바에서는 이렇게 되지 않는다. 네 개의 유력 가문이 항상 두 파로 나뉘어 싸우고 있던 제노바공화국에서는 패권 다툼에서 진 쪽에 속한 사람들은 정부의 명령 따위에는 절대로 복종하지 않았기 때문이다. 온 국민이 일치단결하는 베네치아에 비해 개인주의적 성향이 강한 것이 제노바인의 특질이지만, 그런 제노바니까 콜럼버스를 낳은 게 아닐까 하는 생각도 든다.

이 이탈리아 해양국가와 지중해에서 맞서게 된 북아프리카의 이슬람 해적이 투르크 술탄의 후원을 받고 있으면서도 대형 갤리선이 아니라 소형 '푸스타'를 주력으로 삼은 데에는 몇 가지 이유가 있었다.

조선기술이 그렇게 뒤떨어졌던 것은 아니다. 기독교 국가들의 배를 습격하여 사로잡은 사람들 가운데 기술자가 있으면 협력을 강요했으니까, 이슬람의 조선기술도 이탈리아의 해양국가만큼은 아니지만 그에 가까운 수준까지 진보해 있었다.

자금이 부족했던 것도 아니다. 해적을 비정규군으로 생각하고 있는 술탄은 원조를 아끼지 않았다.

진짜 이유는 다음 두 가지였다.

첫째, 상선이 아니니까 짐을 많이 실을수록 짐 한 개당 운송비가 싸게 먹힌다는 경제 상식에서 자유로웠기 때문에, 굳이 대형선을 쓸 필요가 없었다.

둘째, 기독교도 노예를 노잡이로 부렸기 때문이다.

아무리 쇠사슬로 묶어서 노를 젓게 해도, 대형 갤리선인 경우에는 노를 젓는 기독교도의 수가 200명이 넘는다. 그에 대해 비록 무장은 하고 있지만 이슬람 승무원의 수는 기껏해야 50명이다. 이런 상태로 기독교도의 배를 공격하는 것이지만, 공격하고 있는 중에도 해적들은 기독교도 노잡이들이 언제 쇠사슬을 풀고 뒤에서 덮칠지 모른다는 두려움을 떨쳐버릴 수 없었다.

그런데 소형 갤리선인 '푸스타'의 경우에는 노잡이의 수가 절반으로 줄어든다. 아무리 용맹한 해적에게도 역시 200명과 100명이 주는 압박감의 차이는 있었다. 이탈리아의 배는 접근전이 벌어지면 노잡이도 당장 전사로 변하지만, 해적선에서는 그런 일이 일어나지 않는다. 이런 면에서도 베네치아의 갤리선은 대형화하는 것이 유리했지만, 이슬람 해적선은 대형화의 이점이 없었다.

유명한 해적 두목 중에는 위신을 과시하고 허영심을 만족시키기 위해 화려하게 장식한 대형 갤리선을 기함으로 삼는 자도 있었다. 하지만 그들도 실제 해적질에 쓰는 배는 '푸스타'였다. 그래서 '푸스타'라면 곧 '해적선'을 의미하게 되었다.

'신성동맹'

이야기를 동시대의 로마교황청으로 되돌리면, 16세기 초인 이 시기에 로마 교황 자리에 앉아 있었던 것은 메디치가 출신인 레오 10세다. 이 인물은 당시 40세로 아직 젊었을 뿐 아니라, '일 마니피코'라는 존칭으로 불리는 유명한 로렌초 데 메디치의 세 아들 중에서는 학문과 예술 진흥에 가장 열심이었고, 정치적으로도 냉철하고 대담했던 아버지의 피를 누구보다 많이 물려받았다는 평을 들은 사람이었다. 교황청 해군과 해적 쿠르토골리의 전력이 3 대 27로 큰 차이가 난다는 보고를 받고 한때 낙담했지만, 곧 마음을 다잡았다. 투르크 술탄의 후원을 받고 있는 이슬람 해적에 대항하려면 기독교 쪽도 공동 투쟁을 할 수밖에 없다는 생각에 도달했기 때문이다. 이것이 '신성동맹' 발족으로 이어졌다.

교황 레오 10세가 우선 호소한 것은 제노바공화국이다. 제노바도 지난해에 쿠르토골리에게 승무원이 탄 배를 통째로 빼앗겼다. 자국 선박이 비제르타항에 묶여 있고 자국 선원들이 '목욕장'에 수용되어 있다는 생각에 제노바의 바다 사나이들은 잠도 편히 자지 못했다. 이런 마음도 기함을 빼앗긴 교황청과 마찬가지였다. 제노바가 교황의 제의를 흔쾌히 받아들인 것은 물론이다.

교황은 프랑스 국왕 프랑수아 1세에게도 공동 투쟁을 제의했다. 당시 프랑스는 이슬람 해적에게 특히 많은 피해를 보고 있었던 것은 아니다. 문화인인 교황으로서는 문화를 좋아하는 프랑수아 1세가 유럽의 왕들 중에서는 그래도 다루기 쉬운 사람이었기 때문이다. 이 프랑스 왕과 중요한 회담을 하는 자리에 교황 레오 10세는 레오나르도 다 빈치와 미켈란젤로와 라파엘로를 데려간 적이 있다. 이들 세 사람을 소개받은 프랑스 왕은 나이가 아직 젊은 탓도 있어서 마치 대스타를 만난 팬처럼 흥분해버렸고, 덕분에 회담이 레오 10세에게 유리한 방향으로 진행된 전례도 있었다. 레오나르도 다 빈치는 프랑수아 1세의 열렬한 초빙에 응하여 프랑스로 이주하는데, 그것도 이 '신성동맹'이 이루어진 지 한두 해 뒤의 일이다.

베네치아공화국도 술탄 메메드 2세의 요청에 따라 자국 화가인 벨리니를 투르크에 파견한 적이 있었다. 르네상스 시대에 문화를 외교에 활용한 것은 로마교황청도 다를 바 없었다. 하지만 뭐니뭐니해도 수요가 있었기 때문에 공급자인 예술가들도 힘껏 일할 수 있었다.

예상했던 대로 프랑수아 1세는 갤리선 6척을 참전시키겠다는 답을 보내왔다. 하지만 이것이 프랑스 왕을 끌어들이면 에스파냐 왕은 불참한다는, 이슬람에 대한 공동전선 결성에는 매우 불리한 전례를 만들게 되었다.

16세기 유럽을 특징짓는 것은 프랑스와 에스파냐라는 양대 강국 사이에 벌어진 패권 다툼인데, 그 주인공이 프랑스 왕 프랑수아와 에스파냐 왕 카를로스다. 프랑수아와 카를로스는 1515년을 기준으로 하면 각각 21세와 16세였다. 게다가 거의 같은 시기인 젊은 나이에 왕위에 올랐다. 그리고 둘 다 장수했기 때문에 16세기 전반기에는 두 사람이 계속 강국의 왕이었다. 이 두 사람 사이에 벌어지는 파워게임에 유럽 전체가 휘말려 들고, 그것이 이슬람 세력의 공세에 대한 기독교 세계의 대항을 약화시키게 된다.

교황 레오 10세가 에스파냐 왕에게도 참가를 호소했는지 어떤지는 알 수 없다. 하지만 그해에 에스파냐에서는 왕이 바뀌었고 게다가 왕위에 오른 카를로스는 16세밖에 안 된 젊은이였기 때문에, 현실적인 레오 10세는 처음부터 카를로스에게 참가를 권유하지 않았을지도 모른다. 어쨌든 이 1516년은 프랑스가 참전하면 에스파냐는 불참하고 에스파냐가 참전하면 프랑스는 불참하는 상태가 시작된 해였다.

교황 레오 10세는 베네치아공화국에는 참전 요청조차 하지 않았던 게 분명하다. 이 시기에는 투르크와 베네치아 사이에 맺어진 우호통상조약이 아직 계속되고 있었다. 그리고 베네치아는 자국의 이익과 직접 관계가 없는 전쟁에는 끼어들지 않는 나라이기도 했다.

어쨌든 교황 레오 10세의 호소에 응한 것은 프랑스와 제노바뿐이었다. 교황청의 배 3척을 합하여 갤리선은 모두 19척. 수에서는 '푸스타'를 포함하여 27척이 넘는 전력을 자랑하는 해적선단에 뒤지지만, 기독교 쪽에는 안드레아 도리아가 있었다.

안드레아 도리아는 이 시기에는 쉰 살이 되어 있었지만, 이 사람에 대해서는 실제 나이보다 스무 살은 젊게 생각할 필요가 있다. 제노바 최고의 명문 집안에서 태어났지만 늦게야 꽃을 피워서, 쉰 살이 되어서야 겨우 날아올랐다는 인상을 준다. 1516년에 결성되어 '신성동맹'이라는 이름으로 역사에 남게 될 이때의 전투가 이 사람에게는 그 후에 이어진 눈부신 경력의 첫걸음이었다.

기독교 쪽에는 성미가 강한 사람이 또 하나 있었다. 레오 10세가 교황청 함대 사령관으로 임명한 파올로 베토리였다. 마키아벨리의 친구였기 때문에 역사에 이름이 남게 된 프란체스코 베토리의 형인 것 같

안드레아 도리아

은데, 만약 그렇다면 나이는 40대였을 것이다. 어떤 편견에도 사로잡
히지 않고 자유롭고 대담하게 행동하는 기질에서는 이 사람도 당시의
전형적인 피렌체인이었다.

1516년 7월, 치비타베키아에 집결한 '신성동맹'의 배들은 해적 쿠르
토골리를 찾아 티레니아해로 나갔다. 엘바섬, 사르데냐섬, 코르시카섬
을 찾아다녔지만 해적선은 흔적도 없다. 계절은 여름. 해적이 일을 마
치고 본거지로 돌아갈 계절은 아니었다. 그래도 없는 것은 확실하기
때문에 사령관들이 모여서 회의를 열었다. 기독교 함대가 출동하는 것
을 안 쿠르토골리가 해전이 벌어지는 것을 꺼려서 본거지인 비제르타
로 철수한 게 분명하다는 데에는 모든 사람의 의견이 일치했다.
　하지만 다음 행동을 둘러싸고 의견이 나뉘었다. 비제르타를 공격하
자고 주장한 것은 제노바와 교황청이었지만, 프랑스는 아무래도 의견
이 달랐던 모양이다. 그 후로는 제노바와 교황청만 행동에 나섰기 때

문이다.

해적을 찾아다니고 있을 때는 순수한 전력인 갤리선만으로 행동하고 있었지만, 북아프리카로 가려면 수송선단이 동행하지 않을 수 없다. 하지만 7월도 거의 끝나가고 있었다. 모든 배가 집결할 때까지 기다릴 시간은 없다. 치비타베키아항에서 기다리는 범선단에는 뒤따라오라고 명령해놓고, 갤리선만 남하를 강행한다. 해적의 허를 찌르려면 그들보다 더 빠른 속공으로 나갈 수밖에 없었다.

아니나다를까, 쿠르토골리와 그 휘하의 해적들은 모두 비제르타에 돌아와 있었다. 정찰하러 나간 소형 쾌속선의 보고에 따르면, 해적선단은 모두 만 안에 정박해 있다고 한다. 또한 그해 말까지는 해적질을 하러 나가지 않겠다는 듯이, 항구 입구는 튼튼한 쇠사슬로 봉쇄되어 있다는 것이었다.

그래도 비제르타를 공격하겠다는 의지는 변하지 않았지만, 제노바 쪽은 교황청에 한 가지 요청을 했다. 제노바공화국은 튀니스의 '수장' 과 우호통상조약을 맺고 있기 때문에, 공격에 참가하는 제노바 선박의 돛대에는 제노바공화국 깃발이 아니라 교황청 깃발을 달게 해달라는 것이었다. 파올로 베토리도 통상국가인 피렌체 사람이다. 경제관계를 유지하기 위한 배려의 필요성은 알고 있었다.

8월 4일 동이 트는 것을 신호로 대형 범선이 돌격하여 쇠사슬을 끊은 뒤, 만 안으로 돌입한 배들은 모두 돛대 높이 교황청 깃발을 내걸고 있었다. 정박해 있는 해적선은 차례로 불타오른다. 쿠르토골리는 부하들을 육지에 상륙시켜두었기 때문에, 해적선은 무방비상태나 마찬가지였다.

모든 배를 불태운 뒤, 전쟁터는 육지로 옮아갔다. 노예를 부리지 않는 것이 보통인 기독교 쪽 배에서는 노잡이가 해병으로 변신한다. '목욕장'에서 기독교도 노예들을 해방한 뒤에도 불지르기는 끝나지 않았다. 불만 지른 것이 아니라 약탈도 했다. 하지만 해적을 많이 죽였는데도 쿠르토골리만은 보이지 않는다. 육로로 도주한 것인데, 이때 '신성동맹' 군대는 내륙으로 깊숙이 쳐들어가기에는 육상 전력이 부족했다.

그리고 목적은 하나 더 남아 있었다. 제노바가 입수한 정보에 따르면 지난해에 포획되어 비제르타로 끌려간 제노바 선박은 무엇 때문인지 튀니스항구로 옮겨져 있다는 것이었다. 제노바인으로서는 튀니스항구 안에 묶여 있다는 자국 선박과 선원들을 되찾지 않으면 공격하러 온 의미가 없었다.

하지만 튀니스항구로 쳐들어가면 이슬람 '수장'과 맺은 조약에 어긋난다. 비제르타처럼 해적 소굴이라서 공격했다는 변명은 통하지 않는다. 그래서 도리아 사령관은 은밀한 행동을 계획하고 그것을 직접 지휘하게 되었다.

3척의 작은 배에 나뉘어 탄 제노바의 바다 사나이들이 한밤중에 튀니스항구 안으로 잠입했다. 그리고 지금은 노예 노잡이가 된 동포들이 쇠사슬에 묶인 채 잠들어 있는 배로 몰래 숨어 들어갔다. 보초를 서고 있던 해적들은 소리를 지를 새도 없이 살해당했다. 그리고 3척의 작은 배는 큰 배를 로프로 묶어 조용히 항구 밖으로 끌고 가기 시작했다. 그 작업은 너무나 재빠르고 조용하게 이루어졌기 때문에, 깊이 잠들어 있던 노잡이들은 항구 밖에서 기다리고 있던 아군 선박에 둘러싸인 뒤에야 비로소 자기가 자유의 몸이 된 것을 알아차렸을 정도였다. 안드레아 도리아의 대담함과 교활함이 거둔 승리였다.

그 후에도 기독교 해군은 튀니지의 해안 일대를 분탕질하고 '목욕장'에 갇혀 있던 기독교도 노예들을 해방했을 뿐만 아니라, 이슬람교도라는 이유만으로 주민을 죽이고 그들의 물건을 빼앗고 이슬람 선박을 세 척이나 빼앗은 뒤, 8월 말이 되어서야 겨우 귀로에 올랐다. 이름은 '신성동맹'이라고 붙였지만, 인질이 되어 있던 불행한 사람들을 해방한 것을 제외하면 기독교도도 이슬람 해적과 다름없는 만행을 저지른 것이다. 하지만 해적과 똑같이 행동할수록 해적과의 싸움에서 유리해질 수 있다는 것도, 유감이기는 하지만 진실이었다.

외교에서는 오른손으로 때려놓고 왼손을 내미는 짓을 자주 한다. 손을 내밀 정도라면 때리지 않아도 좋았을 것 아닌가 하고 말하는 사람은 선의를 가졌다는 것은 인정하지만 외교가 무엇인지는 모르는 사람이라고 말할 수밖에 없다. 물론 때리지 않아도 된다면 그보다 좋은 일은 없다. 하지만 맞아야 비로소 승낙하는 경우가 많은 것도 사실이었다.

이 시대 사람이었던 마키아벨리는 증오를 받기는 할망정 경멸만은 받으면 안 된다고 말했다. 또한 정치에서는 사랑보다 두려움의 대상이 되는 쪽을 택해야 한다고도 말했다. 인간은 자기를 사랑해주는 사람은 쉽게 버릴 수 있지만, 두려워하고 있는 상대한테서는 쉽사리 떠날 수 없기 때문이라는 것이다. 개인 간의 문제가 아니라 나라와 나라 사이의 문제를 다루는 외교에서는 얕보이거나 경멸당하는 것은 실질적인 손해를 가져오기 때문에 절대로 피해야 하는 중대사였다.

1516년 당시 제노바공화국도 이렇게 행동했다. 튀니지의 해안 일대에서 해적 못지않은 만행을 저지르고 본국으로 귀환한 직후에 그 일대의 행정 책임자인 튀니스 '수장'에게 사절을 보내 이렇게 말했다.

"튀니스항구에 제노바의 배가 묶여 있었다는 사실은 그 배를 빼앗아 북아프리카로 끌고 간 해적 쿠르토골리의 행동을 튀니스 당국도 인정했다는 것을 보여준다.

앞으로도 제노바와 통상관계를 유지하고 싶으면, 또한 두 번 다시 튀니지의 지중해 쪽 해안을 약탈당하고 싶지 않으면, 귀하가 통치하는 모든 지방에서 해적을 추방하겠다고 확실히 약속해야 한다."

'수장' 압달라는 해적을 우대한 적은 없다고 주장했지만, 결국 약속할 수밖에 없었다. 첫째, 제노바의 배는 습격하지 말 것. 둘째, 제노바 공화국 영토인 리구리아 해안지방은 습격하지 말 것. 이 두 가지 요구 사항을 쿠르토골리에게 전하겠다고 약속한 것이다.

하지만 튀니지의 모든 항구에서 해적을 추방하라는 요구에 대해서는 말을 이리저리 돌리면서 끝내 확답을 하지 않았다. '수장'도 쿠르토골리가 술탄의 후원을 받고 있다는 것을 알았기 때문이다. 제노바 정부도 튀니스 '수장'의 약속을 믿고 있었던 것은 아니다. 제노바 해군이 귀국한 직후부터 리구리아 일대에는 엄청난 수의 감시탑이 세워지기 시작했다. 전에 있었던 감시탑도 더욱 보강된다. 약속을 받아내는 한편, 방위도 잊지 않았다는 증거였다.

그런데 같은 시대를 살았던 같은 유럽인인데도 북아프리카 해적에 대한 대처법이 이렇게 다른 데에는 흥미가 솟는다.

우선 제노바공화국의 대처법은 지금까지 말한 바와 같다. 이 제노바와 어깨를 나란히 하는 이탈리아 해양국가인 베네치아공화국은 남을 때리지는 않지만 남에게 얕보이는 것도 용납하지 않는 대처법을 택하고 싶은 나라에는 표본이 될지도 모른다.

상선단에도 호위함을 딸려 내보낸 베네치아는, 손을 대면 용서하지 않겠다는 방침으로 일관했다. 또한 습격해온 해적을 붙잡은 경우에도 제노바처럼 본국까지 끌고 가서 감옥에 넣지 않고, 그 자리에서 활대에 매다는 방법으로 즉결처분했다. 해적은 전쟁포로가 아니라 단순한 범죄자라고 생각했기 때문이다. 그 결과 해적들은 베네치아 선박을 별로 습격하지 않았고, '목욕장'에서 고통받는 기독교도들 가운데 베네치아인의 비율은 '제로'라고 해도 좋을 정도에 머물러 있었다.

해적에 대한 세 번째 대처법은 당시 에스파냐 왕국이 택한 방법일 것이다. 튀니스와 함께 북아프리카 해적의 양대 근거지였던 알제항구 바로 근처에 요새를 지은 뒤 거기에 대포를 설치한 것만으로 만족하고, 그다음은 어떻게 되든 모르겠다는 식이다. 에스파냐 지배자들에게는 실제 성과보다 대국의 위신을 지키는 것이 더 중요했는지도 모른다. 그 결과 해적선은 알제항구를 마음대로 드나들고, 알제 시내에는 쇠사슬 소리를 울리며 끌려가는 납치된 에스파냐인의 모습이 끊이지 않았다.

한편 쿠르토골리는 어떻게 지내고 있었을까. 자숙하는 체해야 했던 '수장'과는 달리 공적 지위가 없는 그는 그럴 의무가 없다. 하지만 제노바 영토는 습격하지 않겠다는 '수장'의 약속은 존중하기로 한 모양이다. 이듬해에도 해적질을 하러 본거지인 비제르타항을 나가기는 했지만, 제노바가 있는 리구리아 지방으로는 뱃머리를 돌리지 않았다.

하지만 쿠르토골리가 단지 튀니스 '수장'의 체면을 세워주기 위해서

서지중해와 그 주변

만 제노바 영토에 대한 해적질을 체념한 것은 아니었다.

　제노바 정부의 노력으로 급속히 철벽화가 진행된 리구리아 연안 지방은 수비가 견고해서, 바다에 면한 모든 절벽에는 주민들이 지금도 '토레 사라체노'(사라센의 탑)라고 부르는 해적선 감시용 망루가 즐비하게 늘어서 있었다. 바다에서 바라보면 절벽과 그 위에 서 있는 탑, 그리고 바위와 돌이 많은 해안이 한 덩어리가 된 방벽이 끝없이 길게 이어져 있는 것 같았다. 게다가 제노바항에는 안드레아 도리아가 이끄는 제노바 군선이 언제라도 출항할 수 있는 상태로 대기하고 있다. 이런 제노바를 공격하는 것은 옥쇄를 의미할 뿐이다. 해적은 옥쇄 따위에는 털끝만 한 관심도 없었다.

　그 덕분에 그해에 쿠르토골리의 표적이 된 것은 토스카나와 라치오 지방이다. 그리고 쿠르토골리가 이 지방으로 표적을 좁힌 데에는 특별한 이유가 있었다.

토스카나는 교황 레오 10세의 본가인 메디치 집안이 통치하는 지방이고, 라치오는 교황 레오 10세가 사는 로마가 있는 곳이다. 지난해의 비제르타 공격이 교황기를 내걸고 이루어졌기 때문에, 본거지를 분탕질당한 쿠르토골리는 이 교황에 대해 무언가를 하지 않고는 직성이 풀리지 않는 기분이었을지도 모른다.

현직 로마 교황을 납치하여 그 원한을 풀려고 했으니, 해적 쿠르토골리도 정말 대담한 남자였다.

누구한테 들었는지는 모르지만, 쿠르토골리는 교황 레오 10세가 토스카나와 라치오 경계에 펼쳐져 있는 마렘마평원에 와 있는 것을 알았다. 이 평원은 그대로 모래밭이 되어 티레니아해에 이른다. 해적은 부하들을 태운 푸스타 12척을 이끌고 접근하여 한밤중에 모두 함께 상륙했다. 초승달이었는지, 어둠 속에서 상륙은 무사히 끝났다.

첫 번째 오산은 레오 10세가 묵고 있던 이 지방 귀족의 성채를 습격하는 일을 새벽까지 미룬 것이다.

두 번째 오산은 교황 레오 10세가 젊은 시절부터 사냥을 좋아해서, 비만한 몸인데도 말을 잘 탔다는 것이다.

그리고 결정적인 오산은 넓은 평원 한복판에 서 있는 성채인데 완전히 포위하는 것을 게을리한 것이다.

동이 트자마자 성채 밖이 시끄러워졌고, 해적의 습격인 것을 직감한 레오는 당장 말에 뛰어올라 쏜살같이 로마로 도망쳤다. 로마의 북쪽 성문이 보였을 때는 아직 정오가 한참 남아 있었다니까, 엄청나게 빠른 속도로 산과 들을 질주했다는 이야기가 된다.

해적 집단에 맞선 친구와 하인들을 버려두고 도망치기는 했지만, 이것이 기독교 세계 전체를 전례없는 치욕에서 구해주게 되었다.

현직 로마 교황이 산 채로 붙잡혀 쇠사슬에 묶인 채 투르크의 수도 콘스탄티노플로 끌려가서 술탄 앞에 무릎을 꿇는 사태가 일어났다면, 그 후 기독교 세계는 이슬람에 대해 회복할 수 없는 정신적 열세에 빠졌을 것이다.

같은 일신교인 이슬람교와 기독교의 차이는 신앙의 대상이 다르다는 데 있는 것이 아니라 믿는 방식이 옳으냐 그르냐에 있었다는 것을 잊어서는 안 된다. 이슬람교도의 눈으로 보면 기독교도는 유일신에 대한 신앙을 깊게 하는 길에 잘못된 길로 들어가버린 사람들이고, 따라서 불신앙의 무리이며 인간이 아니라 개다. 이런 이슬람교도들 사이를 쇠사슬에 묶여 끌려가는 로마 교황의 모습은 기독교도가 '개'라는 것을 보여주는 최고의 표본이었을 것이다. 기독교 세계의 정신적 최고 지도자인 로마 교황을 납치하려 한 쿠르토골리는 이 시대의 분위기에서는 충분히 칭찬받을 만한 이슬람교도였다.

실패로 끝나기는 했지만, 로마 교황이 납치될 뻔했다는 뉴스는 유럽 전역에 퍼졌다. 적선 12척이 접근하는 것도 알아차리지 못하고 상륙까지 허락해버린 불상사의 최고 책임자는 이 근해를 지키는 임무를 띤 교황청 해군 사령관이다. 당연히 해임될 것으로 여겨졌지만, 대다수 사람들의 예상과는 달리 교황은 동향인이자 친족이기도 한 사령관을 해임하지 않았다. 파올로 베토리와 레오는 둘 다 피렌체 출신답게 호방하고 성미도 강해서, 요즘 말로 하면 '필이 통하는 사이'였다.

사건이 일어난 뒤부터 베토리 사령관은 휘하의 군용 갤리선 3척이 치비타베키아항구에 정박한 채 적을 기다리는 것을 허용하지 않았다. 그 자체가 전력인 갤리선은 이제 한 척씩 나뉘어 제각기 연락용 소형 갤리선을 거느리고 해상 순찰을 계속하게 되었다. 상시 경계 체제를 편 것이다.

동시에 육지 쪽에도 해안선을 따라 감시용 '요새'(rocca)를 세우는 공사가 시작되었다. 북이탈리아의 리구리아 지방에는 '탑'(torre)이 많았지만, 바닷가까지 절벽이 바싹 다가가 있는 그 지방의 지형에서는 망보는 역할만 해낼 수 있으면 된다. 하지만 모래밭이 많은 중부 이탈리아의 토스카나나 라치오 해안 지대는 감시만이 아니라 상륙한 해적을 맞아 싸울 수 있을 정도의 병사를 상주시킬 필요가 있었다. 그러려면 소형이라도 요새 구조로 만들지 않으면 쓸모가 없었다.

육상에서 공사가 계속되는 한편, 파올로 베토리가 지휘하는 교황청 해군의 해상 순찰도 계속되고 있었다. 특히 베토리가 탄 기함은 연안을 멀리 떠나 사르데냐나 코르시카까지 가서 해적 쿠르토골리를 찾아다녔다. 쿠르토골리의 해적선단을 만나면, 이쪽은 몇 척밖에 안 되더라도 돌격할 작정이었다.

하지만 해적선은 그해 가을이 되어도 모습을 드러내지 않았다. 쾌속선을 비제르타항구 근처까지 잠입시켜 정찰했지만, 이 본거지에도 쿠르토골리는 모습을 보이지 않았다.

그가 티레니아해에도 북아프리카의 비제르타에도 없었던 것은 술탄의 명령으로 콘스탄티노플에 가 있었기 때문이다.

술탄 셀림은 교황 납치에 실패했다는 이유로 쿠르토골리를 책망하지는 않았다. 책망하기는커녕 많은 포상금을 주고, 이제까지의 노고를 직접 위로했다. 하지만 쿠르토골리를 북아프리카로 다시 돌려보내지는 않았다. 그렇다면 만기 제대라는 느낌으로 은퇴라도 시켰을까. 그런데 그와는 정반대였다.

서지중해를 분탕질하고, 미수로 끝나기는 했지만 로마 교황 납치까지 시도한 대담무쌍한 투르크인 해적을 투르크 술탄은 투르크 해군 총사령관에 임명한 것이다.

16세기 초인 당시에는 투르크가 기독교 국가들과 대대적인 해전을 치를 정도는 아니었다. 그래서 투르크 해군 총사령관이라 해도 실제 담당 해역은 지중해 동부에 한정되어 있었기 때문에, 지중해 서부에서 기독교 국가들을 상대로 벌어지고 있던 해적의 역사에서는 이 시기를 경계로 쿠르토골리의 이름이 사라진다.

하지만 서지중해를 분탕질하는 이슬람 해적들에게는 쿠르토골리의 출세가 해적 인생에 존재하는 가능성의 하나로 비쳤을 게 분명하다. 해적질로 실적을 올리면 투르크제국의 해군 총사령관도 될 수 있는 것이다. 쿠르토골리는 이 면에서도 그 후의 해적들에게 선배가 되었다.

16세기 초의 지중해 세계에서는 투르크제국의 패권 아래에 들어간 그리스·소아시아·시리아·팔레스타인·이집트가 '이슬람의 집'이 된다. 따라서 이들 지방에 둘러싸인 동지중해는 '이슬람의 집의 정원'이라 해도 좋았다.

이 '이슬람의 집의 정원'에 기독교도가 들어올 수 없었던 것은 아니다.

우선 로도스섬에 본거지를 둔 지 오래인 성 요한 기사단이라는 이질분자가 있었다. 그리스도의 전사임을 자부하는 이들은 가까운 바다를 항해하는 이슬람 선박을 습격하는 것을 자신들의 책무로 생각하고 있었다. 결국 이슬람 세계 내부에서 해적질을 하고 있었던 셈이지만, 유럽의 귀족 출신만 '기사'가 될 수 있다는 규정도 있어서 북아프리카 해적과는 역시 차이가 있었다.

요한 기사단→그리스도의 전사로서 책무를 완수하는 것→해적

북아프리카 해적→해적으로서 실적을 올린다→이슬람 전사로서 책무를 완수한다

제삼자가 보면 어이없는 차이지만, 본인들은 진지하게 받아들이고 있었다.

'이슬람의 집의 정원' 안에서도 자유롭게 오가고 있었던 또 하나의 기독교 세력은 건국 이래 줄곧 외국과의 교역을 국가의 기본방침으로 삼아온 베네치아공화국이다. 중세와 르네상스 시대의 '경제동물'인 이들에게 종교의 차이는 장애가 되지 않았다. 이슬람의 '정원' 안에도 키프로스섬과 크레타섬에 기지를 두고, '집' 안에도 각지에 영사를 두고 상관을 운영했다. 이 베네치아공화국이 투르크에 맞서서 일어나는 것은 경제관계가 위기에 빠졌을 때였다.

이 시대의 서지중해는 투르크가 맹주인 이슬람 세계에서 보면 '이슬람의 집' 밖이었다. 북쪽과 서쪽을 기독교 국가들이 지배하고 있는 서지중해는 기독교 세계로 여겨지고 있었기 때문이다. 아무리 북아프리카에 이슬람 세력이 침투해 있었다 해도, 그 세력을 대표하는 것이 해적이면 투르크제국의 공식 영토라고는 말할 수 없다. 그래서 투르크 술탄은 후방을 교란하는 기동부대로 해적을 활용하기로 마음먹고 실행에 옮겼다.

그런데 해적을 활용하는 것은 꽤 좋은 착상이었다고 말할 수밖에 없다.

자국 해군을 사용하면 이상적이지만, 해군의 장비를 갖추고 유지하는 데에는 육군보다 돈이 많이 든다. 베네치아공화국이 강대한 해군을 가질 수 있었던 것은 오랜 해운의 전통이 있었을 뿐만 아니라 교역을 통해 얻은 막대한 부를 투입할 수 있었기 때문이다. 오랜 전통과 부가 없다면, 교황청 해군의 규모를 보아도 알 수 있듯이 기껏해야 10척 정도의 군용 갤리선밖에 보유할 수 없다.

투르크제국은 막대한 부는 있어도 해운국이었던 전통은 없다. 전통이란 모든 면에서 '축적'이 있다는 뜻이다. 그것이 없는 투르크가 해군이 필요해졌을 때 생각해낸 것이 바로 해적이었다. 필요할 때만 해적을 징집하여 활용한다는 착상이다.

해군이 필요해졌을 때란 공략하려는 곳에 병사와 공성기를 운반할 필요가 생겼을 때, 또는 그곳의 보급로를 끊을 필요가 있을 때다. 이 시기에는 아직 일어나지 않았지만, 얼마 후에는 기독교 해군과 이슬람 해군이 해상에서 정면충돌하는 해전도 일어난다. 이런 때가 해군이 '필요해졌을 때'지만, 그밖에는 해적질을 해도 괜찮은 때다. 공식 해군이라면 평시에도 유지비가 들지만, 얼마 동안만 징집할 뿐이니까 유지비도 걱정할 필요가 없었다. 즉 압도적으로 싸게 먹힌 것이다. 그리고 해적으로서 실적을 올리면 투르크 해군 총사령관이라는 공식 지위로 가는 길까지 열려 있다는 것을 보여줌으로써 해적들의 의욕을 더욱 불러일으켰기 때문에, 앞으로도 인재 활용책으로는 유효하다는 것을 계속 보여준다. 기독교 세계도 성가신 적을 만나고 말았다.

파올로 베토리

이슬람 세력이 지중해 세계로 쳐들어오는 면에서도 지금까지 중요한 작용을 했고 앞으로도 계속하게 될 해적인 만큼, 쿠르토골리의 후임은 쿠르토골리가 직접 책임지고 선발한 자를 술탄 셀림이 수락하는 형태로 결정된 모양이다. 그 사람은 오랫동안 쿠르토골리의 부하였고 분대 지휘도 맡은 적이 있는 가드 알리였다.

순수한 투르크인답게 이목구비가 단정한 동양풍 얼굴이었다는 쿠르토골리와는 반대로, 쿠르토골리를 대신하여 튀니지 일대의 해적 두목이 된 가드 알리는 비쩍 마른 체격에 짙은 피부색, 날카로운 눈빛, 잔인하게 꽉 다문 입술에 행동거지도 야만스럽기 짝이 없는, 요컨대 기독교도가 상상하는 악마를 그대로 그려놓은 듯한 해적이었던 모양이다.

기독교 쪽의 기록에 따르면, 가드 알리는 붙잡힌 기독교도 소년들을 이슬람 국가들의 궁정에 환관으로 바치기 위해 거세하는 데 유난히 정열을 쏟았다고 한다. 이슬람에 관한 기독교 쪽의 기록은 항상 거리를 두고 접할 필요가 있지만, 가드 알리가 해적다운 해적이었던 것은 확실한 것 같다. 그리고 이 가드 알리를 맞아 싸우는 기독교 쪽에는 제노바 해군을 지휘하는 안드레아 도리아와 교황청 해군을 이끄는 파올로 베토리가 있었다.

이리하여 1518년은 쿠르토골리를 대신하여 해적 두목이 된 가드 알리에게는 일을 시작하는 해가 되었다. '해적의 계절'이라 해도 좋은 여름, 비제르타항을 떠난 가드 알리와 휘하 해적선단은 일터인 티레니아해를 향해 북상했다. 하지만 가드 알리도 쿠르토골리 밑에서 오랫동안 해적질을 한 경험이 있는 만큼, 만만찮은 상대에게는 손을 대지 않는 해적의 철칙을 지켰다. 철벽으로 변한 방위선과 안드레아 도리아가 기다리는 리구리아 지방으로는 가지 않고, 지중해 한복판까지 왔을 때 북상을 멈추었다. 그해의 일터는 교황청 해군이 지키는 중부 이탈리아로 결정되었다. 한여름은 노예를 얻기 위해 사르데냐섬과 코르시카섬을 돌면서 '풀을 베듯' 사람들을 납치하는 데 소비된 모양이다. 납치한 사람들은 그대로 배에 태워 북아프리카로 보내는 것이 해적들의 상투적인 수법이었다.

9월 중순에 가드 알리와 해적선단은 이번에는 키를 동쪽으로 꺾어서 토스카나 지방으로 접근했다.

해적선단이 엘바섬 근해에 나타났다는 소식을 받자마자 파올로 베토리는 이 해역으로 직행했다. 근처를 순찰하는 중이었기 때문에 소식을 받자마자 직행할 수 있었지만, 그 때문에 충분한 준비도 하지 못해서 그가 탄 기함을 뒤따른 것은 갤리선 한 척과 범선 두 척뿐이었다. 게다가 순풍이라고는 도저히 말할 수 없는 바람을 뚫고 북상했기 때문에, 노라는 '모터'를 갖추지 않은 범선은 속도가 떨어질 수밖에 없다. 또 한 척의 갤리선도 기함처럼 대형이 아니어서 기함만 한 속도는 나지 않는다. 뒤따르는 세 척과 기함 사이의 거리는 점점 벌어질 뿐이었다. 하지만 그것을 알면서도 베토리는 대형 군용 갤리선 한 척만으로 적을 뒤쫓았다.

본토에서 튀어나온 피옴비노곶과 엘바섬 사이의 해협에서 북상하는 적선 한 척을 따라잡았다.

사령관 베토리는 섬 근처에서 적과 대결하는 위험까지는 생각지 않았던 모양이다. 눈앞의 적선밖에는 염두에 없었던 것 같다. 그 적선을 향해 뱃머리를 돌리고 돌격했다. 해적선은 당장 옆으로 기울어졌고, 해적들은 갑판으로 옮겨 탄 교황청 해군 병사와 노잡이의 합동 공격을 견디지 못하고 항복했다.

그런데 이때 가까운 섬 그늘에서 푸스타 8척이 나타났다. 이 소형 갤리선 8척은 당장 베토리의 배를 에워싼다. 대형선 1척을 소형선 8척이 사방팔방에서 공격하자, 오래지 않아 승부가 분명해졌다. 하지만 뒤늦게 따라온 갤리선 한 척과 범선 두 척이 바로 그때 도착했다.

앞에서도 말했듯이 범선에는 공격력이 없다. 따라서 해상 전력으로 말하면, 이때의 전력은 2 대 8이 된다. 늦게 온 세 척은 패색이 짙어지는 기함을 도우려고 적진으로 뛰어드는 것은 미친 짓이라고 판단하고, 적에게 따라잡힐 염려가 없는 해상까지 후퇴하여 그곳에서 사태의 진전을 지켜보는 쪽을 택했다. 바꿔 말하면, 달리 선택할 여지가 없었다고는 하지만 자기편이 죽게 된 것을 보고도 모른 체 내버려둔 것이다.

베토리의 배에서는 노잡이에 이르기까지 모든 사람이 분투했다. 사령관 자신도 성난 사자처럼 닥치는 대로 적을 베었다. 베토리는 중상을 입고도 사령관 역할을 잊지 않았다. 시선 끝으로는 해상에서 기다리는 아군 선박을 보고 있었다. 아직 움직일 수 있는 자들에게 바다로 뛰어들라고 명령했다. 베토리가 쓰러진 것은 그다음이었다.

교황청 해군의 기함을 포획하여 2년 전 비제르타를 약탈당한 원수를 갚았다고 만족한 가드 알리는 그해의 일도 이 정도면 충분하다고 생각하고 비제르타로 돌아갔다. 물론 교황청 해군의 기함도 끌고 갔다. 쿠르토골리의 후임으로서는 대성공으로 한 해를 장식한 셈이다.

같은 피렌체 출신일 뿐만 아니라 친구 사이이기도 한 파올로 베토리의 운명을 생각하고, 평소에는 쾌활한 교황 레오 10세도 슬픔을 감추지 못했다. 하지만 겨울이 다가오고 있었다. 겨울은 배를 수리하고 장비를 재점검하느라 배는 항구 안에서 쉬고 선원과 노잡이는 귀가할 수 있는 계절이다. 하지만 이듬해 봄부터 다시 시작될 해상 순찰을 앞두고 함대 사령관을 인선해야 하는 것도 겨울이었다.

그런데 교황 레오 10세는 베토리를 대신할 사령관을 아무래도 고를 수가 없었다. 측근들이 가져오는 명단도 한번 훑어보기만 하고 옆으로 밀쳐버렸다. 적임자가 없다는 것이 이유였지만, 파올로 베토리가 죽었다는 확증이 없는 이상 레오는 아직도 한 가닥 희망을 버리지 못하고 있었다.

한편 쇠사슬에 묶여 감옥에 갇혔다가 잔혹한 고문 끝에 목이 잘릴 친구를 생각하면 견디기 어려운 심정이었다. 파올로 베토리는 교황청 해군 사령관이다. 2년 전 교황청 깃발에 유린당한 북아프리카의 이슬람교도 쪽에서 보면, 그때의 적장 가운데 하나인 파올로 베토리는 광장으로 끌어내어 공개 처형할 이유가 충분했다. 교황 레오도 전란의 시대이기도 했던 르네상스 시대 사람이다. 패장을 기다리는 운명은 충분히 알고 있었다. 다만 1518년 겨울의 레오는 아직 그것을 받아들이지 못하고 있었다.

그럭저럭하는 동안 해가 바뀌고, 해적의 계절이 시작되는 봄이 찾아온다.

해적 가드 알리가 이듬해에도 토스카나와 라치오로 표적을 좁혔다면, 이 두 지방의 연안 일대가 받았을 피해는 엄청난 것이었을 게 분명하다. 이 해역을 지키는 것이 임무인 교황청 함대는 기함을 적에게 빼앗겼을 뿐만 아니라 사령관도 없는 상태였기 때문이다. 하지만 지난해의 성공이 가드 알리를 자기과신에 빠뜨리고 있었다.

1519년 봄, 지난해에 포획한 교황청 함대의 기함을 자기 배로 삼은 가드 알리는 휘하 해적선단을 이끌고 북아프리카를 떠나 북상하기 시작했다. 이 소식은 튀니스에 주재하는 제노바 영사를 통해 당장 본국에 전해진다. 이 단계에서는 가드 알리의 표적이 어디인지 아직 알 수 없었지만, 제노바는 맞아 싸울 준비에 들어갔다. 그 책임자인 안드레아 도리아는 무엇 때문인지 올해는 해적이 제노바를 공격하러 올 거라고 예측하고 있었다. 그리고 이 예측은 들어맞는다. 지난해에 거둔 전과로 자신감에 넘쳐 있던 가드 알리는, 지난해에는 제노바를 피했지만 올해에는 제노바를 이길 수 있다고 믿었을 것이다. 그래서 토스카나와 라치오 연안에는 눈길도 주지 않고 곧바로 제노바를 향해 북상했다.

그해에 제노바항에는 공격력인 갤리선은 네 척밖에 배치되어 있지 않았다. 제노바 근해를 지키는 것밖에는 염두에 없는 제노바 정부가 그 해역을 경비하는 데에는 네 척이면 충분하다고 판단했기 때문이다. 또한 안드레아 도리아는 53세가 되었는데도 이 시기에는 아직 지위가 낮았다. 제노바항을 방위하는 일만 그가 담당하고 있었기 때문이다.

하지만 해적이 반드시 습격해온다고 생각한 도리아는 자국 정부의 결정이라고 해서 그대로 받아들일 사내는 아니었다. 정부에 갤리선 두 척을 추가로 요구했다. 제노바공화국 정부는 배는 있지만 노잡이가 부족하다는 구실로 도리아의 요구를 물리친다. 하지만 이 정도로 물러날 도리아가 아니었다. 죄수를 노잡이로 쓰겠다고 말하여 두 척을 늘리는 것을 승인받았다.

죄수들은 얼마 동안 갤리선 노잡이로 일하면 형을 말소해준다는 조건으로 해상 근무를 하기 때문에, 이탈리아 배인 경우에는 선상에서도 쇠사슬에 묶이지 않는다. 그래도 죄수인 이상, 보통 노잡이와는 다른 주의가 필요했다. 이 사람들은 '보나볼리아'라고 불렸다. 직역하면 '좋은 소망'이지만, 요컨대 제노바 시민으로서의 의무를 감옥이 아니라 해상에서 완수하기로 결정한 사람을 말한다. 따라서 적과 전투가 벌어지면 다른 승무원들과 마찬가지로 손에 무기를 들고 참전했다.

안드레아 도리아는 죄수들만으로 한 척의 노잡이를 편성하지 않고, 죄수들을 각 배에 분산하는 방법을 택한 모양이다. 그리하여 6척의 갤리선단을 편성할 수 있었다. 그 6척을 이끌고 항구를 나와 적을 향해 남하하기 시작했다. 수비가 견고하여 안전한 항구 안에서 기다리는 것은 그의 성미에 맞지 않았다.

제노바의 바다 사나이들

4월 말이 가까워진 어느 날, 남하하던 제노바 해군이 풀어놓은 정찰선에서 보고가 들어왔다. 피아노사섬 근해를 수많은 해적선이 한 덩어리를 이루어 북상하고 있다는 소식이었다. 피아노사는 코르시카와 엘바섬 사이에 있는 작은 섬인데, 그 해역을 북상하고 있다는 것은 적이 제노바로 향하고 있다는 증거였다.

하지만 도리아는 북상하는 해적의 앞길을 가로막는 방법은 택하지 않았다. 해상 전투를 싫어하여, 배의 척수에서 우세해도 적의 함대를 보면 재빨리 달아나는 해적의 습성을 알고 있었기 때문이다. 또한 바람도 북상하는 적에게 유리하고 자기네한테는 역풍인 시로코라는 남동풍이었다.

그래서 도리아는 달아나는 것처럼 위장하기로 했다. 유턴하여 뱃머리를 북쪽으로 돌린 제노바의 기함을 보고, 나머지 다섯 척도 그 뒤를 따랐다.

이탈리아 해양국가의 선박이 사각형 돛이 아니라 삼각형 돛을 좋아한 것은, 사각형 돛을 달면 역풍일 때는 어찌 해볼 도리가 없지만, 삼각형 돛을 달면 지그재그로라도 앞으로 전진할 수 있기 때문이다. 게다가 그 돛을 조종하는 것은 선원으로서는 베네치아인보다 낫다고 자타가 인정하는 제노바 선원들이었다. 배의 방향을 바꾸는 것도 북아프리카 해적 따위는 발뒤꿈치에도 미치지 못할 만큼 능숙하게 해낼 수 있었다. 그래서 안드레아 도리아도 바람이 휘몰아치는 바다에서 줄타기만큼 어려운 선박 조종술을 요구할 수 있었다. 제노바 선원이라면 순풍을 받고 달리면서도 조금씩 속도를 늦추는 것쯤은 식은 죽 먹기였다. 그리고 해적 가드 알리는 달아나는 적의 선단을 추적하는 것밖에는 염두에 없었다.

피아노사섬은 수평선 너머로 사라지고, 엘바섬도 지나쳐 가고 있을 때였다. 도리아가 탄 기함의 돛대 높이 다시 유턴하라고 명령하는 깃발이 나부꼈다.

갑자기 방향을 바꾼 제노바 함대는 이미 돛을 내리고 있었다. 돛은 내리고 노만 움직이는 것은 전투 준비가 끝났다는 것을 의미한다.

한편 순풍을 받고 쫓아온 해적선단은 적이 갑자기 방향을 바꾸자 혼란에 빠져 돛을 내리는 작업도 잊고 있는 사이에 적진 속으로 돌진해버렸다. 제노바 쪽은 완벽한 태세로 적을 맞아 싸운 반면, 해적 쪽은 바람에 떠밀려 전투로 들어와버린 셈이 된다. 이것이 양쪽 전사들의 전투 방식에 영향을 미치지 않을 리가 없었다. 제노바 쪽에서는 병사도 노잡이도 한 덩어리가 되어 "산 조르조!" 하는 함성과 함께 적선으로 쳐들어갔다. 산 조르조(성 게오르기우스)는 제노바의 수호성인이었다.

해상에서 벌어진 격투는 두 시간이 넘도록 계속되었다. 도리아가 탄 기함은 동시에 다섯 척이나 되는 적선을 상대로 싸웠다. 많은 제노바인이 죽었지만, 결과는 해적의 완패로 끝났다.

500명이 넘는 해적이 죽고, '푸스타'가 20척이나 포획되어, 30척 가까웠던 해적선단에서 달아나는 데 성공한 것은 '푸스타' 3척뿐이었다고 한다. 물론 해적선에 쇠사슬로 묶여 있던 기독교도 노잡이들은 모두 해방되었다.

또한 지난해에 나포되어 해적선단의 기함이 되어 있었던 교황청 기함도 기독교 쪽으로 돌아왔다.

얼마 안 되는 포로들 가운데 가드 알리가 끼어 있는 것을 안 도리아는 자신의 성공이 완벽하다는 것을 깨닫는다. 다만 안드레아 도리아는 동시대의 베네치아 해군 사령관들처럼 사로잡힌 해적을 즉석에서 활대에 매달아 사형에 처하지는 않았다. 해적 두목 가드 알리는 쇠사슬에 묶인 채 제노바항까지 끌려가 개선식 때 혼쭐이 난 뒤, 피아노사섬의 감옥에 갇혔다. 가드 알리는 2년 뒤 감옥 안에서 홧병으로 죽었다고 한다.

로마 교황은 제노바에서 돌려보낸 교황청 기함과 함께 제노바 함대의 승리를 알았다. 그 배에서는 교황청 기함이었을 당시 선원이었던 사람들이 해적의 기함이 된 뒤에도 노예로서 일하고 있었다. 비록 1년 뒤에나마 귀국할 수 있었던 그들을 맞으면서 교황 레오는 기쁨을 감추지 못했다. 하지만 그들 가운데 사령관이었던 베토리의 소식을 아는 사람은 아무도 없었다.

교황은 사령관 인선을 더는 미룰 수 없다고 인정할 수밖에 없었다. 베토리가 타고 있던 기함은 대포도 장착한 최신형 배였기 때문에, 해적 가드 알리도 기함을 포획한 뒤 자기 배로 삼았던 것이다. 그런데 그 배가 선원들과 함께 돌아와 치비타베키아에서 출항을 기다리고 있다. 교황청 함대는 교황 레오가 고생해서 만들어냈을 당시의 상태로 돌아온 셈이지만, 사령관이 빠져 있었다.

제노바 정부는 교황청에 주재하는 대사를 통해 안드레아 도리아의 예측도 전해왔다.

가드 알리는 처리했지만, 북아프리카 해적의 습격이 없어질 리가 없다. 이듬해에도 북상해올 것은 틀림없는데, 그때의 표적은 토스카나와 라치오일 것이라는 예측이다.

제노바 정부는 또한 티레니아해 쪽의 이탈리아반도 서해안 일대를 방위하기 위해 제노바 해군도 교황청 해군과 연대할 용의가 있다는 뜻도 전해왔다. 그 당사자가 될 교황청 해군 사령관 인선은 이제 더 이상 미룰 수 없는 시점까지 와 있었다.

바로 그 무렵 로마 교황에게 파올로 베토리의 자필 편지가 배달되었다. 베네치아 선박에서 쓰고 있다는 그 편지는 교황 레오를 미칠 듯이 기쁘게 해주었지만, 편지에는 포로가 된 뒤의 우여곡절도 적혀 있었다.

편지에 따르면 전투 중에 중상을 입은 베토리는 가드 알리의 배로 옮겨져 그대로 비제르타로 끌려갔다. 비제르타까지 가는 배에서 이미 유대인이라는 의사에게 극진한 치료를 받았다고 한다. 그래서 비제르타에 도착하여 감옥에 갇혔을 때에는 수감생활을 견딜 수 있을 정도의 체력이 회복되어 있었다.

가드 알리와 베토리가 어떻게 만났는지는 알 수 없다. 또한 어떻게 베토리가 해적 두목을 설득했는지도 알려져 있지 않다. 나는 파올로 베토리도 1,500년 전에 율리우스 카이사르가 쓴 '수법'을 써먹은 게 아닐까 생각한다. 폼페이우스의 해적 소탕 작전 이전이어서 지중해에 아직 해적들이 우글거리고 있던 기원전 1세기, 해적에게 붙잡힌 청년 시절의 카이사르가 써먹은 '수법'이다.

무엇보다 살해되지 않는 것이 우선이다. 그래서 해적에게 많은 몸값을 내겠다고 제의한다. 몸값은 상당한 액수가 아니면 효과가 없다. 해적들이 눈앞에 있는 사람을 죽이는 것보다 몸값을 받는 편이 더 매력적이라고 생각할 만한 액수가 아니면 안 되기 때문이다. 그만한 몸값을 낼 수 있는지 어떤지는 이 단계에서 고민할 필요가 없다. 살해되지 않는 것이 무엇보다 우선하기 때문이다.

파올로 베토리가 이 '수법'을 썼는지 어떤지는 알 수 없다. 알려져 있는 것은 교황청 해군 사령관이 처형되지 않고, 이상하게도 상당한 행동의 자유까지 허용되어 있었다는 점이다. 그것이 튀니스에 주재하는 베네치아 영사와의 접촉으로 이어졌다.

가드 알리와 합의한 몸값 액수는 6천 두카토다. 인질 한 사람의 몸값으로는 전대미문의 고액이어서, 명문이기는 하지만 피렌체의 다른 명문처럼 금융업에 종사하지 않는 베토리 집안에서는 아무리 발버둥쳐도 마련할 수 없는 금액이었다.

도시에서는 집세를 제외한 1년 생활비가 20두카토나 25두카토면 충분한 시대였다. 피렌체와 베네치아의 행정관료의 연봉은 중견급이 100두카토였다. 지금은 교황청의 보물로 대접받고 있는 '피에타'상 제작비로 미켈란젤로에게 지불된 액수가 150두카토였던 시대다. 그런데 베토리의 몸값이 6천 두카토까지 올라간 것이 해적의 요구에 따른 것인지 아니면 교황청 해군 사령관의 제안이었는지는 알 수 없지만, 어쨌든 개인이 지불할 수 있는 금액은 아니었다.

교황청이 내줄 거라는 베토리의 말을 믿고, 베네치아인 여러 명이 튀니스에 있는 자신들의 은행계좌에서 돈을 빼내어 해적에게 몸값으로 지불한 모양이다. 죄수생활이 반년도 지나기 전에 베토리는 자유의 몸이 되어, 베네치아 상선을 타고 튀니스를 떠난 것이다.

하지만 그대로 곧장 로마로 돌아갈 수 있었던 것은 아니다. 베네치아인들은 교황청 해군 사령관을 석방하는 일에는 협력을 아끼지 않았지만, 로마로 베토리를 돌려보내는 것은 베토리 대신 내준 몸값 6천 두카토가 베네치아 은행에 입금된 것을 확인할 때까지 미루었다. 그래서 베토리도 돈이 입금될 때까지 담보로 잡혀 있는 느낌으로 베네치아 배를 타고 베네치아까지 가고 있었던 것이다. 그 배에서 교황에게 편지를 보낸 것은 무사하다는 소식을 한시라도 빨리 전하고 싶은 마음 외에, 되도록 빨리 6천 두카토를 베네치아 은행에 입금해달라고 교황에게 부탁할 필요도 있었기 때문이다.

베토리가 보낸 편지는 베토리를 체념할 수밖에 없다고 생각하기 시작한 레오에게 큰 기쁨을 안겨주었다. 전대미문의 몸값도 교황이 개인 물건을 담보로 돈을 빌려서 마련했다고 한다. 완전히 자유의 몸이 된 베토리가 로마로 돌아온 것은 1519년 겨울에 접어든 뒤였다.

사실 교황청 해군 사령관은 교황에게 보낸 편지에서 언젠가는 갚을 테니까 몸값을 대신 내달라고 부탁했다. 하지만 교황 레오는 반년 만에 나타난 친구가 그 말을 또 되풀이하자 호쾌한 웃음으로 대답할 뿐이었다. 이 교황에 대해서는 내가 일찍이 『신의 대리인』에서 르네상스 교황 네 명 가운데 한 사람으로 다룬 적이 있다.

이슬람 해적 밑에서 포로생활을 한 번이라도 경험하면, 두 번 다시 바다에 나가고 싶지 않다고 생각하는 게 당연할 것이다. 그렇게까지 강한 거부반응을 일으키지는 않더라도 얼마 동안 냉각기간을 두고 싶다고 말할 수는 있다. 그렇게 말했다 해도 비난할 사람은 아무도 없었을 것이다.

16세기는 모든 생각이 모든 지역에서 서로 격돌한 시대였다.

기독교 × 이슬람교

가톨릭 × 그리스정교

가톨릭 × 프로테스탄트

가톨릭의 온건파 × 이단재판파

프랑스 × 에스파냐·독일

이슬람 세계에서도 여러 종파의 투쟁은 시조 무함마드가 죽은 뒤부터 시작되어 집요하게 계속되고 있었지만, 16세기에 접어든 뒤에는 투르크제국의 압도적인 힘이 표면적으로나마 그것을 진정시키는 데 이

바지하고 있었다. 하지만 이슬람 세계에서 투르크제국과 같은 힘을 가진 나라가 하나도 없었던 기독교 세계에서는 격돌이 더 오래 계속된다. 서구에서 패권을 장악하려는 에스파냐와 그것을 용납하지 않으려는 프랑스 사이의 파워게임이 반세기가 넘도록 유럽을 전쟁터로 만들어간다.

이런 시대에는 감옥 상태가 열악하고 죄수생활이 가혹하기 이를 데 없는 것은 기독교 세계나 이슬람 세계나 다를 바가 없었고, 종교가 개재되자마자 상황이 더 열악해지고 더 가혹해지는 것도 다를 바가 없었다. 권력이나 이익을 둘러싼 투쟁이라면 '승자'와 '패자'로 나뉠 뿐이지만, 거기에 종교가 들어오면 '올바른 쪽'과 '올바르지 못한 쪽'으로 나뉘어버리기 때문이다.

이런 시대에 이슬람 국가에서의 죄수생활이 기독교도에게 쾌적할 리는 없었다. 특히 기독교도 전체의 정신적 최고지도자로 되어 있는 로마 교황의 직속 해군 사령관이었던 사람에게는 더욱 그러했다.

파올로 베토리는 반년 동안 이어진 비제르타와 튀니스에서의 죄수생활에 대해 한 마디도 하지 않았고, 글을 남기지도 않았다. 하지만 그가 맨 먼저 교황에게 부탁한 것은 고향 피렌체로 돌아가게 해달라는 것이 아니라, 하루라도 빨리 교황청 해군 사령관으로 복귀시켜달라는 것이었다. 교황 레오도 흔쾌히 허락한다. 베토리도 이런저런 걱정으로 끙끙 앓으며 구시렁거리지 않는 기질의 남자였던 모양이지만, 같은 피렌체 출신인 레오 10세는 그보다 더한층 구시렁거리지 않는 남자였다. 어쨌든 루터가 종교개혁 운동을 일으키고, 그 결과 프로테스탄트파에 이반당하여 기독교 세계가 양분되어도 레오는 당황하지 않았다. 6천 두카토를 지출하는 것쯤으로 구시렁거릴 리는 없었다. 그래서 아무 일도 없었다는 듯이 치비타베키아로 돌아온 베토리를 병사도 선원도 노잡이도 박수갈채로 맞이했다. 이듬해인 1520년에 교황청 해군은 다시 바다에 나갈 수 있는 상태로 돌아와 있었다.

하지만 역시 지난해에 안드레아 도리아가 해적 가드 알리를 포획한 영향은 컸다.

해적이라 해도 지도자가 없으면 기능을 발휘할 수 없는 집단인 것은 마찬가지다. 작은 외딴섬에 불과한 피아노사섬의 감옥에 갇혀 있는 자기네 지도자를 빼내지도 못했기 때문이다. 게다가 티레니아해의 북쪽은 도리아가 이끄는 제노바 해군이 엄중히 지키고, 그 남쪽은 베토리가 지휘하는 교황청 해군이 순찰을 돌고 있었다. 이 티레니아해에 면한 이탈리아반도 서해안 일대는 참으로 오랜만의 평화를 누리고 있었다.

이런 서지중해와는 달리 동지중해에서는 갑자기 파도가 일고 있었다. 투르크제국이 다시 성 요한 기사단의 본거지가 있는 로도스섬을 공략하기 위해 움직이기 시작한 것이다.

서기 1517년에 시리아와 이집트를 완전히 제패한 이후 투르크제국은 명실공히 이슬람 세계의 맹주 자리를 확실히 굳히고 있었다. 그 투르크가 그리스·소아시아·시리아·팔레스타인·이집트가 빙 둘러싸고 있는 동지중해를 자국의 내해라고 보게 된 것은 당연했다. 자기네 정원인 동지중해 한복판에 딱 하나 남아 있는 기독교 세계의 보루가 바로 십자군 시대의 유물인 종교기사단이 아직도 틀어박혀 있는 로도스섬이었다.

투르크의 수도 콘스탄티노플에서는 이 로도스섬을 '이슬람의 목구멍에 걸린 뼈'라고 불렀다. 그런데 이 '뼈'가 로도스섬 안에 얌전히 있지도 않았다. 바다의 간선도로라 해도 좋은 투르크의 수도 콘스탄티노플과 이집트의 알렉산드리아 사이를 왕복하는 배는 물론이고 주변 해역을 오가는 이슬람 선박을 습격하여, 해적이라는 말을 들어도 불평할 수 없는 방식으로 이슬람과의 싸움에 전념하고 있었다. 그들로서는 십자군의 계승이었다.

그렇기는 하지만, 이 해역을 지나는 이슬람교도들은 견딜 재간이 없었다. 그들은 성 요한 기사단의 기사들을 '그리스도의 뱀들'이라고 부르고, 그들이 틀어박혀 있는 로도스섬을 '그리스도의 뱀들의 소굴'이라고 부르며 두려워하고 있었다. 이슬람의 맹주가 된 투르크제국의 술탄은 내버려둘 수가 없게 되었다.

'뱀들의 소굴'을 소탕하기 위한 공격은 1480년에 이미 시도한 적이 있었다. 하지만 그때는 해상 보급선이 충분히 기능을 발휘하지 못해서 10만이나 되는 대군을 상륙시켜놓고도 결국 철수할 수밖에 없었다. 두 번째 시도의 조짐이 보이기 시작한 것이 1520년이었다.

투르크 본국에서 보이기 시작한 이 조짐을 재빨리 알아차린 이탈리아 출신의 기사단장 델 카레토는 서구의 기독교 국가들에 원군을 보내달라고 요청했다. 물론 로마교황청에는 다른 어디보다 먼저 원군을 요청했다. 교황 레오는 그 요청에 응하기로 결정했는데, 파견할 원군의 책임자로 지명한 사람이 바로 파올로 베토리다.

몸값을 6천 두카토나 내주었으니까 이슬람과의 최전선에 가서 일하라는 느낌이라도 있었나 하고 상상하면 웃음이 나오지만, 명령을 받은 베토리 쪽에는 어쩔 수 없으니까 간다는 느낌이 전혀 없었다. 그러기는커녕 의욕에 불타서 해적과의 최전선에 복귀했는데, 적장인 가드 알리는 감옥에 갇혀 있고 부하 해적들도 숨을 죽이고 조용해져버린 것 같아서 들어 올린 손을 가져갈 곳이 없는 기분이었다.

기사단장의 편지에 따르면, 본격적인 로도스섬 공격을 시작하기 전의 전초전으로 로도스섬 근해를 분탕질하여 기사단의 보급로를 끊는 해상 작전을 지휘하고 있는 것은 바로 쿠르토골리라고 한다.

서지중해를 두려움에 떨게 한 해적 쿠르토골리도 그 후 투르크 해군 총사령관에 임명되었으니까, 투르크가 군사행동을 일으키면 쿠르토골리가 해상에서 그것을 뒷받침하는 것은 당연했지만, 베토리에게는 쿠르토골리가 잊을 수 없는 적이기도 했다. 그는 바로 로마 교황을 납치하려 한 사내였다. 그 사건은 미수로 끝났다고는 하지만 교황의 안전을 지킬 책임이 있는 교황청 해군 총사령관인 베토리의 코앞에서 일어난 일이었다. 그 쿠르토골리와 다시 대결할 수 있다는 생각이 피렌체 사나이의 가슴에 불을 질렀다.

로도스섬에는 크고 작은 대포를 갖춘 대형 범선 3척이 가게 되었다. 교황청 해군은 그만한 배를 보유하지 못했지만, 교황 레오가 또다시 돈을 빌려 급히 만들게 했다. 보통 범선은 공격력이 없지만, '갈레오네'라고 불리는 대포를 장착한 대형 범선은 완전히 공격력을 갖는다. 로도스섬까지의 장거리 여행도 견딜 수 있고 공격력도 필요하다면, 갤리선보다는 갈레오네가 더 적당했다.

대형 범선이니까 승선할 수 있는 사람의 수도 많아진다. 3척의 갈레오네는 수많은 대포와 다량의 화약을 싣고 있으면서도 1척당 250명의 병사를 태우고 출항한다. 모두가 지원자였다.

봄에 치비타베키아를 출항한 뒤, 이탈리아반도를 따라 남하하여 메시나해협을 지나고 이오니아해를 가로질러 로도스섬에 도착했을 때는 6월이 되어 있었다. 그곳에는 이미 프랑스 왕이 보낸 17척이 입항해 있었다. 프랑스 왕이 원군을 보냈다는 것은 에스파냐 왕은 원군을 보내지 않는다는 뜻이다. 그래서 기사단장도 더 이상 외부의 지원을 기다리는 것은 시간 낭비라고 판단하고, 합계 20척인 해상 전력의 총지휘를 파올로 베토리에게 맡겼다. 프랑스 배의 선장들 중에는 이슬람 해적을 상대로 싸워본 경험자가 적었다. 하지만 이것도 베토리가 먼저 말을 꺼내서 결정된 모양이다. 로도스섬에 입항한 이후 베토리의 활약은 마치 오랜만에 바다에 풀려난 물고기라도 되는 것처럼 눈부셨기 때문이다.

기사단장 파브리초 델 카레토는 교황 레오의 사촌인 줄리오 데 메디치 추기경(이 사람도 로마에 있기는 하지만 성 요한 기사단의 일원이었다)에게 보낸 편지에서 이렇게 말했다. 날짜는 1520년 8월 25일이다.

"내가 누구보다도 경애하는 파올로 베토리는 여기서는 기독교 해군 총사령관의 이름에 부끄럽지 않은 훌륭한 전과를 매일처럼 올리고 돌아옵니다. 베토리의 활약은 눈부셔서, 로도스섬 근해에는 투르크군의 배가 한 척도 얼씬거리지 않게 되었습니다.

특히 요전 날의 전과는 대단했습니다. 투르크 해군을 지휘하고 있던 해적 두목이 탄 배를 쫓아다니며 격파하고 불태우고 많은 포로까지 데리고 귀환한 것입니다. 우리에게는 로도스 근해에서 투르크 해군을 배제한데다 부족한 노잡이까지 보충해준 셈이 됩니다."

기독교 국가에서는 성 요한 기사단만이 사로잡은 이슬람교도를 노잡이로 부리는 방식을 계속 채택하고 있었다.

파올로 베토리가 집요하게 노렸던 쿠르토골리는 타고 있던 배가 침몰했는데도 살아남았다. 그래도 이때의 대결에서 이긴 쪽은 베토리였다고 말할 수 있다. 투르크 쪽이 외부에서 로도스섬으로의 보급을 차단하는 봉쇄망을 만드는 것을 단념했기 때문이다.

프랑스에서 온 17척은 이것으로 파견 목적을 달성했다고 보고 귀로에 오른다. 파올로 베토리도 기사단 전원이 최고의 예를 갖추어 전송하는 가운데 휘하의 3척을 거느리고 서쪽으로 출발했다.

로도스섬은 두 번이나 투르크의 공격을 물리쳤다고, 그때는 누구나 그렇게 생각했다. 하지만 겨우 1년 뒤에는 그것이 지나치게 낙관적인 전망에 불과했다는 사실이 분명해진다. 로도스섬의 운명도 지중해까지 휘말려든 국제정치의 동향과 무관하지 않았다.

제5장

파워게임의 세기

젊은 권력자들

1522년이라는 해에 조명을 맞추면 국제정치의 주인공들은 다음과 같다. 그들 모두가 젊은 나이에 권력을 잡아서 오랜 치세를 누렸고, 게다가 영명한 군주였다는 공통점을 갖고 있었다.

술레이만 1세(1494~1566년) —— 아버지 셀림의 죽음으로 26세 때인 1520년에 투르크 술탄에 즉위한다. 45년이나 되는 긴 치세 동안, 육지에서는 빈에 바싹 다가가고 바다에서도 베네치아공화국을 비롯한 기독교 국가들에 대해 공세를 계속하여 영토를 최대로 넓히고, 투르크제국의 황금시대를 쌓아올렸다. 기독교 쪽에서도 '대제'라는 경칭을 붙여 불렀을 만큼 이슬람 세계 최고의 권력자였다.

1522년 당시 28세였다.

프랑수아 1세(1494~1547년) —— 21세 때인 1515년에 프랑스 왕에 즉위한다. 전쟁에서도 외교에서도 당대 최고의 인물이라고는 도저히 말할 수 없는 군주였지만, 치세가 32년이나 되면 뭔가는 할 수 있다. 그리고 프랑스는 국토가 곧 경작지라 해도 좋을 정도여서 풍요롭고 인구도 많았다. 이런 나라의 왕이었던 프랑수아의 공적이라면 만년의 레오나르도 다 빈치를 프랑스로 초빙하여 그 위대한 천재에게 잠시나마 편안히 살다가 죽을 곳을 선물한 것인지도 모른다. 「모나리자」가 프랑스에 있는 것도 레오나르도가 감사의 표시로 선물했기 때문이다.

다만 이탈리아 르네상스 문화에 대한 동경과 애정을 제외하면, 프랑스 왕으로서의 일생은 에스파냐에 대한 증오로 보냈다. 당시 에스파냐 왕인 카를로스의 세력을 생각하면 무리도 아니었지만,

술레이만 1세　　　　　프랑수아 1세　　　　카를로스 1세(카를 5세)

1522년 당시 28세였다.

에스파냐 왕으로서는 카를로스 1세, 독일과 오스트리아를 중심으로
한 신성로마제국 황제로서는 카를 5세(1500~1558년)—16세 때인
1516년에 에스파냐 왕에 즉위한다. 1519년에는 19세 나이에 신성로
마제국 황제에 즉위하여 에스파냐·독일·오스트리아·네덜란드를 치
하에 두었을 뿐만 아니라 베네치아공화국을 제외한 이탈리아반도의
사실상의 지배자가 되었다. 게다가 식민지화가 진행되고 있는 신대륙
의 주인이기도 했다.

1522년 당시 22세였다. 이 글에서는 호칭을 '카를로스 황제'로 통일
한다.

이들 세 사람 이외에 16세기의 파워게임에서 빼놓을 수 없는 주인공
이 둘 있었다.

첫 번째는 공화국이라서 개인의 돌출을 피하고 항상 국가로서 행동
한 베네치아공화국이다. 인구도 다른 나라의 10분의 1이 안 되었던 이
베네치아가 국제정치를 결정하는 현장에 항상 자리를 차지하고 있었

던 것은 경제대국이었기 때문만은 아니다. 그보다는 베네치아가 가진 해군력을 투르크도 에스파냐도 프랑스도 무시할 수 없었기 때문이다. 해전을 피할 수 없는 경우에도 베네치아가 본격적으로 참전하느냐 아니냐에 따라 승패의 향방이 결정되곤 했다.

두 번째는 로마 교황이다. '신의 대리인'인 교황은 세속 군주와 달리 군사력을 가질 수 없다. 가질 수 없다기보다 신자들이 보기에 어울리지 않는다. 해적으로부터 교황청을 방위한다는 이유로 설치한 교황청 해군도 전력인 군용 갤리선의 수로 비교하면, 지중해 최강이라는 베네치아 해군의 100분의 1에 불과했다.

하지만 로마 교황에게는 어떤 대국의 지배자도 가질 수 없는 무형의 권력이 있었다.

기독교 교리에서는 세속 군주도 신이 인정했기 때문에 그 자리에 앉을 수 있는 것으로 되어 있다. 그리고 그것을 구체적으로 보여주는 것이 신의 뜻을 전달하는 교황이 왕관을 씌워주는 '대관'이다. 서구 세계 최고의 지배자가 된 카를로스 황제도 로마 교황 앞에 무릎을 꿇고 황제의 관을 받고서야 비로소 통치자로서 정통성을 얻을 수 있었다. 따라서 그 군주가 마음에 들지 않게 되면 교황은 군주를 파문까지 할 수 있었다. 기독교도는 파문당한 자에게는 복종할 의무가 없기 때문에, 어제까지의 권력자도 파문당하면 보통 사람이 되어버린다. 르네상스를 거치면서 파문의 효력은 상당히 줄어들었지만, 왕이 파문당하면 그 신민인 선남선녀들의 마음이 안정되지 않는 정도의 효과는 있었다.

또한 그들이 치르는 전쟁도 로마 교황이 인정하느냐 아니냐에 따라 옳은 전쟁이냐 아니냐로 갈라진다. 단순한 군사적 동맹도 '신성동맹'

이라고 이름붙일 수 있기 때문이다.

이런 종류의 권력을 무시할 수 없었기 때문에, 자국에 유리한 인물을 로마 교황 자리에 앉히려는 움직임은 옛날부터 존재했다. '콘클라베'라고 불리는 추기경 회의에서 투표로 로마 교황을 결정하지만, 누구에게 표를 던질지는 인간인 추기경이 결정하는 것이 아니다. 이것도 기독교 교리에서는 각각의 추기경에게 성령이 내려와 누구에게 투표할지를 암시하는 것으로 되어 있다. 하지만 그런 것을 믿는 추기경은 설령 있다 해도 극히 드물고, 따라서 각국의 군주가 암약하게 되었다.

많은 면에서 활동적인 교황이었던 레오 10세는 1521년 말에 세상을 떠났다. 아직 46세였지만, 비만한 것이 일찍 죽은 원인이었던 것 같다. 프랑스 왕과 가깝다는 평판이 난 교황이지만, 그 나이에 교황이 갑자기 죽을 것을 예상치 못한 프랑스 쪽이 미처 손을 쓰지 못하고 있는 사이에 에스파냐가 재빨리 움직였다. '성령의 계시'로 교황에 선출된 것은 카를로스 황제의 가정교사이기도 했던 네덜란드 위트레흐트의 주교였다. 에스파냐는 프랑스로 기울어져 있던 로마교황청을 탈환하는 데 성공했다. 이렇게 되면 후원자를 잃은 교황청 해군 사령관 파올로 베토리의 입장도 미묘해질 수밖에 없다. 게다가 지중해를 보는 것도 처음이라는 네덜란드 출신 교황에게는 이슬람 해적에 대해 설명하기도 어려웠을 것이다. 갤리선 4척을 이끌고 에스파냐까지 이 새 교황을 모시러 가서 로마까지 수행한 것도 베토리였다.

어쨌든 시대는 젊은 군주들의 파워게임 시대로 접어들어, 지중해 세계도 그 여파를 뒤집어쓰지 않을 수 없었다.

살아 있을 때부터 '대왕'이나 '대제'라는 존칭으로 불리는 사람은 예외 없이 외국 영토로 진격하여 자국 영토를 넓히는 데 성공한 사람이다. 내정에서 아무리 중요한 업적을 쌓아도 '현제'라고는 불릴지언정 '대제'라고는 불리지 않는다. 인간이란 남과 싸워서 이겨야만 가슴이 후련해지는 동물일 것이다. 따라서 그런 인간을 통솔하지 않으면 안 되는 지도자, 특히 자신의 치세를 이제 막 시작해야 하는 지도자는 가슴이 후련해지는 무언가를 국민에게 제공하는 것이 중요하다. 그럴 수 있으면 국민은 좋은 징조라고 느끼고, 어려움에 부닥쳐도 이 사람이라면 따라가겠다는 마음을 갖게 된다. 반대로 시작부터 비틀거리면 국민이 의기소침해지기 때문에, 그 후의 통치가 몇 배나 어려워진다. 술탄 술레이만이 즉위하자마자 단호한 결의로 로도스섬 공략에 임한 것도 당연했다.

1522년 8월 1일부터 넉 달 동안 가혹하기 이를 데 없는 공방전을 벌인 끝에 성 요한 기사단은 술레이만에게 굴복했다. '그리스도의 뱀들의 소굴'은 일소되었다.

기사의 수는 600명도 채 안 되었고, 외부에서 온 용병은 무기를 들고 일어선 로도스섬 주민을 포함해도 5천 명밖에 안 되었다. 그 병력으로 300척이나 되는 배에 실려 온 10만 대군에 대항한 넉 달이었다.

수비 쪽의 사상자가 4천 명인 반면, 공격하는 투르크군의 사상자는 그 10배인 4만 명에 이르렀다. 이렇게 많은 희생자가 나오면 대개는 철수하고 다음 기회를 기다린다. 하지만 넉 달 동안 계속 전쟁터에 머문 술레이만은 완전 승리밖에 염두에 없었고, 28세인 젊은 전제군주의 확고한 의지는 어떠한 희생에도 흔들리지 않았다. 황제는 승리를 얻은 뒤에야 비로소 수도인 콘스탄티노플로 돌아갔다.

이 공방전의 상세한 내용에 관해서는 『로도스섬 공방전』이라는 제목으로 20년 전에 출간한 작품을 읽어보실 수밖에 없지만, 로도스 기사단이라고도 불린 성 요한 기사단이 로도스섬을 떠난 1522년 이후 지중해의 동쪽 절반은 완전히 이슬람의 바다가 되었다. 그리고 그것이 지중해 서부에도 미치게 되리라는 것을 기독교 세계에서는 누구나 예상하고 있었다.

교황 클레멘스 7세

투르크제국의 술탄이 술레이만으로 바뀌었어도 해적을 활용하는 투르크의 전략은 바뀌지 않았다.

피아노사 감옥에서 죽은 가드 알리를 대신하여 그 임무를 수행하게 된 것이 시남이라는 이름의 해적이었다. 그는 소아시아 서해안의 스미르나에서 태어난 유대인이지만, 개종하여 이슬람교도가 되었다. '유대인 시남'이 서지중해 일대에서 이 남자를 가리키는 통칭이 된다. 애꾸눈이어서 보이지 않는 쪽의 눈을 검은 안대로 비스듬히 가리고 부하들을 지휘하는 모습은 너무 해적다워서 웃음이 나오지만, 습격당한 쪽은 두려움에 떨었다.

그는 잔인할 뿐만 아니라 교활하고 약삭빨랐다. 지금까지는 어느 해적도 간과해버린 제르바섬에 본거지를 둔 것이다. 튀니지 동해안 근처에 떠 있는 이 섬에서 나와 북상하여 기독교 국가들을 분탕질하고 다니는 것이 '유대인 시남'에게는 직업인 동시에 투르크의 술탄이 부여한 임무를 수행하는 것이기도 했다. '유대인 시남'은 이슬람으로 개종한데다 유대인이어서, 기독교도를 지독하게 싫어한 것으로도 알려져

줄리오 데 메디치(왼쪽)와 레오 10세(오른쪽)

있었다. 이 남자가 파올로 베토리의 다음 적이 되었다.

1523년, 네덜란드인 교황은 아홉 달 만에 죽고 이탈리아 출신의 줄리오 데 메디치 추기경이 클레멘스 7세로서 교황 자리에 앉았다. 새 교황은 피렌체 태생으로 메디치 가문의 일원이었지만, 전 교황 레오 10세와는 사촌인데도 정반대의 성격을 갖고 있었다.

레오는 호방하고 쾌활한 성품에 사소한 일로 구시렁거리지 않았던 반면, 클레멘스는 측근들에게도 쉽게 속마음을 드러내지 않고, 빨리 결단을 내려야 할 때에도 우유부단했다. 두뇌는 명석하고 판단력도 있었지만, 매사에 뒷북만 치는 사람이었다.

사촌 사이인데도 성격이 이렇게 다른 것은 클레멘스의 출생에서 유래하는 게 아닐까 하고 수군거리는 사람이 당시에도 많았다.

1478년, 피렌체만이 아니라 이탈리아 전역을 깜짝 놀라게 한 '파치의 음모'는 당시 로마 교황인 식스투스 4세가 배후에서 조종하고, 메디치 가문과 경쟁관계에 있었던 파치 가문의 남자들을 실행부대로 삼아서, 메디치 가문의 젊은 우두머리인 로렌초와 그 동생 줄리아노를 살해하려 한 음모였다.

로렌초는 가벼운 부상만 입고 죽음을 면했지만, 동생 줄리아노는 목숨을 잃었다. 하지만 죽은 줄리아노에게는 며칠 전에 애인이 낳은 아들이 있었다. 로렌초는 깊이 조사해보지도 않고 그 아이를 맡아서 친아들처럼 키웠다. 그 아이가 바로 줄리오 데 메디치인데, 정식으로 로렌초의 양자가 되었지만 출생은 누구나 알고 있었다. 그래서 로렌초는 줄리오를 성직계에 들여보냈다. 르네상스 시대에는 로마교황청도 열린 세계가 되어 있었고, 그래서 능력주의 세계였기 때문에 사생아에게도 길은 열려 있었다.

하지만 그 당시 로마교황청에는 메디치 가문 출신이 줄리오 한 사람만이 아니었다. 이미 로렌초의 적자인 둘째아들 조반니가 추기경으로서 경력을 쌓기 시작하고 있었다. 결국 줄리오의 처지는 그 후 오랫동안 세 살 위인 이 사촌형을 돕는 역할에 머물렀다. 조반니가 레오 10세라는 이름으로 교황에 취임한 뒤에도 추기경이 된 줄리오의 처지는 교황 레오의 가장 가까운 측근이었다.

오랫동안 성직계에서 메디치 가문의 2인자였던 줄리오에게도 45세때 드디어 교황 자리가 돌아온다. 하지만 그것도 레오가 젊은 나이에 죽고 그 뒤를 이은 네덜란드인 교황이 아무 대책도 세우지 않은 덕분이었다고 말할 수 있었다.

추기경 시절 줄리오 데 메디치의 성실하고 정확한 일처리와 수수하고 선량한 성격을 인정하는 사람은 적지 않았지만, 이제 세상은 동양도 서양도 젊고 힘이 넘치는 우수한 전제군주들이 서로 패권을 다투는 국제정치의 파워게임 시대에 들어가 있었다. 일찍이 로렌초 데 메디치의 명성을 높인 각국의 세력균형 노선으로는 해결할 수 없는 시대가 된 것이다.

동시대인이고 교황 클레멘스의 측근이었던 구이차르디니나 프란체스코 베토리와 친구 사이이기도 했던 마키아벨리는 지도자에게 반드시 필요한 조건으로 다음 세 가지를 들었다.

'역량'을 갖추고 있을 것. '운'이 좋을 것. 그리고 '시대가 요구하는 인재'일 것.

그 이상은 『나의 친구 마키아벨리』를 읽어보라고 말할 수밖에 없지만, 새 교황 클레멘스는 이 세 가지 조건을 충족시키는 인물이라고는 말할 수 없었다. 이런 성격의 교황은 구이차르디니나 프란체스코 베토리에게는 무척 섬기기 어려운 상사였을 것이다. 마키아벨리는 과격한 사상의 소유자로 단정되어 교황을 모시는 것도 거부당했지만.

그런데 프란체스코와 같은 베토리 가문의 일원이자 교황청 해군 사령관이었던 파올로 베토리에게 클레멘스는 참으로 모시기 쉬운 상사였다. 교황에 선출되어 로마에 올 때 난생처음 지중해를 보았다는 전임 교황에 비하면, 클레멘스 교황은 지중해의 현실에 상당히 정통했기 때문이다. 투르크와 싸울 십자군을 결성하는 것은 자칫 시간 낭비가 될 수 있고, 그보다는 지중해 연안에 사는 사람들을 북아프리카 해적으로부터 지키는 것이 선결문제라는 데에는 피렌체 태생인 교황과 교황청 해군 사령관의 의견이 완전히 일치했다.

교황은 파올로 베토리를 교황청 해군 사령관만이 아니라 교황청 해군이 주둔해 있는 치비타베키아항의 책임자로 임명했다. 치비타베키아항을 완전히 요새화하는 것이 베토리의 새로운 임무가 되었다.

치비타베키아는 고대 로마 시대에 트라야누스 황제가 개항한 이래 오스티아와 나란히 로마의 주요 항구로 번영을 누려왔지만, 중세에 접어든 뒤에는 로마 시대의 다른 인프라와 마찬가지로 방치되어 사라센 해적이 로마로 진격할 때 전선기지가 된 역사도 있다. 사라센 해적을 막기 위해 기독교 국가들이 해군력을 강화함에 따라 치비타베키아도 옛 모습을 조금씩 되찾고 있었지만, 그래도 많은 배를 수용할 수 있는 규모로 회복되지는 않았다. 교황 클레멘스의 의도는 이 치비타베키아를 티레니아해에 면한 이탈리아반도 서쪽의 제노바에 못지않은 항구로 만드는 것이었다. 북아프리카 해적으로부터 티레니아해를 지키려면 조선소를 비롯한 설비를 갖추고 많은 배를 수용할 수 있는 규모의 항구가 반드시 필요하다고 생각했기 때문이다.

이리하여 치비타베키아항은 16세기 전반을 경계로 완전히 달라진다. 그 후 500년이 지난 지금도 거대한 호화 여객선이 기항할 수 있는 티레니아해 쪽의 이탈리아 항구는 제노바와 리보르노와 치비타베키아와 나폴리다. 리보르노가 항구로 정비되는 것은 이보다 반세기 뒤인데, 그것도 대공으로서 토스카나 지방 전체의 지배자가 된 메디치 가문의 업적이었다.

치비타베키아의 대규모 개조는 반년이라는 짧은 기간에 끝났다. 거기에는 공사 전반의 책임자였던 파올로 베토리의 열의도 한몫했다. 1523년 여름이 끝날 무렵에는 아직 세부 공사가 남아 있었지만, 그래도 예정된 손님들을 맞아들일 수 있었다.

1522년에 성 요한 기사단은 넉 달 동안이나 공격을 견뎌낸 뒤 투르크에 패하여 로도스섬을 떠날 수밖에 없었지만, 갈 곳이 없었다. 일단 크레타섬에 정착했지만, 크레타는 베네치아의 영토다. 투르크의 술탄 술레이만은 패하여 섬을 떠나는 기사들이 칼을 차는 것도 허락하고 무기를 비롯하여 뭐든지 가져가게 해주었지만, 기사단이 로도스섬과 가까운 크레타섬에 머무는 것은 바라지 않았을 테고, 투르크제국과의 좋은 관계를 망치고 싶지 않은 베네치아공화국에도 기사단은 환영할 수 없는 손님이었다. 자신도 기사단의 일원이었던 클레멘스 교황은 최종 정착지가 결정될 때까지만이라도 기사단을 맡기로 했다.

대형 갤리선 3척과 범선 몇 척에 나누어 타고 치비타베키아항에 들어온 성 요한 기사단의 기사들을 파올로 베토리는 갓 완성된 요새에서 예포를 쏘아 환영했다. 전에 로도스섬에 파견된 적이 있는 베토리는 단장을 비롯한 기사들과 아는 사이였다.

며칠 뒤, 베토리는 기사단장에게 티레니아해에 출몰하는 해적을 공동으로 막자고 제안했다. 물론 클레멘스 교황도 동의한 일이라고 덧붙였다. 기사단의 기사들도 놀고먹으면 이슬람과 싸우는 데 존재이유가 있는 성 요한 기사단의 기사가 아니라고 생각하던 참이었기 때문에, 대답은 결정되어 있었다. 크레타섬에 있을 때는 베네치아가 금지했던 일을 여기 치비타베키아에서는 당당히 할 수 있게 된 것이다.

이리하여 이슬람 해적에 대한 방위를 기치로 내걸고 로마교황청과

지중해 중앙부

성 요한 기사단의 공동투쟁 전선이 성립되었다. 전력인 군용 갤리선의 수도 두 배가 되었다는 뜻이다. 물론 두 배라고 해봤자 대여섯 척에 불과했지만, 그래도 베토리가 손잡은 상대는 지금까지 오랫동안 이슬람 선박에 대해 해적 같은 짓을 하여 명성을 떨쳤고, 본거지였던 로도스 섬을 잃은 지금은 더욱 투르크에 대한 증오심에 불타는 성 요한 기사단이다. 치비타베키아를 기지로 하는 교황청 해군의 전력은 늘어난 갤리선의 수보다 훨씬 강화되었다. 그해에 토스카나와 라치오 연안에 접근하는 해적선이 없었다는 사실이 이것을 실증해주었다.

'유대인 시남'

이듬해인 1524년 6월, '유대인 시남'은 본거지로 삼고 있던 제르바 섬을 떠나 북상하기 시작했다. '푸스타'라고 불리는 소형 갤리선이지만, 34척이나 되는 해적선단을 이끌고 있었다. 튀니지 동해안을 좌현 쪽으로 보고 시칠리아 서해안을 우현 쪽으로 보면서 북상을 계속하여 티레니아해로 들어갈 무렵, 이탈리아반도의 티레니아해 쪽에는 벌써 경보가 울리기 시작했다. 그래도 아랑곳하지 않고 시남이 이끄는 해적 선단은 북상을 계속한다.

이때 목적지가 어디였는지는 알 수 없다. 하지만 치비타베키아가 아니었던 것은 확실하다. 해적의 목적은 사람이나 물건을 빼앗는 것이다. 빼앗을 가치가 있는 '물건' 따위는 쌓여 있지 않고, '사람'을 빼앗으려 해도 격렬하게 저항할 게 뻔한 승무원밖에 없는 것이 군용 선박이다. 그래서 해적은 군선을 피하고, 군선과 충돌하는 해전을 피했을 뿐, 싸우면 질 것 같아서 해전을 피한 것은 아니었다.

하지만 바로 거기에 해적을 이길 기회가 숨어 있었다. 파올로 베토리도, 성 요한 기사단 단장도 그것을 알고 있었다. 갤리선 5척만으로 34척을 향해 나아가기로 결정했다. 해적선단이 몬테크리스토섬과 치비타베키아를 잇는 해역에 접근하고 있다는 정보도 들어와 있었다.

몬테크리스토섬과 치비타베키아의 중간에 어부밖에는 아무도 가까이 가지 않는 작은 섬이 있다. 앞서 가고 있던 갤리선의 돛대 높이 올라가 있던 파수꾼이 그 섬 근처를 지나가는 적선 두 척을 발견했다.

베토리가 탄 갤리선과 기사단장의 배가 섬을 돌아 적선 앞에 모습을 드러낸다. 그와 동시에 나머지 세 척이 적선의 퇴로를 차단했다. 갤리선 다섯 척과 푸스타 두 척은 간단히 승부가 났다. 대포는 쏠 필요도 없었다. 배에 타고 있던 해적 전원이 포로가 되어, 그때까지는 기독교도 노잡이가 묶여 있었던 자리에 이번에는 그들이 묶여 노를 저으면서 그대로 치비타베키아항까지 끌려갔다.

치비타베키아에 입항한 뒤 자유를 되찾은 기독교도 노잡이들은 대부분 남이탈리아 주민이어서, 각자 자기 고향으로 돌아갔다.

한편 해적들은 수염이 깎이고 머리도 박박 깎인 모습이 되어 감옥에 갇혔다. 성 요한 기사단이 지금까지 써온 방식인데, 기독교 국가의 갤리선에서 노잡이로 혹사당할 차례를 감옥에서 기다리라는 것이다.

이슬람 해적에 대한 이런 처우가 이듬해 교황청 해군과 성 요한 기사단의 공동투쟁 체제를 파탄시킨 발단이 아닐까 생각한다.

수염이 깎이고 머리도 박박 깎여 중머리가 되는 것은 이슬람교도 남자들에게는 엄청난 치욕이었다. 그래서 납치해온 기독교도 남자들이 잘못된 신앙을 갖고 있다는 이유만으로 그들을 인간 이하의 존재로 보고, 그 증거로 수염과 머리를 박박 밀어버린 뒤 '목욕장'에 수용한 것이다.

한편 당시의 기독교 세계에서는 성인 남자에게 수염이 있느냐는 그 사람의 개인 취향 문제일 뿐이었다. 그래서 이슬람 세계와 오랫동안 교역관계를 맺어온 베네치아공화국에서는 오리엔트로 가는 사람이 반드시 알아두어야 할 것 가운데 하나로 수염 문제를 거론했을 정도였다. 오리엔트에서는 수염이 없으면 제구실을 하는 사내로 보지 않으니까 수염을 깎지 말고 길러야 한다는 것이다.

문화의 차이로 돌릴 수밖에 없는 문제지만, 만인에게 공통될 수도 있는 문명과는 달리 고유한 것이 특징인 문화는 그만큼 완고한 데가 있다. 그것을 존중하느냐 마느냐를 놓고, 같은 기독교도 사이에서도 의견이 나뉘었다.

교황 클레멘스도 파올로 베토리도 르네상스의 발생지인 피렌체에서 태어나 르네상스의 지도자 역할을 맡았던 메디치 가문과 깊은 관계를 맺고 있어서, 후세가 이름 지은 이른바 '르네상스인'이었다. 그들이 아직도 십자군 사상을 갖고 있는 성 요한 기사단의 방식에 위화감을 품은 것은 당연했다.

포로가 된 이상 쇠사슬로 묶든 안 묶든 감옥에 가두는 것은 어쩔 수 없다. 하지만 죽음보다 더한 모욕까지 줄 필요가 있을까 하고 그들은 생각했을 것이다.

해적 가드 알리를 사로잡아 피아노사섬의 감옥에 가둔 것은 제노바 사람인 안드레아 도리아였다. 하지만 도리아도 가드 알리의 수염을 깎고 중머리로 만들어 감옥에 가두지는 않았다.

이것은 특기할 만한 역사적 현상이라고 생각하지만, 이슬람 세계와 직접 관계를 가졌던 당시의 기독교 국가들은 이탈리아도 프랑스도 에스파냐도 교황청도 동시대의 북아프리카에는 수없이 많았던 '목욕장'을 갖고 있지 않았고, 가지려고도 하지 않았다. 이슬람교도를 사로잡는 일은 있었다. 하지만 그들을 이교도라는 이유만으로 강제 수용하여 노예로 부려먹기 위한 시설이었던 '목욕장'은 당시 기독교 세계의 어디에도 존재하지 않았다. '목욕장'이 있는 곳은 북아프리카의 이슬람 세계뿐이었다.

그래서 기독교 세계에서는 몸값을 갖고 북아프리카에 가서 불행한 사람들을 '목욕장'에서 구출하는 것을 목적으로 한 '구출수도회'나 '구출기사단'의 활동이 18세기가 될 때까지 계속되었다. 동시대의 이슬람 세계에는 이런 종류의 조직이 전혀 존재하지 않는다. 몸값을 가지고 이슬람교도를 구출하기 위해 기독교 국가를 찾는 이슬람 단체가 하나도 없었다는 사실도 중세와 르네상스 시대와 근세를 통틀어 기독교 세계와 이슬람 세계의 차이를 보여주는 일례가 아닌가 싶다.

하지만 한편으로는 성 요한 기사단의 사고방식을 딱 잘라 거부할 수도 없는 것이 당시의 현실이었다.

적을 이기려면 적과 똑같이 하라는 사고방식이다. 이슬람 해적과 똑같이 하지 않으면 그들을 이길 수 없다는 것이다. 그것이 어떤 면에서는 옳은 전법이라는 것은 성 요한 기사단의 오랜 역사와 당시에도 입단 지원자가 끊이지 않았던 현상이 보여주고 있었다. 성지 탈환을 목표로 삼은 십자군의 주력이 프랑스인이었듯이 성 요한 기사단에도 프랑스 출신이 많았다.

해적 두목 '유대인 시남'은 교황청 해군과 성 요한 기사단의 공격을 받고 두 척을 잃었지만, 34척 가운데 두 척을 잃었을 뿐이다. 마음만 먹으면 나머지 32척을 이끌고 치비타베키아를 급습하여 빼앗긴 두 척을 되찾을 수도 있었다. 하지만 시남은 그러지 않고 그대로 본거지로 돌아갔다. 그래도 해적인 이상 빈손으로 돌아갈 수는 없다. 그래서 돌아가는 길에 남부 이탈리아의 연안지방을 습격하여 약탈하고 사람을 납치하면서 귀로에 올랐다.

이때도 나폴리 이남에 피해가 집중된 것은 당시 이탈리아 남부가 에스파냐 왕 카를로스의 지배를 받고 있어서, 에스파냐에서 나폴리에 파견한 부왕(副王)이 통치하고 있었기 때문이다. 에스파냐가 북아프리카 해적을 막는 데 열심이 아니었다는 뜻은 아니다. 왕이나 부왕의 명령으로 지은 감시탑(사라센의 탑)이 지금도 무수히 남아 있다. 하지만 '열심'의 질이 이탈리아 북부나 중부와는 달랐다.

북부나 중부에서는 해적선단이 접근한다는 보고가 들어오자마자, 마치 자국 상공에 적기가 침입했을 때 요격 전투기가 긴급 발진하듯 제노바나 치비타베키아항에서 해적선단을 맞아 싸울 갤리선이 당장 출동한다.

하지만 남부 이탈리아에서는 주요 도시가 표적이 되지 않는 한 그런 일은 일어나지 않는다. 남부 이탈리아의 해적 대책은 해적이 습격해온다는 보고가 들어오면 산으로 도망쳐, 해적들이 멋대로 분탕질하는 동안 숨을 죽이고 숨어 있는 것이었다. 바로 이것이 북부나 중부에서 실패한 돈벌이의 최저선을 확보한다는 느낌으로 해적들이 이탈리아 남부를 분탕질한 원인이었다.

그래서 빈손으로 돌아간 것은 아니었지만, 적 앞에서 달아났다는 말을 들어도 별수 없는 시남의 행동은 해적 두목으로서의 평판을 떨어뜨리게 되었다.

해적 세계에서도 실질적인 성과는 없어도 때로는 기독교 국가의 정규 해군과 싸워서 화려한 퍼포먼스를 전개할 필요가 있었던 모양이다. 합리적으로만 행동하면 따르는 사람들의 가슴이 뜨거워지지 않는다는 점에서는 해적도 다를 게 없었다. 그 후에도 시남은 계속 해적 두목이었지만, 북아프리카의 최고 해적이라는 지위는 해적 시남의 손에서 흘러나가기 시작했다. 무엇보다도 자금에서부터 무기나 탄약에 이르기까지 모든 면에서 후원을 아끼지 않았던 투르크 술탄이 '유대인 시남' 이외의 인재에게 관심을 돌리기 시작했다.

해적 '붉은 수염'

이슬람으로 개종한 뒤에 얻은 하이르 앗딘(Khair-ad-Din)이라는
이름으로만 알려진 남자지만, 에게해에 떠 있는 섬들 가운데 하나인
레스보스섬 태생의 그리스인이다. 해적질을 가업으로 삼고 있는 집안
에서 해적밖에 모르고 자랐다. 젊은 시절에는 형과 함께 동지중해를
분탕질했지만, 투르크가 이집트를 제패한 뒤 제국의 안마당이 된 동지
중해에서는 일을 할 수 없게 되었다. 로도스섬에서 기사단이 떠난 뒤
에는 점점 할 일이 없어진 듯, 다른 이슬람 해적과 마찬가지로 그들 형
제도 일터를 서지중해로 옮겼다. 형이 살해된 뒤 그가 해적단 두목이
되었지만, 그 무렵에는 아직 푸스타 네 척밖에 보유하지 못한 작은 해
적단이었다.

이 무렵부터 그의 이름이 이탈리아의 기록에 나오는데, 이탈리아어
로는 '바르바로사'(붉은 수염)라고 불리게 된다. 프랑스어와 에스파냐
어로도 발음은 다르지만 역시 '붉은 수염'으로 불렸다. 터번으로 감추
어진 머리는 무슨 색깔이었는지 모르지만 제멋대로 자라게 내버려둔
턱수염이 붉은 털이었기 때문에 생겨난 별명인 모양이다.

동지중해를 일터로 삼고 있던 시기에 성 요한 기사단에 붙잡혀 로도
스섬에서 옥살이를 한 적이 있는데, 이 경험이 깊이 생각지도 않고 기
독교 국가들의 선박을 상대로 해적질에 전념하고 있던 이 사내를 철저
한 기독교 혐오주의자로 바꾸어놓았다. '유대인 시남'을 겁쟁이라고
비난한 해적은 적지 않았지만, 자기가 시남을 대신하겠다고 결심한 것

은 바르바로사뿐이었다.

1526년, 파올로 베토리가 죽었다. 갑작스러운 죽음이었지만 병사였다. 직속 상사인 교황 클레멘스보다 서민들이 더 슬퍼한 죽음이었다. 토스카나와 라치오의 해안지방에서는 교회에서 조종이 계속 울리고, 교회로 가는 사람들의 행렬이 길게 이어졌다고 한다. 해군 장수로서 베토리의 능력이 남달리 뛰어났다고는 도저히 말할 수 없었다. 하지만 자리에 앉아 있을 틈도 없을 만큼 바삐 뛰어다니고, 해적선이 나타났다는 말을 들으면 만사 제쳐놓고 출동한 사람이었다. 그 덕분에 티레니아해에 면한 지방이 해적의 손에서 지켜진 것을 서민들도 알고 있었다.

후임으로는 안드레아 도리아가 임명되었다. 아니, 교황은 이 제노바인을 해군 사령관으로 임명했다기보다 계약을 맺었다.

'용병대장'이라는 직업은 중세 유럽에서는 훌륭한 직업으로 성립되어 있었다. 부하 병사들을 이끌고 고용주 편에 서서 싸우는 남자들이 용병대장이었다.

중세 후기에 경제력 융성의 견인차가 된 것은 이탈리아 북부와 중부에 우후죽순처럼 생겨난 도시국가들이었지만, 그 도시국가들에도 약점이 있었다. 모두 인구가 적었다는 점이다. 게다가 이들 도시국가의 구성원 중에는 경제에 관여하는 사람이 많고, 이들이 경제활동에 전념하는 편이 공동체에는 이롭다. 즉 익숙지 않은 무기를 다루기보다는 장사에 힘쓰는 편이 그 도시국가 전체의 생산성을 높여준다. 게다가 전투는 늘 일어나는 것도 아니었다. 그렇다면 전투가 벌어졌을 때 용

해적 바르바로사

병을 고용하는 편이 싸게 먹힌다는 일종의 합리주의가 용병제를 키우는 토양이 되었다.

따라서 중세에 발달하여 르네상스의 원동력이 된 이탈리아 도시국가들의 발전과 비례하듯 용병제도 번창했다. 육상 전투 전문가라면 '용병대장 열전'을 쓸 수 있을 만큼 많다. 해군은 반드시 자국 시민으로만 구성했던 베네치아공화국도 육상 전투에서는 용병을 활용하고 있었다. 피렌체공화국은 전성기에도 자국 군대를 갖지 않고 용병만 이용했다.

육상 전투를 도급맡는 사람은 많아도 해상에서는 동업자가 적었다. 용병대장도 해상에서는 육상보다 더 많은 선행 투자가 필요했기 때문이다.

우선 부하가 될 병사를 고용하고, 그들의 식사를 보장하고, 무장시키고, 무기와 때로는 말까지 제공할 필요가 있다.

육지의 용병대장이라면 이 정도로 충분했겠지만, 바다의 용병대장은 부하들을 태울 배까지 준비해야 했다.

해군을 항상 유지하려면 얼마나 막대한 비용이 필요했는지는 해군을 계속 유지한 나라가 베네치아뿐이었다는 것만 보아도 알 수 있다. 베네치아공화국이 해군을 계속 유지할 수 있었던 것은 강한 경제력이 있었기 때문이다. 투르크와 에스파냐는 영토가 넓어도 상비 해군을 보유하기보다는 용병을 쓰는 쪽을 택했다. 투르크가 사용한 '바다의 용병대장'은 이제 말할 필요도 없겠지만 해적 두목들이다. 바다에서는 용병대장도 더 많은 돈이 들지만, 용병대장은 그 모든 비용을 통합하여 고용주와 계약을 맺는다. 실적을 바탕으로 대장에게 지불하는 보수도 거기에 가산되는 것은 물론이다. 따라서 금액이 많아지는 것도 당연했다.

중세에는 바다의 용병대장이 거의 없고 르네상스 전성기에도 제노바인 안드레아 도리아 정도밖에 없었던 이유는, 중세에는 아말피·피사·제노바·베네치아가 모두 자국 시민으로만 해군을 구성했기 때문이다. 하지만 르네상스 시대로 접어든 뒤에도 이 전통이 유지된 것은 베네치아뿐이었다. 쇠퇴하여 다른 나라에 흡수된 아말피와 피사는 별문제지만, 제노바조차도 자국 국민으로만 이루어진 해군은 유지할 수 없게 되었다.

경제적 이유 때문은 아니다. 제노바 국내의 정세 불안정이 그 원인이었다. 안드레아 도리아가 아무리 재능이 풍부한 해군 장수였다 해도, 그가 태어난 도리아 가문과 반대되는 당파가 제노바 국정을 장악하게 되면 도리아는 일자리를 잃을 뿐만 아니라 국외로 망명하지 않으면 안 되었다. 교황과 용병 계약을 맺은 그해에도 도리아는 망명 중이었다. 제노바의 이런 정세 불안정이 해군 장수로서는 손꼽히는 인재인 안드레아 도리아를 용병대장의 길로 나아가게 한 원인이었다. 즉 자신의 재능을 꽃피울 수 있는 직장을 조국 안에서는 찾아내지 못했던 것이다. 바다의 용병대장 가운데 베네치아인이 전혀 없었다는 사실도 이런 사정을 보여주고 있는 것처럼 여겨진다.

안드레아 도리아가 어느 정도의 금액으로 교황청과 용병 계약을 맺었는지는 알 수 없지만, 다음 사항은 알려져 있다.

자신이 소유하고 있는 군용 갤리선 6척을 이끌고 치비타베키아에 입항한 안드레아 도리아는 이 6척에 교황청이 소유한 갤리선 2척과 범선 4척을 더한 해군 사령관에 취임했지만, 이것으로는 전력이 불충분하다고 판단하고 다시 갤리선 2척을 추가해달라고 교황청에 요구했다. 물론 교황청은 서둘러 배를 마련했다. 또한 도리아는 치비타베키아항에 정박해 있는 성 요한 기사단의 갤리선 3척도 완전히 자기 휘하에 넣어달라고 요구했다. 이 요구도 받아들여졌다. 파올로 베토리를 잃은 교황 클레멘스가 바르바로사가 이끄는 해적선단을 얼마나 두려워했는지 상상이 간다. 어쨌든 그의 사촌인 교황 레오를 납치하려 한 해적도 있었으니까.

파올로 베토리가 죽은 것이 1526년 5월 말, 안드레아 도리아가 치비타베키아에 입항한 것은 6월 중순이었다. 도리아는 7월 초에는 벌써 휘하 선박을 모두 이끌고 치비타베키아를 떠났다. 바르바로사 선단의 접근을 알리는 보고가 차례로 들어오고 있었다.

안드레아 도리아는 그해에 예순 살이 되어 있었지만, 앞에서도 말했듯이 도리아는 늦게 출발한 탓도 있어서 동시대의 남자들보다 스무 살은 줄여서 생각할 필요가 있다. 그리고 적을 기다리지 않는 것이 그의 평소 방식이었다. 이쪽에서 먼저 치고 나가는 것이다.

최신 정보에 따르면 30척이 넘는 바르바로사 선단은 엘바섬과 피옴비노 사이의 바다를 남하하고 있다는 것이었다. 치비타베키아에서는 북북서 방향에 있고, 게다가 그 적과 맞서려면 역풍을 뚫고 가야 한다. 보통 해군 장수라면 요새화한 치비타베키아항 안에서 기다리다가, 순풍을 받고 남하해오는 적이 지나가기를 기다려 이쪽도 순풍을 받아서 추격하는 전법을 택했을 것이다. 하지만 그래서는 언제 어디서 방향을 바꿀지 모르는 적을 놓쳐버릴 위험이 있었다. 도리아의 직속 갤리선 6척에 타는 선원과 노잡이는 역풍에서도 전진할 수 있는 기능이 뛰어나다. 그리고 그들의 우두머리인 도리아에게는 적이 누리고 있는 '플러스' 면을 마이너스로 바꿔버리는 두뇌가 있었다. 도리아는 자신이 탈 기함을 앞세워 모든 배가 북상할 것을 명령했다.

역풍을 뚫고 북상하는 선단의 돛대 높이 하얀 바탕에 금실로 성 베드로의 열쇠를 수놓은 교황기가 펄럭이는 것을 본 바르바로사는 깜짝 놀랐다. 파올로 베토리가 죽었으니까 교황청 해군은 당분간 움직이지 못할 거라고 생각했기 때문이다. 신앙심이 없는 개들을 해치울 좋은 기회인 것은 알았지만, 해적에게해전은 대승이라도 거두지 않는 한 득될 것이 없다. 그래서 도망치기로 했지만 이번에는 해적들도 역풍을 받게 되었다.

삼각돛이니까 역풍이 불어도 전진할 수 있지만, 그때야말로 '모터' 인 노잡이들이 최대한 가동되어야 한다. 하지만 해적선의 노잡이들은 노를 젓는 중노동을 강요당하고 있는 기독교도였다. 그들도 접근해오는 교황청 해군의 배를 알아보았다.

누구라 할 것도 없이 노를 젓는 움직임이 둔해졌다. 노잡이들을 감시하던 해적이 당장 알아차리고 미친 듯이 채찍을 휘두르기 시작했지만, 기독교도 노잡이들은 이를 악물고 사보타주를 계속했다.

한편 똑같이 역풍을 뚫고 전진해도 도리아 선단과 바르바로사 선단 사이에는 돛을 조종하는 기능부터 큰 차이가 있다. 게다가 도리아 쪽의 노잡이들은 전력을 다해 노를 젓는다. 마치 모터를 전부 틀어놓은 듯한 느낌이다. 양군 사이의 거리는 계속 좁혀졌고, 추격하는 도리아의 배들이 달아나는 바르바로사 선단의 후미에 다다른 것이 전투 개시를 알리는 신호였다.

도리아가 사전에 명령해두었을 것이다. 도리아의 6척과 성 요한 기사단의 3척은 둘로 나뉘어 좌우에서 적선 15척을 향해 다가갔다. 교황청 해군의 4척은 후방을 단단히 지킨다. 따라서 바르바로사 선단의 절반이 세 방향에서 포위된 셈이다.

이렇게 하면 바르바로사를 놓치게 된다는 것은 알고 있었지만, 도리아는 확실한 전과를 선택했다. 바르바로사는 다음 기회에 잡자고 생각했는지도 모른다. 전쟁터에서는 목표를 명확히 한 쪽이 이긴다. 기독교 쪽의 13척은 이슬람 쪽의 15척과는 달리 망설이지 않았다. 게다가 해적선의 노잡이들은 사보타주 단계를 넘어서 이제 파업 단계에 들어가 있었다.

해전이라고 말할 수 있을 정도의 싸움도 아니었다. 적선 15척이 모두 나포되고, 배에 타고 있던 해적은 모두 포로가 되었다. 해적선 노잡이들을 묶어놓았던 쇠사슬이 잘린 것은 말할 나위도 없다. 이들은 대부분 방목한 양이나 소를 감시하는 일을 하던 이탈리아 사회의 하층민이었다. 인가에서 멀리 떨어진 곳이 일터였던 그들은 노동력 확보를 목적으로 사람을 납치하는 해적들이 가장 노리기 쉬운 상대이기도 했다.

하지만 그들처럼 사회의 하층에 있었던 사람들이야말로 이슬람 해적의 최대 피해자였다. 교육도 받지 못한 그들은 이슬람교로 개종하면 노예 신세에서 해방된다는 생각조차 머리에 떠오르지 않았을 것이다. 또한 교육은 받지 못했어도 신앙심이 두터웠던 이들은 개종하면 지옥행이 기다린다고 생각할 수밖에 없었는지도 모른다. 상권 제3장에서 기술한 지원자 단체인 '수도회'와 '기사단'의 구출 운동은 이 시대에도 여전히 계속되고 있었는데, 납치되면 문제가 될 정도의 사회적 지위도 없고 그래서 당연히 몸값을 낼 재력도 없는 이 하층민들을 이슬람의 '목욕장'에서 구출해내는 것이 이들 두 단체의 목표였다.

대량으로 포로가 된 해적들을 감옥에 가두는 것은 당연했지만, 어떤 모습으로 감옥에 가두느냐를 놓고 해군 사령관 도리아와 성 요한 기사단의 의견이 갈라졌다. 기사단장은 수염을 깎고 머리도 박박 밀어버려야 한다고 주장한 반면, 도리아는 그대로 감옥에 가두는 것이 좋다고 말했다. 다만 도리아의 입에서는 요즘 같으면 쉽게 들을 수 있는 타문화 존중 따위의 말은 한 마디도 나오지 않았다. 터번과 수염을 그대로 놓아두면 이슬람교도라는 것을 금방 알 수 있어서 좋다고 말했을 뿐이다. 그리고 바르바로사가 아직 배회하고 있는 바다를 내버려둘 수는 없다면서 쉴 새도 없이 당장 다시 출항할 것을 명했다.

하지만 도리아와 바르바로사의 재대결은 그해에는 일어나지 않았다. 휘하 병력의 절반을 잃은 바르바로사가 북아프리카로 돌아가는 쪽을 택했기 때문이다. 한때의 감정에 좌우되지 않는다는 점에서는 두 사람이 비슷했는지도 모른다.

　이 두 사람은 또 다른 점에서도 비슷한 처지에 있었다. 아무리 직속 부대를 이끄는 대장이라 해도 고용주의 의향에 영향을 받지 않을 수 없는 처지였다는 것이다. 그리고 고용주는 16세기에 대두한 당시의 대국인 투르크와 에스파냐와 프랑스였다.

안드레아 도리아

　현대의 이탈리아 해군에는 사관후보생 훈련용인 대형 범선이 있는데, 그것을 본 사람이라면 누구나 그 아름다움에 탄성을 지를 게 분명하다. 범선의 이름은 '아메리고 베스푸치'(Amerigo Vespucci)다. 서기 1500년 무렵 두 차례에 걸쳐 대서양을 횡단하고 아메리카가 대륙이라는 것을 유럽에 전한 사람의 이름을 딴 것이다. 제노바 사람인 콜럼버스는 자기가 도달한 땅이 인도의 일부라고 계속 믿은 모양이지만, 그보다 10년 뒤에 같은 위업을 이룩한 피렌체 태생의 베스푸치는 그곳이 신대륙이라는 것을 깨달았다. 그래서인지 어떤지는 모르지만, 아메리카라는 이름도 이 사람의 이름인 '아메리고'에서 유래했다. 이처럼 대항해시대의 막을 연 주역들 가운데 한 사람이니까, 근대 국가인 이탈리아 해군의 배 한 척에 그 이름을 남겼다 해도 이상할 것은 없다.

　하지만 아메리고 베스푸치에게는 미지의 바다로 나가는 호담함은 충분히 있었지만 해전을 치른 경험은 없다. 항해자이기는 하지만 해군 장수는 아니었다.

　전부터 훈련선인 '아메리고 베스푸치'를 볼 때마다 생각하곤 했다. 왜 '안드레아 도리아'라고 이름짓지 않았을까 하고. 하지만 도리아에 대해 조금 알게 된 지금은 그 이유를 알 것 같은 기분이 든다. 도리아가 이탈리아 해군 역사상 손꼽히는 장수라는 점에는 현대 이탈리아 해군 관계자들 가운데 아무도 이의가 없지만, 젊고 순수한 사관후보생을 기르는 훈련선의 이름으로는 아무래도 부적당하다고 생각한 사람의 기분도 이해가 간다.

그렇기는 하지만, 배에 사람 이름을 붙이는 관습을 가진 이탈리아 해군이 이탈리아 해군 역사상 빼놓을 수 없는 사람을 내버려둘 리는 없다. 실제로 안드레아 도리아의 이름을 딴 전함이 있고, 현재 지중해만이 아니라 중동 바다에서도 활약하고 있다.

그 전함은 '순양함'으로 번역되는 'incrociatore'인데, 대포는 물론 미사일도 탑재되어 있을뿐더러 호위함이 없어도 전투를 치를 수 있다니까, 공군에 비유하면 공중전의 주역인 '전투기'일 것이다. 호위함이나 병참선이나 병원선이 아니라 공격 전문인 순양함이라는 점이 안드레아 도리아에 어울린다는 생각마저 든다. 그리고 앞으로 그의 생애를 추적하면 사관후보생의 훈련선 이름으로는 적합하지 않아도 전투용 함선이라면 적당하다는 것을 납득할 수 있을 것이다. 즉 옆구리에 큼지막하게 '안드레아 도리아'(ANDREA DORIA)라고 쓰인 배는 역전의 강자가 타야만 어울린다는 것이다.

안드레아 도리아가 1526년에 맺은 계약을 완벽하게 수행했으니까, 교황청도 계약 갱신을 바라고 있었을 게 분명하다. 도리아도 처음에는 교황청 해군 사령관의 지위에 머물러 있을 작정이었던 것 같다. 하지만 이듬해인 1527년 5월에 역사상 '로마의 약탈'이라고 불리는 대사건이 일어난다. 기독교 세계의 종교적 최고 지도자인 로마 교황을, 기

범선 아메리고 베스푸치(위)와 순양함 안드레아 도리아(아래)

독교 세계의 세속적 최고위자로서 교황을 지킬 의무를 누구보다도 많이 지고 있는 신성로마제국 황제가 공격했으니까, 선량한 기독교도들이 말세라고 개탄한 것도 무리는 아니었다.

하지만 '로마의 약탈'은 유럽 각국의 세력 관계가 프랑스와 에스파냐의 길항 상태에서 에스파냐 쪽으로 크게 기울어진 것을 보여주었다. 카를로스는 에스파냐 왕인 동시에 신성로마제국 황제이고, 독일과 네덜란드와 에스파냐만이 아니라 이탈리아 남반부까지 지배하고 있다. 프랑스 왕이 이런 카를로스에게 사방팔방에서 포위된 기분이 든 것도 당연하다. 프랑수아 1세는 카를로스의 세력을 저지하는 데 도움이 된다면 수단 방법을 가리지 않겠다고까지 생각하게 되었다.

'로마의 약탈'에 대해서는 내 첫 작품인 『르네상스의 여인들』에서 이사벨라 데스테를 다룰 때 자세히 기술했으니까 흥미가 있다면 한번 읽어보시라고 말할 수밖에 없지만, 기독교 세계를 깜짝 놀라게 한 이 대사건이 왜 일어났는지를 한마디로 요약하면 다음과 같다.

프랑스 편이라는 것을 감추지 않은 로마 교황 클레멘스 7세를 달갑게 생각지 않은 카를로스가 무력으로 로마 교황에게 노선 변경을 강요하려고 일으킨 사건이고, 카를로스가 독일 병사를 주체로 한 황제군을 파견하여 일주일 동안 로마 시내 전체를 파괴하고 약탈했다. 실제로 파올로 베토리는 생전에 클레멘스 7세가 맡긴 비밀 서한을 가지고 프랑스로 갈 예정이었으니까, 카를로스의 의심이 오해였던 것은 아니다. 하지만 로마가 이렇게 큰 피해를 본 것은 독일 병사들 가운데 프로테스탄트가 많아서, 마르틴 루터가 타락한 도시라고 맹렬히 비난한 로마를 파괴하는 데 특히 열을 올렸기 때문이기도 했다.

안드레아 도리아는 이 시기에 치비타베키아에 있었던 게 분명하다. 로마를 덮친 비극 바깥에 있었다는 이야기가 되지만, '로마의 약탈'은 그와도 무관하지 않았다. 그의 고용주는 로마 교황이었기 때문이다. 교황은 황제군에 쫓겨 산탄젤로성으로 피신해서 밖으로 나오지도 못한 채 두려움에 떠는 나날을 보내고 있다. 그럴 때 프랑스 왕이 도리아에게 손을 내밀었다.

프랑수아 1세는 피레네산맥과 라인강 양쪽에서 카를로스에게 밀리고 있다는 두려움에 더하여 지중해 쪽에서도 에스파냐가 쳐들어올지 모른다는 두려움 때문에 밤잠을 이루지 못하는 상태에 있었다. 그래서 지난해에 바르바로사를 상대로 화려한 전과를 올린 도리아에게 프랑스 남부의 해상 방위를 맡기기로 마음먹은 것이다. 용병료인 보수도 교황청보다 많았던 모양이다.

국익이 우선이고 사익은 그다음이라는 느낌으로 정세가 안정되어 있었던 베네치아공화국에 비하면, 같은 시대의 같은 이탈리아의 공화국인가 싶을 만큼 제노바공화국의 역사는 내부 쟁투로 물들어왔다.

그것은 유력한 네 가문이 두 파로 나뉘어 항상 싸웠기 때문이다. 16세기에 접어들면 이 내부 다툼도 프랑스파와 에스파냐파의 싸움으로 바뀐다. 네 가문 중의 하나인 도리아 가문은 프랑스파에 속했다. 따라서 안드레아 도리아는 프랑스 왕 밑에서 일하는 데 아무 저항감도 느끼지 않았다. 로마 교황 밑에서 일하는 것에서 미래를 찾지 못하게 된 도리아는 계약 갱신을 거부하고 자기 배를 이끌고 마르세유로 떠났다.

그런데 프랑수아 1세는, 늙은 천재에게는 편안히 살 땅을 제공하는 것이 최고의 친절이라는 레오나르도 다 빈치의 생각을 완벽하게 이해

한 사람이지만, 안드레아 도리아가 무엇을 필요로 하는지는 이해하지 못한 것 같다.

바다의 용병대장인 도리아에게는 왕이 직접 수여한 생 미셸 훈장보다 계약대로 보수를 지불해주는 것이 더 중요했다. 배와 대포를 비롯한 무기를 언제라도 사용할 수 있는 상태로 해두려면 일상적인 점검과 정비와 보충을 게을리할 수 없다. 또한 항구에 묶여 있는 동안에도 선원과 노잡이, 전투원인 병사들에게 급료를 지불해야 했다. 돈은 계속 나가는데 프랑수아 1세가 지불하기로 한 돈은 아무리 기다려도 오지 않는다. 아무리 제노바에서 손꼽히는 명문 출신이라도 도리아 개인이 부담할 수 있는 기간에는 한계가 있었다.

마르세유항에서 도리아는 태도를 결정해야 할 필요에 쫓기고 있었다. 그런 그의 머릿속에서는 돈문제만이 아니라 조국 제노바의 운명까지 오가고 있었다.

이제 베네치아공화국처럼 홀로 설 수 있는 힘이 없는 제노바는 대국에 몸을 의지할 수밖에 없다. 몸을 의지할 만한 대국이라면 이 시대에는 프랑스나 에스파냐밖에 없었다. 지금까지의 도리아라면 프랑스와 손을 잡는 것이 자연스러운 선택이지만, 프랑스를 과연 그렇게까지 믿을 수 있을까. 아니면 젊은 카를로스 치하에서 대두하고 있는 에스파냐의 산하에 들어가는 편이 제노바를 위해서나 자기 자신을 위해서도 올바른 선택이 아닐까.

이듬해인 1528년 봄, 유럽 각국의 궁정에 한 가지 소식이 전해졌다. 안드레아 도리아가 카를로스 황제의 해군 총사령관에 취임했다는 소식이었다.

교황의 해군 사령관이었던 사람이 그 교황을 공격한 황제 쪽으로 돌아섰다는 것만으로도 스캔들인데, 프랑스 왕과의 계약 기간도 끝나기 전에 그 프랑스 왕과 적대관계에 있는 에스파냐 왕에게 붙었다니까 그 이상의 스캔들은 없었다. 프랑수아 1세가 용병료를 지불하지 않은 것을 아는 사람도 많았지만, 한 나라의 군주에게 그런 일로 불만을 품는 것은 용납되지 않는다는 것이 당시의 일반적인 생각이었다.

하지만 도리아는 그런 평판 따위는 아랑곳하지 않았다. 그리고 카를로스는 이 '배반'에 최고의 예로 보답했다.

우선 안드레아 도리아에게 멜피의 영토와 멜피 공작이라는 칭호를 주었다. 멜피는 이탈리아 남부의 산악지방에 있는 작은 도시와 그 주변 일대인데, 해운과 통상으로 번성한 도시국가 제노바의 시민인 도리아가 이제 봉건영주가 된 것이다.

그리고 카를로스는 도리아를 에스파냐 해군 총사령관에 임명했다. 육군에서는 용병대장이 총사령관에 임명된 예가 있었지만, 해군에서는 처음이다. 다만 에스파냐 해군이라 해도 에스파냐에는 해운의 전통이 없기 때문에 도리아가 이끌고 올 배들이 주전력이 될 수밖에 없었다.

그리고 가장 중요한 세 번째 보답은, 도리아가 에스파냐 왕 밑에서 일하는 한 에스파냐 왕 카를로스는 제노바가 다른 나라의 침략을 받는 경우 에스파냐군을 보내서라도 방위하겠다고 확약한 것이었다. 에스파냐와 제노바는 안전보장조약을 맺은 사이가 되었다.

이것을 용병 계약 조항에 넣어달라고 고집했다니까, 안드레아 도리아도 그 나름대로 애국자였다.

한편 바르바로사도 그 사이에 처지가 완전히 달라져 있었다.

'붉은 수염'(바르바로사)이라는 별명으로 지중해 역사에 남을 하이르 앗딘이라는 이름의 해적은 그리스정교도였을 터인데 개종하여 이슬람교도가 된 처지 때문인지, 아니면 그의 개인적 재능 때문인지, 수많은 동료와는 다른 사고방식을 가지고 있었던 모양이다.

우선 그는 다른 해적 두목들처럼 기독교 국가에서 물건을 빼앗고 사람을 납치해오는 것만으로는 만족하지 않았다. 또한 해적 두목들이 동경하는 투르크 정규 해군의 총사령관 자리도 투르크의 술탄이 앉혀줄 때까지 기다리지는 않았다. 발탁되기를 기다리지 않고 평판을 얻어서 출세하려 한 것이다. 물론 평판을 얻으려면 그에 어울리는 실적이 필요하다. 안드레아 도리아에게 당한 해부터 1530년까지 3년 동안은 그 실적을 쌓는 데 소비되었다.

무엇보다 먼저 해야 할 일은 절반으로 줄어든 배와 사람을 원래의 전력으로 되돌려놓는 것이다. 이것은 간단히 할 수 있는 일이 아니었다. 패배를 맛본 해적에게는 융자해주는 사람도 줄어들고, 패배한 두목 밑에서 일하고 싶어 하는 해적은 많지 않다. 이 어려운 상황을 벗어날 수 있었다니까, 바르바로사는 단순히 완력만 강한 것이 아니라 회유 능력도 뛰어났던 모양이다.

지금까지 북아프리카 해적들이 이런 경우에 타개책으로 삼은 것은 다시 북상하여 기독교 국가에서 해적질에 전념하고, 약탈한 물건과 사람을 팔아서 얻은 수익으로 줄어든 전력을 회복하는 방법이었다. 하지만 이 시기의 바르바로사는 그런 방법을 사용할 수 없었다.

안드레아 도리아가 바르바로사에게 거둔 승리는 프랑스 왕이나 에스파냐 왕의 주의를 끌었을 정도니까, 지중해 주변에는 그 소식이 당장 퍼졌을 것이다. 이 도리아에게 전력이 반으로 줄어든 상태로 다시 도전하는 것은 어리석은 짓이니까 하지 않는다 해도, 그 소식은 연안 일대의 군소 영주나 서민들에게까지 용기를 주고 있었다. 전에는 달아날 생각밖에 하지 않았던 그들이 이제는 상륙하는 해적에게 용감히 맞서게 된 것이다. 이렇게 되면 설령 성공한다 해도 위험률이 높아진다. 정규 해군이라면 아군의 희생도 견딜 수 있지만, 해적은 견딜 수 없다. 빨리 손쉽게 돈을 벌 수 있고 위험률도 낮으니까 해적질을 하는 것이다. 따라서 안드레아 도리아가 눈을 빛내고 있는 한, 기독교 국가로 해적질을 하러 가기도 어려워지고 있었다.

그렇다면 바르바로사는 휘하의 배와 사람을 재건하고 유지하는 일을 어떻게 달성하려 했을까.

북아프리카의 항구를 본거지로 삼고 있는 이슬람 해적들에게 같은 북아프리카의 다른 항구도시를 공격하는 것은 절대 해서는 안 될 일이었다. 이슬람교도가 같은 이슬람교도를 공격하게 되기 때문이다. 그리고 튀니스나 알제의 '수장' 자리에는 아랍인이나 북아프리카 현지인인 무어인이 앉아 있는 경우가 대부분이었는데, 해적 두목이 그곳에 본거지를 두는 것을 허가해주는 사람은 바로 그들이었다. 해적들도 그 대가로 수익의 5분의 1을 상납해왔다.

북아프리카에 오랫동안 내려온 이 관습을 바르바로사는 무시했다. 북아프리카가 이슬람교도의 땅이기는 하지만 아직 투르크제국의 영토는 아니라는 점에서 바르바로사는 자신의 야망을 달성할 기회를 보았다.

노골적으로 무기를 사용하여 협박할 것인지, 뒤에서 책략을 써서 현재의 수장을 몰아낼 것인지는 그 지방마다 다르기는 했지만, 이리하여 바르바로사는 알제에서 튀니스까지의 주요 항구도시를 사실상 지배하는 사람으로 출세했다. 그리고 이 작전의 마지막 마무리는 알제항을 나온 곳에 우뚝 솟아 있는 '엘 페논'에서 에스파냐 세력을 몰아내는 것이었다. 에스파냐 왕이 점거하여 에스파냐 병사들이 상주하고 있는 이 요새는 이슬람교도인 알제 주민에게는 '신앙심이 없는 개들의 소굴'이고 따라서 '수치'였기 때문이다.

바르바로사가 평소에는 해적 두목이지만 때로는 정규군의 장군처럼 행동할 때가 있다. '엘 페논'을 공략할 때의 그는 투르크군의 장수라도 되는 것처럼 행동했다.

우선 성주인 바르가스에게 사절을 보내 평화적으로 성문을 열라고 권했다. 하지만 에스파냐 기사로부터 돌아온 대답은 명쾌했다.

"에스파냐 왕의 깃발이 펄럭이는 한, 성채 안에 에스파냐 병사가 한 사람이라도 살아남아 있는 한, 성문을 여는 것은 논할 거리도 못 된다."

1530년 5월, '엘 페논' 앞바다를 가득 메운 30척의 갤리선에서 대포가 불을 뿜는 것이 공격 신호였다. 포격은 열흘 동안 계속되었다. 끊임없이 이어진 포격으로 무너진 성벽에 바르바로사 휘하의 해적 1천 명이 달라붙는다. 수비군도 절망적인 상태가 되었지만 저항을 멈추지 않았다. 닷새 뒤, 이슬람 땅에 있는 에스파냐의 보루는 마침내 무너졌다. 살아남은 것은 중상을 입은 바르가스 외에 몇 명뿐이었다. 포로들은 상처를 치료받지도 못한 채 곧장 '목욕장'에 갇혔다.

바르바로사는 바르가스에게 기독교에서 이슬람교로 개종하라고 권했다. 이슬람교도가 되면 죽음을 면할 수 있다고. 에스파냐 기사는 웃기만 했다. 바르바로사의 명령으로 기사는 목이 잘린 뒤 바다에 던져졌다. 바르바로사는 '엘 페논'을 완전히 파괴하라고 명했다. 알제 사람들이 그 후 두 번 다시 '수치'를 보지 않게 하려는 조치였다.

그해에 바르바로사는 이 성공을 거둔 뒤에도 쉬지 않았다. 휘하 해적들을 이끌고 에스파냐 서부의 도시 발렌시아를 기습했다. 왕의 성이 있고 안드레아 도리아의 주재지이기도 한 바르셀로나까지는 가지 않았다. 하지만 그 남쪽에 있는 발렌시아 일대에서 대낮에 당당히 해적질을 자행했다. 허를 찔린 카를로스 왕은 방위군을 본격적으로 파견하기도 전에 이미 많은 대포와 미녀들을 빼앗겼다.

알제로 개선한 바르바로사는 특별히 배를 만들어 거기에 빼앗은 대포와 미녀들을 실어서 콘스탄티노플로 보냈다. 투르크 술탄에게 보내는 진상품이다. 하지만 술레이만이 가장 기뻐한 선물은 오랑에서 알제를 지나 튀니스에 이르는 북아프리카 일대였다. 바르바로사는 자기 힘으로 빼앗은 지방을 투르크 술탄에게 바친 것이다. 이리하여 투르크제국은 자국 병사를 한 명도 쓰지 않고 북아프리카 일대를 지배하게 되었다. 이집트는 술탄이 직접 지휘한 군대가 투르크 영토로 만들었지만, 튀니지와 알제리는 해적이 헌상했기 때문에 투르크 영토가 되었다.

바르바로사의 투자는 헛되지 않았다. 술탄 술레이만은 제국의 수도 콘스탄티노플로 해적을 초대하고, "투르크제국 해군에서 최고로 무용이 뛰어난 장수"라고 치하하면서 그를 맞이했다. 그리고 그 자리에서 바르바로사에게 '아미르'라는 칭호를 주었다.

'아미르'(amir)는 아랍어에서는 '사령관'도 의미하고, '해군'을 뜻하는 'al-bahr'와 결합하면 '해군 사령관'을 의미하는 낱말이 된다. 이것이 이탈리아어에서는 '암미랄리오'(ammiraglio)가 되고 영어에서는 '애드미럴'(admiral)이니까, 해적 바르바로사는 '해군 제독'이라는 공식 지위까지 얻었다는 이야기가 된다. 그렇다면 평판을 얻어서 출세하려는 바르바로사의 계획은 완벽하게 성공했느냐고 묻는다면, 절반은 성공했다고 대답할 수밖에 없다. 술레이만은 '법의 사람'이라는 평가를 좋아한 전제군주다. 바르바로사를 해군 제독으로 임명하기는 했지만, 정규 해군이 아니면 안 되는 투르크 해군 총사령관으로 임명할 마음까지는 나지 않았다. 해적 바르바로사는 아직도 실적을 더 쌓아서 보여줄 필요가 있었다.

하지만 술레이만은 바르바로사를 활용할 때의 이익은 알고 있었다. 그래서 해군 제독에 임명한 바르바로사를 다시 서부 지중해로 내보냈다. 술레이만이 바르바로사를 기독교 세계와 대치하고 있는 최전선에 내보내기로 결심한 이면에는, 8년 동안이나 정착할 곳을 찾지 못해 각지를 떠돌던 성 요한 기사단이 바로 그해에 마침내 몰타섬에 거처를 정했다는 사실이 숨어 있었다.

몰타섬을 기사단에 제공한 것은 에스파냐 왕 카를로스지만, 정착할 곳을 찾지 못하고 있는 기사단을 동정했기 때문은 아니다. 몰타섬은 시칠리아 남쪽 바다에 떠 있는 섬인데, 앞쪽에는 리비아, 오른쪽에는 튀니지가 보이는 위치에 있다. 신성로마제국 황제이기도 한 카를로스는 십자군 시대부터 이슬람을 증오해온 성 요한 기사단을 이슬람과 대치하고 있는 최전선에 배치한 것이다. 성 요한 기사단은 로도스섬을 본거지로 하고 있던 시대에는 '로도스 기사단'이라고 불렸지만, 앞으로는 '몰타 기사단'이라는 통칭으로 불리게 된다.

지중해 세계는 바다를 가운데 놓고 800년 동안이나 아랍인이 주도하는 이슬람 세계와 기독교 세계로 나뉘어 대결해온 긴 역사를 갖는다. 하지만 앞으로는 투르크가 주도하는 이슬람 세계와 기독교를 믿는 유럽 각국의 대결이 된다. 그렇기는 하지만 이슬람교와 기독교의 대결 구도는 조금도 변하지 않았다. 이슬람 쪽도 초록색 바탕에 하얀 반달이었던 것이 붉은색 바탕에 하얀 반달로 바뀌었을 뿐이니까.

투르크 술탄 술레이만의 야망은 기독교 세계인 유럽 전역을 오스만 투르크제국의 속령으로 삼아서 투르크가 주도하는 '이슬람의 집'으로 만드는 것이었다.

강대국의 최고권력자 가운데 영토 확장의 매력에 저항할 수 있었던 사람은 거의 없다. 유일한 예외가 있다면, 그것은 율리우스 카이사르· 아우구스투스·티베리우스로 이어진 고대 로마제국일 것이다. 정복은 이것으로 끝내고 앞으로는 제국 내부를 충실히 다지자는 생각은 너무 건전한 생각이기 때문인지, '모든 권력이 집중하는 단 한 사람'에게는 너무 매력이 없는지도 모른다. '법의 사람'으로 평가받기를 좋아한 술레이만도 그 '법'을 정하는 것은 그 자신이어야 했다.

또한 술레이만은 광신적인 면이라고는 전혀 없었지만 이슬람교도이기는 했다. 코란은 '이슬람의 집'을 확대하는 것이 이슬람교도의 책무라고 말한다. 대국의 주인으로서는 갖는 것이 당연한 영토 확장욕은 경건한 이슬람교도의 책무와도 들어맞았다.

그래서 이 술레이만과 대결하게 된 카를로스는 기독교 세계를 지키기 위해 창설된 신성로마제국 황제다. 아버지 쪽에서는 독일을 물려받고 어머니 쪽에서는 에스파냐를 상속받았으니까 태어날 때부터 대국의 주인이었지만, 그것으로 만족할 남자가 아니었다. 북쪽은 네덜란드,

남쪽은 이탈리아로 지배권을 넓히는 데 집착한 군주이기도 하다. 40년 동안이나 지속된 치세의 태반은 말 위에서 보냈다고 스스로 말했을 정도니까, 그 역시 제국 내부를 충실히 다지는 것 따위는 생각지도 않은 군주였다.

자기가 믿는 종교의 가르침에 충실했다는 점에서도 술레이만에 전혀 뒤지지 않는다. 이미 기독교화한 유럽에서는 정복한 땅을 기독교화할 필요까지는 없었지만, 당시 식민지화가 진행 중이었던 남아메리카를 기독교화하는 데 중심적인 역할을 맡은 것은 에스파냐 출신 선교사들이다. 기독교도 참된 가르침을 모르는 사람들에게 그것을 설교하여 구제하는 것을 기독교도의 귀중한 책무로 삼고 있었기 때문이다.

비종교적 입장에서 보면 '피장파장'이라고 말할 수밖에 없는 당시의 두 최고권력자가 마침내 정면으로 격돌하게 된 것은 서기 1532년이었다.

먼저 공격한 것은 술레이만이었다. 육지 쪽에서는 대군이 이미 투르크제국의 속주가 된 발칸 지방을 지나 도나우강에 도달하여 빈을 공략하는 작전에 착수한다. 카를로스 황제의 영토를 직격하게 된 것이다.

바다 쪽에서는 80척의 갤리선을 지중해로 내보냈다. 이 투르크 정규 해군의 총지휘관에는 이미 파샤라는 칭호를 갖고 있었던 오마르 알리를 임명했다. '파샤'는 지방총독을 지낸 사람에게 주어지는 칭호인데, 정규 해군인 이상 투르크 정부의 고관이라는 공식 지위를 가진 사람을 임명한 것이다. 해전 경험은 없었던 모양이지만, 알제에 있는 바르바로사는 부름을 받지 못했다.

카를로스는 상대를 맞아 싸우게 되었는데, 육지 쪽은 헝가리 왕이기도 한 동생 페르난도가 맡고 바다 쪽은 안드레아 도리아가 맡았다.

이것은 투르크와 에스파냐의 대결이 아니다. 투르크가 주도하는 이슬람군과 에스파냐가 주도하는 기독교군의 대결이다. 도리아가 이끄는 기독교 해군은 순수한 전력인 갤리선만 해도 38척이었고, 실제로는 다국적군이었다.

도리아의 사촌으로 그 후임이 된 안토니오 도리아가 이끄는 교황청 해군의 갤리선이 12척. 몰타 기사단이 4척. 그리고 도리아의 배가 6척. 거기에다 에스파냐·제노바·시칠리아·나폴리에서 참가한 16척을 더해서 모두 38척이다. 에스파냐 본국에서 온 배가 적은데 이래도 에스파냐 해군인가 하고 생각할지도 모르지만, 제노바와 시칠리아와 나폴리는 당시 에스파냐 왕의 지배를 받고 있었기 때문에 카를로스의 눈으로 보면 어엿한 제 나라 해군이다.

이 38척의 군용 갤리선에 소형 범선 55척이 추가된다. 이 범선들은 대포알과 탄약, 보충용 무기와 무장 그리고 식량 따위를 싣고 갈 배들이니까, 요즘으로 말하면 '병참'을 담당하고 있었다.

콘스탄티노플을 떠난 투르크 해군은 에게해를 지나 서쪽으로 향한다. 그것을 기독교 해군이 언제 어디서 맞아 싸우게 될지는 전혀 모른다. 따라서 얼마나 오랫동안 적을 찾아 바다 위를 항해해야 하는지도 상정할 수 없다. 그리고 군량을 보급하기 위해 기항할 항구도 찾을 수 없는 적의 해역에까지 들어갈 필요가 생길지도 모른다.

고대 로마 군단은 "로마군은 병참으로 이긴다"고 해도 좋을 정도였지만, 그로부터 1천 년이 넘는 세월이 지난 16세기에 '병참'의 중요성을 이해한 것은 베네치아 해군을 제외하면 안드레아 도리아 한 사람뿐이었던 것 같다. 그래서 도리아는 투르크의 80척에 대해 그 절반밖에 안 되는 전력으로 출전하라는 카를로스의 명을 받고, 거의 같은 수의 범선을 동행시키겠다는 요구가 받아들여진 뒤에야 비로소 고개를 끄덕였다.

그에 비해 투르크 해군은 '병참' 개념이 매우 희박했다. 해운민족이나 교역민족이었던 적이 없는 투르크인에게는 강탈하든 돈을 주고 사든 간에 현지 조달이 익숙한 방법이었다. 투르크 영토로 삼면이 둘러싸인 동지중해에서는 이 방법이 통했다. 하지만 1532년에 투르크 해군은 지중해 서부로 진격하려 하고 있었다.

안드레아 도리아가 모든 배를 이끌고 메시나를 떠난 것은 8월 초였다. 오마르 파샤가 이끄는 투르크 해군이 에게해를 남하하여 이오니아해로 들어왔다는 통보를 받았기 때문이다. 도리아는 이오니아해에서 투르크 해군을 따라잡아 해전을 벌이고 싶었다. 어느 만으로 들어가버리기 전에 해상에서 승부를 결정짓고 싶었던 것이다.

도리아는 그리스와 이탈리아 사이에 펼쳐져 있는 이오니아해에서 투르크 해군이 안전하게 정박할 수 있는 곳은 프레베자만이라고 판단했다. 선단이 정박할 수 있는 항구는 그밖에도 많았지만, 코르푸섬을 비롯한 섬들은 베네치아공화국의 영토가 되어 있다. 이 시기에 베네치아는 투르크와 우호통상조약을 맺고 있었지만, 통상을 우호적으로 하는 관계일 뿐 군사를 포함한 동맹관계는 아니다. 요컨대 베네치아의 입장은 중립이고, 투르크 해군의 기항을 허락하거나 군량 보충을 도와주어야 할 의무까지는 없었다.

이오니아해·에게해 주변

　그 이오니아해역에서 이미 투르크 치하에 들어가 있는 그리스 본토
와 육지로 연결되어 있는 것이 레판토와 프레베자였다. 하지만 레판토
가 있는 파트라스만(파트레만)은 우선 너무 넓고, 게다가 그 만을 나오
면 바로 앞에 베네치아 영토인 체팔로니아섬이 있다. 한편 프레베자
쪽은 함대가 숨기에 딱 좋은 넓이의 만이고, 베네치아의 감시를 받지
않고 출입할 수 있다. 그래서 도리아는 적이 프레베자로 갈 거라고 판
단했고, 실제로 오마르 파샤도 프레베자로 가고 있었다. 군량을 보급
할 필요 때문인지, 아니면 기독교 쪽이 어떻게 나오는지 보기 위해서
였는지는 알 수 없다.

　도리아는 동쪽에서 오는 투르크 해군에게 서쪽에서 다가가지 않고,
북쪽으로 돌아서 북상하는 적을 맞아 싸우기로 했다. 넓은 해역에서
해전을 벌이면 적의 퇴로를 차단하기가 더 어려워지기 때문이다.

　오마르 파샤는 요즘으로 말하면 '시빌리언', 즉 문관이었다. 문관이 군대를 통솔하게 된 경우에 자주 일어나는 현상이지만, 필요 이상으로 강경해지거나 필요 이상으로 나약해지기 쉽다. 프레베자는 엎어지면 코 닿을 데에 있었다. 그리고 순수한 전력인 갤리선의 수는 투르크 쪽이 80척인데 적은 38척이다. 또한 안드레아 도리아는 북아프리카 해적들 사이에서는 이름을 떨치고 있지만, 투르크제국의 수도인 콘스탄티노플에서는 아직 알려진 이름이 아니었다.

그런데 오마르 파샤는 모든 배에 철수 명령을 내렸다. 지금까지는 역풍을 받고 왔지만 유턴하면 순풍으로 바뀌니까, 그래서 투르크 해군 사령관이 철수를 결심했는지도 모른다.

물론 도리아는 그 뒤를 쫓는다. 이쪽도 순풍이지만, '모터'인 노도 최대한 가동하여 추적했다. 적이 파트라스만으로 도망쳐 들어가기 전에 따라잡고 싶었다.

하지만 투르크 해군은 왼쪽으로 키를 돌리면 파트라스만이라는 생각도 머리에 떠오르지 않는지, 그저 오로지 남하를 계속할 뿐이다. 도리아는, 앞쪽에는 투르크 해군이 도망쳐 들어갈 수 있는 만이 없다는 게 확실해졌을 때 추적 속도를 늦추었다. 언제 적이 절망한 나머지 철수를 그만두고 공격해올지 모르는데, 자기 휘하의 선원이나 노잡이를 너무 피곤하게 만드는 것을 꺼렸기 때문이다. 하지만 속도를 늦추고도 추적은 계속했을 뿐만 아니라 갤리선 7척으로 별동대를 구성하여, 그 배들만 전속력으로 추적할 것을 명령했다. 다만 적이 방향을 돌려 공세로 나오면 당장 도망쳐 돌아오라는 명령도 내렸다.

도리아도 투르크제국이 요란하게 내보낸 정규 해군이 오로지 도망만 칠 줄은 상상도 하지 못했다. 하지만 상상하지 못했던 일이 일어나고 있었다. 뒤를 쫓고 있던 7척 가운데 4척이 투르크 해군은 에게해의 섬 어디에도 들르지 않고 다르다넬스해협을 향해 북상 중이라는 정보를 가지고 돌아왔다. 그리고 며칠 뒤, 나머지 3척이 다르다넬스해협도 통과한 투르크 해군이 마르마라해를 지나 콘스탄티노플로 가고 있다는 정보와 함께 돌아왔다.

9월로 접어들고 있었다. 안드레아 도리아는 연내에는 투르크 해군이 출동하지 않을 거라고 판단했다. 하지만 한 번도 싸우지 않고 돌아가면, 용병대장이기도 한 그의 실적에는 불충분하다. 그리고 9월에 갓 접어들었을 뿐이어서 지중해는 아직 항해에 적합한 계절이었다. 또한 투르크 해군이 달아난 바다를 활용하지 않을 이유도 없었다. 그래서 도리아는, 펠로폰네소스반도 남쪽 끝에 있고 이 시기에는 투르크의 것이 되어 있었던 모도네 요새를 탈환하기로 했다.

9월 21일, 이탈리아인과 에스파냐인으로 구성된 육상 부대가 상륙하여 육지와 바다 양쪽에서 공격이 시작되었다. 요새에는 투르크 병사가 300명 있었지만, 이틀 뒤에 항복했다. 요새의 탑 높이 성 베드로의 열쇠와 몰타의 십자와 신성로마제국의 독수리 깃발이 나부낀다. 그해의 도리아가 지휘한 선단이 교황청 해군과 몰타 기사단과 카를로스의 배였기 때문이다.

도리아는 항복한 투르크 병사들을 이슬람교도와 같은 방식으로 다루지는 않겠다면서, 모두 즉각 퇴거하라고 명령했을 뿐이다. 공략한 요새에는 에스파냐 병사 1천 명을 수비대로 남겨두기로 했다.

그 후에도 도리아는 적과 마주칠 위험이 전혀 없는 이 시기를 최대한 활용하기로 결심한 것 같았다. 모도네를 함락한 뒤에는 북상하여 파트라스만으로 들어갔다. 이곳에 있는 투르크군 기지인 레판토를 공략하기 위해서였다. 여기에는 투르크 병사 2천 명이 대기하고 있었지만, 바다와 육지 양쪽에서의 협공을 견딜 수 있었던 것은 이틀뿐이었다. 그 2천 명이 그대로 고스란히 포로가 되었다니까, 모도네에서 도리아가 포로를 다룬 방식이 레판토에 전해져 있었는지도 모른다. 그런데 레판토 근처의 곶에 우뚝 솟아 있는 또 하나의 요새를 함락하는 데에는 7일이 걸렸다. 이들을 맞아 싸운 투르크 부대가 용맹하기로 이름난 예니체리 군단 병사들이었기 때문이다. 하지만 이곳도 함락된 이상, 넓은 파트라스만도 이제 투르크의 배가 안전하게 기항할 수 있는 바다는 아니었다.

이리하여 베네치아가 영유하고 있는 섬들을 합하면 이오니아해 전역은 기독교 쪽의 바다가 되었다. 도리아가 지휘하고 있던 해군이 해산하여 각자 고국으로 돌아간 것은 가을이 끝날 무렵이었다.

1532년은 이렇듯 투르크제국이 더없이 큰 손해를 본 해가 되었다.

육지 쪽에서는 헝가리 왕이 용감히 싸웠기 때문에 빈의 포위를 풀수밖에 없었고, 바다 쪽에서는 오로지 도망만 치다가 끝나버렸기 때문이다. 빈에서 콘스탄티노플로 돌아온 술레이만은 직접 군대를 지휘하고도 성과 없이 철수한 데 기분이 나빠진 탓도 있어서, 용서를 빌려 온 오마르 파샤를 호되게 질책한 뒤 해임해버렸다.

후임으로는 루프티 베이를 임명했는데, 이 사람도 통치 경험은 있지만 해전 경험은 없는 문관이다. 술레이만은 궁정 예법에는 완벽한 이 사람에게 이듬해 봄에는 해군을 이끌고 기독교도에게 설욕하라는 엄명을 내렸다. 루프티 베이는 해군을 재편성할 필요도 없었다. 오마르 파샤가 그저 도망만 쳤기 때문에 배는 한 척도 잃지 않았고 선원을 보충할 필요도 없었기 때문이다.

이듬해인 1533년 봄, 루프티 베이는 지난해보다 10척이 늘어난 90척의 갤리선을 이끌고 콘스탄티노플을 떠났다. 관료 출신인 만큼, 우선 상관인 술탄이 기뻐할 일을 하기로 결정한다. 지난해에 잃은 모도네 요새와 레판토 요새를 도로 빼앗으면 자신의 지위도 탄탄해진다고 생각했을 것이다. 해전은 이 남자의 계산에는 들어 있지 않았다.

6월 초, 모도네 앞바다에 도착한 투르크 해군은 당장 공격을 개시한다. 수비하는 병력은 겨우 1천 명이니까 공략도 간단히 끝날 줄 알았지만, 예상했던 것보다 저항이 완강했다. 투르크와 에스파냐는 이 시기의 양대 강국이었는데, 두 나라 모두 육군이 강했다.

투르크 쪽이 빼앗긴 요새를 탈환하러 오리라는 것은 안드레아 도리아도 예상하고 있었다. 그럴 때 모도네를 구원해야 할 필요성도 예상하고 있었기 때문에, 카를로스의 허가도 미리 받아놓았고 62척의 갤리선과 수송용 범선 30척의 출전 준비도 되어 있었다. 도리아는 그 함대를 이끌고 이오니아해로 떠났다. 그렇기는 하지만, 100척 가까운 대선단이 모두 발을 맞추어 같은 속도로 움직이기는 어렵다. 그래서 제노바의 배를 먼저 모도네로 보내, 반드시 구원하러 간다는 편지를 전하게 했다. 수비대 병사들도 곧 원군이 온다는 것을 알면 용기를 내어 수비에 힘쓸 것이기 때문이다. 희망을 갖게 하는 것도 사령관의 중요한 의무의 하나다. 일주일이 지났지만 요새는 계속 버티고 있었다.

루프티 베이는 모도네 요새를 공격하는 것밖에는 염두에 없었는지, 갑자기 뒤쪽에 나타난 도리아의 함대를 보고 깜짝 놀랐다. 냉정하게 생각하면 적의 갤리선은 62척인 반면 이쪽은 90척이다. 하지만 냉정을 완전히 잃어버린 투르크 해군 사령관은 달아나는 것밖에는 생각지 않게 되었다. 1533년에도 투르크의 정규 해군은 오로지 도망만 쳤다. 그리고 도리아도 1533년에는 더 이상 그들을 뒤쫓지 않았다. 카를로스 왕으로부터 베네치아공화국에 이로운 일은 하지 않아도 좋다는 밀명을 받았기 때문이다. 그래서 그해에는 도리아의 함대가 지난해보다 훨씬 일찍 항구로 돌아올 수 있었다.

도망쳐 돌아온 루프티 베이를 맞은 술레이만은 이제 화를 내기보다 절망하고 있었다. 내리 2년 동안 투르크 고관이 이끌고 떠난 정규 해군이 두 번 다 전투도 하지 않고 도망쳐온 것이다. 이제는 술레이만도 문관이 아니라 무관을 등용할 수밖에 없다는 것을 알았지만, 투르크는 육군국이지 해군국이었던 적이 없다. 해전 전문가인 해군 장수가 없는 것이 투르크의 약점이다. 그래서 술레이만쯤 되는 사람도 해전 전문가라면 해적밖에는 머리에 떠오르지 않았다. 투르크의 배가 술탄의 초청장을 가진 사절을 태우고 알제를 향해 콘스탄티노플을 떠났다.

바르바로사, 투르크 해군 총사령관이 되다

마침내 바르바로사(붉은 수염)는 간절히 바라던 것을 얻었다. 투르크제국 안에서는 2급으로 여겨지는 그리스인으로 태어났고, 게다가 개종한 지 얼마 안 된 이슬람교도로서 해적질만 한 남자가 투르크 정규 해군의 총사령관이 된 것이다. 한 부대의 우두머리라는 의미의 제독은 여러 명이지만, 총사령관은 한 사람이다. 술탄이 직접 임명하니까 수도로 오라는 초청장을 받아든 바르바로사의 기쁨은 쉽게 상상할 수 있지만, 만사 제쳐놓고 달려가지는 않았다.

비록 해적업이라도, 그 세계에서 대성한 사람은 조직력도 뛰어난 모양이다. 그리고 바르바로사는 자신을 등용하기로 결정한 술레이만의 의도를 완벽하게 이해하고 있었다.

바르바로사가 맨 먼저 한 일은 북아프리카 전역의 해적 두목들을 그가 있는 알제로 소집한 것이다. '유대인 시남' 같은 선배 격도 있었지만, 대다수는 바르바로사의 부하였던 자들이었다. 바르바로사가 알제와 튀니스를 손에 넣은 뒤 '분점을 차려주고' 독립시킨 해적들이다.

알제에 모인 그들 앞에서 바르바로사는 말했다. 개별적으로 해도 좋으니까 지중해 서부 해역에서 활발하게 해적 행위를 하라고. 즉 전선을 확산시키라고 명령한 것이다. 상대는 안드레아 도리아 한 사람이다. 서지중해 각지에서 동시에 공세를 취하면 도리아도 따라갈 수 없다는 계산이다. 자기가 콘스탄티노플에 가 있는 동안 거기에 전념해달라는 거니까, 후방 교란을 목적으로 한 작전이었다.

그리고 바르바로사는 이렇게 말했다.

이제 나는 해적 두목이 아니라 투르크 정규 해군의 우두머리인 이상, 너희들이 하는 행위도 투르크제국의 전략에 따른 것이라고.

해적들을 각자의 본거지로 돌려보내고서야 바르바로사는 콘스탄티노플로 떠나게 되었지만, 수도로 직행하지 않고 길을 돌아서 가기로 했다. 투르크 술탄의 궁정에는 관례가 있어서, 술탄의 초대를 받은 가신은 헌상품을 가져가는 것이 불문율로 되어 있다. 바르바로사도 그 관례에 따르기로 한 것인데, 그 '헌상품'이라는 것이 참으로 해적다웠다.

미켈란젤로의 친구이기도 하고 안드레아 도리아의 훌륭한 초상화를 그린 것으로도 알려져 있는 화가가 베네치아 태생인 세바스티아노 델 피옴보다. 피옴보가 당시 초상화가로서 매우 유명했다는 것은 많은 주문이 그에게 쇄도한 것을 보아도 알 수 있다. 그래서 피옴보의 작품에는 당시의 유명인을 그린 초상화가 많은데, 그중 하나가 이탈리아 최고의 미녀로 이름난 줄리아 곤차가의 초상화였다. 만토바의 영주인 곤차가 가문에서 태어나 오르시니 가문과 함께 로마의 유력한 귀족인 콜론나 가문으로 출가했지만, 젊은 나이에 과부가 된 여인이다.

바르바로사가 이 초상화를 직접 보았을 리는 없으니까, 콜론나 가문의 젊은 미망인이 절세미녀라는 것을 소문으로 들었는지도 모른다. 어쨌든 이 미녀를 납치하여 술탄에게 헌상하기로 결정한 것이다. 또한 어떻게 알았는지는 모르지만, 이탈리아 최고의 미녀가 그 무렵 폰디에 있는 콜론나 가문의 성에 머물고 있다는 것도 알아냈다.

폰디는 로마에서 남이탈리아 쪽으로 뻗어 있는 아피아 가도 연변의 작은 마을인데, 로마에서 테라치나까지 거의 일직선으로 남하해온 아피아 가도는 테라치나에서 내륙지역으로 들어간다. 폰디는 그곳에 있으니까 바닷가 마을은 아니고, 따라서 해적을 걱정할 필요도 없다. 그리고 중세 전기에는 이탈리아반도 깊숙이까지 사라센 해적이 쳐들어온 일도 드물지 않았지만, 그 후에는 이탈리아 각국의 해군력이 강화되었기 때문에 해적의 상륙도 전에 비하면 상당히 줄어들어 있었다. 그런데 바르바로사는 상륙작전을 감행하려 한 것이다.

어두운 밤이 되기를 기다려 작은 배에 나누어 탄 바르바로사와 부하들은 스페를롱가 해안에 접근했다. 상륙 지점으로 스페를롱가를 선택

줄리아 곤차가

한 것은, 이 해안에는 고대 로마 황제인 티베리우스의 별장 유적이 있어서 거기에 배를 감추어두면 남의 눈에 띌 위험이 적었기 때문이다. 상륙하기 전에 바르바로사는 부하들에게 엄명을 내렸다. 목적은 여자 하나를 납치하는 것뿐이니까, 다른 물건이나 다른 사람에게는 눈길도 주지 말라고.

폰디 마을은 어둠에 잠겨 있고, 바르바로사와 부하들의 잠입을 눈치 챈 사람은 없었다. 성도 금방 찾을 수 있었다. 원통형 탑이 네 귀퉁이에 서 있는 그 성을 제외하면 주위에는 모두 낮은 집들뿐이었기 때문이다.

바르바로사와 부하들은 폰디가 작은 마을에 불과한 것을 보고 납치를 강행하는 작전으로 나왔다. 성문 앞에서 소총을 쏘아대면 성내에 있는 사람들이 겁에 질려 성문을 열 거라고 생각한 것이다. 그런데 열린 것은 뒷문 쪽이었고, 그 뒷문으로 말탄 여자가 빠져나가고 있었다. 여자는 잠을 자던 중이어서 하얀 잠옷에 머리도 길게 늘어뜨린 모습으로 쏜살같이 도망쳤다.

바르바로사는 이탈리아 르네상스 시대의 여자들이 아름다울 뿐만 아니라 용기도 있다는 것을 알지 못했다. 또한 이슬람 세계의 여자들과는 달리 말을 타고 산야를 달리는 당찬 여자가 드물지 않다는 것도 알지 못했다. '비라고'(virago)는 '남자 못지않은 여장부'를 뜻하는 이탈리아어인데, 이 낱말은 당시 남자 쪽에서 여자를 칭찬하는 말이었다.

분풀이로 마을의 집들을 모조리 불태우기는 했지만, 목적을 이루지 못한 이상 물러날 수밖에 없다. 그래서 투르크의 술탄에게 바르바로사가 무엇을 헌상했는지는 모르지만, 이탈리아 최고의 미녀를 선물한다는 계획은 실현되지 않았다.

그렇다 해도, 정규 해군 총사령관이 선물로 미녀를 납치할 생각을 했다는 것만큼 당시 투크르제국 해군의 성질을 잘 보여주는 것도 없다. 어쨌든 투르크제국은 정규 해군 총사령관에 임명되었으니 해적업에서 발을 빼라고는 말하지 않는다. 그러기는커녕 해적 행위는 후방 교란 작전이기도 하니까 더욱 열심히 해적질을 하라고 부추긴다. 바르바로사가 총사령관에 취임했다는 소식이 지중해에 면한 나라들의 궁정에 퍼진 것도 당연했다.

그리고 바르바로사도 자신을 해군 총사령관에 발탁해준 술탄의 결정이 옳았다는 것을 실적으로 보여주겠다는 듯이, 취임 첫해인

1534년에 서지중해 전역에서 이미 조직되어 있었던 해적들의 공세가 펼쳐졌다. 분산된 해적 집단이 제각기 신출귀몰하듯 쳐들어와서 물건을 빼앗고 사람을 납치하여 사라지는 것이다. 바르바로사가 예상했듯이 안드레아 도리아 혼자서는 도저히 대처할 수 없었다.

또한 그해는 로마 교황 클레멘스 7세가 병상에 누워 죽음을 기다리고 있었기 때문에, 교황청도 제대로 움직이지 못했다. 그 결과, 교황청 해군의 움직임도 둔해져 있었다. 이대로 가면 해적질을 하지 않아도 지중해의 서쪽 절반은 투르크의 바다가 될 것 같았다.

9월에 교황 클레멘스가 죽고, 파르네세 집안 출신인 알레산드로가 바오로 3세라는 이름으로 교황에 선출되었다. 메디치 가문 출신이었던 클레멘스는 프랑스와 가까운 것으로 알려졌지만, 새 교황인 바오로 3세는 개인적으로는 르네상스적 심정을 갖고 있었다. 하지만 기독교회의 최고위자인 교황으로서는 종교개혁파의 분리를 허용해버린 것은 가톨릭파가 연약했기 때문이라는 반종교개혁을 싫어하지는 않았다.

3년 뒤인 1537년, 카를로스 황제의 조카로서 영국 왕비가 된 캐서린과 이혼했다는 이유로 교황이 헨리 8세를 파문했다.

이듬해인 1538년에 반종교개혁에 앞장선 예수회를 공식 인정한 것도 바오로 3세였다.

그리고 1542년에는 반종교개혁에 이론을 부여하게 된 트리엔트 공의회를 주최했다.

이 바오로 3세와 신성로마제국 황제인 동시에 에스파냐 왕이고 가톨릭 왕이라는 별명까지 가진 카를로스가 속된 말로 '필이 통하는 사이'가 된 것은 당연했다. 이 두 사람 사이에서 이듬해인 1535년에 시작될 대반격이 형태를 갖추어가고 있었다.

튀니스 공략

카를로스가 드디어 알았다.

1) 투르크가 바다에서는 기독교 세계에 대한 공격을 이슬람 해적에게 맡기는 방침을 정식으로 결정했다는 것.

2) 이슬람 해적에게는 바다에서 싸움을 걸어도 소용이 없다는 것. 해적들은 기독교 국가의 해군을 만나면 맞서 싸우지 않고 달아나버리기 때문이다.

3) 따라서 해적을 궤멸시키고 싶으면 해적의 본거지를 궤멸해야 한다는 것.

이것은 지중해에 아직 '팍스 로마나'가 확립되지 않아서 해적이 제멋대로 날뛰고 있던 기원전 1세기에 폼페이우스가 생각하고 실행한 전략이었다. 1600년이 지난 지금에 와서야 이 전략의 유효성을 깨달았는지도 모른다. 이리하여 기독교 세계의 양대 지도자인 교황과 황제는 육군과 해군을 결집하여 북아프리카 공격을 실현하기 위해 움직이기 시작했다.

당시 사람들의 머릿속에 있었던 북아프리카는 이집트와 키레나이카를 제외하고 리비아에서 모로코까지의 전역을 의미했다. 따라서 해안선도 길고 해적들이 본거지로 삼고 있는 항구만 해도 무려 10개가 넘는다. 그중에서도 항구도시 전체가 해적업과 그 주변 기업으로 지탱한다 해도 좋은 도시는 역시 알제와 튀니스였다.

해적에게 납치되어 '목욕장'에 수용되어 있는 기독교도를 구출하기 위한 지원자들의 조직인 '구출수도회'와 '구출기사단'이 기부금을 모아서 몸값으로 가져간 곳의 일람표를 보아도 알제와 튀니스가 압도적으로 많다. 이들 두 단체에는 언제 어디에 가서 몇 사람을 구출하여 데리고 돌아왔는가 하는 기록이 남아 있는데, 그 기록에 따르면 절반 이상이 알제이고, 튀니스가 알제와는 상당한 차이를 두고 그 뒤를 잇는다. 오랑이나 그밖의 항구도시로 구출하러 간 횟수는 알제의 10분의 1도 안 된다. 구출행이 다른 곳보다 많이 이루어졌다는 것은 이들 두 도시에는 구출해야 할 기독교도가 그만큼 많았다는 뜻이다. 이슬람 해적의 양대 본거지는 역시 알제와 튀니스였다.

애초에 카를로스는 알제로 목표를 좁히자고 주장한 모양이다. 카를로스가 '목욕장'에 수용되어 있는 불행한 기독교도를 동정했기 때문은 아니다. 에스파냐인의 지배는 피지배자인 서민의 운명에 별로 관심을 기울이지 않는 것이 특징이다. 당시 에스파냐의 지배를 받은 남부 이탈리아와 시칠리아가 그것을 실증했고, 신대륙도 비슷한 상태에 있었다.

그 카를로스가 해적 퇴치에 나선 것은 우선 해적이 투르크의 서방 진격의 선발대라는 사실을 알았기 때문이다. 둘째, 신대륙에서 금이나 은을 가득 싣고 돌아오는 에스파냐 선박이 지브롤터해협을 지나 바르셀로나로 북상하는 해역에서 알제나 오랑에 본거지를 둔 해적선이 기다리고 있다가 물건을 몽땅 빼앗아버리기 때문이었다.

반면에 교황 바오로 3세가 주장한 공략 목표는 튀니스였다. 튀니스에서 출항한 해적선이 습격하는 곳은 오로지 남이탈리아였고, 튀니스의 '목욕장'에 수용되어 있는 불행한 사람들의 태반이 남이탈리아의 서민이고, 그들을 내버려두는 것은 로마 교황으로서 용납할 수 없다고 생각했기 때문은 아니다. 물론 기치로 내건 표면상의 목표는 납치된 사람들을 구출하는 것이었지만, 본심은 이제 공식 지위까지 갖게 된 바르바로사가 신앙심이 없는 무리의 수도라는 이유로 로마를 습격하여 이슬람교도인 그들로서는 신앙심이 없는 무리의 '두목'인 자신을 납치할지 모른다는 두려움을 잊을 수 없었기 때문이다.

둘 다 자신의 이익에 바탕을 둔 주장이었지만, 표적을 하나로 좁혀야 할 필요성은 둘 다 알고 있었다. 그래서 로마 교황을 에스파냐 쪽에 붙여두고 싶어 하는 카를로스가 양보했다. 그리하여 이듬해인 1535년 봄에 실행될 기독교 연합군의 북아프리카 공격 목표는 튀니스로 결정되었다. 그리고 그것과 관련된 모든 준비는 안드레아 도리아에게 맡겨졌다.

로마 교황이 주도했기 때문에 '신성동맹'(Lega Santa)이라는 이름이 붙은 군대는 다음과 같이 구성되어 있었다.

우선 해군에서 순수한 전력인 갤리선의 수만 살펴보자.

교황청—12척

몰타 기사단—4척

에스파냐 본국—16척

에스파냐 지배하의 시칠리아—10척

에스파냐 지배하의 나폴리—14척

제노바공화국—3척

포르투갈—갤리선은 1척이지만 '카라벨'이라고 불리는 쾌속 범선

이 12척

　안드레아 도리아 소유의 갤리선—19척

　군용 갤리선의 총수는 79척이지만, 포르투갈에서 참가한 카라벨은 군선으로 간주되었기 때문에 그것을 합하면 91척이 된다. 기독교 국가의 갤리선은 노잡이도 자유민이니까 전력으로 치고, 요즘의 '해병'에 해당하는 순수 전투원을 합치면 승무원의 총수가 3만 명이라 해도 결코 과장된 숫자는 아니었다. 여기에 공성기나 병기, 그밖의 모든 것을 실은 수송용 범선 200척이 추가된다. 육군이라도 군용 갤리선에 타는 고위 장교를 제외한 나머지는 모두 이 범선에 나뉘어 탄다. 이 해군의 총지휘관은 69세라고는 도저히 보이지 않는 안드레아 도리아로 결정되었다.

　보병이 태반을 차지하는 육군은 나라별로 부대를 편성하여, 카를로스의 부하이긴 하지만 그 나라 출신인 장군들이 지휘를 맡는다. 육군의 내역은 다음과 같다.

　이탈리아 병사—13,500명

　교황청이 있는 중부 이탈리아, 나폴리가 있는 남부 이탈리아, 제노바가 있는 북부 이탈리아의 지원병으로 편성되어 있었지만, 그해에 몰타 기사단에서 참가한 사람들 중에는 피렌체 출신이 많았고 지휘도 피렌체의 명문 출신인 레오네 스트로치가 맡았기 때문에 이들도 이탈리아 병사의 일부로 간주되었다.

　독일 병사—8,000명

　에스파냐 왕 카를로스는 독일을 포함한 신성로마제국의 황제이기도 하다. 멀리서 알프스를 넘어온 이 독일 병사들의 지휘는 헬바슈타인

백작이 맡게 되었다.

에스파냐 병사—8,000명

지휘관은 돈 안토니오 데 알라르콘.

포르투갈 병사—500명

이 부대의 지휘관은 포르투갈 왕의 동생인 인판테 돈 루이스 공작이었다.

그리고 이 모든 부대로 구성된 육군의 총지휘는 에스파냐 장수로서 유럽 전역에 이름이 알려져 있었던 돈 알폰소 다바로스가 맡았다. 밀라노 영유권을 둘러싸고 프랑스 왕과 싸우고 있었던 카를로스가 이탈리아에 주재하는 에스파냐군을 총괄하는 사령관으로 파견한 인물이었다. 티치아노가 그린 그의 초상화가 마드리드의 프라도 미술관에 남아 있다.

여기서 조금 탈선하여, 16세기 전반인 이 시대에 활약한 남자들에 대해 쓰면서 어이없다고 느낀 점을 언급하고 싶다.

그것은 이 시대 주인공들의 초상화가 대부분 이탈리아 화가, 그중에서도 특히 베네치아파 화가들의 작품이라는 것이다.

카를로스 황제, 로마 교황 바오로 3세, 알폰소 다바로스, 당시 대국이었고 지중해 세계의 운명을 결정하는 주역이었다 해도 좋은 베네치아공화국 통령들의 '얼굴'을 보고 싶다면, 마드리드나 피렌체나 나폴리의 미술관에 남아 있는 티치아노의 작품을 소개할 수밖에 없다. 안드레아 도리아와 클레멘스 7세의 초상화도 역시 베네치아 화가인 세바스티아노 델 피옴보가 그렸다. 즉 500년 뒤에 살고 있는 우리 현대인들도 그들의 얼굴을 보고 싶으면 르네상스 후기에 꽃을 피운 베네치아파 화가에게 갈 수밖에 없다. 물론 화가들은 이들이 의뢰했기 때문에 초상화를 그렸지만, 베네치아가 아닌 다른 강국의 유력자들은 왜 베네치아파 화가가 그려주는 초상화를 좋아했을까.

이 시대의 유력자들 가운데 베네치아 화가가 그린 초상화를 남기지 않은 것은 두 사람밖에 없다. 투르크의 술탄 술레이만과 프랑스 왕 프랑수아 1세다.

술레이만이 초상화를 남기지 않은 이유는 종교적 이유로 구상화를 싫어하는 이슬람교의 가르침 때문이라고 생각할 수밖에 없다. 실제로 이슬람 세계 사람들 가운데 초상화가 남아 있는 경우는 지금 런던의 국립미술관에서 볼 수 있는 젠틸레 벨리니의 메메드 2세 초상화처럼 서구인이 그린 초상화가 서구에 남은 경우뿐이다.

하지만 프랑수아 1세가, 이탈리아 르네상스를 그토록 동경하고 있던 그가 당대 제일의 초상화가로 이름을 날리고 있던 티치아노에게 초상화를 의뢰하지 않았던 것은 참으로 시시한 이유 때문이었다. 외국인이 시작한 일은 그것이 아무리 훌륭해도 하지 않는다는 프랑스인 특유의 기질 때문이다. 카를로스가 초상화를 의뢰한다면 티치아노에게 의뢰할 거라는 느낌이 들었기 때문에, 프랑수아 1세는 의뢰하지 않았을 뿐이다.

하지만 왜 베네치아파 화가에게 주문이 집중했는가 하는 의문에 대한 대답은 아직 남아 있다. 내가 그것을 나름대로 추측하면 다음과 같다.

회화가 과학이기도 했던 피렌체파 화가에 비해 베네치아파 화가들이 그리는 그림은 단순히, 하지만 더 순수한 의미에서 회화였다. 원근

법이나 그밖의 과학적인 탐구심 따위는 모두 잊고 단지 눈앞에 있는 그림을 바라보고 그것이 주는 쾌감을 만끽하면 된다. 그 덕분에 아직 젊었던 시절의 티치아노가 미켈란젤로에게 자기 그림을 보여주었을 때, 인체 해부를 좀더 배우는 것이 어떠냐는 말을 들었다.

하지만 의뢰하는 쪽의 심정이 되면 어떨까. 자기 얼굴이 해부학적으로 정확하게 묘사되어 있는지 어떤지가 그렇게 중요할까. 그보다는 자기 자신이 충분히 표현되어 있는 초상화를 좋아하지 않을까.

티치아노는 대상을 실제보다 더 아름답고 훌륭하게 그리려고 한 적이 한 번도 없었다. 하지만 숨어 있는 이면까지 파헤치고 스스로 만족하는 평범한 예술가는 아니었다. 그는 대상을 그저 조용히 바라본다. 남을 그린 초상화든 자화상이든, 조용하면서도 어디까지나 냉철한 이 눈길은 전혀 다르지 않다. 초상화가로서는 이상적이었던 게 아닐까. 나도 내 초상화를 그린다면 미켈란젤로보다는 티치아노에게 의뢰할 것이다.

에스파냐를 증오한 나머지 티치아노가 그린 초상화도 남기지 않은 프랑수아 1세는 만년의 레오나르도 다 빈치에게 편안히 살 곳을 마련해줌으로써 문화를 애호하는 군주로 이름을 남기고 싶었겠지만, 화룡점정을 빠뜨렸다고 말할 수밖에 없다. 티치아노가 그린 '카를로스'는 죽은 뒤에도 마드리드만이 아니라 각지의 미술관에 지금도 '계속 살아 있지만', 프랑수아 1세는 그런 형태로 계속 살아남을 기회를 놓쳐버렸다. 권력은 그것을 가진 자가 죽으면 끝나지만, 진정한 예술은 영원한 생명을 갖는다.

연상이 떠오른 김에 한 가지만 더 써보겠다. 제노바인 안드레아 도리아의 초상화는 당시부터 걸작으로 평판이 난 세바스티아노 델 피옴보가 그린 것을 비롯하여 오늘날에도 3점이 남아 있는데, 그 초상화를 그린 화가들 가운데 제노바인이 한 사람도 없다는 것이다. 초상화 3점을 그린 화가는 베네치아 화가가 2명, 피렌체 화가가 1명이었다.

제노바 사람인 안드레아 도리아는 마음속으로는 베네치아인을 싫어하고 있었다. 해양국가이자 통상국가로서 같은 길을 걸어온 도시국가인데도, 지금은 유럽의 대국이 된 베네치아공화국은 제노바 남자가 가벼운 기분으로 삼킬 수 있는 존재가 아니었다.

또한 같은 이탈리아인이지만, 개인의 돌출을 인정하는 제노바 사람에게 항상 거국일치로 행동하는 베네치아 사람은 기질이 다른 인종으로 보였을지도 모른다. 그래서 도리아와 베네치아 정부의 관계는 늘 삐걱거렸지만, 그래도 초상화를 의뢰할 때는 베네치아파 화가에게 의뢰한다. 합리적인 사고방식을 가진 도리아는 제노바인 중에는 뛰어난 화가가 없고 베네치아의 화법이 더 뛰어나니까 어쩔 수 없지 않느냐고 생각했을지도 모른다.

해운국으로서 번성하고 통상국으로 끝나버린 것이 제노바공화국이다. 한편 베네치아는 해운국이자 통상대국이고, 국내 안정이라는 어려운 일까지 이룩하여 정치적으로도 성숙했고, 그 결과로 외교대국이자 문화대국이 되었다. 이들 두 공화국의 차이점에 대한 탐구는 『바다의 도시 이야기』 상권의 '라이벌 제노바'로 미룰 수밖에 없지만, 같은 시대에 같은 생활환경에서 살았던 같은 이탈리아인인데도 왜 이렇게 다른 길을 걸었을까를 생각할 때 초상화도 도움이 된다고 말하고 싶었다.

1535년의 '신성동맹'에 참가하지 않은 대국은 프랑스와 베네치아였다. 프랑스가 참가하지 않은 이유는 말할 필요도 없을 것이다. 프랑수아 1세도 카를로스가 하는 일은 하지 않고 카를로스가 하지 않는 일은 하는 프랑스인이었기 때문이다.

베네치아공화국이 참가하지 않은 이유는 투르크와 우호통상조약을 맺고 있었기 때문이다. 하지만 그런 관계에 있기 때문에 자극하고 싶지 않고 풍파도 일으키고 싶지 않다는 소극적인 생각 때문은 결코 아니었다. 강력한 해군력을 상시적으로 갖추어두었다는 사실은 투르크와 항상 긴장관계에 있었다는 것을 보여준다. '신성동맹'에 참가하지 않기로 결정했을 당시의 베네치아 통령은 안드레아 그리티다. 지금 워싱턴에 남아 있는 그리티의 훌륭한 초상화를 그린 것도 티치아노다. 티치아노가 그린 그리티 통령을 한 번이라도 본 사람은 베네치아공화국이 단순히 너무 나약해서 불참하기로 결정한 게 아니라는 사실을 납득할 것이다.

그렇기는 하지만, 1535년의 '신성동맹' 연합군은 당시에는 어린애도 알고 있을 만큼 유명한 두 장수—해군은 안드레아 도리아, 육군은 알폰소 다바로스—가 지휘하고 카를로스 황제가 몸소 참전하여 더 이상은 바랄 수 없을 만큼 대대적이고 공식적인 군대가 되었다. 참가한 지휘관들의 이름을 보기만 해도 당시 유럽 귀족사회의 '꽃'들이 모두 참전한 것을 알 수 있다.

이것이 아무리 강대해졌다고는 하지만 해적 소굴에 불과한 튀니스의 공략을 목표로 내건 기독교 국가의 연합군이었다. 바르바로사도 정말 대단한 존재가 되었다. 그도 티치아노에게 초상화를 주문했다면 500년 뒤의 기독교도들은 입장료를 내고서라도 보러 갈 게 분명한 걸작 초상화를 남겼을 것이다.

　1535년 6월 후반, 신성동맹 연합군은 집결지로 결정된 사르데냐 남쪽 끝에 모두 집합했다. 에스파냐와 이탈리아와 몰타에서도 모이기 때문에, 모든 곳에서 같은 거리에 있는 사르데냐섬의 남쪽 끝이 집결지로 선정된 것이다. 또한 그곳에서 며칠만 항해하면 북아프리카에 도착할 수 있고, 게다가 곧장 남하하기만 하면 되었다. 이 모든 것은 도리아가 결정했다. 집결이 끝났는데도 출전이 며칠 연기된 것은 순풍을 기다리고 있었기 때문이다. 일단 시작한 이상 단숨에 간다는 것이 안드레아 도리아가 늘 쓰는 방법이었다.

　6월 24일 아침이 '시작할 때'로 결정되었다. 선두에서 출항한 것은 도리아의 기함이고 카를로스 황제가 탄 군용 대형 갤리선이다. 돛대 높이 노란 바탕에 검은 독수리가 수놓인 신성로마제국 황제기가 나부낀다.

　그 뒤를 따른 것은 오르시니 백작이 이끄는 교황청 함대의 기함이다. 이쪽은 하얀 바탕에 금실로 성 베드로의 열쇠를 수놓은 교황기를 바람에 펄럭이면서 출항한다. 그다음에 몰타 기사단, 나폴리, 시칠리아, 제노바, 포르투갈의 기함이 이어졌다. 각 함대는 '카피타나'라고 불리는 기함이 앞장서고 부장(副將)이 타는 배가 맨 뒤를 지키는 진형으로 전진한다. 범선들이 그 뒤를 이었다. 순풍이기 때문에 갤리선이라도 노를 사용하지 않는다. 이튿날에는 벌써 상륙하게 될지도 모르기 때문에 노잡이들은 쉬게 해두는 것이 상책이고, 그래서 순풍을 기다려 출항했던 것이다.

이튿날 아침, 멀리 수평선에 북아프리카가 보이기 시작했다. 순풍을 기다리는 동안 장수들이 모여서 작전회의를 끝냈기 때문에, 모든 배가 망설이지 않고 예정된 상륙지점으로 향한다. 그곳은 고대에는 카르타고 제2의 항구도시 우티카가 있었던 곳인데, 오랜 세월이 지나는 동안 해안선이 난바다로 뻗어나가고 모래밭이 넓게 펼쳐져 있다. 항구로 쓰이지 않게 된 이곳에는 어부 외에는 사람도 살지 않고, 이슬람군이 매복해 있을 위험도 적었다. 그런데 튀니스까지는 30킬로미터밖에 떨어져 있지 않다. 3만 명이 넘는 대군의 상륙지점으로는 안성맞춤인 곳이었다.

이곳에 상륙하기 시작한 병사들을 남기고, 카를로스 황제와 고관들은 기함에 머물게 해놓고 도리아만 작은 쾌속선으로 갈아타고 튀니스를 살피러 갔다.

물론 사전에 제노바를 비롯한 각국의 튀니스 주재 영사나 '구출수도회'나 '구출기사단'에서 얻은 정보를 통해 튀니스의 사정은 대부분 알고 있었다. 하지만 투르크 해군 총사령관이 된 이후 바르바로사가 개조하거나 강화한 부분이 있는지를 알고 싶었다. 단순한 정찰로는 부족하다. 전투란 어떤 것인지를 잘 알고 있는 사람이 직접 자기 눈으로 볼 필요가 있었다.

돌아온 도리아는 기다리고 있던 카를로스와 사령관들 앞에서 정찰 결과를 보고했다.

우선 동쪽으로 열린 튀니스항을 북쪽에서 지키듯 골레타라는 곳이 불쑥 튀어나와 있고, 그 곳 전체가 요새화되어 있다. 이것을 함락시킬 수 있느냐 없느냐가 튀니스 공략을 결정한다.

또한 항구 안에 정박해 있는 배들로 보아 외부에서 지원군이 도착해 있는 것은 틀림없다. 그 지원군이 바르바로사 휘하에 완전히 편성되기 전에, 즉 수비 쪽의 준비가 끝나기 전에 되도록 빨리 결정타를 먹일 필요가 있다. 반대로 장기전이 되면 될수록 적은 유리해지고, 원정군인 우리는 불리해진다.

69세가 된 도리아는 35세인 카를로스를 정면으로 바라보면서 분명히 말했다.

이번 원정이 성공하느냐 실패하느냐는 튀니스까지 30킬로미터를 육군이 얼마나 빨리 주파할 수 있느냐에 달려 있다고. 도리아는 원정군 최고사령관인 카를로스에게 안전하고 편한 갤리선으로 튀니스에 들어갈 생각 따위는 하지도 말라고 암암리에 말하고 있었다. 황제까지 함께 고생하고 있는 것을 보면 병졸들의 사기도 올라간다.

육군의 총지휘를 맡은 알폰소 다바로스도 정찰에 나서서 튀니스까지 가는 길을 조사했다. 에스파냐 무장은 이렇게 말했다. 튀니스까지 30킬로미터의 태반은 모래밭이나 간석지여서 행군 속도가 떨어질 수밖에 없고, 따라서 주파하는 데 적어도 나흘은 필요하다. 게다가 계절은 여름이다. 북아프리카의 무더위 속에서 행군하는 것은 유럽에서 온 병사들에게는 가혹할 것이다. 그리고 지참한 빵(실제로는 건빵)은 대부분 곰팡이가 슬어버려서 먹을 수 있는 상태가 아니라고 말했다. 하지만 신선한 음료수와 빵 문제는 회의가 끝나기도 전에 해결되었다. 도리아가 이미 시칠리아 총독을 통해 준비해둔 보급선이 시칠리아에서 도착했다는 소식이 들어왔기 때문이다.

상석에 앉은 카를로스 앞에 참전국의 사령관과 지휘관들이 모두 모

우티카

튀니스만

카르타고

튀니스

골레타

고대의 해안선

0 5 10km

N

튀니스와 그 주변

인 작전회의는 결국 도리아의 제안을 거의 그대로 받아들인 형태로 끝
났다.

육군과 해군이 모두 튀니스로 출발하고, 육군이 골레타 성벽 밑에
도착하기를 기다려 육해군이 함께 골레타를 공격한다. 그리고 이 요새
를 함락하면 지체 없이 육군과 해군이 튀니스에 총공격을 가한다는 전
략이다.

다만 에스파냐군과 동행한 에스파냐의 고위 성직자가 무더위 속에
서 황제까지 나흘 동안이나 행군을 함께 하는 데 반대했다. 도리아는
양보한다. 황제는 골레타를 공략할 때까지는 갤리선 위에서 관전하고,
그 후 육군과 해군이 함께 튀니스를 공격할 때 육지로 옮겨서 참전하
기로 한 것이다. 여기에는 누구보다 카를로스가 찬성했다. 35세인 황
제는 후세에 이름을 남긴다면 말 위에서 치세의 태반을 보낸 황제로
남고 싶어 했다.

이슬람 쪽에서도 맞아 싸울 준비를 게을리하지 않았다. 골레타의 운명이 튀니스의 운명을 결정한다는 것은 바르바로사도 알고 있었다.

그래서 얼마 전에 콘스탄티노플에서 도착한 투르크 병사 6천 명을 그대로 골레타로 보내 그곳을 지키게 했다. 투르크 술탄이 이제 정식으로 투르크 해군 총사령관이 된 바르바로사에게 수비대로 쓰라고 보내온 병사들이었다.

바르바로사는 튀니스항에 정박해 있는 모든 배에서 대포를 떼어 그것을 골레타 흉벽에 배치했다. 골레타 요새 전체가 하나의 거대한 포대로 변했다.

바르바로사는 '유대인 시남'을 이 골레타의 방위 책임자로 임명했다. 해적 두목은 혼자서는 행동하지 않는다. 부하를 거느리고 움직이기 때문에, 골레타 방위는 투르크 병사와 해적에게 맡겨진 셈이 된다. 그것을 지휘하는 사람이 고참 해적인 시남이었다. 투르크 병사가 한곳을 사수할 때의 용맹함은 널리 알려져 있었고, 해적의 이점은 기독교도에게 익숙해져 있다는 것이었다.

튀니스를 둘러싸고 있는 성벽의 방위를 맡은 것은 해적인 하산 아가다. 성벽에 둘러싸인 도시의 방위에서 중요한 곳은 성벽에 군데군데 뚫려 있는 성문인데, 이 성문을 지키는 데에도 바르바로사는 해적들을 활용했다.

해적들을 모으고 기동화하는 데 성공한 것은 카를로스 황제가 몸소 이끄는 기독교 연합군의 표적이 튀니스라는 사실이 분명해졌을 때 바르바로사가 재빨리 북아프리카 전역의 해적을 소집했기 때문이다. 그래서 해적의 돈벌이 기간인 여름인데도 1535년에는 해적들도 '직장'

에 가지 않고 자기네 두목의 부름에 응하여 튀니스로 모인 것이다. 투르크 해군 총사령관이라는 정식 지위는 역시 효과가 컸다.

그밖에도 바르바로사의 방식은 꽤 교묘했다. 지금까지는 투르크의 지배에 대한 반감을 감추지 않았던 아랍인이나 베르베르인까지 튀니스 방위에 참여시키는 데 성공했기 때문이다.

이슬람 세계에 대한 기독교 쪽의 공격을 허락하면 예언자 무함마드의 가르침에 어긋난다는 호소가 지금까지의 반감을 잊고 기독교도에 맞서 일어서게 하는 힘이 되었다. 튀니스 시내에서는 붉은 바탕에 하얀 반달이 새겨진 투르크 국기보다 초록색 바탕에 하얀 반달이 새겨진 이슬람 깃발이 더 많이 보이게 되었다. 돈 알폰소 다바로스가 지휘하는 육군이 튀니스로 행군하는 동안, 모래언덕 그늘에서 갑자기 나타나 병사들을 괴롭힌 것도 아랍인이나 베르베르인으로 구성된 이슬람 기병대였다.

해적만이 아니라 해적이 아닌 이슬람교도한테까지 호소할 때의 바르바로사는 마치 이슬람 세계의 수호자라도 되는 것처럼 과격했다. 사로잡은 카를로스 황제를 술탄 술레이만에게 헌상하는 꿈을 꾸었다면서 그 꿈을 실현하지 않겠느냐고 선동한다. 그 말을 듣는 사람들의 가슴속에서 튀니스 방위는 단순한 일개 항구도시의 방위가 아니었다.

7월 13일, 기독교 쪽에서는 요새화한 골레타에 대한 총공격을 하루 앞두고 마지막 작전회의가 열리고 있었다. 해군은 골레타 앞 해상에 집결했고, 육군도 골레타 성벽 아래까지 이어지는 땅굴을 다 파놓고 있었다. 땅굴은 성벽 아래까지 적의 방해를 받지 않고 접근하기 위한 통로 역할, 그리고 성벽 밑에 화약을 채워서 폭발시켜 성벽을 파괴하

골레타 요새

는 역할을 갖고 있었다.

7월 14일, 새벽을 앞둔 시각의 해상은 잔잔한 상태가 된다. 아직 모든 것이 그림자처럼 보이는 가운데, 갤리선 네 척이 소리도 없이 파도를 가르며 골레타 암벽에 닿았다. 말없는 병사들이 차례로 상륙한다. 이것은 아침 햇살이 주위를 비출 때까지 몇 번이나 거듭되었다.

배들이 한 바퀴 돌았을 때가 신호였던 모양이다. 육지 쪽에서 기독교군의 대포가 일제히 불을 뿜었다. 요새 쪽도 당장 응전한다. 동시에 골레타에서는 해상의 선단을 향한 포격이 시작되었다. 골레타에서의 포격은 육지 쪽에도 바다 쪽에도 쉴새없이 계속되었기 때문에, 작전 내용을 모르는 사람이 보았다면 기독교 쪽은 밤중에 상륙시킨 병사들을 고립무원 상태로 만들어버린 게 아닌가 하고 생각했을 게 분명하다. 하지만 그 실상을 모를 도리아가 아니었다.

대포를 문자 그대로 끊임없이 쏘아대면 공격 쪽의 움직임은 봉쇄된다. 하지만 포격과 포격 사이에는 돌 탄알을 채워넣고 화약을 장치할 필요가 있기 때문에 아무래도 간격이 벌어져버린다.

도리아는 이 간격을 이용했다. 발사된 적의 포환이 물기둥을 올리기를 기다렸다가 상륙할 병사들을 태운 네 척의 갤리선이 골레타를 향해 출발한다. 노만으로 움직이기 때문에, 적의 다른 대포에서 발사된 탄환이 떨어진다 해도 그것을 피하면서 전진하는 것은 그리 어려운 일이 아니다. 그리고 해안에 닿자마자 병사들을 상륙시킨 다음 또다시 포격과 포격 사이의 간격을 이용하여 돌아오는 것이다. 포격과 포격 사이를 뚫고 나아가는 피스톤식 수송인데, 움직이는 표적을 노린다는 점도 불리한데다 당시 대포의 명중률도 그리 높지 않아서 포탄에 맞는 비율은 낮았다.

그리고 대포는 몇 번 계속해서 쏘면 열기 때문에 자폭할 위험이 있다. 그래서 대포가 끊임없이 불을 뿜는다는 것은 실제로는 있을 수 없는 일이었다. 이런 사정 때문에, 바르바로사가 배치한 모든 대포가 그 수에 비례한 효과를 올린 것은 아니었다.

또한 기독교 쪽에서도 병사를 수송하기 위해서만 배를 이용한 것은 아니다. 예를 들면 몰타 기사단의 배 한 척은 상륙할 병사가 아니라 포수 15명을 태우고, 선미에는 구경 24인치의 대포를 싣고 뱃머리에는 구경 8인치의 대포를 싣고 바다 쪽에서 포격을 감행했다. 갤리선을 자유자재로 조종하여, 선미에서 포격하자마자 당장 배의 방향을 바꾸어 뱃머리에서 포격하는 방식이다. 이 방식으로 공격한 것은 몰타 기사단의 갤리선만이 아니었다.

게다가 도리아의 제안에 따라 차례로 '선수'를 교대하여 연속 공격을 퍼부었다. 이래서는 골레타를 지키는 투르크 병사들과 해적들은 성벽을 기어오르는 적병에게 주의를 돌릴 여유도 없었다.

차례로 선수를 교대하는 전술은 육군에서도 이용되었다. 그래도 육상에서는 앞쪽의 골레타와 뒤쪽의 아랍 기병에 대처할 필요가 있었지만, 이슬람 병사들은 전체가 한꺼번에 쳐들어올 때는 강해도 그것이 오래 지속되지 않는다는 결점을 갖고 있다. 그래서 바다 쪽만큼 멋지게 잘되지는 않았지만, 육상에서도 교대 전술은 일단 효과를 거두었다.

정오가 가까워졌을 무렵, 갑자기 양군 모두 포격을 멈추었다. 지휘관의 명령이 떨어졌기 때문은 아니다. 단지 여섯 시간 동안이나 포격을 계속했기 때문에 포연과 파괴된 성벽에서 피어오르는 흙먼지가 주변 일대를 뒤덮어, 적군과 아군이 모두 어디를 향해 포탄을 쏘아야 좋을지 알 수 없게 되어버렸을 뿐이다.

시야가 개는 데에는 잠시 시간이 걸렸다. 하지만 시야가 개자, 기독교 연합군의 육군 쪽에서는 일개 병졸까지, 해군 쪽에서는 노잡이에 이르기까지 한나절 공격의 전과를 자기 눈으로 분명히 보았다.

그것 자체가 거대한 포대였던 골레타 요새는 보기에도 무참한 모습을 드러내고 있었다. 그것을 본 병사들은 저절로 함성을 질렀다.

다국적군이니까 함성도 나라마다 다르다. 그리고 당시 유럽인에게 함성은 자국 수호성인의 이름을 외치는 것이다. 로마를 중심으로 한 지방의 이탈리아인이라면 산 피에트로(성 베드로), 제노바인이라면 산 조르조(성 게오르기우스), 에스파냐 병사라면 "산티아고(성 야고보)를 위하여!"가 되고, 몰타 기사단은 성 요한이 된다. 그래서 함성도 통일되지 않고 뭐라고 외치고 있는지 확실치 않은 고함소리에 불과하지만, 그래도 다들 어느 성인의 이름을 외치면서 일제히 달려나왔다. 병사만이 아니라 장수들도 달려나왔기 때문에, 카를로스 황제 주위에 잠시 공간이 생겨버렸을 정도였다. 골레타에 대한 최후의 총공격은 이리하여 누가 명령한 것도 아닌데 자연발생적으로 시작되었다.

일단 기세가 오르면 그다음은 빠르다. 골레타 안에서도 가장 높은 탑 위에 교황기와 황제기와 몰타 기사단 깃발이 펄럭였다. 그것을 보고 더욱 기세가 오른 병사들은 그날 해가 지기도 전에 골레타를 함락시켰다.

기독교 쪽의 희생도 적지는 않았다. 어쨌든 격렬한 포격을 받으며 한나절이나 백병전을 치른 뒤였다. 고명한 귀족들 중에도 전사한 사람이 몇 명이나 있었다. 그래도 이슬람 쪽의 희생이 더 컸다. 골레타를 지키고 있던 투르크 병사 6천 명은 대부분 전사했다.

허물어진 골레타를 해군 총사령관 도리아와 육군 총사령관 다바로스가 둘러보았다. 조금 전까지 튀니스에 있다가 공격이 시작된 뒤 기독교 쪽으로 도망쳐온 제노바 상인이 그 일행에 끼어 있었다. 이 상인이 전사자들 가운데 해적이 한 사람도 없다는 것을 알아차렸다. 부상자들 중에도 이름이 알려진 해적은 한 사람도 없었다. 하물며 '유대인 시남'의 모습은 죽은 사람들 중에도, 부상자들 중에도, 포로들 중에도 없었다.

상인은 말했다. 포격으로 흙먼지가 주위를 자욱하게 뒤덮은 그 시점에서 해적들은 잽싸게 도망쳤다고. 미처 달아나지 못한 듯한 '유대인 시남'의 열 살배기 아들이 해적 중에서는 유일하게 기독교도의 수중에 들어온 '전과'였다. 참전한 이탈리아 피옴비노의 영주가 아들이 없다는 이유로 그 소년을 맡게 되었다.

이제 도리아가 강력하게 주장할 필요도 없이 골레타 공략에서 나타난 속공의 유효성은 누가 보아도 분명했다. 카를로스를 비롯한 다른 사령관들도 골레타가 함락된 뒤 지체 없이 튀니스를 공격하러 가는 데 이의가 없었다.

이튿날인 15일 아침, 육지 쪽은 이탈리아와 에스파냐와 독일 등 출신지별로 나뉘어 3열종대로 튀니스를 향해 다시 행군하기 시작했다. 이 보병들에 이어 아직 젊은 알바 공작이 이끄는 에스파냐 기마대가 뒤를 따랐다. 그리고 바다 쪽은 수송용 선박까지 총동원되어 튀니스항을 봉쇄하러 간다. 이로써 튀니스를 북쪽과 동쪽에서 공격하는 구도는 만들어졌지만, 서쪽과 남쪽이 비어 있었다. 하지만 그해의 기독교 연합군에는 거기까지 병사를 보낼 여유가 없다. 그래도 강경하게 오로지 공격만 하는 에스파냐 장수들에게 불안을 품은 사람은 아무도 없었다. 카를로스 황제도 승리자로서 내일이라도 튀니스에 입성할 자신을 상상하며, 갤리선으로 돌아오라고는 말하지 않았다.

16일 아침에 육군은 튀니스 성벽을 한눈에 바라다볼 수 있는 지점에까지 다다라 있었다. 성벽 너머에 우뚝 솟아 있는 모스크의 첨탑도 보인다. 하지만 성벽 앞쪽에는 각양각색의 터번으로 아랍인이나 베르베르인이라는 것을 알 수 있는 병사들이 아침 햇살에 반짝이는 반월도를 손에 들고 싸울 태세를 취하고 있는 것도 보였다. 바르바로사는 투르크제국의 하층민인 이들 현지인을 전면에 내세우고, 성벽의 요소들에는 골레타에서 도망쳐온 '유대인 시남'을 비롯한 해적들을 배치했다.

밤새 행군한 뒤였기 때문에 기독교군은 튀니스 성벽을 앞에 두고도 당장 공격할 수는 없었다. 병사들에게 휴식시간을 줄 필요가 있었다. 육군 총사령관 돈 알폰소 다바로스는 모든 대포를 맨 앞줄에 늘어놓게 하는 것으로 그날 일을 끝냈다.

이튿날인 17일 아침 햇살이 주위를 비추기를 기다렸다는 듯이 기독교군의 대포가 불을 뿜기 시작했다. 총사령관 다바로스는 탐색을 위한 소규모 전투 따위는 일절 하지 않고 처음부터 총공격을 명령했다. 포성과 그에 따른 파괴음, 각국의 함성이 교차하는 가운데, 처음부터 성벽을 둘러싼 각지에서 격렬한 백병전이 벌어졌다.

이슬람 쪽도 "알라 아크바르!"(알라는 위대하다)라고 외치면서 싸운다. 양쪽 모두 올바른 신앙의 소유자가 그릇된 신앙의 소유자와 싸운다고 생각한 점에서는 같았지만, 자기가 옳고 상대가 그르다고 생각한 것은 양쪽이 모두 일신교도였기 때문이다. 그래서 죽음조차 기쁨이 된다. 그날 오전 내내 치열한 격투가 벌어졌지만, 기독교 쪽은 아무리 해도 성벽을 파괴하지 못하고 있었다.

그런데 정오가 가까워졌을 때, 양군이 모두 예상치 못했던 일이 일어났다.

당시 튀니스 시내에 있는 '목욕장'에는 납치되거나 포로가 된 기독교도가 1만 명이나 수용되어 있었다. 이들의 일제 봉기를 두려워한 바르바로사는 기독교군이 우티카에 상륙했을 때 그들을 모두 튀니스 교외에 있는 동굴로 옮겨서 수용했다.

사막지대에는 뜻밖에도 천연동굴이 많다. 북아프리카 주민들은 평소에는 그곳을 밀이나 올리브유나 대추야자 저장소로 쓰고 있었다. 그런데 '목욕장'에 수용되어 있던 사람들이 그곳에 처넣어진 것이다. 모두 쇠사슬로 묶인 그들을 감시하는 역할은 여느 때처럼 베르베르인이 아니라 유대인에게 맡겨졌다. 아랍인이나 베르베르인은 수비요원으로 필요했기 때문이다. 그런데 동굴에 처넣어진 사람들 가운데 몰타 기사단의 기사가 있었다.

이탈리아 사람인 그 기사는 전에 해적선과 싸우다가 포로가 되어 '목욕장'에 갇혀 있었다. 이슬람교도와 싸워본 경험이 풍부해서, 동굴로 끌려오는 도중에 수비 준비로 대소동이 벌어진 튀니스 시내 상황을 보고 기독교 쪽이 이번만은 본격적으로 공격할 모양이구나 하고 예상했다. 그래서 기사는 동굴에 갇히자마자 감시자인 유대인을 설득하기 시작했다.

튀니스가 기독교 쪽에 점령되면, 너는 유대교도지만 기독교도를 감시했다는 이유로 이슬람교도와 같은 죄가 된다. 그것을 피하고 싶으면 쇠사슬을 끊을 도구만 준비해주면 된다고 설득한 것이다.

처음 얼마 동안은 유대인도 고개를 끄덕이지 않았다. 하지만 포성이 교외의 동굴에까지 들려오게 되자 마음이 바뀌었다. 몰타 기사는 그동안에도 동료들에게 봉기를 설득하고 있었기 때문에, 쇠사슬이 끊어졌을 때는 모두의 마음이 하나로 뭉쳐 있었다. 그리고 이것은 다른 동굴에도 당장 퍼졌다. '목욕장'에는 갤리선 노잡이나 광산에서 강제노동을 하는 자들이 수용되어 있기 때문에, 모두 남자다. 그 1만 명의 남자가 기사 파올로를 앞세우고 튀니스 시내로 눈사태처럼 일시에 밀어닥

친 것이다. 북쪽과 동쪽의 전선에 집중해 있던 수비대는 뜻밖에도 배후에서 새로운 적에게 공격받은 상태가 되었다.

투르크 병사라면 열세인 것을 알아도 그대로 버티면서 싸운다. 하지만 아랍인이나 베르베르인 남자들은 열세인 것을 알면 당장 달아난다. 투르크 병사는 골레타에서 전멸했기 때문에, 튀니스를 방위하는 것은 아랍인이나 베르베르인, 아니면 역시 달아나는 것이 장기인 해적이었다. 말을 타고 뛰어다니며 튀니스를 방위하라고 필사적으로 호소하는 바르바로사의 목소리에 멈춰설 사람도 이미 없어져버렸다.

완패였다. 무슨 일이 일어났는지를 기독교 쪽이 미처 알아차리기도 전에 튀니스는 함락되어버렸다. 공방전은 하루도 채 지속되지 않았다.

그리고 해적은 이번에도 모두 달아났다.

'유대인 시남'은 말을 타고 튀니스에서 남쪽으로 계속 달려, 튀니지의 동해안 근처에 있는 자신의 본거지인 제르바섬으로 돌아갔다.

바르바로사는 우선 튀니스 시내의 카스바로 도망쳐 들어갔지만, 기독교 병사들이 익숙지 않은 미로 같은 골목에서 우왕좌왕하는 틈에 카스바를 떠나 육로로 보나까지 도망쳤다. 그리고 이 항구에서는 배를 타고 알제까지 도망쳤다. 바르바로사도 투르크 해군 총사령관이 되기 전에 해적질의 본거지로 삼고 있던 알제로 도망쳐 돌아간 것이다.

너무 못생겨서 악마도 떠난다는 의미로 '퇴마사'(카차 디아볼로)라는 별명이 붙은 해적이 있었다. 이탈리아에서는 본명보다 이 별명으로 더 유명했던 그 해적은 시남이나 바르바로사만큼 운이 좋지 못했다. 튀니스에서 도망쳐 나온 것은 마찬가지였지만, 그만 사막지대로 들어가버렸기 때문에 며칠 동안이나 갈증에 시달렸다. 그러다가 겨우 우물을 발견했지만, 그 물을 너무 급하게 너무 많이 마셨기 때문에 그 자리에서 급사했다고 전해진다.

어쨌든 이름난 해적들 가운데 기독교 쪽에 사로잡힌 자는 한 사람도 없고, 죽은 자도 없었다.

도리아와 다바로스는 튀니스가 함락된 직후 튀니스 시내에 들어가 있었지만, 카를로스 황제가 승리자로서 튀니스에 입성하는 것은 나흘 뒤인 21일까지 연기되었다. 함락 직후에 열린 작전회의에서 튀니스 시내의 약탈과 파괴를 허용하느냐 마느냐를 둘러싸고 고관들의 의견이 갈라졌기 때문이다.

교황청이나 제노바 같은 이탈리아 쪽은 주민들까지 튀니스를 방어하러 나선 것은 아니고 많은 노력과 희생 끝에 튀니스를 함락한 것도 아니라는 이유로, 이제 민간인밖에 남지 않은 튀니스를 약탈하고 파괴하는 데 반대했다.

하지만 에스파냐와 독일 병사들은 약탈과 파괴를 강경하게 주장하면서 물러서지 않았다. 그리고 최종 결정을 내릴 권리는 '신성동맹'이라고 이름 지은 이 원정군의 최고사령관인 카를로스 황제에게 있었다.

이튿날부터 사흘 동안 튀니스 시내만이 아니라 주변까지 철저히 약탈당했다. 1만 명에 가까운 주민이 이슬람교도라는 이유만으로 살해되고, 그와 같은 수의 주민이 노예로서 에스파냐에 끌려가게 되었다. 모스크는 파괴되고, 모스크에 딸린 학교까지 파괴되었다.

이것이 모두 끝난 뒤 황제는 튀니스에 입성했다. 북아프리카에서 주요한 항구도시의 하나였던 튀니스도 카를로스의 눈에는 절망한 자들이 사는 황폐한 도시로밖에 보이지 않았을 것이다. 하지만 치세의 태반을 말 위에서 보내는 것이 자랑이었던 카를로스가 이제까지 보아온 것은 언제나 파괴된 도시와 절망한 사람들이었다. 그것이 유럽의 도시냐 아니면 북아프리카의 도시냐 하는 차이가 있을 뿐이었다.

튀니스를 다스리는 일은 바르바로사에게 쫓겨날 때까지 튀니스의 '수장'이었던 물라이 하산을 불러서 맡기기로 결정되었다. 카를로스와 그 남자 사이에 강화조약이 맺어졌다.

1) 튀니스는 앞으로 해마다 에스파냐 왕에게 1만 2천 두카토의 연공을 바칠 의무가 있다.

2) 에스파냐 부대 하나를 상주시키되, 그 비용은 튀니스가 부담한다.

3) 튀니스의 '수장'은 앞으로 해적과의 모든 관계를 완전히 끊겠다고 맹세한다.

4) 골레타 요새는 튀니스항의 안전을 보장하는 데 매우 중요하기 때문에 재건을 인정한다.

군사적으로 공략해놓고도 그 후의 통치에는 관여하지 않고, 오히려 현지 출신인 인물을 찾아내어 그에게 통치를 맡긴 이유를 나는 모르겠다. 해적에게 기지를 주지 않는 데 진심으로 달라붙을 작정이 아니었다면, 원정군 우두머리였던 사람으로서 너무 무책임하다. 만약 물라이 하산의 능력을 신뢰했다면 그것도 무지하고 무책임하다. 바르바로사에게 쫓겨난 적 있는 남자가 가까운 알제에 아직 바르바로사가 건재한 상태에서 자유롭게 행동할 수 있을 리가 없기 때문이다. 실제로 약속한 연공이 지불된 것은 처음 1년뿐이고, 그것도 선불하게 했기 때문에 받을 수 있었을 뿐이다.

이 조약의 조인이 끝났는데도 아직 계절은 한여름이었다. 7월은 끝나가고 있었지만, 8월과 9월에는 아직 바람이 강하지 않아서 지중해 남부에서는 항해하기에 적당한 계절이 계속된다. 알제를 공격하여 바르바로사를 결정적으로 무너뜨릴 시간은 충분히 있었다. 지금 상대에게 재차 결정타를 먹이면 서지중해에서 재난의 근원이었던 북아프리카 해적들을 궤멸시키는 것도 결코 꿈은 아니었다. 그들의 양대 근원지는 튀니스와 알제다. 그중 하나는 공략했다. 남은 것은 알제뿐이었다.

하지만 카를로스 황제는 재차 결정타를 먹여서 튀니스 공략의 성과를 확실하게 굳히기보다, 튀니스의 함락으로 얻은 영광을 만끽하는 쪽을 선택했다. 원정의 목적은 달성했다고 카를로스는 생각했다. 또한 사정을 모르는 북유럽에서는 튀니스 공략에 성공했다는 소식이 전해진 뒤 카를로스 황제의 명성이 단숨에 높아져서 정점에 이르러 있었다.

'목욕장'에 수용되어 있는 불행한 기독교도들을 해방해달라는 로마 교황 바오로 3세의 강력한 소망은 튀니스의 1만 명에 한정되기는 했지만 어쨌든 실현되었다. 튀니스항에 정박해 있던 80척이나 되는 해적선도 포획했기 때문에, 그런 배에서 노잡이로 혹사당하던 8천 명 가까운 기독교도도 쇠사슬에서 풀려나 고향으로 돌아갈 수 있었던 것은 사실이다.

하지만 해적들은 모두 도망쳐버렸다. 게다가 바르바로사는 자기 집이나 마찬가지인 알제로 달아나서 원기왕성하게 지내고 있다. 지금은 동료 해적들도 구원하러 올 계제가 아니고, 술탄이 지원군을 보낸다 해도 콘스탄티노플에서 알제까지는 멀기 때문에 시간이 걸린다. 지금의 바르바로사는 어디에서도 지원을 기대할 수 없는 상태에 있었다. 그를 궤멸시키려면 기회는 '지금'밖에 없었다.

다바로스까지도 재차 공격하여 결정타를 먹이자고 주장한 모양인데, 카를로스는 거기에 동의하지 않았다. 아직 8월 초인데 '신성동맹' 군을 해산하여 각자의 나라로 돌려보내고, 자기는 시칠리아에 상륙하여 섬을 횡단한 뒤 이탈리아 남부를 북상하여 나폴리로 가기로 결정했다. 자기 영토인 시칠리아와 남이탈리아를 보고 싶다면서, 그쪽을 우선한 것이다.

이리하여 1535년의 튀니스 공략전은 막을 내렸다. 참가한 각국의 배와 사람들도 각자 자기 나라로 돌아갔다. 그들을 맞은 고향에서는 누구나 기쁨에 잠겼지만, 그것도 무리는 아니다. 적어도 지금까지는 수평선에 배가 보이기만 해도 달아날 수밖에 없었지만, 그 무서운 해적한테 통렬한 타격을 준 것은 확실했기 때문이다.

그리고 전술 면에서 보아도 1535년의 튀니스 공략전은 속공의 이점을 완전히 살린 표본이었다.

사르데냐 남쪽 끝에서 출항한 것이 6월 24일. 공략을 끝내고 튀니스를 떠난 것은 8월 초라니까 40일밖에 걸리지 않았다는 이야기가 된다. 게다가 그 40일 중에서 실제로 전투를 벌인 것은 골레타를 공략한 데 걸린 하루와 튀니스를 총공격한 하루를 합하여 겨우 이틀이다. 귀족들은 자신이 지휘하는 부대의 선두에 서서 적진으로 돌입하기 때문에 전사자가 많아질 수밖에 없지만, 귀족계급에서 희생된 6명을 포함해도 모두 6만 명이나 되는 대군치고는 놀랄 만큼 희생자가 적었다.

처음부터 속공을 주장하고 실행한 해군 총사령관 도리아와, 탐색전이라는 느낌의 소규모 전투 따위는 일절 시도하지 않고 전군을 투입한 총공격에 승부를 건 육군 총사령관 다바로스의 육해군 공동작전이 멋지게 기능을 발휘했기 때문이기도 하다.

하지만 전투에서 이기는 것과 전과를 계속 유지하는 것은 별개 문제였다.

그리고 35세의 나이에 유럽 최강의 군주라는 명성에 빛나는 카를로스를 복잡한 심정으로 바라보고 있었던 또 다른 군주가 있었다.

프랑수아와 카를로스

카를로스의 허영심이 바르바로사를 구했다.

'신성동맹'군이 해산하여 유럽으로 떠난 것을 안 바르바로사는 배와 선원(해적)의 재편성에 착수했다. 이슬람의 대의는 입밖에도 내지 않았다. 사람들을 모으는 데 내세운 이유는 기독교 세계에 대한 설욕이 아니라 해적업 재개였다. 사람을 모으는 데에는 대의보다 눈앞의 이익이 더 효과적이라는 것을 알고 한 일인지도 모른다. 그리고 알제라는 도시 자체가 인구 전체의 5분의 1을 기독교도 노예가 차지하고 있었다고 할 만큼 해적업으로 번성해온 항구도시다.

눈 깜짝할 사이에, 소형이기는 했지만 40척이나 되는 갤리선을 편성했고, 거기에 탈 해적들을 모으는 데에도 성공했다. 노잡이를 확보하는 것은 문제가 아니었다. '구출수도회'와 '구출기사단'이 가장 많이 간 곳이 알제였는데, 이 알제에는 '목욕장'이 하나가 아니라 수없이 존재했기 때문이다.

계절은 이미 가을로 접어들어 있었다. 하지만 바르바로사는 그런 것은 염두에도 두지 않고 40척의 갤리선을 이끌고 북상했다

첫 목표는 메노르카섬이었다. 그 바로 근처에 있기는 하지만 수비가 견고한 마요르카섬에는 눈길도 주지 않았다. 같은 이유로 에스파냐의 주요 도시인 발렌시아나 바르셀로나에도 가까이 가지 않았다. 하지만 메노르카섬은 어엿한 에스파냐 영토다. 바르바로사는 카를로스의 영토 자체에 짓궂은 짓을 하려는 것이었다.

에스파냐 왕의 깃발을 내걸고 접근하는 해적선단을 본 섬 주민들은 튀니스에서 귀환하는 선단인 줄 알고 환영하기 위해 성상까지 들고 나와 항구에서 기다리고 있었다. 배가 접안한 뒤에야 해적인 것을 알았지만, 때는 이미 늦었다. 항구에서 기다리고 있던 사람들은 노인을 빼고는 모두 납치되었고 시내는 샅샅이 약탈당했다.

일이 너무 간단히 끝났고 수확도 많았기 때문에 해적들은 일단 알제로 돌아간다. 수확한 물건과 사람을 내려놓은 바르바로사가 이번에는 제노바가 있는 리구리아 지방을 향해 북쪽으로 올라갔다. 도리아에게 짓궂은 짓을 하려는 것이지만, 도리아와 싸우게 될 위험을 고려하여 제노바는 피하고, 제노바에서 멀리 떨어진 남프랑스와의 경계 지방을 분탕질했다. 리구리아 연안지방에 접근할 때 제노바 깃발을 펄럭인 것은 물론이다.

하지만 바르바로사는 리구리아 연안을 분탕질해도 깊이 들어가는 것은 피했다. 해적이 쳐들어왔다는 소식이 도리아에게 전달되기 전에 바르바로사와 갤리선 40척은 이번에는 돛대 높이 나부끼는 깃발을 재빨리 교황기로 바꾸고, 교황청 영토인 라치오 지방을 향해 남하하기 시작했다.

서지중해와 그 주변

그러나 여기서도 해군기지가 있는 치비타베키아에는 가까이 가지 않았고, 로마의 외항이라서 경비가 엄중한 오스티아에도 접근하지 않았다. 접안하고 상륙하고 약탈하고 납치할 때는 경비가 허술한 지방만 노렸다. 그다음에 들른 남이탈리아와 시칠리아에서도 바르바로사는 이 방침을 바꾸지 않았다. 한 지방에서 얻는 수확은 적어도, 기독교 국가의 군선과 대결할 위험만은 철저히 피했다. 피해를 당하고 우는 것은 중앙의 방위력이 미치지 않는 지방에 사는 무방비 상태의 이름 없는 서민들이었다.

이리하여 '신성동맹'으로 시작된 1535년에서 기독교 쪽이 활용한 것은 전반기뿐이고, 후반은 바르바로사가 활용하게 되었다. 튀니스를 빼앗기고 알제로 달아날 수밖에 없었던 바르바로사도 겨우 가슴의 응어리가 풀린 기분이었을 것이다. 투르크 해군 총사령관으로서는 어떻게 됐든 간에 해적으로서는 충분히 체면을 되찾았기 때문이다.

투르크 쪽의 사료에 따르면, 그들의 해군 총사령관이 태어난 해는 서기 1476년이라고 한다. 그렇다면 튀니스에서 달아날 수밖에 없었던 1535년에는 59세였다는 이야기가 된다. 이 나이에 이렇게 원기왕성하다. 두뇌와 육체가 모두 안드레아 도리아와는 좋은 맞수였다.

게다가 바르바로사는 자신을 투르크 정규 해군의 총사령관에 임명해놓고도 수도인 콘스탄티노플에 주재시키지 않고 '이슬람의 집' 바깥인 서지중해로 보낸 술레이만의 의도도 완벽하게 이해하고 있었다. 해전에서 이기는 것도 중요하지만, 해적업에 철저한 것도 '이슬람의 집'을 확대한다는 대전략에서는 그에 못지않게 중요하다는 것을 완벽하게 이해하고 있었던 것이다.

바르바로사는 튀니스를 기독교 쪽에 넘겨준 것을 사과하기 위해 술레이만이 있는 콘스탄티노플로 달려가지도 않았고, 편지도 보내지 않았던 모양이다. 그보다는 오로지 해적업에만 충실했다. 술레이만도 그를 질책하는 편지는 보내지 않았다.

해적업도 이 점에서는 정상적인 사기업과 마찬가지여서, 사업은 투자액에 비례하여 확대되고 투자 확대는 실적에 비례한다. 이듬해인 1536년 봄과 여름에도 해적업에 힘을 집중한 바르바로사는 그해 말에는 갤리선 100척을 보유하게 되었다. 투르크 본국에 지원을 요청하지 않아도, 마음만 먹으면 당당하게 기독교 연합군과 겨룰 수 있는 군사력을 갖게 된 것이다. 이것만으로도 바르바로사는 투르크의 술탄에게 중요한 '장기말'이 되었지만, 그 중요성을 더욱 높여준 것은 그해 후반을 장식한 에스파냐와 프랑스의 열전(熱戰)이었다.

16세기 전반을 역사학자들은 유럽 정치의 파워게임 시대라고 부른다. 이 시대의 주인공은 프랑스 왕 프랑수아 1세와 에스파냐 왕이자 신성로마제국 황제이기도 한 카를로스다. 이들 두 사람 사이에 치열한 파워게임이 벌어지게 된 요인을 열거하면 다음과 같을 것이다.

첫째, 두 사람은 즉위했을 때부터 이미 광대한 영토를 지배하는 전제군주였다는 것.

영토의 면적에서는 에스파냐와 독일·네덜란드·헝가리 그리고 신대륙을 지배하고 있던 카를로스가 단연 우위에 서지만, 국토의 대부분이 평지로 되어 있는 프랑스는 국토가 곧 경작지이고, 따라서 풍요롭고 인구밀도도 항상 높았다. 산업혁명을 경험하기 전의 유럽은 주요 산업이 농업이었다는 것을 잊어서는 안 된다. 경제적으로 풍요롭고 인구밀도도 높으면, 대군을 편성하는 것도 다른 나라보다 훨씬 쉬워진다.

둘째, 두 사람은 나이 차이가 여섯 살에 불과하니까 같은 세대에 속해 있었다는 것.

상대의 나이가 훨씬 많으면 상대가 죽기를 기대할 수도 있지만, 나이 차이가 고작 여섯 살이면 그것도 기대할 수 없었다.

셋째, 거의 같은 시기에 젊은 나이로 권력을 잡고, 게다가 프랑수아는 32년, 카를로스는 42년이라는 오랜 치세를 누린 군주였다는 것.

프랑수아는 21세에 프랑스 왕위에 즉위했고, 카를로스는 16세에 에스파냐 왕이 되었고 19세에 신성로마제국 황제로 선출되었다. 술레이만이 투르크의 술탄에 즉위한 것은 26세 때였다.

이 시대에 활약한 인물들 중에서도 저명한 사람만 골라내서 일람표를 만들면 다음과 같다.

주요 인물의 생몰년

프랑수아	프랑스	1494~1547년
카를로스	에스파냐	1500~1558년
술레이만	투르크	1494~1566년
안드레아 도리아	이탈리아(제노바)	1466~1560년
바르바로사	투르크	1476~1546년
미켈란젤로	이탈리아(피렌체)	1475~1564년
티치아노	이탈리아(베네치아)	1487~1576년

프랑스 왕 프랑수아 1세는 문화를 좋아했을 뿐만 아니라 명석한 두 뇌의 소유자이기도 했다. 어머니 쪽에서 에스파냐를, 아버지 쪽에서 독일을 상속받을 게 확실한 카를로스의 존재가 프랑스에 위험해지리라는 것을 일찍부터 알아차리고 있었다.

에스파냐의 왕위나 독일 영주의 지위는 상속권이지만, 신성로마제국 황제는 선제후라고 불리는 제후들이 선출한다. 카를로스는 전임 황제인 막시밀리안의 손자니까 그가 뒤를 잇는 것이 당연하게 여겨지고 있던 그 선거에 프랑수아가 대립 후보로 나섰다. 표면상의 이유는 카를로스가 19세로 너무 젊다는 것이었지만, 그렇게 주장하는 프랑수아의 나이가 25세였으니까 설득력이 약했을지도 모른다. 어쨌든 이것이 그 후 30년 이상 프랑수아와 카를로스 사이에 벌어지는 파워게임의 시작이었다.

이들 두 사람의 쟁투 무대가 이탈리아반도가 된 것도 15세기 말부터 시작된 시대 변화와 무관하지 않다.

중세 후기부터 르네상스까지의 시대는 '질'(質)의 시대였다고 말할 수 있다. 전통적인 경제 기반이었던 토지를 가진 봉건영주로 태어나지는 않았지만 두뇌와 손을 사용한 기능이라면 자신있다고 생각하는 사람들이 모여서 생긴 것이 '도시국가'다. 따라서 피렌체나 베네치아가 대표하는 이탈리아 도시국가의 생산성은 매우 높아서, 인구는 10만 명밖에 안 되지만 인구가 1천만 명 안팎인 프랑스나 에스파냐나 투르크에 필적하는 경제력을 가지게 되었다. 피렌체의 은행에서 융자를 받지 않으면 프랑스 왕도 영국 왕도 전쟁을 치를 수 없었고, 베네치아나 제노바의 해상 수송력이 없었다면 십자군이 팔레스타인에 세운 나라도 200년이나 버티지는 못했을 것이다.

동시대의 역사가 구이차르디니도 말했듯이, 1494년에 프랑스 왕이 이탈리아를 침공함으로써 이 시대도 끝났다. 도시국가의 시대는 가고 영토국가의 시대가 된 것이다. 개개인의 능력은 떨어지고 생산성이 낮아져도 인구가 많은 쪽이 이기는 시대가 되었다. 근세는 '양'(量)의 시대다. 이것이 16세기에 접어든 이후의 프랑스이고 에스파냐이며 투르크이고 영국이었다.

독일은 신성로마제국으로 통합되지 않는 한 왕이 아니라 영주인 각 제후들로 분열되어 있었기 때문에, 중앙집권국가로서는 출발이 늦었다. 하지만 군사력으로서는 '란츠크네흐트'라고 불리는 프로테스탄트파 농민병이 스위스인 보병과 함께 유럽에서 벌어지는 전투를 결정하는 전력의 주축이 되어가고 있었다. 이것도 인구가 많은 영토형 국가가 유럽의 운명을 결정하게 된 시대의 변화를 보여주고 있었다.

참고로 16세기 전반의 주요 국가 인구는 연구자들에 따르면 대충 다음과 같았다고 한다.

투르크(이집트와 북아프리카는 제외) ─ 1,600만 명

프랑스왕국——1,600만 명

에스파냐왕국——800만 명

포르투갈왕국——100만 명

잉글랜드왕국——300만 명

독일——1,000만 명

이탈리아(베네치아는 제외)——1,100만 명

베네치아공화국——베네치아 본국만 20만 명. 이탈리아 북동부의 속령을 포함하면 145만 명.

이 시대에 이탈리아는 도시국가였기 때문에 각 시민의 능력이 최고도로 발휘되고, 그 결과 경제부터 문화에 이르기까지 모든 면에서 번영을 누리고 있었던 만큼, '양'으로 승부하는 영토형 중앙집권국가라는 시대의 물결을 타지 못했다. 이에 대한 위기의식이 도시국가의 전형이었던 피렌체공화국에서 태어난 마키아벨리에게 『군주론』을 비롯한 경세(警世)의 걸작을 쓰게 했다.

이 시대에 이탈리아에서 16세기에 접어든 뒤에도 계속 독립을 유지하고 그러면서도 유럽의 주요 국가가 되는 데에도 성공한 것은 베네치아공화국뿐이었다.

그밖에 이탈리아 남부와 시칠리아는 이미 에스파냐 치하에 들어가 있었고, 피렌체를 중심으로 한 이탈리아 중앙부도 사실상 카를로스의 보호국이 되어 있었다. 피렌체공화국은 무너지고 토스카나대공국으로 바뀌어 있었지만, 카를로스의 후원이 있었기 때문에 메디치 가문도 복귀할 수 있었다.

또한 이탈리아 중부에 교황령을 갖고 있었던 로마교황청도 에스파냐 색깔이 짙은 반종교개혁의 물결을 뒤집어쓰고 카를로스 쪽으로 기울어지고 있었다. 그리고 과거에는 베네치아와 함께 유력한 해양도시 국가였던 제노바까지도 안드레아 도리아가 카를로스 밑에서 일하는 것으로 겨우 공화국이라는 이름만 유지하고 있는 형편이다. 베네치아를 제외한 이탈리아반도의 대부분이 에스파냐 영토에 편입되어 있었다.

여기에 위기의식을 가진 나라가 이탈리아와 국경을 접하고 있는 프랑스였다. 프랑스와 에스파냐가 정면으로 충돌한 것이 1525년의 파비아 회전이다.

하지만 이탈리아에서의 패권을 놓고 격돌한 이 전투에서 프랑스 왕은 패했을 뿐만 아니라 포로가 되어버렸다. 31세의 프랑수아는 25세인 카를로스 앞에서 죽고 싶을 만큼 고통스러운 굴욕을 맛보았을 것이다. 한 나라의 왕으로서의 위기감에 사나이의 원한이 가산되었다.

그런데 그로부터 11년이 지난 1536년, 이번에는 밀라노의 영유를 둘러싸고 또다시 프랑수아와 카를로스의 쟁투가 불을 뿜었다.

1536년 10월, 밀라노 영주였던 스포르차 공작이 후계자를 남기지 않고 죽었다.

프랑수아는 스포르차 가문 이전에 밀라노를 영유한 비스콘티 가문의 딸이 프랑스 왕과 결혼한 200년 전의 일을 끄집어내어, 당장 밀라노의 영유권을 주장하고 나섰다. 물론 카를로스는 귀도 기울이지 않았다. 두 사람 사이에 선 교황 바오로 3세의 중재도 실패했다.

밀라노까지 에스파냐 치하에 들어가면 베네치아를 제외한 이탈리아반도는 완전히 카를로스의 것이 된다고 생각하는 프랑수아는 한 걸음도 물러서지 않는다. 한편 밀라노만 자기 것으로 만들면 베네치아만 남는다고 생각하는 카를로스 역시 실력 행사도 불사할 태세인 것은 마찬가지다. 프랑수아는 프랑스군에 남프랑스에서 제노바를 향해 진군하라고 명령했다. 카를로스도 독일 병사들에게 토리노까지 남하하라고 명령한다. 전쟁의 먹구름이 이탈리아 북서부 일대를 뒤덮었다.

하지만 이때 계절이 겨울로 접어들었다. 겨울 동안 휴전하는 것은 실제로 전투를 벌이기가 불가능하기 때문이고, 이탈리아에서도 북부의 겨울은 특히 혹독하다. 그래서 양쪽 군대는 토리노와 제노바에서 서로 노려보는 형국으로 겨울철 숙영에 들어갔다.

이 겨울 동안 프랑수아가 움직였다. 아니, 움직임은 가을에 이미 시작되어 있었지만, 이 동맹에 프랑스 왕이 '진행' 신호를 낸 것은 겨울에 접어든 뒤였다.

프랑스·투르크 동맹

42세가 된 프랑수아 1세는 프랑스군도 그 최고사령관인 자신도 전투에 능하지 못하고 그래서 약하다는 현실을 인정할 수밖에 없었는지도 모른다. 특히 에스파냐 병사만이 아니라 독일 병사들도 부릴 수 있는 카를로스에게는 도저히 이길 수 없었다. 그래서 이 비관적인 상황의 타개책으로 새로운 자기편을 찾았는데, 그것이 기독교 국가의 우두머리로서는 생각할 수도 없는 상대였다.

파리와 콘스탄티노폴 사이의 연락은 오로지 프랑스 왕의 밀사가 투르크 궁정에 가는 방식으로 이루어졌다. 이것을 보아도 프랑스와 투르크의 동맹을 제의한 것은 술레이만이 아니라 프랑수아 쪽이었을 가능성이 높다. 그렇다 해도 당시 최고 수준의 '첩보기관'을 자랑하는 베네치아가 전혀 눈치채지 못하게 동맹을 실현한 것은 참으로 교묘했다.

이듬해인 1537년에 분명해진 프랑스와 투르크의 동맹에 기독교 세계는 깜짝 놀랐다. 로마 교황은 비탄에 빠졌고, 각국은 일제히 프랑스를 비난했다.

지금까지 투르크와 조약을 맺은 유럽 국가는 베네치아공화국뿐이었지만, 베네치아가 투르크와 맺은 것은 군사조약이 아니라 통상조약이다. 교역의 자유를 투르크와 베네치아가 서로 인정하고 존중한다는 것이고, 군사 면에서 공동전선을 펴기로 결정한 것은 아니었다. 그런데 프랑스가 투르크와 맺은 것은 순수하게 군사적인 동맹조약이다. 그것은 조약 내용이 여실히 보여주고 있었다.

프랑스군이 북이탈리아에서 카를로스의 군대를 붙잡아두고 있는 동안, 투르크 해군은 에스파냐 치하에 있는 남부 이탈리아를 습격한다.

그러면 카를로스는 이탈리아 북부와 남부 양쪽의 전선에 군사력을 투입할 필요가 있고, 당연한 결과로 투르크 육군이 공세를 펴고 있는 빈을 중심으로 한 중부 유럽을 방위하기 위해 병력을 보내기도 어려워질 것이다. 이렇게 되면 투르크군의 유럽 진격도 전보다 훨씬 쉬워질 것이다.

이것이 프랑스 왕과 투르크 술탄 사이에 성립된 조약의 근본 취지였다. 프랑스 왕은 카를로스가 미운 나머지 이슬람에 기독교도를 팔았다는 비난도 반드시 잘못된 것은 아니었다.

투르크의 술탄 술레이만도 프랑스 왕과 공동투쟁을 시작하면서 육군과 해군의 재편성에 착수했다. 바르바로사가 콘스탄티노플에 불려 간 것도 그 때문이었다. '유대인 시남'도 소환된 사람들 가운데 하나 였다.

투르크 해군 총사령관이라는 바르바로사의 지위는 재확인되었고, 담당 해역이 서지중해라는 것도 재확인되었다. 다만 지금까지와는 달 리 술레이만은 바르바로사에게 명확한 목표를 주었다. 그것은 튀니스 탈환이 아니라, 이탈리아 남부에 상륙하여 기지를 확보하고 그곳을 기 점으로 삼아 이탈리아 남부 전역을 약탈하고 파괴하고 불지르라는 것 이었다. 그 목표를 이루기 위해 술레이만은 바르바로사에게 풍부한 자 금을 주었다.

해적은 약탈하고 파괴하고 불지르는 것을 일삼지만, 분탕질을 끝낸 뒤에는 수확물을 가지고 본거지로 돌아가는 것이 보통이다. 그런데 돌 아가지 말고 눌러앉아서 해적 행위의 테두리를 이탈리아 남부 전역으 로 넓히라는 것이 술레이만이 바르바로사에게 내린 명령이었다. 카를 로스의 군사력을 이탈리아 북부와 남부로 분산하기 위한 방책이니까, 바르바로사가 분탕질한 뒤 귀국해버리면 목적 달성과는 결부되지 않 기 때문이다.

즉 바르바로사는 해적 행위를 하는 동시에 투르크제국의 비정규군 노릇도 하지 않으면 안 되었다. 그것을 부하들한테 납득시키기 위해서 라도 해적질만 했을 때와 다름없는 수입을 보장해주어야 했다. 아니, 수입을 보장해주지 않으면 부하들도 모이지 않았다. 그러므로 술레이 만이 바르바로사에게 준 풍부한 자금은 용병료이기도 했다.

술레이만은 '유대인 시남'에게도 새로운 임무를 부여했다. 시남의 일터는 홍해로 옮겨진다. 홍해의 출구, 지금으로 말하면 소말리아 앞바다에서 진을 치고 있다가 인도로 가는 포르투갈 선박을 습격하는 것이다. 바스코 다 가마가 아프리카의 희망봉을 도는 새 항로를 발견한이래 이 항로를 지나 인도로 향신료를 사러 가는 것은 포르투갈이 독점하고 있었는데, 금이나 은화를 싣고 인도로 가는 포르투갈 선박을도중에 습격하여 몽땅 빼앗는 것이 투르크 술탄이 해적 시남에게 부여한 임무였다. 포르투갈이 에스파냐의 동맹국이었기 때문이다.

새로운 임무를 띠고 알제로 돌아온 바르바로사는 의욕이 넘쳐 기세가 왕성했는지, 눈 깜짝할 사이에 100척이 넘는 선단을 편성했다. 거기에 튀니스를 제외한 북아프리카 전역에서 소집한 해적을 태우고 임무를 수행하기 위해 출발했다.

다만 '푸스타' 몇 척을 먼저 보내, 볼일도 없는데 여기저기 항구에들러서 허위 정보를 퍼뜨리는 것도 잊지 않았다. 바르바로사의 선단은홍해에 있는 '유대인 시남'과 공동투쟁을 벌이기 위해 이집트로 항해하는 중이라는 거짓 정보다. 새 임무는 이탈리아 남부의 풀리아 지방에 기지를 확보하는 것이었지만, 풀리아가 있는 이오니아해 일대에는베네치아의 첩보망이 펼쳐져 있었기 때문이다.

하지만 그리스 서해안까지 접근했을 때 갑자기 북서쪽으로 방향을바꾸어 전속력으로 항해한다. 풀리아 지방은 장화 모양을 한 이탈리아반도의 발뒤꿈치에 해당한다. 그래도 브린디시나 오트란토에는 가지않았다. 풀리아 지방의 주요 항구인 이 두 도시는 수비도 견고하여 간단히 공략할 수는 없었기 때문이다. 그래서 오트란토에서 남쪽으로10킬로미터 떨어진 카스트로라는 항구를 표적으로 정했다.

4천 명이 넘는 해적에게 습격당하자, 작은 항구도시는 손쓸 엄두도 내지 못했다. 지금도 '사라센의 탑'이라고 불리는 감시탑에서 망을 보던 사람이 위급을 알리기 위해 시내로 달려 들어왔을 때 항구 안은 이미 해적선으로 가득 차 있었다.

바르바로사는 주민을 모두 내몰고, 기지로 쓰기에 적당한 요새를 짓게 했다. 강행 공사로 완성된 요새의 높은 탑 위에서는 붉은 바탕에 하얀 반달이 새겨진 투르크제국 깃발이 펄럭였다.

하지만 해적은 역시 해적일 뿐, 병사가 될 수는 없었던 모양이다. 기지 건설은 주민에게 맡겨놓고 그들은 주변 지역을 약탈하는 데 열을 올렸다.

그래서 "바르바로사가 풀리아 땅에 상륙했다"는 소식이 기독교 쪽에 알려지게 되었다.

'사라센의 탑'은 부근 주민들에게해적의 습격을 알릴 뿐만 아니라, 하얀 연기를 피워 올려 탑에서 탑으로 소식을 전하는 봉화대 구실도 한다. 이런 방법으로 풀리아 지방의 남쪽 끝에 있는 카스트로에서 일어난 일이 나폴리에서 에스파냐 부왕이라는 이름으로 남부 이탈리아를 다스리고 있던 돈 페드로 알바레스에게 전해졌다.

알바레스는 보병과 기병으로 구성된 에스파냐 부대를 당장 남쪽으로 보낸다. 그와 동시에 쾌속선을 파견하여 바르바로사를 찾아 티레니 아해를 항해하고 있던 안드레아 도리아에게도 그 소식을 알렸다.

일흔 살이 넘었다고는 믿을 수 없을 만큼 이번에도 도리아의 행동은 재빨랐다. 쾌속선을 이용한 연락법을 구사하여 집결지인 메시나까지 배를 보내달라고 각국에 요청했다. 하지만 지금은 시급한 대처가 필요하다. 각국이라 해도 시칠리아 북동부에 있는 메시나까지 달려올 수 있을 만큼 가까운 거리에 있는 나라에만 연락했다.

그해에 도리아는 갤리선 25척을 이끌고 바르바로사를 찾아다니고 있었다. 그중 22척이 자기 소유였고, 에스파냐 배는 3척에 불과했다. 에스파냐 왕 카를로스는 여전히 바다를 알지 못했다. 프랑스군의 이탈리아행 해상 수송을 방해하라고 도리아에게 명령해놓고 배를 3척밖에 보내주지 않았기 때문이다. 아무래도 이때 도리아는 카를로스의 허가를 받지 않고 행동을 결행한 모양이다. 결과만 나오면, 허가를 청할 시간 여유가 없었다고 변명할 수도 있었다.

참가국의 테두리를 넓히지 않은 것도 다행이었다. 일주일도 지나기 전에 모든 배가 메시나에 집결했다.

도리아는 자기 소유인 22척과 에스파냐의 3척을 이끌고 도착했다. 나폴리에서는 이미 에스파냐 부왕 알바레스가 보낸 6척이 도착해 있었다. 며칠 뒤에는 치비타베키아에서 교황청 해군의 7척이 입항했다. 그리고 몰타에서는 기사단의 대형 범선 2척도 도착했다. 기사단은 준비가 갖추어지는 대로 갤리선 몇 척을 더 보낼 수 있다고 전해왔다. 이 단계에서 전투용 배인 갤리선은 모두 38척이 된다. 도리아가 받은 정보에 따르면 바르바로사의 휘하에는 갤리선 100척이 있다고 했지만, 해적선은 대부분 '푸스타'라고 불리는 소형 갤리선이라는 것을 도리아는 알고 있었다.

그래도 38척과 100척은 전력에서 너무 차이가 났다. 하지만 도리아는 전술을 바꾸면 싸울 수 있다고 생각한 모양이다. 더 이상 적에게 시간을 주기보다는 그 편이 낫다. 그래서 갤리선 38척과 범선 2척으로 이루어진 선단에 출항 명령을 내렸다.

뛰어난 장수는 무엇보다도 우선 지리에 밝아야 한다. 보통 제노바 선원이라면 풀리아 지방의 작은 항구도시인 카스트로를 몰랐겠지만, 도리아는 카스트로라는 이름만 듣고도 그 위치를 짐작했을 뿐만 아니라 그 주변 상황까지 상상할 수 있었을 것이다.

그곳이라면 바르바로사도 간단히 공략하여 기지화할 수 있다. 하지만 그곳을 기점으로 삼아서 남부 이탈리아로 쳐들어오려면 투르크 본국에서의 보급이 반드시 필요하다. 알제는 해적 덕분에 바다에 면한 한쪽을 제외한 삼면을 높은 성벽으로 둘러싼 도시가 되어 있었지만, 탄약을 자급할 수 있는 기술이나 공장도 없었다. 해적업으로 번영했기 때문에 제조업이 성장하지 않았던 것이다. 오래 걸릴 게 분명한 군사 행동에 필요한 것은 모두 투르크 본국으로부터의 보급에 의존할 수밖에 없다고 도리아는 판단했다.

도리아는 카스트로 자체를 공격하여 탈환하기보다 카스트로에 대한 보급을 끊기로 했다. 즉 도중에 기다리고 있다가 습격하는 게릴라 전술을 쓰기로 한 것이다.

이 작전을 택한 이상, 어디서 매복하고 기다리느냐가 성공과 실패를 가르게 된다. 콘스탄티노플을 떠난 배는 마르마라해를 지나고 다르다넬스해협을 지나 에게해로 들어온다. 그리고 이 '다도해'를 남하하여 그리스의 펠로폰네소스반도 남쪽 끝에 이르는데, 여기서 이탈리아 풀리아 지방의 남쪽 끝으로 가려면 이오니아해를 북서쪽으로 곧장 가로지르는 것이 지름길이다.

하지만 상당히 자신있는 선원이 조종하고 있거나 아니면 상당한 대선단이 아닌 한, 보통은 연안 항해를 선택했다. 그 경우에는 펠로폰네

코르푸섬의 요새

소스반도를 돈 뒤 반도의 서쪽을 오른쪽으로 보면서 북상하여 코르푸섬 근해까지 이르면, 이번에는 키를 북서쪽으로 꺾어서 풀리아 지방의 남쪽 끝에 있는 카스트로로 가는 항로를 택할 거라고 도리아는 예측했다. 그래서 코르푸섬 남쪽 끝에 매복하여 기다리기로 했다.

코르푸섬은 오랫동안 베네치아공화국의 중요한 기지였는데, 투르크와 통상조약을 맺은 베네치아는 줄곧 중립을 지키고 있다. 이 섬 근처에서 매복하고 기다려도 배후를 위협당할 염려는 없었다.

도리아에게 행운이었던 것은 적이 도리아의 예측대로 행동해준데다 빨리 행동해주었다는 것이다.

며칠 기다렸을 뿐인데 수평선에 투르크의 수송선이 나타났다. 삼각돛은 종류만 해도 수없이 다양하고 그 돛을 활용하려면 고도의 기술이 필요하다. 투르크 사람들은 그런 삼각돛을 싫어하여, 투르크 범선 중에는 올리거나 내리기만 하면 되는 사각돛을 단 배가 많다. 그래서 멀리서 보아도 금방 알아볼 수 있다. 그때는 투르크 수송선 14척이 선단을 이루었고, 순풍을 받아 북쪽으로 올라오고 있었다.

도리아는 모든 배의 돛대 높이 각자가 소속해 있는 나라의 깃발을 걸게 했다.

투르크 선단도 그것을 보았다. 하지만 돌아가기에는 너무 멀다. 그래서 키를 북서쪽으로 꺾어서 목적지인 카스트로로 도망쳐 들어가기로 했다.

도리아는 물론 추적한다. 게다가 자기 소유인 22척에는 제노바 선원만이 해낼 수 있는 고도의 조종술을 발휘하라고 명령했다. 우선 3분의 1이 앞으로 돌아가, 달아나는 투르크 선단의 앞쪽을 가로막는다. 3분의 1은 적의 오른쪽. 나머지 3분의 1은 왼쪽으로 돈다. 이렇게 삼면을 막고 나머지 한쪽은 다른 갤리선이 막는 형태가 되었다. 돛을 내리고 노만으로도 움직일 수 있는 갤리선이니까 쓸 수 있는 전술이지만, 이로써 투르크의 14척은 바다 위에서 포위되어버렸다.

수송선이니까 병사도 많이 태우지 않는다. 그래도 선원을 포함하여 800명은 타고 있었다지만, 대포를 한 번 쏘았을 뿐인데 모두 손을 들고 투항했다.

그 선단에는 식량과 총탄과 화약이 가득 실려 있었는데, 선원을 심문한 결과 출항지는 투르크의 수도 콘스탄티노플이 아니라 이집트의 알렉산드리아라는 것을 알았다. 술탄의 명령을 받은 시남이 조달하여 보낸 것이다. 도리아가 잘못 생각한 것은 이것 하나뿐이었다. 아니, 잘못한 것이 또 하나 있었다. 비록 한 척뿐이긴 하지만 적선을 놓쳐버린 것이다.

카스트로에서 기다리고 있던 바르바로사는 간신히 입항한 그 배를 통해 도리아의 게릴라 작전이 성공한 것을 알았다. 그리고 도리아도 한 척을 놓쳐버린 것을 알았을 때 바르바로사가 나올 거라고 확신했다. 하지만 달아날 생각은 없었다. 또한 달아날 필요도 없었다.

투르크의 수송선단에 실려 있던 물자를 모든 배가 나누어 가졌기 때문에, 당분간 기항하지 않고 항해를 계속할 수도 있게 되었다. 포로가 된 800명의 투르크인과 이슬람화한 그리스인은 노잡이로 부리기로 했기 때문에, 기독교도 노잡이들이 병력에 추가된다. 또한 몰타에서 갤리선 4척이 도착했기 때문에, 도리아는 이제 42척의 갤리선과 대형 범선 2척을 쓸 수 있게 되었다.

이 정도면 바르바로사가 100척을 이끌고 와도 싸울 수 있다고 생각했다. 그리고 계절도 7월 후반에 접어들어, 해전을 벌일 시간은 아직 충분히 남아 있었다.

도리아는 모든 방향으로 정찰선을 보내 정보를 수집했다. 그중 한 척이 투르크의 갤리선 12척이 북상하고 있다는 소식을 알려왔다. 게다가 그 갤리선단이 기항한 항구에 잠입하여 그 선단에 관한 귀중한 정보까지 알아냈다.

12척의 갤리선단은 술탄의 친위대로 명성을 떨치고 있는 예니체리 군단 병사를 가득 태우고 있다는 것.

목적지는 아드리아해 동안에 있는 발로나라는 것.

발로나에 가는 것은 육로로 올 투르크 술탄 술레이만의 발로나 공략에 대비하여 준비를 갖추기 위해서라는 것.

오늘날 알바니아 영토인 발로나는 아드리아해를 사이에 두고 이탈리아의 풀리아 지방과 마주 보는 위치에 있다. 알바니아에서 이탈리아

이오니아해·에게해 주변

로 가려는 불법 이민들이 고무보트를 타고 출발하는 항구가 발로나인데, 발로나에서 떠나면 아드리아해에서 가장 폭이 좁은 부분을 건너게 되기 때문이다. 500년 전 투르크의 술탄도 비슷한 생각이었던 모양이다. 발로나를 공략하여 그곳을 그 건너 남부 이탈리아에 대한 공격 기지로 삼을 작정이었기 때문이다. 발로나에서 아드리아해를 건너면 카스트로까지는 한달음에 닿을 수 있었다.

이번에도 도리아는 아무한테도 허락을 구하지 않았다. 목적은 단 하나. 12척의 투르크 갤리선이 발로나에 도착하기 전에 격파한다는 것이다. 이 선단도 그리스 서해안을 따라 연안 항해로 북상할 거라고 판단했다. 범선보다 갤리선이 연안 항해를 선택하는 비율이 높다는 이유도 있었다.

그래서 코르푸섬과 그리스 서해안 사이의 해협에 매복하여 기다리기로 했다. 하지만 전쟁터가 될 해역은 범선단을 기다리고 있던 코르푸섬 남쪽보다 훨씬 좁다. 좁은 해역에서는 수가 많으면 아군끼리 충돌해버릴 위험이 있었다.

그리고 적은 12척이다. 그래서 도리아는, 이번 매복에는 몰타에서 온 4척과 자기 소유의 11척을 합하여 15척만 데려가기로 결정했다. 이 15척은 모두 기독교도 자유민이 노를 젓기로 했다. 격전을 예상한 도리아가 접근전이 벌어졌을 때 전투원으로 바뀔 수 있는 노잡이를 원했기 때문이다. 나머지 배들은 가까운 팍소스섬에서 대기하라는 명을 받았다.

예상했던 대로 투르크의 갤리선 12척은 해협으로 들어왔다. 아직 해협 깊숙한 곳에서 기다리고 있는 도리아 선단을 알아차리지는 못했다. 그날은 보름달에 가까운 달밤이었다. 그래서 도리아는 기다리지 말고 전진하라고 명했다. 이리하여 한쪽 기슭에 서면 건너편 기슭이 보일 만큼 좁은 해협에서 15척과 12척이 격돌했다.

정기적으로 순회하는 투르크 정부의 관리가 투르크제국에 사는 기독교도 가정에서 강제로 데려온 10세 미만의 소년들에게 군무를 철저히 주입시켜 가르친다. 예니체리 군단이란 그렇게 자라서 성년이 된 남자들로 구성되어 있다. 물론 이슬람교로 개종시키고 독신을 지켜야 하고 집단생활을 하기 때문에, 예니체리 군단이라면 투르크군에서도 정예부대의 대명사가 되어 있었다. 의지할 부모도 없이 자라면 자연히 의지할 수 있는 유일한 사람인 술탄에게 충성을 맹세하게 된다. 예니체리 군단이 술탄의 친위대가 된 것도 용맹함에 충성이 더해졌기 때문이다.

강제로 끌려온 소년들 가운데 특히 영리하다고 판단된 아이는 술탄

젠틸레 벨리니가 그린 예니체리
병사의 소묘

의 궁정에서 요즘으로 말하면 중앙관청의 고급 관료가 되는 길을 걷는
경우도 적지 않았다. 장관까지 출세한 사람도 드물지 않았다. 동시대
인이었던 마키아벨리가 "투르크제국은 술탄 외에는 모두 노예"라고
말한 것은 적확한 지적이었다.

　관료로 발탁되지 못한 자들은 모두 예니체리 군단병이 되었는데, 그
들에게는 나름대로의 규칙이 있었다. 적에게 등을 보인 자는 동료라도
죽인다는 규칙이다. 적 앞에서 달아나면 동료에게 죽는다고 규정되어
있었던 것이다. 당연한 일이지만, 기독교도 앞에서 달아나는 것은 논
할 거리도 못 되었다.

이 예니체리 군단병과 맞붙으면, 자정이 지나서 시작된 전투도 처음부터 격전이 될 수밖에 없다. 격돌한 적선으로 옮겨 타고 달빛을 받은 배 위를 무대로 백병전이 벌어졌다. 반월도가 달빛을 받아 번득일 때마다 기독교 쪽 병사들의 비명이 울려 퍼진다. 하지만 그 반월도의 주인도 다음 순간에는 소총에 희생되어 움직이지 않게 된다. 격투가 계속되는 상태로 아침을 맞았다.

희뿌연 아침 햇살이 전투의 잔혹함을 새삼스럽게 떠올렸다. 투르크 쪽의 피해도 컸지만, 기독교 쪽에서는 특히 몰타 기사단의 4척이 지옥도를 연상시키는 참상을 드러내고 있었다.

그밖에도 양군 모두 노가 서로 맞물려서 대포를 쏠 수도 없고 움직일 수도 없는 상태가 되어버렸다. 도리아는 전법을 바꿀 수밖에 없다는 것을 깨달았다. 그리고 이 혼전 상태를 처리할 수 있는 방법은 포격밖에 없다고 판단했다.

갤리선에 설치되어 있는 대포는 배 옆구리에 늘어서 있는 노잡이들을 지키기 위해 이물이나 고물에 설치되는 것이 보통이다. 하지만 기독교 국가의 갤리선에는 얼마 전부터 좌우의 옆구리에서도 대포를 쏠 수 있도록 노잡이들보다 한 단 높은 곳에 각도를 90도씩 바꾸어 쏠 수 있는 회전식 포대가 설치되었다. 하지만 이 개량된 기술은 쓸 필요가 없었는지, 그때까지 한 번도 사용된 적이 없었다. 도리아는 이 기술을 쓰기로 결정한다.

당장 교황청 해군 사령관인 오르시니와 몰타 기사단 사령관인 스트로치를 불러 이 전법을 쓰겠다는 뜻을 전했다. 각 배에서는 뱃머리에 있던 대포가 옆구리로 이동하기 시작했다.

도리아도 사령관이지만, 참가국의 사령관 전원이 예니체리에 맞설 결사대 15척에 스스로 참전해 있었다.

그리고 이 무렵에는 적선과 맞물려 있던 배들도 조금씩 떨어지기 시작했다. 이 정도면 대포를 쏠 수 있겠다 싶은 거리까지 떨어진 것이 신호였다.

회전식 포대에서 대포가 일제히 불을 뿜었다. 투르크의 갤리선 옆구리에 차례로 포탄이 명중한다. 가까운 거리에서 포격하기 때문에 높이가 낮은 갤리선도 버티지 못했다.

한 척은 순식간에 침몰했다. 맹렬한 포격을 받고 눈앞에서 침몰한 배를 보고 예니체리 군단병들은 부대장 알리 제리프를 앞장세워 투항했다.

참혹한 피해를 입은 것은 양쪽이 마찬가지였다. 그래도 투르크의 11척은 나포되었다. 예니체리 군단병 800명도 포로가 되었다. 투르크 쪽의 사망자가 몇 명이었는지는 기록되어 있지 않다. 하지만 부상자는 2,500명에 이르렀다고 기록되어 있으니까, 예니체리 군단병이 타고 있던 갤리선은 노잡이까지도 기독교도 노예가 아니라 투르크인이었다는 이야기가 된다. 그래서 이슬람 선박을 포획했을 때는 반드시 해방된 기독교도 노잡이들이 기술되는데, 이때는 그런 기록이 없는 이유를 납득할 수 있다.

기독교 쪽 사망자는 300명. 부상자는 1,200명에 이르렀다. 침몰한 배는 없었다.

안드레아 도리아는 그날로 휘하 군대의 배 15척과 포획한 투르크의 배 11척을 이끌고 나머지 병력이 대기하고 있는 팍소스섬으로 향했다.

계절은 여름, 사망자의 매장과 부상자의 치료를 서두를 필요가 있었다.

하지만 바로 그때 바르바로사가 모든 배를 이끌고 이쪽으로 오고 있다는 것을 알았다.

이 상태로는 상대가 바르바로사가 아니더라도 다시 해전을 벌이기는 불가능했다. 아직 8월 초였지만, 모든 배를 이끌고 메시나로 돌아가기로 했다. 바르바로사 앞에서 달아나는 꼴이 되지만, 비록 이겼다 해도 아군의 희생이 워낙 커서 그렇게 할 수밖에 없었다.

시칠리아가 수평선 위로 바라보일 때까지 모든 배가 한 덩어리로 뭉쳐서 항해했다. 언제라도 해적선단을 만날 위험이 있었다. 하지만 시칠리아 근해까지 오자, 기사단의 배들은 선단에서 갈라져 몰타섬으로 돌아가게 되었다. 몰타의 갤리선 4척은 범선 2척이 끌어주지 않으면 앞으로 나아갈 수 없을 만큼 심하게 파손되어 있었다.

메시나에는 무사히 귀항했다. 도리아의 선단과 교황청 선단은 제노바나 치비타베키아로 돌아가지 않고 가을까지 그대로 메시나항에 머물기로 했다. 바르바로사와 그의 배 100척을 건재한 상태로 이오니아해에 남겨두고 왔다. 언제 사태가 급변할지는 도리아도 예측할 수 없었다.

투르크의 술탄은 발로나에서 기다리기로 했던 예니체리 군단병의 운명을 알고 격분했지만, 데려온 병력으로 발로나를 점령하는 데에는 성공했다. 정예부대를 바다로 수송한 것을 후회했지만, 예니체리 군단이 없으면 점령을 굳히기도 어렵다. 그리고 발로나의 점령을 굳힐 수 있느냐 없느냐는 바로 근처에 있는 코르푸섬의 베네치아 기지가 어떻게 나오느냐에 달려 있다. 술레이만은 연락해온 바르바로사에게 명했다. 코르푸섬을 공격하라고.

'법의 사람'이라고 불리는 것을 특히 좋아했다는 술레이만도 분노 앞에서는 이성을 잃은 것 같다. 코르푸섬은 베네치아공화국 영토다. 코르푸를 공격하는 것은 베네치아와 맺고 있는 우호통상조약에 위반된다.

하지만 술레이만은, 그 코르푸 근해에서 도리아가 투르크군을 상대로 두 번이나 제멋대로 행동했는데도 코르푸의 베네치아 기지가 계속 방관한 것 자체가 우호조약에 위반되는 행위라고 생각했다.

통상조약은 군사조약이 아니다. 그래서 베네치아는 만약의 사태를 고려하여 본국에서 갤리선단을 지원군으로 보내기는 했지만, 중립은 철저히 지켰다.

도리아도 그런 사정을 이해하고 있었다. 그래서 대기시킬 선단도 코르푸로 보내지 않고 팍소스로 보냈다. 모든 면에서 설비가 갖추어진 코르푸섬을 대기 장소로 이용했다면 상당히 편리했겠지만 그렇게 하지 않았다. 이탈리아인은 이해할 수 있었던 이치를 투르크인은 이해할 수 없었다.

베네치아공화국은 아드리아해 출구를 지키는 요충으로서 오랫동안 코르푸섬의 방위설비를 강화하려고 애써왔기 때문에, 바르바로사와 휘하 100척이 공격해도 코르푸는 끄떡도 하지 않았다.

하지만 공식적으로 투르크 해군 총사령관인 바르바로사가 공격했다는 것, 게다가 발로나에 있는 술레이만의 눈앞에서 공격했다는 것은 투르크가 선전포고를 한 것이나 마찬가지라고 베네치아공화국은 생각했다.

또한 질리지도 않고 빈을 계속 공격하고 있는 술레이만의 성격으로 보아 지중해에서도 단 한 번만 공격하고 체념하리라고는 생각되지 않았다.

그리고 아드리아해 동안에 있는 발로나가 투르크의 수중에 들어가고 서안의 카스트로와 그 주변이 투르크의 기지로 정착되면, 베네치아는 아드리아해로 드나드는 출입구가 막혀버리게 된다.

베네치아 정부는 아드리아해에 있는 각지의 베네치아 기지에 임전 태세를 펴게 했고, 본국의 원로원에서는 지금까지 조심스럽게 유지해온 중립 정책을 둘러싸고 날마다 격렬한 토론이 벌어지고 있었다.

사태는 가을이 오면서 진정되었다.

술레이만은 콘스탄티노플로 돌아갔고, 바르바로사는 카스트로의 기지로 돌아갔다.

정찰선의 보고로 그것을 안 도리아는 당장 메시나를 떠나 이오니아해로 향했지만, 바르바로사 선단의 후미를 따라잡아 몇 척을 격파했을 뿐, 본대는 이미 카스트로항에 입항해 있어서 그 이상의 전과는 얻지 못했다. 결국 도리아도 메시나로 돌아갈 수밖에 없었다.

돌아가는 도중에 콘스탄티노플로 가는 프랑스 대사를 태운 범선단을 발견했지만, 순풍을 돛에 가득 받은 범선단을 놓쳐버렸다. 도리아도 격동의 세월이었던 반년 동안 쌓인 피로가 겉으로 드러났는지도 모른다.

메시나에 며칠 기항한 뒤, 도리아는 모국인 제노바로 향했다. 프랑스군을 막느라 안간힘을 쓰고 있는 조국을 더 이상 내버려둘 수는 없었기 때문이다.

도중까지 동행한 교황청 선단도 도리아와 헤어져 치비타베키아항으로 귀환한다.

프랑스와 투르크의 군사동맹 체결로 들끓었던 1537년도 이렇게 지나갔다.

프랑수아 1세가 제노바를 수중에 넣지 못하고 있는 동안, 밀라노에는 카를로스의 군대가 들어가 있었다.

투르크군은 여전히 빈을 공격하지만 상대가 항복하지 않아서 애를 먹고 있었다. 투르크는 바르바로사를 앞세워 에스파냐 치하에 있는 남부 이탈리아를 공격하지만, 그 공격은 카스트로와 그 주변에만 머물러 있었다.

그리고 유럽의 양대 강국인 프랑스와 에스파냐가 충돌한 여파를 뒤집어쓴 베네치아에서는 중립이 옳으냐 그르냐를 둘러싸고 치열한 토론이 벌어졌고, 그 자리에는 항상 베네치아 통령인 안드레아 그리티가 떨떠름한 표정으로 앉아 있었다. 그리티 통령에 대해서는 『바다의 도시 이야기』 하권의 '2대 제국 사이의 골짜기에서'로 미루겠지만, 당시 베네치아의 지도자들 가운데 그리티만큼 투르크를 잘 아는 사람도 없었다. 어쨌든 그 자신의 투르크 경험이 깊을 뿐 아니라, 투르크에 살면서 이슬람교로 개종한 아들을 둔 사람이었기 때문이다. 이 아들에 관해서는 전에 『주홍빛 베네치아』에서 묘사했다.

하지만 안드레아 그리티의 자질과 경험으로도 이 무렵 베네치아공화국이 직면한 난제를 해결할 수는 없었다. 지난해 겨울에 움직인 것은 프랑스 왕 프랑수아 1세였지만, 이번 겨울 동안 움직인 것은 로마

안드레아 그리티

교황 바오로 3세였다.

투르크와 맞설 연합함대

아무리 장화 뒤꿈치 끝에 있는 작은 항구도시라 해도, 카스트로는 이탈리아반도에 속한다. 거기에 투르크 깃발이 펄럭이고 있는 현실은 로마에 있는 교황 바오로 3세에게 기분 좋은 일은 결코 아니었다.

바다가 사이에 끼어 있는 것과는 달리 육지로 이어져 있으면, 느끼는 위협에 큰 차이가 있다. 특히 투르크는 육상전에서 강했고, 기독교 국가의 군주들 가운데 거기에 이의를 제기하는 사람은 아무도 없었다. 그 투르크가 카스트로를 기점으로 언제 대군을 북상시킬지 모른다. 빈 전선에서 투르크를 막느라 분투하고 있는 헝가리 왕에게 군자금을 모아서 보내는 것은 로마 교황이었기 때문에, 전선에서 멀리 떨어진 로마에 있어도 교황 바오로 3세는 전선에 있는 것과 다름없는 위기의식을 지니고 있었다.

이 무렵, 교황궁 한 모퉁이에 있는 시스티나 예배당에서는 60세가 넘은 나이에도 창작욕이 전혀 쇠퇴하지 않은 미켈란젤로가 『최후의 심판』 제작에 몰두해 있었다.

바오로 3세는 젊은 시절 피렌체에 유학한 적도 있어서, 르네상스 문화에 흠뻑 잠긴 사람이었다고 해도 좋다. 『최후의 심판』을 그려달라고 미켈란젤로에게 의뢰한 것은 전임 교황 클레멘스였지만, 그것이 1527년의 '로마의 약탈'로 중단된 것을 다시 의뢰한 사람은 바오로 3세다.

시스티나 예배당에는 미켈란젤로가 30대 시절에 그린 대규모 천장화 『천지창조』가 압도적인 존재감을 가지고 군림해 있었지만, 안쪽 제단 뒷벽에 미켈란젤로가 제작하고 있는 『최후의 심판』이 완성되면, 좌우 한 쌍이라는 느낌으로 양쪽 벽을 메우고 있는 보티첼리 · 기를란다요 · 페루지노 등의 벽화와 아울러 교황 시스토(식스투스)의 예배당이라는 의미에서 '카펠라 시스티나'라고 불리는 이 예배당 전체가 이탈리아 르네상스의 일대 전당이 될 터였다.

이런 생각이 최후의 르네상스 교황이라고 불린 바오로 3세의 가슴에 따뜻한 불을 계속 지펴주었다 해도 이상한 일은 아니다. 투르크나 서로 다툼을 그치지 않는 기독교 국가들을 생각하며 계속 긴장된 나날을 보낼 수 있는 것도 그 사이사이에 나뭇잎 사이로 비치는 햇볕 같은 따스함이 있었기 때문이다. 70세가 가까운 나이인데도 매일처럼 제작 현장을 찾아가 일곱 살 아래인 미켈란젤로가 귀찮아할 정도였다고 한다.

『최후의 심판』 중앙에 그려진 그리스도는 상냥하고 자비로운 그리스도가 아니라 맹렬히 화를 내는 그리스도다. 자기와 같은 세대의 예술가가 그리는 성난 그리스도를 교황은 싫어하지 않았다고 한다. 기독교 세계의 정신적 지도자로서 그가 직면해 있었던 것도 미친 듯이 화를 내는 게 당연하게 여겨질 만큼 어려운 문제였기 때문이다.

하지만 외교는 분노를 감추지 않으면 진전되지 않는 세계이기도 하다. 교황 바오로 3세는 투르크에 맞서서 기독교 국가들이 동맹을 결성하자고 제창했지만, 그것을 추진하는 과정에서는 인내에 인내를 거듭하고 있었다.

교황은 우선 에스파냐 왕 카를로스에게 특사를 파견한다. 기독교 세계를 지키기 위해 창설된 것이 신성로마제국이고, 카를로스는 그 제국의 황제인 이상 당연한 일이었다. 이탈리아 남부의 한 모퉁이라 해도 자기 영토 안에 투르크의 기지가 건설된 것은 카를로스도 좌시할 수 없었기 때문에, 에스파냐 왕으로부터 온 회답은 예상대로였다.

거의 동시에 교황은 프랑스 왕 프랑수아 1세에게도 참가를 호소했다. 프랑스가 투르크와 동맹관계에 있는 것을 알면서도, 기독교 세계의 방위라는 대의를 끄집어내어 설득하려고 애썼다. 하지만 투르크와 손을 잡으면서까지 카를로스를 꺾으려 했지만 그것이 전혀 열매를 맺지 못하고 있는 데 실망한 프랑스 왕은 교황이 기대한 대답을 보내오지 않았다.

교황은 그렇다면 하다못해 카를로스와 휴전이라도 하라고 제의했지만, 거기에도 프랑스 왕은 만족스러운 대답을 하지 않는다. 중세의 로마 교황에게는 '파문'이라는 최강의 무기가 있었지만, 르네상스를 거친 이 시대의 왕이나 제후에게는 파문도 효과가 없어졌다.

하지만 바오로 교황이 프랑스보다 더 집착한 것은 베네치아공화국

교황 바오로 3세

을 동맹에 끌어들이는 일이었다.

투르크를 상대로 동맹을 결성하는 목적은 이탈리아반도와 그리스 사이에 가로놓인 이오니아해까지 진출한 투르크 세력을 일소하는 것이다. 거기에 사용될 '수단'은 당연히 육군보다 해상 전력이다. 해상 전력은 1,600만 명이라는 유럽 최대 인구를 자랑하는 프랑스보다 인구가 그 10분의 1밖에 안 되는 베네치아가 더 강했다. 교황 바오로 3세는 투르크를 이기려면 베네치아를 끌어들이는 것이 필수불가결하다고 판단했다. 그리고 이 무렵 베네치아는 코르푸를 공격당했기 때문에 이제까지 투르크와 맺었던 관계를 재평가해야 할 처지였다.

베네치아공화국도 교황의 특사를 맞았지만 금방 태도를 결정하지는 못하고 있었다.

교역입국을 국시로 삼아온 만큼, 전쟁이 이롭지 않다는 것은 알고 있다. 또한 이슬람을 적대시할 뿐만 아니라 같은 기독교도인 프로테스탄트까지도 증오하는 반종교개혁파가 지배하는 에스파냐와 기독교 국가면서도 언제나 종교와는 거리를 두어온 베네치아가 마음이 맞을 리도 없었다.

이 시대에 에스파냐에서는 이단재판과 마녀재판의 태풍이 휘몰아치고 있었지만, 같은 시기의 베네치아에서 종교적 이유로 사형에 처해진 사람은 하나도 없다. 종교재판소의 그물에 걸린 사람이 살길은 도망밖에 없었지만, 그들에게 몰래 구원의 손길을 뻗은 사람은 한결같이 말하곤 했다. 베네치아로 도망치라고.

하지만 그 베네치아도 곤경에 빠져 있었다. 아드리아해의 출구를 지키며 베네치아 상선의 안전한 항해를 보장해온 코르푸섬을 잃으면 해외 교역로를 잃는 것과 마찬가지가 된다. 베네치아 정부는 영토 확대에는 관심이 없고 자유롭고 안전한 해외 교역만 중요하게 여겨왔지만, 투르크 술탄의 관심은 교역이 아니라 영토 확대에 있었다. 가치관의 차이지만, 이런 경우 승부를 결정하는 것은 '이치'가 아니라 '힘'이다. 해군력에서는 유럽 최강인 베네치아도 '양'(量)으로 — 게다가 그 양을 해적에게 일임하여 — 공세를 편 투르크제국에는 혼자서 대항하지 못하고 있었다.

베네치아는 마침내 결단을 내렸다. 기독교 세계 쪽에 서서 이슬람 국가인 투르크와 싸우기로 결정한 것이다.

교황 바오로 3세의 호소에 따라 결성된 이 동맹은 이듬해인 1538년 2월 8일에 조인이 끝나서 출범하게 되었다. 그 내용은 다음과 같다.

1) 모든 전쟁 비용은 6등분하고, 주요 참가국은 다음과 같은 비율로 비용을 부담한다.

교황청 ─6분의 1

베네치아 ─6분의 2

에스파냐 ─6분의 3

교황청(로마 교황은 로마가 있는 라치오 지방을 비롯한 중부 이탈리아에 영토를 가진 영주이기도 했다)과 베네치아공화국이 부담하는 비용은 두 나라의 국고에서 지출된다. 하지만 에스파냐가 부담하는 전쟁 비용의 절반은 에스파냐 국고에서 전액이 나오는 것은 아니다. 나폴리 이남의 이탈리아 남부와 시칠리아는 에스파냐 치하에 있기 때문에, 에스파냐가 부담하는 몫 가운데 절반 이상은 이 지방이 배나 사람을 제공하는 형태로 부담한다. 지배하는 쪽은 사람도 돈도 모두 자기가 부담하여 피지배자를 지켜주는 것이 아니라, 피지배자가 사람과 돈을 내놓으면 그것을 사용하여 피지배자를 지켜주는 경우가 압도적으로 많다. 근대 식민지 제국의 '착취'에는 이런 종류의 착취도 있었다.

2) 1538년에 각국이 준비할 전력은 다음과 같다.

전투용 갤리선 ─200척

수송선 ─100척

보병 ─5만 명

기병 ─4천 명

3) 주요 참가국이 책임지고 준비할 갤리선의 수는 다음과 같다.

교황청 ─36척

베네치아 ─82척

에스파냐 ─82척

갤리선이라 해도 단순히 배만 제공하는 것이 아니라 거기에 탈 선원과 노잡이, 전투원인 병사(요즘으로 말하면 해병)와 거기에 필요한 비용도 함께 제공한다. 베네치아와 에스파냐가 같은 수의 갤리선을 제공하는 것은 이상하지만, 해운국인 베네치아는 배를 만들 능력이 있고 이런 종류의 준비에도 익숙하다는 이유로 이렇게 결정되었다.

4) 같은 이유로 수송용 범선 100척도 절반 이상을 베네치아가 맡게 되었다. 다만 거기에 드는 비용은 전쟁 비용의 분담률에 따라 내기로 결정되었다.

5) 보병 5만 명과 기병 4천 명은 육상 전력에 자신이 있는 카를로스가 태반을 부담하기로 결정되었다. 해상 전력인 배와 사람을 베네치아가 더 많이 부담하게 된 것은 이 때문이기도 했다.

각국이 모두 자기 몫을 완벽하게 부담했다면, 지중해에 나가는 전력으로는 전대미문의 규모가 되었을 것이다.

6) 투르크가 육지 쪽에서 공격하고 있는 중부 유럽의 방위는 종래대로 헝가리 왕이 담당하고, 동맹국들은 역시 종래대로 자금 지원을 계속한다. 당시 헝가리 왕은 카를로스의 동생인 페르난도였다.

7) 프랑스 왕 프랑수아 1세가 마음이 내키면 언제든지 참가할 수 있도록 항상 자리를 비워두기로 했다.

8) 동맹에 조인한 나라들은 1538년 3월까지 육지와 바다에서 모든 준비를 끝내고 코르푸섬에 집결한다.

9) 육군 총사령관은 교황청 육군 사령관이기도 한 우르비노 공작 프란체스코 마리아 델라 로베레. 해군 총사령관은 에스파냐 해군 사령관인 안드레아 도리아가 맡는다.

동맹이 조인될 때까지 겨울 한 철이 걸린 것은 해군 총사령관의 인선을 둘러싸고 카를로스와 베네치아 사이에 분규가 일어났기 때문이다.

베네치아는 총사령관에 도리아를 앉히는 데 단호히 반대했다. 용병대장에게 자기네 군대의 운명을 맡길 수는 없다는 것이 그 이유였다.

베네치아공화국은 인구가 적어서, 육군은 다른 도시국가들과 마찬가지로 용병에 의존할 수밖에 없었다. 그런데 용병들은 돈을 주고 고용한 쪽에 서서 싸우는 것보다 되도록 위험에 노출되지 않는 방식으로 자기 직업인 이 일을 해내는 데 더 관심이 많다. 그것이 용병제의 결함이다. 화려하게 싸우면서도 전사자는커녕 부상자도 없는 용병끼리의 전투는, 이탈리아 르네상스의 연구가인 부르크하르트의 말을 빌리면 '예술로서의 전투'가 되지만, 용병을 고용하는 쪽으로서는 빨리 결말을 내고 싶어서 시작한 전투인데, 결말은 나지 않고 그저 돈만 계속 나갈 뿐이다.

동시대인인 마키아벨리가 이 용병제를 격렬하게 규탄하고 자국민으로 구성된 군대를 창설하자고 계속 주장한 것도 그가 관료로 근무하고 있던 피렌체공화국이 용병대장들한테 계속 우롱당했기 때문이다. 하지만 같은 시대의 베네치아는 좀더 현실적인 해결법을 쓰고 있었다.

직역하면 '감시관'이라고 할 수밖에 없는 '프로베디토레'라는 베네치아 쪽 사람을 용병대장에게 참모로 붙여두는 방식이다. 요컨대 용병대장이 제멋대로 굴지 못하게 하는 방책인데, 용병료 지불도 그에게 일임했기 때문에 용병대장들에게는 상당한 발언권을 갖고 있었다. 요컨대 베네치아는 이렇게 용병대장을 신용하지 않았기 때문에, 안드레아 도리아가 총사령관에 취임하는 데 반대한 것도 무리는 아니었다.

하지만 카를로스는 도리아가 총사령관을 맡지 않으면 에스파냐는 동맹에서 빠지겠다고 말하면서 양보하지 않는다. 교황 바오로는 동맹군의 육군 총사령관에 취임할 예정인 델라 로베레에게해군 총사령관을 겸임시키는 타협안으로 베네치아를 설득하려 했지만, 해전 경험이 전혀 없는 우르비노 공작에게 자국 해군을 맡기면 베네치아에는 도리아가 총사령관을 맡는 것보다 더 끔찍한 악몽이 된다. 여기에는 물론 카를로스도 반대했다.

결국 꺾인 것은 베네치아였다. 투르크와 싸우기로 결정한 이상, 이기지 않으면 안 된다. 용병대장이기는 하지만 해군 장수로서는 당대 제일인 안드레아 도리아의 바다 사나이다운 기개를 믿기로 한 것이다.

동맹 조약의 마지막 조항인 제10항에서는 투르크에 이긴 뒤 참가국이 차지할 몫도 정해져 있다. 북아프리카는 카를로스, 아드리아해와 이오니아해에 면해 있는 항구들은 베네치아, 로도스섬은 몰타 기사단이 갖기로 했다. 이런 것은 김칫국부터 마시는 격이지만, 이것을 결정해두지 않으면 시작조차 할 수 없는 것도 여러 나라가 참여하는 연합군의 현실이었다.

1538년의 동맹은 그 준비 단계부터 일반 서민을 비롯한 많은 사람의 희망 속에서 시작되었다. 그들은 재물을 약탈하고 불지르고 주민을 납치하는 해적이 두려워서 늘 공포에 떨면서 살아왔다. 그런데 이제 지중해에서 해적을 완전히 몰아내는 것을 기치로 내걸고 지중해 연안 국가들이 결집한 것이다. 바르바로사와 그 부하들을 추적하여 철저히 격파하는 것도 꿈은 아니었다. 각지의 조선소는 전면 가동에 들어갔고, 노잡이나 병사에 지원하는 자들이 쇄도했다.

약속대로 3월 중순에는 벌써 집결지인 코르푸섬에 베네치아의 배 82척이 도착했다. 베네치아가 제공하기로 한 수송용 범선도 몇 척씩 선단을 이루어 남하하는 중이다. 82척의 갤리선으로 이루어진 베네치아 함대의 사령관은 빈첸초 카펠로. 키프로스와 크레타의 해외 기지에서 풍부한 경험을 쌓았을 뿐 아니라 당시 베네치아 해군 사령관이기도 했다. 베네치아는 투르크를 상대로 한 1538년의 전투에 최고의 카드를 투입한 것이다.

그런데 집결 예정일인 3월 말이 지나도 교황청 해군과 에스파냐 해군은 모습을 나타내지 않는다. 그래도 베네치아 해군 사령관 카펠로는 걱정하지 않았다. 동맹이 조인된 것은 2월 8일이다. 그 내용이 참가국에 도착하자마자 준비를 시작했다 해도, 한 달도 지나기 전에 준비를 끝낼 수 있는 것은 베네치아뿐이었다. 베네치아에는 지중해 세계, 아니 북유럽까지 포함해도 당시 최고의 기술 수준과 제조 규모를 자랑하는 '국영 조선소'가 있었기 때문이다. 이런 사정을 고려하여, 코르푸에 집결하는 기간도 3월 말부터 6월까지로 넓게 잡아두었다.

또한 교황청에서는 교황청 해군의 도착이 늦어지는 이유를 이미 알려왔다. 첫째 이유는 치비타베키아의 조선 능력이 떨어지는 탓이었지만, 둘째 이유는 프랑스를 참가시키려는 노력을 끝까지 포기하지 않는 교황 때문이었다.

로마 교황 바오로 3세는 고령인데도 로마를 떠나 사보이아공국령인 니스까지 가 있었다. 그곳으로 프랑스 왕 프랑수아와 에스파냐 왕 카를로스를 불러서 투르크와 맞설 연합군 결성을 지렛대로 삼아 프랑스와 에스파냐의 오랜 불화를 개선할 방도를 찾으려 하고 있었다.

하지만 인간을 종교의 멍에로부터 해방한 르네상스 운동은 로마 교황의 권위를 떨어뜨리고 있었다. 그렇기는 하지만, 일반 신자들에게 교황은 그 사람 개인의 능력과는 전혀 관계없이 '신의 지상 대리인'이다. 예수 그리스도에게 "너는 베드로(반석)이니, 네 위에 내 교회를 세우리라"는 말을 들은 베드로(이탈리아어로는 피에트로)가 초대 교황이고, 역대 교황은 베드로의 후계자로 되어 있기 때문이다. 따라서 서민에 대한 로마 교황의 위력은 아직도 막강했지만, 위정자들에게는 그렇지 못했다. 중세에는 그토록 맹위를 떨쳤던 '파문'이 효력을 잃은 게 그 변화를 여실히 보여주고 있었다.

교황이 기다리고 있는 니스에 프랑스 왕도 에스파냐 왕도 오지 않았다.

그래도 바오로 3세는 단념하지 않았다. 프랑스를 참가시키는 데에는 실패했지만, 프랑스와 에스파냐의 10년 휴전은 어떻게든 실현하려고 애썼다. 이 교황의 친서를 지닌 사절이 니스와 파리, 니스와 바르셀로나 사이를 여러 번 왕복한 끝에 5월 말이 가까워서야 겨우 휴전협정이 조인되었다.

교황청 해군의 코르푸 도착이 6월 중순으로 늦춰진 것은 이 때문이다. 치비타베키아항에서 준비를 끝낸 교황청 해군도 교황의 출발 신호가 떨어지지 않으면 움직일 수 없었기 때문이다.

기독교 세계의 양대 강국인 프랑스와 에스파냐가 10년이라는 시한부나마 휴전했다는 것은 물론 유럽에는 축복할 만한 낭보였다. 유럽 각지에서 사사건건 충돌했던 프랑스와 에스파냐가 칼을 거두었기 때문이다. 그래서 교황 바오로 3세도 이 기쁜 소식을 가지고 로마로 돌아가 교황청 해군에 출항 명령을 내렸다.

하지만 만사는 '플러스' 면과 '마이너스' 면을 함께 갖는 법이다. 이 경우에 '마이너스' 면은 지금까지 북이탈리아에서는 프랑스의 침공에 대비하고 남이탈리아에서는 투르크의 공세에 대항하기 위해 군사력을 양분해야 했던 카를로스가 적어도 10년 동안은 그럴 필요가 없어진 데에서 발생했다.

카를로스가 맨 먼저 명령한 것은 남이탈리아의 풀리아 지방에 있는 카스트로에서 투르크 세력을 몰아내라는 것이었다. 이것은 간단히 이루어졌다. 바르바로사가 부하 해적들과 함께 술탄의 부름을 받고 콘스탄티노플에 가 있었기 때문이다. 하지만 이 카스트로 탈환은 카를로스가 동맹에 참가한 이유 중의 하나가 사라진 것을 의미했다.

집결지인 코르푸섬에 교황청 해군이 도착한 것은 6월 중순이었지만, 도리아가 이끄는 82척의 에스파냐 해군은 7월이 되어도 모습을 보이지 않았다. 그렇다고 베네치아 해군이 코르푸에 도착한 뒤 석 달 동안 허송세월을 하고 있었던 것은 아니었다. 코르푸를 비롯하여 아드리아해와 이오니아해에 면해 있는 베네치아 기지들의 방비를 강화하는 데 활용했기 때문이다. 하지만 7월에 접어들자 에스파냐 해군을 기다리는 것도 한계에 이르러 있었다. 선장급만이 아니라 노잡이까지도 에스파냐 놈들은 뭘 하고 있느냐고 투덜거리기 시작했다.

베네치아 해군 사령관 카펠로와 교황청 해군 사령관 그리마니는 정찰선을 메시나까지 보내자는 데 의견이 일치했다. 도리아가 이끄는 에스파냐 해군이 코르푸섬으로 오려면 이탈리아 남부와 시칠리아를 가르는 메시나해협을 통과해야 했기 때문이다. 하지만 정찰선은 일주일을 기다려도 에스파냐 해군이 보이지 않는다는 보고를 가지고 돌아왔다.

이런 상태로 7월이 지나고 8월로 접어들었다. 베네치아공화국 첩보 기관은 투르크의 수도 콘스탄티노플에도 깊이 들어가 있다. 그곳에서 들어온 정보를 통해 코르푸섬에 있는 카펠로는 바르바로사가 이끄는 투르크 해군이 콘스탄티노플을 출항한 것을 알았다. 그리고 이 투르크의 정규 해군은 총사령관인 바르바로사만이 아니라 주전력도 모두 해적으로 이루어져 있다는 것, 바르바로사는 자기 휘하에서 뛰어난 재능으로 명성을 얻고 있던 투르구트에게 선발대의 지휘를 맡겼으며, 그 투르구트의 역할은 항로에 있는 베네치아의 기지들을 죄다 공격하고 다니는 것이라는 사실도 알았다.

투르크는 행동을 개시했다. 그런데 도리아는 여전히 모습을 보이지 않았다.

8월 10일, 코르푸섬 남쪽 끝에 세워진 감시탑이 서쪽 수평선 위에서 하얀 바탕에 검은 독수리가 새겨진 황제기를 내걸고 다가오는 배를 발견했다. 마침내 도리아가 도착했구나 하고 생각한 교황청 해군 사령관 그리마니가 배를 타고 몸소 맞으러 나갔다. 하지만 그것은 도리아가 아니었다. 배에 타고 있었던 것은 시칠리아의 '부왕'(副王)인 돈 페란테였는데, 동맹군에서 육군의 총지휘를 맡은 우르비노 공작이 중병에 걸리는 바람에 대신 총사령관에 임명되었다는 것이었다.

페란테는 이탈리아 북부의 만토바를 다스리는 곤차가 후작의 셋째 아들로 태어났지만, 카를로스 휘하의 무장으로서 명성을 얻어 당시 에스파냐 치하에 있었던 시칠리아의 통치를 맡고 있었다. 카를로스는 성격이 음침하고 속내를 쉽게 드러내지 않는 사내였지만, 인재 등용에는 상당한 재능을 발휘했다.

코르푸섬의 요새에서 근엄한 표정의 카펠로와 그리마니와 마주앉은 페란테는 카를로스가 쓴 편지 한 통을 건네주었다. 거기에는 조만간 우리 총사령관 도리아도 도착할 테니까 그때까지 행동에 나서지 말고 기다리라고 씌어 있고, 도리아 없이 군사행동을 하는 것은 일절 인정하지 않겠다고 명기되어 있었다.

그날 밤, 동맹군의 육군 총사령관이 도착한 것을 축하하기 위해 코르푸섬의 총독 관저에서 만찬회가 열렸다. 참석한 사람은 코르푸가 투르크에 대한 전선기지인 것을 보여주듯 모두 남자뿐이었다. 그 자리에서 카펠로는 아직 젊은 페란테에게 유도질문을 시도했다. 카를로스 황제의 편지는 어디에서 왔느냐고.

편지는 파리에서 씌었고, 그것을 도리아의 부하가 시칠리아의 팔레르모에 있었던 자기한테 가져왔다고 페란테는 대답했다. 그리고 카펠로가 묻지도 않은 것까지 덧붙여 말했다.

10년 동안의 휴전협정 체결을 축하하여 프랑수아가 카를로스를 파리로 초대했다는 것. 카를로스는 도리아의 배를 타고 바르셀로나에서 마르세유를 거쳐 파리에 가서 프랑스 왕의 환대를 받으며 며칠을 보낸 뒤, 다시 마르세유까지 와서 배를 타고 바르셀로나로 돌아갈 예정이기 때문에 도리아는 마르세유에서 대기하고 있는 중이라고.

젊은이답게 솔직한 페란테의 이야기는 프랑스 궁정에 주재하는 베네치아 대사가 카펠로에게 이미 전달한 정보와 완전히 일치했다. 카펠로는 불길한 예감이 들었다.

페란테의 이야기를 듣고 의혹이 깊어진 것은 만찬회에 참석한 그리마니도 마찬가지였다. 교황청 해군을 맡고 있는 그리마니는 아퀼레이아의 주교니까 본직은 성직자지만, 제노바 태생인 만큼 해전이라는 말만 들어도 가슴이 두근거린다. 하지만 같은 제노바 태생이라도 도리아처럼 바다의 용병대장의 길은 택하지 않았다.

이 그리마니가 카펠로를 몰래 불러내어, 도리아의 도착을 기다리지 않고 군사행동을 개시할 가능성을 물었다. 베네치아와 교황청의 해군을 합하면 갤리선만 해도 118척이 된다. 이만한 전력이면 바르바로사와도 충분히 싸울 수 있지 않은가.

그런데 카펠로는 동의하지 않았다. 싸운다면 대승을 거두지 않고는 의미가 없다는 것이 그 이유였다.

하지만 아드리아해의 베네치아 기지에서도 5만 명이나 되는 투르크 육군이 그리스를 횡단하여 서쪽으로 오고 있다는 보고가 들어와 있었다. 그리고 바르바로사가 이끄는 투르크 해군이 펠로폰네소스반도의 남쪽 끝을 돌아서 이오니아해로 들어왔다는 소식도 전해졌다. 그러는 동안 카를로스가 연합함대의 출동을 내년까지 미룰 모양이라는 소문이 퍼지기 시작했다. 82척을 준비하고도 코르푸에서 대기할 수밖에 없는 베네치아 함대에서는 에스파냐에 대한 분노가 폭발 직전에 이르러 있었다.

9월 8일에야 겨우 도리아가 코르푸섬에 도착했다. 하지만 협정에 따르면 갤리선만 해도 82척을 거느리고 와야 할 터인데, 도착한 것은 41척뿐이었다. 약속한 수의 절반밖에 가져오지 않았고, 수송용 범선도 약속한 수의 절반이 채 되지 않았다.

게다가 이 41척 가운데 도리아 소유의 22척과 몰타 기사단의 2척을 제외하면 나머지는 에스파냐 치하에 있는 이탈리아 남부와 시칠리아에서 제공한 배였고, 에스파냐 본국에서 제공한 배는 한 척도 없다. 카를로스는 투르크와 맞설 기독교 연합함대에 위험부담을 일절 지지 않는 형태로 '참가'한 것이다. 베네치아 함대 사령관 카펠로는 불길한 예감이 차츰 현실화되어가는 것을 느끼고 있었다.

하지만 카펠로는 알지 못했다. 카를로스가 도리아를 늦게나마 출발시키면서, 베네치아에 이익이 될 전투는 하지 말라고 잘 알아듣게 말한 것까지는 카펠로도 알지 못했다.

그래도 계절은 아직 9월에 막 접어들었을 뿐이다. 그리고 코르푸섬에 집결한 군사력만으로도 투르크 함대에 싸움을 걸어볼 힘은 충분히 갖고 있었다.

베네치아 — 82척

교황청 — 36척

에스파냐 — 41척

갤리선의 총수 — 159척

선원·노잡이·전투원의 총수 — 3만 7천 명

크고 작은 대포의 총수 — 2,500문

9월 10일, 코르푸섬의 요새에서 이틀 전에 도착한 도리아가 처음 참석한 작전회의가 열렸다.

베네치아 함대 사령관 카펠로가 처음부터 전투에 나서자고 강력하게 주장했다. 교황청 함대 사령관 그리마니도 거기에 전적으로 찬성했다. 시칠리아 '부왕'이니까 에스파냐 왕 카를로스의 가신인 페란테 곤차가도 바르바로사와 싸우러 나가자고 주장한다. 하지만 도리아는 이렇게 말했을 뿐이다.

"계절은 항해에 부적당한 가을에 접어들었다. 태풍의 위험을 염두에 두어야 하는 계절에 접어든 셈이다. 이런 상황에서는 대함대를 해전에 투입하는 것은 위험하다."

여섯 달이나 기다린 카펠로도, 석 달 동안 기다린 그리마니도 기가 막힌 표정으로 도리아를 바라볼 수밖에 없었다. 바다에 나가느냐 마느냐는, 그것이 전투를 의미할 경우에는 다수결이 아니라 총사령관이 결정할 문제다. 그것은 알고 있었지만, 그들은 새삼 도리아의 처지를 상기했다.

안드레아 도리아는 에스파냐 왕 카를로스에게 고용된 해군 장수다. 따라서 고용주인 카를로스의 의향에 어긋나는 일을 강행하는 것은 허용되지 않는다. 설령 그것이 해군 장수로서의 사실 인식에 어긋난다 해도, 그리고 카를로스의 의향이 기독교 세계의 이익에 반하는 것이라 해도, 도리아는 어쩔 도리가 없었다.

다만 도리아는 비록 용병대장이라도 의사결정에 대한 영향력이 전혀 없는 것은 아니었다. 해군 장수로서 외길을 걸어온 전문가의 입장에서 진언할 수는 있었기 때문이다. 하지만 1538년의 도리아는 그렇게 하지 않고 카를로스의 의향을 철저히 실행하는 역할에만 충실했다. 이탈리아의 해양도시국가들 가운데 유일하게 독립을 유지하는 데 성공했고, 그래서 유럽의 대국들 가운데 하나가 된 베네치아에 대한 제노바 사나이의 미묘한 감정 때문인지도 모른다.

하지만 베네치아의 해군 장수 카펠로에게는 '지금'이 중요하다. 베네치아의 입장에서 '지금'은 투르크를 이기는 것이었다. 카펠로가 도리아의 신중론에 정면으로 반대한 것도 당연하다. 그리고 교황청 해군을 지휘하는 그리마니도 이대로 돌아가면 교황 바오로 3세를 볼 낯이 없다면서 카펠로에게 동조했다. 페란테 곤차가도 '부왕'이라는 이름으로 시칠리아 통치의 책임자가 된 뒤로는 해적을 두려워하는 섬 주민을 보호해야 하는 자신의 입장을 깨닫고 있었기 때문에, 해적을 소탕할 절호의 기회인 '지금'을 놓칠 수는 없다고 생각했다. 이들 세 사람이 도리아를 날마다 작전회의에 끌어냈다.

도리아도 작전회의가 열릴 때마다 새로운 문제를 제기하는 방식으로 저항했다. 베네치아의 배에는 대포를 쏠 포수의 수가 적다면서 에스파냐인 포수를 배에 태우라고 명령한 적도 있다.

이때는 카펠로도 도리아의 참뜻을 당장 알아차렸다. 에스파냐 병사를 태워서 베네치아의 배까지 통제하는 것이 도리아의 참뜻이었다.

카펠로는 분노를 폭발시키지 않도록 자제하면서 그럴 필요는 없다고 잘라 말했다.

아무리 총사령관인 도리아의 명령이라 해도, 베네치아 함대는 베네치아 본국의 원로원이 결정하지 않은 일에는 따르지 않는다고 카펠로는 말했다.

또한 포수가 부족하다면 베네치아 영토인 코르푸나 자킨토스섬에서 징집할 테니까 걱정할 필요는 없다고 말했다.

도리아도 고개를 끄덕일 수밖에 없었다. 하지만 도리아와 다른 장수들 사이는 이렇게 날이 갈수록 험악해져갔다.

이렇게 알맹이 없는 작전회의를 거듭하는 동안 2주가 헛되이 지나갔다. 그동안 바르바로사가 이끄는 투르크 함대는 누구의 방해도 받지 않고 안전한 프레베자만에 들어가 있었다.

이 소식은 베네치아의 첩보기관을 통해 코르푸에도 전해졌다. 도리아는 그 소식을 기다리고 있었던 것처럼 이틀 뒤에 출항하라고 명했다. 그런데 그 전날 열린 작전회의에서 도리아가 설명한 전략은 이 해군 장수의 과감한 전법을 알고 있는 사람이라면 귀를 의심했을 만큼 이해할 수 없는 것이었다.

코르푸에서 나간 뒤에는 적이 있는 프레베자만으로 가는 것이 아니라, 만 앞을 그대로 통과하여 계속 남쪽으로 내려가서 프레베자보다 남쪽에 있는 레판토만으로 간다는 것이다. 기독교 함대가 프레베자 앞을 지나가는 것을 안 투르크 함대는 프레베자에서 나와 기독교 함대를 뒤쫓아올 게 분명하니까, 적이 도망쳐 들어갈 만이 없는 탁 트인 해역에 다다랐을 때 방향을 돌려 해전으로 승부를 결정내자는 것이었다.

이 시점에서 기독교 쪽은 베네치아의 첩보기관을 통해서 바르바로사가 이끌고 있는 투르크 함대의 전력을 정확히 보고받고 있었다. 그 보고에 따르면 투르크 함대는 갤리선 94척에 '푸스타'(소형 갤리선) 66척으로 구성되어 있다고 한다. 전력은 엇비슷했다.

전력이 비슷하니까, 적이 막다른 궁지에 몰린 나머지 밖으로 나올 수밖에 없는 경우라면 적을 밖으로 끌어내어 공격하는 전법도 효과를 기대할 수 있을 것이다. 하지만 지금 도리아는 바르바로사를 바싹 추격하여 막다른 궁지로 몰아넣으려 하는 것은 아니다. 그저 바르바로사가 자발적으로 안전한 곳을 버리고 밖으로 나오기를 기다린다는 것뿐이다.

도리아는 바르바로사라면 반드시 나올 거라고 단언했다. 그리고 카펠로도 그것을 기대할 수밖에 없는 심경이 되어 있었다. 계절은 9월 말, 항해에 적합한 기간은 계속 줄어들고 있었다.

프레베자 해전

1538년 9월 25일 아침, 갤리선만 해도 150척이나 되는 기독교 연합 함대는 코르푸 항을 떠났다. 70척이 넘는 수송선이 그 뒤를 따른다. 그날 저녁 팍소스섬에 도착했다. 그곳에서 내보낸 정찰선이 밤에 돌아와서, 프레베자만 안에 있는 투르크 함대는 특별한 움직임을 전혀 보이지 않는다고 보고했다.

도리아는 이튿날 아침 출항한 뒤에도 예정대로 프레베자 앞을 그대로 지나쳐 남하한다고 발표했지만, 카펠로와 그리마니와 페란테에게는 프레베자 앞에서 약간의 계책을 시도할 작정이라고 털어놓았다. 다만 그것이 어떤 계책인지는 아무리 물어봐도 대답해주지 않았다.

이튿날인 26일 정오 무렵, 베네치아와 교황청의 함대는 프레베자만 앞바다에서 벌어진 기묘한 단막극을 관전하는 꼴이 되었다.

도리아가 조카인 자네티노 도리아에게 갤리선 4척을 이끌고 프레베자만 안으로 침입하게 한 것이다. 하지만 만 깊숙이까지 침입하게 하지는 않는다. 당장 반격에 나선 투르크 배와 대포알을 몇 발 주고받았을 뿐, 만 밖으로 나온다. 그것을 뒤쫓아 나온 투르크 배와 또다시 대포알을 몇 발 주고받았다. 투르크 배는 그대로 만 안으로 도망쳐 들어간다.

이 응수가 몇 번 되풀이되었다. 그뿐이었다. 관전하고 있던 베네치아

이오니아해·에게해 주변

배에서도 노잡이까지 알아차렸다. 그것이 단순한 시위에 불과하다는 것은 누구라도 알 수 있었다.

남하는 그 후에도 계속되었다. 이튿날인 27일 아침에는 베네치아 기지가 있는 산타마우라(레우카스)섬이 바라보이는 해상에 이르러 있었다.

그때 돛대 위 망루에서 큰 소리가 들려왔다. 북쪽 수평선 위에 붉은 바탕에 하얀 반달이 새겨진 깃발이 보인다고.

바르바로사는 도리아가 예상한 대로 나온 것이다. 프레베자를 떠났을 때부터 배후에서 공격할 작정이었을 것이다. 처음부터 전투진형을 갖춘 채 쫓아왔다. 전위는 바르바로사의 오른팔로 불리는 투르구트가 지휘한다. 본대는 바르바로사가 지휘하고, 후위도 바르바로사의 부하 해적이 이끌고 있다. 이름은 투르크 함대지만, 지휘관을 비롯하여 거의 전원이 해적이었다. 그것은 투르크 함대의 갤리선에서 노잡이의 대부분이 납치되어 쇠사슬에 묶인 채 노잡이로 혹사당하고 있는 기독교도라는 뜻이었다.

도리아가 탄 기함에서 작전회의가 열렸다. 카펠로와 그리마니는 전투를 시작하자고 주장한다. 하지만 도리아는 이번에도 거기에 쉽사리 동조하지 않았다. 여기서 패배를 당하게 되면 지중해 연안에 사는 사람들을 누가 해적으로부터 지켜줄 것인가. 그렇게 될 위험이 조금이라도 있는 이상, 신중하게 결단을 내릴 필요가 있다는 것이 도리아의 의견이었다.

카펠로는 이번에도 물러서지 않았다. 우리 공화국이 해군을 파견한 것은 전쟁을 시작하기로 결정했기 때문이고, 본국이나 해외에 있는 베네치아 기지의 안전 대책은 원로원에서 결정할 정치 문제다. 나에게 부과된 임무는 눈앞에 있는 적을 이기는 것이고, 선원과 노잡이도 그 점에서는 모두 한마음이라고 주장하면서 양보하지 않는다. 그리마니와 페란테, 그리고 2척밖에 참가하지 않은 몰타 기사단도 여기서 해적에게 통렬한 타격을 주어야만 앞으로 지중해가 안전해진다는 데 완전히 의견이 일치했다.

해전 회피파가 혼자뿐인 상황에서도 도리아는 여전히 시간을 벌려고 애썼다. 작전회의는 몇 시간이 지나도 결론에 이르지 못했고, 그동안 줄곧 기독교 쪽 배들은 천천히 남하를 계속한다. 그 뒤를 쫓는 투르크 함대와의 거리도 확실히 좁혀진다. 정오 무렵이 되자 두 함대의 거리는 적선에 있는 투르크 병사의 갑옷 색깔을 알 수 있을 만큼 좁혀져 있었다.

드디어 도리아는 결단을 내렸다. 진형을 짜라고 명령하는 깃발이 총사령관의 기함 위에서 펄럭였다. 카펠로와 그리마니가 각자의 배로 돌아갔을 때는 선장에서부터 노잡이에 이르기까지 모든 사람에게 팽팽히 긴장된 전투 기분이 가득 차 있었다. 이제 남은 일은 총사령관의 돌격 명령을 기다리는 것뿐이었다.

그런데 바로 그때 풍향이 바뀌었다. 그래서 도리아가 명령한 대로 진형을 바꾸는 도중에 바람의 영향을 받기 쉬운 범선들이 고립되어버렸다.

이것을 본 투르크 쪽은 만만찮은 갤리선은 무시하고 범선단에 덤벼들었다. 베네치아 범선은 대형이 많아서 투르크 갤리선의 집단 공격에도 잘 버텼지만, 해상에서 고립된 채 방어하고 있는 아군 선박의 모습은 갤리선 승무원들의 가슴에 불을 질렀다.

카펠로와 그리마니는 도리아의 돌격 명령이 언제 내려질까 하고 기다렸지만, 아무리 기다려도 명령은 내리지 않는다. 카펠로는 전령선으로 옮겨 타고 도리아의 배 바로 밑에 전령선을 대놓고는 큰 소리로 돌격 개시 명령은 어떻게 된 거냐고 따져 묻는다. 그래도 도리아는 명령을 내리지 않았다.

마침내 참을 수 없게 된 베네치아의 갤리선 두 척이 카펠로의 명령도 떨어지지 않았는데 범선단을 습격하고 있는 투르크의 갤리선으로 돌격했다. 그리고 당장 적의 푸스타 8척을 격침시킨다. 하지만 그다음은 적의 갤리선에 사방에서 포위되어, 격투한 보람도 없이 격침되었다.

그제야 총사령관 도리아의 기함 위에 훈령기가 펄럭였다. 하지만 돌격이 아니라 후퇴를 명하는 깃발이었다. 도리아가 이끄는 본대는 북쪽으로 달아나기 시작했다. 범선단을 습격하기 위해 오른쪽으로 돌아가 있던 투르크 함대의 옆을 빠져나가서 북쪽으로 올라간다. 그 바로 근처에 있던 교황청 함대도 뒤를 따랐다. 베네치아 함대도 남아 있으면 적보다 열세인 전력으로, 승전 기분에 들떠 있는 적과 맞서야 한다. 그들도 달아날 수밖에 없었다. 하지만 에스파냐 범선 5척과 베네치아 범선단이 적에게 따라잡혀서 전투를 벌이지 않을 수 없었다. 그래도 베네치아 범선단과 에스파냐 배 한 척은 코르푸섬의 항구로 달아난 아군과 합류할 수 있었다.

참으로 기묘한 패전이었다. 기독교 쪽은 베네치아의 갤리선 2척을 잃고 에스파냐 범선 4척을 적에게 빼앗겼다. 투르크 쪽은 푸스타라고 불리는 소형 갤리선을 8척 잃었다. 그 대신 에스파냐 육군을 가득 태운 범선 4척을 포획했다.

따라서 희생이 전혀 없지는 않았지만 갤리선만 해도 150척을 투입한 것 치고는 희생이 아주 적었다. 그래도 기독교 쪽의 패전이다. 게다가 정규 해군이 해적 집단에 패한 것이다.

하지만 코르푸섬으로 돌아온 카펠로에게는 도리아의 책임을 추궁할 시간도 주어지지 않았다. 기묘한 패전을 기묘하지 않은 패전으로 바꿀 작정인지, 바르바로사의 명령을 받은 투르구트가 코르푸섬을 공격해 온 것이다. 카펠로는 적을 맞아 싸우기 위해 베네치아 함대만 출동하게 해달라고 도리아에게 요구했다. 도리아도 그것은 허락했다.

하지만 투르구트도 바보는 아니다. 카펠로가 공격에 나선 것을 알자마자 코르푸 공격에서 손을 떼고 아드리아해의 베네치아 기지를 분탕질하기 시작한 것이다. 이것을 격퇴하고 투르구트를 아드리아해에서 쫓아냈을 때는 이미 가을도 깊어가고 있었다.

이제 누가 말을 꺼내지도 않았는데 동맹군은 자연스럽게 해산했다. 도리아는 제노바로, 카펠로는 베네치아로, 교황에게 보고할 의무가 있는 그리마니는 로마로, 그리고 페란테 곤차가는 시칠리아로 돌아갔다.

그해 겨울, 각국 궁정에서는 '프레베자 해전'이라고 불리는 이 기묘한 전투가 줄곧 화제에 올랐다. 모든 나라가 도리아를 비난했지만 카를로스만은 그를 변호했다. 하지만 당사자인 도리아는 '프레베자'라는 말을 듣자마자 자리에서 일어나버렸다고 한다. 평소에는 실제 나이보다 스무 살은 젊어 보인다는 말을 들을 만큼 정정한 도리아가 그해 말에는 일흔두 살이라는 나이와 용병대장이라는 자신의 처지를 곱씹고 있었을지도 모른다.

한편 베네치아공화국은 이제 도리아만이 아니라 카를로스도 신용하지 않았다. 카를로스는 당시 베네치아의 한 외교관이 말했다는 다음 구절을 되씹고 있었을 게 분명하다.

"양식이란 수세에 몰린 쪽이 하는 말이고, 행동의 주도권을 쥔 쪽은 항상 비양식적으로 행동하는 법이다."

베네치아공화국에서 현대 국가의 '국회'에 해당하는 기관은 200명 안팎의 의원으로 구성되어 있는 원로원이다. 하지만 의원이 200명이면 결론에 도달할 때까지 오랜 시간이 걸릴 뿐 아니라, 비밀을 지켜야 하는 문제를 토의하는 데에도 적당치 않다. 그래서 베네치아에서는 시급히 결론을 내야 하고 그것을 극비리에 추진해야 할 경우에는 안건을 원로원의 토의에 부치지 않고 '10인위원회'(Consiglio dei Dieci)에 회

부하도록 되어 있었다. 줄여서 'C.D.X.'라고 불리는 이 기관은 마키아 벨리가 공화국 체제를 유지하면서 통치력 향상을 지향하는 나라의 모범이라고 칭찬한 기관인데, 그 자세한 내용은『바다의 도시 이야기』로 미룰 수밖에 없다. 하지만 그 때문에 프레베자 이후 베네치아의 외교를 결정하는 것도 이 'C.D.X.'에 맡겨졌다.

이듬해인 1539년 이른봄에 '10인위원회'의 지령이 투르크의 수도 콘스탄티노플에 주재하는 베네치아 대사에게 극비리에 전달되었다. 투르크와 강화를 맺고 전과 같은 우호적인 통상관계를 재개하기 위한 교섭이 은밀히, 하지만 반드시 성립시키겠다는 의도로 시작된 것이다.

이 강화가 성립되고 조인도 끝나서 공표된 것은 1540년이었다. 그때까지 눈치채지 못한 서유럽 각국은 기독교 세계를 배반했다고 베네치아를 비난했다. 하지만 베네치아가 투르크와 맺은 것은 어디까지나 강화조약과 통상조약이었고, 프랑스가 투르크와 맺은 군사동맹조약은 아니다. 즉 투르크에 대해 군사행동을 하느냐 마느냐의 재량권은 유지한 채 맺은 조약이었다.

그 이유의 절반은 베네치아도 기독교 국가인 이상 기독교 세계의 일원으로 남아 있을 필요가 있었기 때문이다. 하지만 나머지 절반은 투르크와 우호적인 경제관계를 계속 유지해가려면 군사행동의 가능성도 계속 유지하는 편이 효과적이라는 사실을 알고 있었기 때문이다.

프랑스는 국토가 곧 경작지라서 자급자족도 할 수 있지만, 베네치아는 다르다. 무역입국인 베네치아는 기독교 국가든 이슬람 국가든 항상 다른 나라가 필요하다. 파는 사람과 사는 사람이 양쪽 다 필요하다. 이 베네치아공화국에 당시의 양대 제국인 투르크와 에스파냐 사이를 잽

싸게 빠져나가는 냉철하고 현실적인 정치가 필요해진 것도 당연했다.

베네치아가 내다보았듯이, 프레베자의 패배에 따른 영향은 이듬해인 1539년에 벌써 분명해진다. 로마 교황의 제창으로 당시 기독교 세계의 해상 전력을 총결집한 정규 해군이 실질적으로는 해적 집단에 불과한 투르크 해군에 패배한 것이다. 투르크 해군은 무적이라는 평판이 지중해 전역에 퍼졌고, 이슬람 해적들의 횡포는 억제할 장치도 없는 채 더욱 심해질 뿐이다. 지중해 연안에서 해적의 습격을 받지 않는 지역은 전혀 없다는 말까지 나오는 상태로 돌아가버렸다.

이탈리아반도, 사르데냐, 시칠리아에서 지금도 '사라센의 탑'이라고 불리는 감시용 탑을 조사하다가 놀란 것은 그런 탑들의 보강공사를 한 시기가 16세기 중엽을 전후한 50년 동안에 집중되어 있다는 것이다. 투르크 해군이라는 이름 아래 해적이 다시 맹위를 떨치게 된 시기와 일치한다. 마치 중세 전기로 돌아가버리기라도 한 것처럼 이제 서민들은 해적이 왔다는 말을 듣자마자 달아날 수밖에 없게 되었다.

해상에서도 '프레베자'의 영향은 컸다. 이제까지는 연안 경비나 상선단 호위 때도 2척 내지 4척의 갤리선으로 충분했다. 그런데 '프레베자' 이후로는 두 배의 갤리선을 동원하지 않으면 효과가 없게 되었다. 그렇게 많은 갤리선이 호위해주어도 상선들 중에는 해적선처럼 보이는 배가 나타나기만 해도 달아나는 배가 더 많았다. 기독교 국가에서는 선원들조차 열등의식의 포로가 되어 있었다.

특히 '프레베자' 이듬해인 1539년에는 지중해의 주인이 해적이었다. 바르바로사는 콘스탄티노플에 있을 때가 많고, 서지중해에서의 해적행위는 투르구트에게 맡겨놓고 있었다. 바르바로사는 후진을 키우는 데에도 열심이었는지, 바르바로사 문하생이라고 불러도 좋을 만큼 다음 세대를 짊어질 우수한 해적이 그의 휘하에서 많이 배출된 것은 흥미롭다.

바르바로사 문하의 영재라고 불린 투르구트도 스승을 닮아서 조직을 만드는 솜씨가 뛰어났다. 지브롤터해협 근처에 잠복해 있다가 신대륙에서 산출된 금과 은을 에스파냐로 실어오는 배를 습격하는 것은 알제리의 항구도시에 기지를 둔 하산 아가의 일이고, 오로지 시칠리아만 습격하는 것은 알제리 북부의 보나(오늘날의 안나바)에 기지를 둔 마미 레이스, 그리고 이탈리아반도 전역이 시야에 들어오는 티레니아해는 투르구트의 주된 일터였다.

한편 기독교 쪽은 이 1년을 얌전히 지냈다.

베네치아공화국은 투르크와 몰래 강화 교섭을 벌이고 있는 중이어서, 이슬람교도에 대해서는 설령 해적이라도 공격하지 않고 오로지 방어에만 철저했다.

기독교 세계를 지키는 책무를 짊어진 신성로마제국 황제 카를로스는 레겐스부르크에 가서 가톨릭과 프로테스탄트의 다툼을 조정하는 중이어서, 이슬람과의 해전은 염두에도 없었다.

도리아는 제노바에 있었지만, 아무리 도리아라도 카를로스의 명령이 없으면 움직일 수 없었다.

로마 교황 바오로 3세는 이슬람과 맞서서 움직이고 싶어도 갤리선 7척밖에 없는 교황청 해군으로서는 로마 부근의 연안 경비를 맡는 것이 고작이다.

몰타 기사단은 카를로스한테서 몰타섬을 양도받은 지 아직 몇 년밖에 지나지 않아서, 이탈리아인 엔지니어를 초대하여 섬의 방위시설을 짓는 것이 해적과 싸우는 것보다 우선이었다.

즉 북아프리카의 항구도시에서 북상해오는 해적들은, 서쪽으로 가든 동쪽으로 가든 북쪽으로 가든 어디서나 제멋대로 행동할 수 있는 상태였다. 투르구트가 부하들에게 '푸스타' 30척으로 충분하다고 지시한 것도 그 30척의 소형 갤리선과 맞서 싸우러 나올 배가 없었기 때문이다. 이대로 가면 지중해는 다시 중세 전기로 돌아가 이슬람의 바다가 될 것 같았다.

하지만 1539년도 끝나갈 무렵이 되면, 독일에 있는 카를로스의 귀에도 해적 피해에 관한 정보가 들어간다. 그중에서도 특히 신대륙에서 오는 배들이 계속 나포되었다는 소식은 카를로스의 주의를 끌기에 충분했다. 제노바에 있는 도리아에게 이 상황을 어떻게든 처리하라는 명령이 내려졌다.

해적 투르구트

도리아는 작전이 실행에 옮겨질 1540년에는 74세가 될 터였지만, 고용주인 카를로스의 명령을 받자마자 행동을 개시했다.

작전은 두 단계로 나뉘어 진행된다. 첫 단계는 기동부대인 함대를 편성하는 것이다. 상설 해군을 보유한 베네치아는 당시로서는 완전히 예외였고, 투르크나 에스파냐를 비롯한 다른 나라들은 전쟁을 할 때마다 해군을 편성한다. 그래서 도리아도 자기 소유의 선박 외에는 다른 데서 모을 수밖에 없었지만, 카를로스 황제가 제창한 이상 기독교 색채가 짙은 해군이 편성될 테니까 교황청과 몰타 기사단에 참가를 요청하는 것은 당연했다. 도리아도 이때는 아직 베네치아가 극비리에 투르크와 강화 교섭을 진행하고 있다는 것을 알지 못했다. 하지만 도리아는 베네치아의 참가를 기대하지 않았다. 베네치아가 '프레베자'를 잊지 않은 것은 쉽게 상상할 수 있었기 때문이다. 로마도 몰타도 도리아가 지휘하는 해군에 참가하겠다는 뜻을 전해왔다.

그래서 도리아 소유의 22척에 나폴리와 시칠리아에서 올 배를 더하고, 이번에는 카를로스도 자국 선박을 참가시키는 데 적극적이었기 때문에 에스파냐에서 올 배를 더하면 갤리선만 70척이 된다. 여기에 교황청의 7척과 몰타에서 올 4척이 추가되니까, 도리아가 쓸 수 있는 완전 무장한 갤리선의 수는 81척이 된다. 완전 무장한 배란 다수의 대포를 장착하고, 1척당 적어도 40명의 전투원을 태운 배를 가리킨다. 즉 전투만을 목적으로 하는 함대였다.

작전의 두 번째 단계는 목표 설정이었다. 도리아는 죽이든 생포하든 관계없이 투르구트 한 사람을 목표로 정했다. 투르구트 이외의 해적들에 의한 피해는 무시하고, 투르구트 한 사람으로 표적을 좁힌 것이다. 따라서 모든 전략과 전술은 투르구트 선단을 추적하는 데 집중하기로 했다.

도리아는 81척의 갤리선을 다섯 함대로 나누어 투르구트와 마주칠 확률이 높다고 여겨지는 해역에 배치한다.

제1함대―10척. 도리아의 친족인 에라스모 도리아가 지휘하는 제1함대는 에스파냐 동해안에 가까운 마요르카섬을 중심으로 한 발레아레스제도 근해에 그물을 친다.

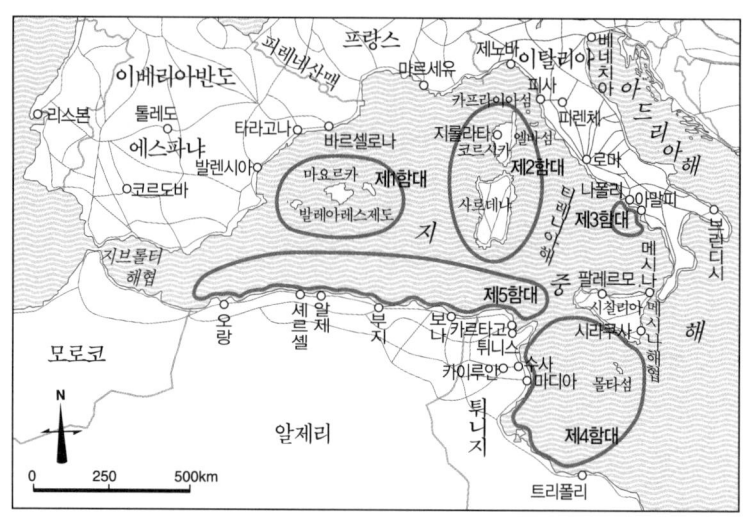

기독교 연합함대의 배치도

제2함대─21척. 안드레아 도리아의 조카이자 후계자인 자네티노 도리아와 로마 귀족 오르시니가 지휘하는 제2함대는 코르시카와 사르데냐 근해를 담당한다.

제3함대─11척. '부왕' 자격으로 에스파냐 치하의 남부 이탈리아를 통치하고 있는 톨레도 공작은 제3함대를 이끌고 나폴리에서 아말피까지의 해역에 그물을 친다.

제4함대─17척. 몰타 기사단 단장이 이끄는 제4함대는 시칠리아와 튀니지·리비아 사이의 바다를 감시한다.

제5함대─22척. 도리아 소유의 22척으로 이루어진 제5함대를 지휘하는 것은 안드레아 도리아 자신이고, 해적과 마주칠 확률이 가장 높고 따라서 가장 위험한 튀니지와 알제리 근해에 그물을 치는 것이 이 함대의 임무였다.

1540년 4월, 81척의 갤리선이 각자의 담당 해역으로 출항했다.

5월 초, 투르구트가 알제를 떠났다는 정보를 우선 도리아가 입수한다. 하지만 22척을 이끌고 혼자서 넓은 해역을 감시하고 있던 도리아가 달려가기 전에 투르구트는 재빨리 북쪽 수평선 너머로 사라졌다.

이 소식은 쾌속 전령선을 통해 다섯 함대 모두에 전해진다. 함대들은 한 곳에 머무른 채 기다리는 게 아니다. 담당 해역을 순항하면서 사냥감이 걸려들기를 기다리는 것이다.

그래도 5월은 어느 함대도 투르구트 선단에 관한 확실한 정보를 얻지 못한 채 지나갔다. 투르구트 선단을 보았다는 정보는 많았다. 하지만 그것들은 조심스럽게 다가가 보았더니 흔적도 없더라는 식의 신기루 같은 정보에 불과했다.

5월 말이 되어서야 겨우 확실한 정보가 들어왔다. 투르구트 선단이 티레니아해에 있다는 정보였다. 코르시카섬 동해안을 약탈하고 주민을 납치하면서 북상하여 코르시카와 엘바섬 사이에 떠 있는 카프라이아섬으로 가고 있다는 것이 코르시카에서 달아난 어부가 가져온 정보였다.

제2함대를 이끌고 있던 자네티노 도리아와 오르시니는 이것을 알자마자 당장 카프라이아섬으로 갔다. 하지만 그들이 이 작은 섬에 도착했을 때 투르구트는 이미 사라진 뒤였다. 해적에게 습격당할까봐 두려움에 떨고 있던 섬 주민들의 증언에 따르면, 해적선단은 이 섬에서 음료수만 보급하고 곧 출항하여 다시 코르시카섬 북쪽 끝을 향해 돛을 올렸다는 것이다.

제2함대를 지휘하는 두 사람은 투르구트가 추적을 눈치챘나 보다고

해적 투르구트

생각했다. 하지만 카프라이아섬에서는 귀중한 정보를 또 하나 얻었다. 섬의 사제가 말하기를, 투르구트만이 아니라 그의 부하인 마미 레이스도 동행하고 있다는 것이다. 그렇다면 투르구트는 푸스타 30척보다 많은 수의 배를 이끌고 있다는 이야기가 된다. 이쪽의 21척에 비하면 30척도 수적으로 우세한데, 그보다 많은 적을 21척으로 추적하는 것은 모험이 아니라 위험이었다.

하지만 자네티노 도리아도, 교황청 함대 사령관인 오르시니 백작도 젊었다. 두 사람은 추적을 강행하자는 데 의견이 일치했다.

그런데 그들이 코르시카섬 북쪽 끝에 다다랐을 때, 투르구트와 마미 레이스의 해적선단은 이미 코르시카 북쪽 끝을 돌아서 이 섬의 서해안을 따라 남하하고 있었다.

추적 방식은 육지에서나 바다에서나 다르지 않다. 상대가 눈치채지 못하게 뒤를 따르는 것인데, 바다에서는 곶이나 후미에 숨으면서 쫓아

자네티노 도리아

가게 된다. 21척의 갤리선단은 몇 개의 소부대로 나뉘어 각자 아군을 시야에서 놓치지 않도록 주의하면서 쫓아가는데, 여기에도 이점은 있었다. 후미에 들어갈 때마다 주민에게 정보를 얻을 수 있다는 것이다. 그 정보를 모아서 분석한 결과, 투르구트와 부하들은 코르시카 서해안에 있는 지롤라타만에 정박해 있다는 것을 알았다.

지금도 작은 항구도시인 지롤라타는 당시에는 '한촌'이라고 부르는 편이 적절한 어항에 불과했을 것이다. 하지만 만 구석에 자리 잡고 있어서 바람을 피할 수 있고, 게다가 주변도 넓게 열려 있다. 도망쳐온 주민에게 얻은 정보에 따르면, 투르구트는 약탈해온 물건을 여기서 마미레이스와 나누고 있다는 것이었다.

본거지가 다른 해적과 공동행동을 취했을 경우, 약탈품은 그것을 약탈한 곳 근처에서 분배하고 본거지로 돌아갈 때는 따로 행동하는 것이 북아프리카 해적들의 상투적인 방식이기도 하다. 그래서 코르시카 동해안 일대를 분탕질하여 얻은 약탈품을 알제로 돌아가는 투르구트와 튀니지로 돌아가는 마미 레이스가 분배하고 있었던 것이다. 잔치를 열어 야단법석을 떨고 있다는 것도 해적질을 결산하는 방법으로는 어울렸다.

자네티노 도리아와 오르시니 백작은 젊은 만큼 대담무쌍하다는 공통점도 갖고 있었다. 해적을 일망타진하자는 데 완전히 의견이 일치했다. 하지만 상대는 투르구트다. 게다가 적에게는 아군보다 적어도 두 배나 많은 배가 있다. 따라서 단순한 배짱만으로는 몰살로 끝날 게 뻔했다. 대담하고도 교활한 전술을 짤 필요가 있었다.

두 지휘관보다 더 젊지만 도리아 가문의 일원인 조르조 도리아가 투르구트를 유인해내는 역할을 맡기로 했다. 다른 배들은 지롤라타만 북쪽에 불쑥 튀어나온 곳의 반대쪽에서 대기한다. 마침 곳의 북쪽도 작은 후미로 되어 있었다.

그렇기는 하지만 유인이 성공하는 것은 속공을 할 수 있느냐 없느냐에 달려 있다. 그러려면 순풍을 기다릴 수밖에 없었다.

기다리고 있던 '마에스트랄레'(북서풍)가 불기 시작하자마자 배들이 작전에 따라 움직이기 시작했다. 조르조 도리아는 6척을 이끌고 곳을 돌아서 지롤라타로 간다. 게다가 대담하게도 노란 바탕에 검은 독수리를 수놓은 황제기를 돛대 높이 내걸고 정면에서 당당히 만 안으로 들어갔다. 해적들은 아직 해변에 친 천막 안에서 자고 있었지만, 만에 정박해 있던 배에서 떠드는 소리에 잠이 깼다. 신앙심이 없는 개들이 쳐들어왔다는 외침소리에 해적들은 제정신으로 돌아왔다.

투르구트는 마미 레이스에게 약탈품을 지키는 일을 맡긴 다음, 거의 모든 배를 이끌고 침입해온 6척에 다가갔다.

하지만 조르조는 투르구트의 눈앞에서 멋지게 U턴을 해보였다. 정말 멋지다고 말할 수밖에 없는 솜씨였다. 조르조가 이끌고 온 제노바의 나머지 배들도 그에 못지않은 묘기로 뒤를 따랐다. 제노바 선원들은 이런 일에서는 베네치아 선원들이 떼를 지어 덤벼들어도 당해낼 수 없는 기술을 발휘한다.

만에서 도망쳐 나오려면 역풍을 무릅써야 하지만, 삼각돛을 교묘히 조종하고 노잡이들이 일사불란하게 움직여서 이것도 간단히 소화해냈다. 그러면서도 쫓아오는 투르구트 선단과의 거리가 조금씩 좁혀지게 했다. 그 덕분에 투르구트는, 곶을 돌면 바로 그 너머에 본대가 이미 해전 진형을 갖춘 채 기다리고 있다는 것을 알아차리지 못한 채, 또한 그런 생각은 머리에 얼핏 떠오르지도 않을 만큼 추격에만 몰두해 있었다.

미리 정해둔 소나무가 보이기 시작하자 조르조의 배에서 대포가 불을 뿜었다. 이것이 신호였다. 곶 너머에서 나타난 제2함대(15척)가 당장 일직선으로 늘어서서, 순풍을 돛에 가득 받은 채 돌진해왔다.

투르구트는 선박 수에서는 자기가 우세하다는 것을 알고 있었다. 하지만 역풍을 무릅써야 하는 불리함이 있다. 그래서 뒤따르는 모든 배에 후퇴명령을 내렸다. 후퇴하면 순풍을 받게 된다. 지롤라타만 안까지만 도망쳐 들어가면 기회를 잡을 수 있다고 생각한 것이다.

하지만 순풍이라는 조건은 같아도, 삼각돛은 사각돛과 달리 돛을 펴는 방법에 따라 속도에 차이가 난다. 여기서도 이탈리아 선원의 기술이 더 뛰어나다는 게 드러났다. 자네티노 도리아의 제2함대와 투르구트 선단의 거리는 순식간에 좁혀졌다.

이것을 본 투르구트는 작전을 바꾼다. 후퇴명령은 철회하고, U턴하여 적과 전투를 벌이라는 명령이 떨어졌다.

하지만 제노바인의 선박 조종술은 베네치아인이 떼를 지어 덤벼들어도 당해내지 못할 정도니까, 북아프리카 해적들은 상대가 되지 않는다. 투르구트 선단은 U턴하라는 말을 들어도 멋지게 재빨리 돌지 못하고 천천히 어색하게 돌았다. 그것은 옆구리를 적에게 보이는 시간이 더 길어졌다는 뜻이었다.

이를 기다리고 있던 제2함대의 21척에서 일제히 대포가 불을 뿜는다. 포탄은 해적선 옆구리에 우스울 만큼 보기 좋게 명중했다. 16세기에는 대포의 파괴력과 명중률도 훨씬 진보했다. 갤리선에 장착된 대포니까 거포는 아니지만, 명중하기만 하면 그 파괴력은 엄청났다. 돛대는 날아가고, 배는 크게 기울어져 순식간에 침몰한다. 투르구트가 탄배는 대형 갤리선이었지만, 그래도 포격을 받고 가라앉기 시작했다. 투르구트는 옆에 있던 배로 옮겨 탄다. 그리고 그 배 위에서 돌격명령을 내렸다.

포격으로 상당한 타격을 받고 있었지만, 해적들은 끈질겼다. 투르구트를 선두로 반월도를 휘두르며 기독교 쪽 배에 올라탄 그들은 마치 상처 입은 맹수 떼 같았다.

하지만 백병전의 격투도 오래 계속되지는 않았다. 해적을 몇 명 죽이느냐보다 투르구트를 죽이는 것을 우선한 것이 좋았는지도 모른다. 투르구트가 붙잡혔다는 소식이 전해지자 다른 해적들도 반월도를 버리고 투항했다.

기독교 쪽 배에 타고 있던 사람들이 무엇보다 먼저 한 일은 해적선에서 노잡이로 혹사당하고 있던 기독교도들을 쇠사슬에서 풀어준 것이었다. 노잡이들의 쇠사슬에는 이제 막 포로가 된 해적들이 묶였다.

제2함대 지휘관 중의 한 사람인 오르시니 백작은 교황청 해군의 7척을 이끌고 지롤라타만으로 들어갔다. 그것을 본 마미 레이스는 방어가 불가능하다고 판단했는지, 배를 버리고 내륙으로 달아났다. 하지만 주민들까지 협력하여 수색한 결과, 마미 레이스도 그날 안으로 붙잡혔다.

이리하여 1540년 6월 2일은 지중해 해적과의 투쟁사에서 기념할 만한 날이 되었다.

제노바만으로 가는 동안 다른 해적들은 쇠사슬에 묶여 노를 젓고 있었지만, 투르구트만은 고물에 있는 선교에 묶여 있었다. 쇠사슬에 묶여 옴짝달싹도 못하는 상태인데도, 투르구트는 줄곧 "내가 애숭이들한테 당하다니" 하며 온갖 욕설을 퍼부어댔다. 그런 투르구트에게 이렇게 말한 남자가 있다.

"투르구트 선장, 이것도 전쟁에서는 늘 있는 일이지요."

그의 이름은 장 파리소 드 라 발레트. 몰타 기사단의 기사로서, 25년 뒤에는 투르크 대군의 공격에 맞서 몰타섬을 지켜낸 역사상 유명한 '몰타 공방전'을 총지휘하게 될 사람이다. 투르구트는 4반세기 뒤에 전쟁터에서 재회하게 될 이 프랑스인 기사에게 한 마디 대꾸도 하지 않고 그저 무서운 형상으로 노려보았을 뿐이다.

'투르구트, 생포되다'는 소식은 당장 지중해 세계에 널리 퍼졌다. 북아프리카 근해를 감시하고 있던 안드레아 도리아에게는 가장 먼저 소식이 전해졌다. 도리아가 기뻐한 것은 말할 나위도 없지만, 그대로 귀로에 오르지는 않았다. 알제리의 셰르셸이라는 항구도시의 '목욕장'에 800명이나 되는 기독교도가 수용되어 있다는 것을 알아냈기 때문이다.

넓은 해역에 나뉘어 그물을 치고 있던 22척이 모두 도리아 곁으로 소집되었다. 이 배들이 알제 서쪽에 있는 셰르셸을 습격했다. 알제만큼 큰 해적기지도 아닌 셰르셸항은 갤리선 22척이 한 덩어리가 되어 들어가자 손을 들 수밖에 없었다. 상륙한 제노바인들은 거리에도 주민에게도 눈길을 주지 않았다. 시내 한 모퉁이에 있는 '목욕장'으로 직행하여 800명이 넘는 수용자를 데리고 나와서 배에 태우고는 그대로 곧장 떠나갔다.

제노바로 돌아가는 길에 들른 메시나에서 74세의 안드레아 도리아는 카를로스 황제에게 처음으로 자세한 보고서를 보냈다. 지금까지의 모든 것은 해적들을 어떻게든 처리하라는 카를로스의 명령을 받고 시작한 일이지만, 구체적인 전략 전술은 도리아의 생각대로 진행했다는 뜻이다.

아직 독일에서 가톨릭과 프로테스탄트의 분쟁을 조정하고 있었던 카를로스는 도리아의 보고를 받고 치하하는 편지를 보내왔다. 카를로스는 이 편지에서, 사로잡은 투르구트는 도리아의 전리품이니까 마음대로 처리해도 좋다고 말했다.

자네티노 도리아의 배에 묶인 채 제노바로 호송된 투르구트는 승자를 앞세운 개선 행렬의 최대 구경거리로서 제노바 시내를 끌려 다니며 해적에 대한 원한이 골수에 사무친 민중에게 온갖 욕설을 뒤집어쓴 뒤, 안드레아 도리아가 귀항할 때까지 감옥에 갇혔다.

바르바로사를 대신하여 서지중해 최고의 해적으로 이름을 날리던 투르구트의 운명도 이제 오랜 숙적이라 해도 좋은 도리아의 마음 하나에 달려 있었다. 지중해 세계의 기독교 쪽에서는 로마 교황도 베네치아공화국도 프랑스도 에스파냐도, 그리고 북아프리카 해적의 피해를 어디보다도 많이 받아온 남이탈리아와 시칠리아도, 드디어 투르구트도 제노바 선박의 돛대에 매달려 끝장이 나겠구나 하고 믿어 의심치 않았다.

하지만 아직 한여름인데 제노바로 돌아온 안드레아 도리아는 한동안 아무 결정도 내리지 않았다. 투르구트에게는 제노바의 감옥에서 보내는 나날이 계속되었다.

그동안 세간에서는 온갖 소문이 난무했다. 콘스탄티노플에 있는 바르바로사가 막대한 몸값을 제시했다느니, 프랑스 왕 프랑수아 1세가 동맹 관계에 있는 투르크의 술탄 술레이만의 친서를 받고 투르구트를 석방하기 위해 애쓰고 있다는 따위의 소문이었다. 단순한 소문인지, 아니면 근거 있는 정보인지는 알 수 없다. 알려진 것은 투르구트의 감옥 생활이 석 달은 계속되었다는 것뿐이다.

그해 9월 초, 지중해의 기독교 쪽에서는 각국 궁정에서 시내 광장에 이르기까지 놀라운 뉴스가 파다하게 퍼졌다. 투르구트가 석방되었다는 뉴스였다.

사람들이 그것을 알았을 때 투르구트는 이미 투르크의 수도 콘스탄티노플로 가는 배에 타고 있었다. 그리고 도리아는 이 문제에 관해서 투르구트가 앞으로는 해적질을 하지 않기로 약속했다고 말했을 뿐이다. 그밖에 사람들이 안 것은 투르구트가 3,500두카토의 몸값을 내고 자유를 되찾았다는 것뿐이었다.

여기에는 아무도 납득하지 않았다.

첫째, 안드레아 도리아쯤 되는 사람이 해적의 약속을 믿었다고는 도저히 생각되지 않았다.

둘째, 3,500두카토라는 액수가 그렇게 중요한 인물의 몸값치고는 너무 쌌기 때문이다.

물론 '구출수도회'나 '구출기사단'이 북아프리카 각지의 '목욕장'에 가서 데리고 돌아오는 기독교도, 납치되어 노예로 혹사당하고 있던 서민의 몸값과는 비교가 되지 않을 정도의 액수였다.

하지만 20년 전에 교황청 해군 사령관이었던 파올로 베토리가 해적 가드 알리에게 사로잡혔을 때, 이 해적 두목이 요구하여 로마 교황이 대신 지불한 몸값이 6천 두카토였다. 그때는 막대한 액수에 모두 깜짝 놀랐다. 하지만 이 두 건 사이에는 20년의 간격이 있다. 그렇기는 하지만 두 건 모두 신세계에서 대량으로 들어오는 은으로 말미암아 유럽에 인플레이션이 일어나기 전이니까, 그 20년 동안의 가격 변동은 미미했다고 보아도 좋다. 그런데 투르구트의 몸값이 베토리의 절반 정도밖에 안 된다니까, 아무도 납득하지 못한 것은 당연했다.

또한 투르구트는 베토리보다 훨씬 중요한 인물이다.

베토리는 갤리선을 기껏해야 10척밖에 보유하지 않은 교황청 해군 사령관에 불과하다. 이 정도 전력으로는 연안을 방위하는 것이 고작이고, 다른 나라들과 공동 투쟁이라도 하지 않는 한 북아프리카까지 원정을 가는 것은 꿈이었다.

한편 투르구트는 말 한 마디로 100척의 전력을 움직일 수 있는 지위에 있었다. 그 전력으로 누구의 힘도 빌리지 않고 지중해의 서쪽 절반을 무대로 해적 행위를 해온 남자다. 그런 투르구트와 대등한 위치에 있는 인물을 기독교 세계에서 찾는다면 안드레아 도리아밖에 없을 것이다. 바다 사나이로서의 수완은 초일급이지만, 투르구트는 투르크의 술탄, 도리아는 에스파냐의 왕 카를로스의 뜻에 어긋나는 일은 할 수 없다는 점에서도 비슷했다.

도리아가 3,500두카토의 몸값이 욕심나서 투르구트를 석방했다고 생각한 사람은 그 당시에도 거의 없었다. 안드레아 도리아는 원래 제노바에서 손꼽히는 부잣집에서 태어났고, 게다가 오랜 용병대장 생활로 국가공무원인 베네치아 해군 총사령관 따위는 발뒤꿈치에도 미치지 못하는 갑부가 되어 있었다. 카를로스가 선물로 준 멜피의 영지도 넓지는 않지만 풍족한 수입을 가져다주는 땅이었다. 모든 면에서 불편하지 않은 안드레아 도리아가 왜 투르구트를 풀어주었는지는 당시부터 많은 사람이 추리해왔지만, 그것은 지금도 알 수 없는 수수께끼다. 내 추리는 하찮지만 그래도 한 번 이야기는 해보고 싶다. 안드레아 도리아는 일터가 바다였다고는 하지만 용병대장으로 평생을 보낸 사나이였다는 점에 입각하여.

구로사와 아키라 감독의 명작에 「7인의 사무라이」라는 영화가 있다. 이 영화는 끼니도 거를 만큼 영락한 떠돌이 사무라이 7명이 쌀밥을 먹게 해준다는 조건으로 농민들에게 고용되어, 그들을 괴롭혀온 산적 퇴치를 맡는 것으로 시작된다.

여기서 날마다 쌀밥을 먹는 것을 우선한다면, 사무라이들은 산적을 전멸시키지 않고 적당히 혼내주는 정도에 머물러야 했다. 위험이 계속

안드레아 도리아

되는 한, 거기에 대처할 수 있는 사람도 계속 필요하기 때문이다.

하지만 산적의 습격에 대비하여 농민들을 조직하고 훈련하는 동안, 사무라이들의 가슴속에서 그동안 잊고 있었던 사무라이 정신이 다시 고개를 쳐들었다. 그 결과 그들은 산적을 근절할 수 있었다. 하지만 사무라이들 쪽은 7명 가운데 4명이 전사하고, 살아남은 3명도 농민들한테 해고당한다. 즉 다시 실업자가 되어버린 것이다. 이것이 용병이라는 사실을 잊고 사무라이 정신에 철저했던 7인의 사무라이, 그래서 그 영화를 본 서양인의 마음까지 사로잡은 사무라이들의 이야기다.

투르구트를 다시 풀어주었을 당시 안드레아 도리아의 본심이 어디에 있었는지는 모른다. 16세기에 바다를 일터로 삼았던 용병대장은 여기에 관해서는 아무 기록도 남기지 않았고, 변명하려고도 하지 않았다.

투르구트가 도리아에게 해적질에서 손을 씻겠다고 약속한 것만은 진실이었던 모양이다. 한동안은 투르구트도 콘스탄티노플에서 얌전히 지내고 있었다. 하지만 해적질에서 손을 씻겠다고 도리아에게 약속한 것은 투르구트였고, 다른 해적들은 그런 약속을 하지 않았다.

그리고 북아프리카의 이슬람 세계에는 해적업으로 살아온 오랜 역사가 있다. 지중해 연안의 항구도시들은 대부분 해적질을 하지 않고는 살아갈 수 없는 경제 구조로 되어 있었다. 또한 투르크의 술탄에게도 공인받고 있다는 사회적 지위와 짧은 기간에 막대한 수익을 올릴 수 있다는 매력이 해적 세계에 우수한 인재를 계속 끌어들이고 있었다. 게다가 문하생 육성에 열심인 바르바로사라는 '보스'까지 있었다. 투르구트는 근신 중이었고 마미 레이스는 소식을 알 수 없었지만, 그들을 대신할 인재는 부족하지 않았다.

'조포 디 칸디아'(Zoppo di Candia)──직역하면 '칸디아의 절름발이'──는 바르바로사와 투르구트가 없는 서지중해에서 그 공백을 충분하고도 남을 만큼 메운 사나이다.

칸디아는 중세에 크레타섬을 부른 이름이니까, '조포 디 칸디아'는 '크레타의 외발'이라는 뜻이다. 이 별명을 보면 그는 동부 지중해에서 가장 큰 섬인 크레타섬 태생인지도 모른다. 베네치아 영토가 된 지 오래인 크레타섬의 원주민 출신이라면 그리스정교를 믿는 그리스인이겠지만, 이슬람으로 개종한 그리스인일 수도 있다.

'크레타의 외발'이라는 별명만 보면 로버트 루이스 스티븐슨의 소설

『보물섬』이 생각나는데, 크레타 태생인 이 해적도 외다리여서 걸을 때는 굵은 지팡이를 사용했다. 애꾸눈은 아니었던 모양이지만, 해적답게 잔인해서 부하들도 벌벌 떨었다고 한다. 이 '조포 디 칸디아'가 눈 깜짝할 사이에 투르구트의 퇴장으로 생긴 공백을 완전히 메워버렸다. 신대륙에서 오는 배는 한 번만 습격해도 막대한 수확을 거둘 수 있었기 때문에, 우선 그런 배를 노린 것은 말할 나위도 없었다.

여기에는 카를로스도 몹시 화를 냈다고 한다. 가톨릭과 프로테스탄트의 분쟁을 중재하려는 노력도 결국 실패로 끝났기 때문에, 여느 때보다 더욱 화가 나 있었는지도 모른다.

독일에서 에스파냐로 돌아가는 도중에 제노바에 들른 카를로스는 그곳에서 도리아와 오랫동안 대화를 나눈다. 이 자리에서 결정된 것이 알제 공격이었다.

해적들의 본거지 중에서도 본거지인 알제를 이번에야말로 철저히 공격하기로 결정한 것이다.

알제 원정

6년 전인 1535년, 카를로스는 도리아와 함께 튀니스를 공격했고, 튀니스도 그 후로는 해적한테 공공연히 본거지를 제공하지는 않게 되었다. 그 증거로 '구출수도회'나 '구출기사단'의 기록에 튀니스가 목적지로 기재되는 횟수가 격감했다. 그때까지는 납치해온 기독교도의 수에서도 알제에 버금간다는 말을 들은 튀니스지만, 이제 그곳의 '목욕장'에 수용된 사람이 줄어들었기 때문이다. 그렇다고 해서 튀니지의 다른 항구도시들까지 해적업에서 손을 씻은 것은 아니다. 보나와 제르바섬에서는 여전히 해적선이 출항했다. 하지만 적어도 튀니스에서는 바르바로사보다 아래인 해적 세력을 쫓아낸 뒤 '수장'(베이) 자리에 앉은 자들은 해적에게 본거지를 제공하지 않겠다는 카를로스와의 약속을 지금까지 6년 동안은 잘 지키고 있었다.

카를로스는 알제도 튀니스처럼 바꾸고 싶어 했다. 그래서 튀니스를 공격할 때 완벽한 파트너였던 도리아와 다시 손을 잡기로 한 것이다. 황제는 튀니스를 공격할 때와 마찬가지로 알제 공격에도 몸소 참전하겠다고 말했다.

40대에 접어든 카를로스의 이 생각에 75세를 앞둔 도리아도 동의한다. 도리아도 '크레타의 외발'이 멋대로 날뛰고 있는 현실을 참을 수 없었다.

하지만 이들 두 사람이 의논한 결과 알제를 공격하기로 결정했을 때는 이미 7월에 들어서 있었다. 대군을 태운 대선단이라도 기후의 급변을 걱정하지 않고 항해할 수 있는 기간은, 기후가 온화하다고 알려진 지중해에서도 6월·7월·8월·9월의 넉 달뿐이다. 바다를 아는 사람이라면 이듬해를 기약하는 것이 이 경우의 상식이지만, 카를로스는 아무래도 올해 안에 결행하고 싶다고 주장했다. 독일에서 가톨릭과 프로테스탄트를 중재하는 데 실패한 것 때문에 어지간히 부아가 났던 모양이다.

도리아는 나이에서 스무 살을 뺀 것이 실제 나이처럼 보일 만큼 몸도 마음도 젊은 사람이니까, 일단 결정되면 행동을 개시하는 것도 빠르다. 카를로스의 참가 명령도 효과를 발휘하여, 한 달 뒤에는 벌써 65척의 갤리선과 100척이 넘는 수송선으로 이루어진 함대가 편성되었다. 갤리선 수만 살펴보면 다음과 같다.

에스파냐 왕——12척

도리아——20척

에스파냐 치하의 남이탈리아——12척

역시 에스파냐 치하의 시칠리아——10척

교황청 해군——7척

몰타 기사단——4척

합계 65척, 수송선은 100척 이상

이런 배에 타고 갈 사람의 수는 선원과 노잡이가 거의 1만 3천 명에 이르고, 병사는 2만 2천 명에 이르렀다. 병사의 내역은 다음과 같다.

독일 병사——6천 명

에스파냐 병사——6천 명

이탈리아 병사——5천 명

다른 유럽 국가들의 지원병——기사와 병사를 합하여 4,500명

카를로스 황제의 근위대——200명

지휘를 맡을 귀족과 부대장——150명

몰타 기사단원——150명

황제가 몸소 출마하기 때문에, 지휘관급에는 에스파냐와 이탈리아의 고명한 귀족들의 이름이 늘어선다. 육군 총지휘는 이번에도 바스토 후작이라는 이름으로 알려진 알폰소 다바로스가 맡는다. 에스파냐에서는, 21세기인 지금도 카를로스와 함께 에스파냐산 브랜디에 이름이 남아 있는 알바 공작이 참전한다. 멕시코를 정복하여 역사에 이름을 남기게 된 페르난도 코르테스도 두 아들과 함께 참가했다.

이탈리아 쪽도 귀족의 경우에는 에스파냐에 조금도 뒤지지 않아서,

로마의 유력 귀족인 콜론나와 오르시니를 필두로 봉건영주들이 모두 참가했다. 제노바에서도 도리아와 어깨를 나란히 하는 명문인 스피놀라 가문의 우두머리가 참전했다. 이것만 보아도 카를로스를 비롯한 지휘관급은 거의 다 6년 전에 튀니스를 공략할 때와 같은 멤버라는 것을 알 수 있다.

그리고 그때와 마찬가지로 이번에도 프랑스는 참가하지 않았다. 카를로스와의 휴전은 아직 계속되고 있었지만, 프랑수아 1세는 투르크와의 동맹을 파기할 마음은 나지 않았다.

베네치아가 참전했다면 적어도 해상 전력은 두 배로 늘어났을 게 분명하지만, 이번에는 베네치아공화국이 참가하지 않았다. 베네치아는 투르크와 통상조약을 맺었고, 무엇보다도 도리아가 이끄는 군대에 참전했다가 지독한 꼴을 당한 2년 전의 '프레베자'를 잊지 못했다.

그래도 8월에는 알제 공격 준비가 대부분 끝나 있었다. 그런데 카를로스는 자기 쪽 준비가 끝나지 않았다고 말했다. 9월 초에 로마 교황 바오로 3세와 만나기로 되어 있으니까, 거기서 교황의 축복을 받은 뒤에 출전하고 싶다는 것이다. 카를로스는 이상할 때 갑자기 종교적 경향이 생기는 사람이기도 했다.

교황과의 회견은 중부 이탈리아의 루카에서 9월 12일에 실현되었다. 황제의 호화로운 정장이 아니라, 장식도 아무것도 없는 검은 모직 망토 속에 수도사들이 입는 검소한 수도복만 걸친 카를로스는 늙은 교황 앞에 공손히 무릎을 꿇었다.

기독교 세계에서 속계의 최고위자라도 정신적 최고위자에게는 겸손하게 무릎을 꿇는다. 이것이야말로 기독교도에게 이상적인 사회상이다. 하지만 14년 전에는 같은 황제가 로마 교황이 있는 로마를 공격하여 파괴했다. 때로는 표면상의 원칙으로, 때로는 본심으로 행동한다는 점에서는 기독교 세계도 다름이 없었다.

그런데 일부러 이탈리아까지 갔는데도, 기꺼이 축복을 내려줄 줄 알았던 교황은 축복을 주기는커녕 오히려 알제 공격에 반대했다. 헝가리가 투르크 육군의 공격을 막아내느라 고생하고 있으니까, 알제로 가기보다는 도나우강으로 병력을 보내야 하지 않겠는가. 또한 유럽 동부가 투르크 세력에 짓밟히고 있는 상황에서 신성로마제국 황제가 유럽을 떠나면 안 된다. 이것이 교황 바오로가 카를로스에게 밝힌 의견이었다.

그날 밤, 카를로스가 묵고 있던 루카 궁전에서는 참전할 지휘관들의 회의가 열렸다. 교황의 직언에 힘을 얻었는지, 우선 도리아가 해상 원정에는 부적합한 계절이 되어가고 있다는 이유를 들어 이듬해 봄으로 원정을 연기하자고 제안했다. 육군 총지휘를 맡은 다바로스도 같은 의견이었다.

카를로스는 참석자 전원에게 의견을 물었다. 3분의 2가 연기에 찬성했다. 전원의 의견을 들은 뒤, 이제까지 묵묵히 듣고만 있던 카를로스가 몇 분 동안 생각하고 나서 짤막하게 말했다.

"올해 안으로 결행한다. 준비가 갖추어지는 대로 출항한다. 신은 내 편이다."

며칠 뒤, 카를로스는 도리아가 준비한 황제 승선용 기함에 타고 집결지로 예정된 마요르카섬으로 가고 있었다. 마요르카에서 알제까지는 일직선으로 남하하기만 하면 된다.

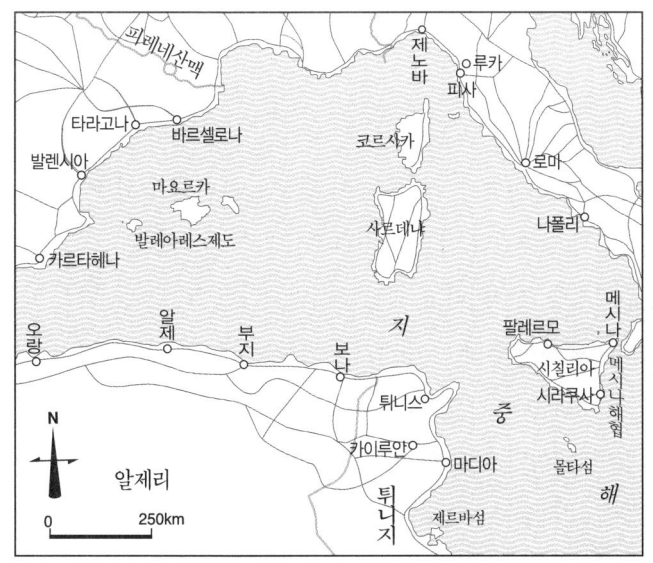

북아프리카와 그 주변

　10월 18일에는 마요르카섬의 항구에 준비를 끝낸 배들이 모두 집결하여 출항을 기다리고 있었다. 집결지와 가장 거리가 먼 나폴리나 시칠리아나 몰타에서도 모든 배가 도착해 있었다. 카를로스를 비롯한 지휘관도 모두 모여 있었다.

　하지만 도리아가 출항을 허락하지 않는다. 한 척도 흩어지지 않고 대선단이 남하하려면 순풍을 기다려 한꺼번에 출항하는 것이 최선이라는 것이다. 이리하여 출항은 이틀, 또 이틀 연기되어갔다.

　23일에야 겨우 도리아가 이튿날 아침에 출항한다는 명령을 내렸다.

　1541년 10월 24일, 노란색 바탕에 검은 독수리가 새겨진 황제기를 돛대 높이 내건 카를로스의 기함을 선두로 모든 배가 한꺼번에 출항했다. 황제의 기함 바로 오른쪽에는 교황청 해군의 기함, 왼쪽에는 몰타 기사단의 기함이 따랐다. 26일에는 알제가 있는 만에서 동쪽으로 뻗어 있는 넓은 해안에 접근하여 당장 상륙이 시작되었다.

그런데 상륙하고 있는 도중에 날씨가 바뀌었다. 막 지나온 수평선이 먹구름에 덮이더니, 이제까지의 순풍이 강풍으로 바뀌고 휘몰아치는 기세도 시시각각 강해진다. 게다가 비까지 내리기 시작했다.

지중해성 기후를 조금이라고 체험한 사람이라면 알겠지만, 맑은 날씨가 계속되는 여름이 끝난 뒤 내리기 시작하는 비는 시칠리아인이 말하는 '착실히 내리는 비'가 된다. 조용히 내리는 비가 아니라 줄기차게 내리는 작달비다. 여기에 강풍이 더해지면 틀림없는 태풍이다. 그 속에서 병사들을 내려놓는 작업을 시작한 배는 강풍에 밀려 모래밭에 올라앉으면 그래도 낫지만, 개중에는 해안절벽에 부딪혀 박살나는 배도 있었다.

게다가 상륙작전은 아무도 없는 땅에서 벌어지는 게 아니다. 1541년에 알제를 공격할 때는 적지의 지리에 관한 정확한 정보가 부족했는지, 베르베르인이 사는 일대를 상륙지점으로 택했다. 당연히 그들도 맞아 싸우러 온다. 그것을 갤리선에서 대포를 쏘아 격퇴하는데, 큰 무리를 지어서 오는 게 아니라 작은 집단으로 분산하여 오기 때문에 포격의 효과도 별로 없었다. 게다가 그날 밤 내내 비는 그치지 않고 계속 쏟아졌다.

그래도 이튿날인 27일 정오에는 육군이 상륙을 끝냈다. 카를로스도 말을 타고 근위대를 거느리고 돌아다니며 상륙한 병사들을 격려했다.

격려할 필요는 있었다. 천막을 쳤지만, 세찬 빗줄기 때문에 병사들은 벌써 흠뻑 젖은 상태였기 때문이다. 그래도 말에 올라탄 황제를 보고 병사들도 기운을 되찾은 것 같았다.

상륙을 끝낸 뒤에는 서쪽으로 진격하여 알제를 공격하는데, 언제라도 전투를 시작할 수 있도록 전위와 본대와 후위로 나뉘어 행군한다. 페란테 곤차가가 이끄는 에스파냐 병사와 시칠리아 병사가 전위를 맡고, 카를로스와 독일 병사가 중심인 본대는 에스파냐 최고의 대귀족인 알바 공작이 지휘를 맡는다. 후위는 이탈리아 병사와 몰타 기사단으로 구성되어 있고 콜론나 공작이 지휘를 맡았다.

이 행군이 맑은 날씨에 이루어졌다면, 2만 2천 명의 대군이 햇빛을 받아 반짝반짝 빛나는 갑옷과 창과 수많은 대포의 보호를 받으며 나아가는 광경만으로도 아랍인이나 베르베르인을 압도했을 것이다. 하지만 비바람을 뚫고 나아가는 행군에서는 아군 병사들의 기분은 계속 우울해지는 반면 적군은 점점 기운이 났다. 아라비아 말을 탄 소규모 부대가 대오를 짜서 행군하는 기독교 병사들을 습격하고 재빨리 사라지는 파상공격으로 괴롭혔다.

육지를 행군하는 군대 오른쪽에 펼쳐져 있는 지중해의 형상도 계속 험악해졌다. 갤리선보다 둥그스름하고 높은 범선은 세찬 비바람에 어찌 해볼 도리가 없는 형편이다. 도리아가 내린 엄명을 지켜서 돛은 모두 내리고, 다른 배와의 거리에 주의하면서 노만으로 나아가는 갤리선이 훨씬 피해가 적었다.

그래도 죄수를 노잡이로 부리는 관습이 있는 에스파냐 배에서는 강풍을 피하지 못하고 다른 배와 충돌하여 침몰한 배도 적지 않았다. 노잡이는 쇠사슬로 배에 묶여 있기 때문에 배가 침몰하면 배와 운명을 같이할 수밖에 없다. 에스파냐는 이탈리아와 달리 이단재판이 성행한 나라였기 때문에, 종교적 이유로 죄수가 된 사람은 부족하지 않았다. 또한 에스파냐 사람에게 종교적 죄인은 강도보다도 못한 존재였다.

하지만 다른 사람들도 배를 버리고 육지로 올라갈 수는 없었다. 범선에는 원정에 필요한 모든 물자가 실려 있었고, 갤리선에는 대포가 설치되어 있었다. 도리아가 총지휘를 맡은 이 함대도 서쪽으로 항해하여, 육지에서 공격하는 육군과 힘을 합쳐 바다 쪽에서 알제를 공격할 계획이었기 때문이다.

육지를 행군하는 병력을 괴롭힌 것은 비와 바람과 습격해오는 적군만이 아니었다. 밤새 내린 비로 총과 화승과 화약도 흠뻑 젖어버려서 쓸 수 없게 된 것이다. 에스파냐군의 강점은 화기를 잘 활용하는 데 있었다. 그런데 당시로서는 최신예 화기를 갖추고 있으면서도, 화살과 투석기만으로 공격해오는 적에 대처하지 못하고 있었다. '하이테크'도 그것을 구사할 수 없는 환경에서는 '로테크'에 질 수밖에 없지만, 이때도 그와 사정이 비슷했다. 소총으로 무장하고 있으면서도 투석기에 진다면 사기가 떨어지는 것은 당연했다.

이튿날인 28일 아침이 되어도 상황은 전혀 개선되지 않았다. 바다는 미친 듯이 거칠었고, 파도에 농락당한 수송선은 차례로 침몰하고, 그때마다 바닷가에는 시체가 밀려 올라온다. 하루에 한 번씩 해상에서 육상으로 물자가 보급될 예정이었지만, 지금은 그럴 계제가 아니었다. 상륙할 때 가져온 건빵도 빗물을 머금어 퉁퉁 불었지만, 병사들은 그것을 억지로 삼킨다. 게다가 이 정도의 식사도 적의 습격이 잠깐 멈춘 사이에 겨우 할 수 있는 형편이었다.

그래도 그날 오후에는 알제를 둘러싸고 있는 성벽이 멀리 바라보이는 지점까지 나아갈 수 있었다. 적도 맞아 싸울 준비를 끝낸 게 분명했다. 성벽 위가 병사들로 가득 메워져 있는 것이 그 증거였다. 또한 성벽

카를로스 1세(카를 5세)

보다 좀더 높은 망루 위에는 붉은색과 초록색과 노란색의 띠 모양 깃발이 때마침 불어온 강풍을 받아 펄럭이고 있는 것도 보인다. 알제에 거주한 경험이 있는 상인이 동행하고 있었는데, 그 상인의 말에 따르면 그것은 기독교도를 맞아 싸울 때 이슬람교도가 내거는 깃발이라고 한다.

카를로스는 전투를 시작할 때의 관례에 따라 항복을 권하는 사절을 알제에 보냈다. 그때 알제 '수장'이 누구였는지는 알 수 없지만, 카를로스의 사절을 맞은 것은 해적인 하산 아가였다. 바르바로사 문하에서 두각을 나타낸 사람인데, 알제를 본거지로 삼아 신대륙의 부를 가득 싣고 돌아오는 에스파냐 선박을 도맡아 습격하고 있었다. 알제에서 돌아온 사절은 카를로스 황제에게 해적의 회답을 전했다.

"알제가 욕심나거든 실력으로 차지해봐라!"

카를로스에게는 알제를 차지할 마음이 충분히 있었다. 하지만 그의 병사들은 비참한 상태였다. 밤에도 잠을 자지 못하고 굶주림과 갈증에 시달리며 빗속을 행군해왔기 때문에 갑옷도 무기도 진흙투성이고, 게다가 추위 때문에 꽁꽁 얼어 있었다. 기운이 없는 것은 젖은 건초밖에 먹지 못한 채 강행군을 강요당하고 있는 말도 마찬가지였다.

그때 도리아가 보낸 제노바인이 도리아의 편지를 지닌 채 헤엄을 쳐서 해안에 도착했다. 도리아의 편지에는 상륙 지점까지 돌아오면 아직은 병사들을 태우고 돌아갈 수 있는 배가 남아 있다고 씌어 있었다.

알제를 공략하겠다면서 요란하게 출발한 원정군도 북아프리카에 상륙한 지 이틀밖에 지나지 않았는데 벌써 전멸을 피하고 싶으면 후퇴할 수밖에 없는 처지가 되었다.

카를로스는 장군들에게 둘러싸여 잠시 알제의 성벽을 바라보고 있다가 돌아서면서 짤막하게 말했다.

"돌아간다."

하지만 후퇴하는 것도 쉬운 일이 아니었다. 퇴각으로 보이지 않도록 질서정연하게 대오를 짜서 상륙 지점까지 돌아가는데, 전혀 좋아지지 않는 악천후에다 이슬람교도의 게릴라 공격까지 각오해야 했다. 우선 대오에서 이탈하는 것은 엄금되었고, 부상자나 병자를 되도록 많이 데려가기 위해 가져갈 수 없는 물건은 모두 버리고 가기로 했다.

대포도 운반용 짐수레도 버리고 간다. 고위인사의 소유물인 호화로운 천막도 옷도 은식기도 모두 버리고 간다. 짐수레를 끄는 소와 말은 그 자리에서 죽이고, 고기는 병사들에게 분배되었다. 하지만 고기도 구울 수 없는 상태에서는 아무 쓸모가 없다. 결국에는 버려지게 된다.

수천 명에 이르렀다는 환자와 부상자를 먼저 보내고, 독일 병사와 이탈리아 병사가 그 옆을 지키면서 나아가지만, 그래도 따라가지 못하는 사람이 속출했다. 그들도 가져갈 수 없는 물건과 마찬가지로 버려진다. 이슬람교도의 손에 죽든가 아니면 '목욕장'에 가게 되리라는 것을 알면서도.

아무리 퇴각으로 보이지 않게 해도, 적은 속지 않는다. 올 때보다 몇 배나 많은 적군의 파상공격은 날이 갈수록 심해진다. 아니, 시간이 갈수록 심해지는 상태였다. 근위병의 기마군단에 둘러싸여 나아가는 카를로스 가까이까지 적이 쏜 화살이 떨어질 정도였다.

가장 희생이 많았던 것은 후위를 맡고 있던 몰타 기사단의 기사들이었다. 그들은 달아나는 작은 동물을 뒤쫓는 맹수에 물려 죽듯, 한 사람씩 차례로 죽어갔다. 알제 교외에 있는 다리를 그 후 알제리인들은 '기사들의 무덤'이라고 부르게 된다. 진창 속을 나아가는 퇴각은 이렇게 더없이 비참한 상태로 이루어졌다. 29일 밤에도 줄기차게 내리는 빗속에서는 천막을 쳐도 소용이 없어서, 모두 한데 모여 몸을 맞대고 보냈다.

이튿날인 30일 아침에 다시 후퇴가 시작되었다. 이날은 바람도 약해지고 비도 적게 내렸는데, 아랍인이나 베르베르인의 습격이 갑자기 줄었다. 원정군이 도중에 버리고 온 물건을 빼앗는 데 정신이 팔려 있었기 때문이다.

그날 저녁, 상륙한 해변 근처까지 겨우 다다랐다. 도리아와 함대는 약속대로 기다리고 있었다. 해가 지는 것도 상관하지 않고 승선이 시작되었다. 밤의 어둠 속에서도 승선은 계속되었다.

이튿날인 31일 아침, 승선이 끝나 출항할 수 있는 상태가 되었지만 또다시 악천후가 돌아왔다. 하지만 여기서 날씨가 좋아지기를 기다리자고 말한 사람은 아무도 없었다.

도리아의 제안으로 이곳에서 해산하기로 했다. 배도 사람도 각자 자기 나라로 돌아가기로 한 것이다. 하지만 도리아에게는 카를로스 황제를 무사히 귀국시킬 책임이 있었다. 그런데 이 태풍 속에서는 바르셀로나는커녕 마요르카섬까지 갈 수 있을지도 확실치 않다. 그래서 카를로스를 태운 도리아 선단만 알제 동쪽에 있는 부지(Bougie)로 가서 날씨가 좋아지기를 기다리게 되었다.

지중해를 가을부터 겨울까지 습격하는 태풍은 대부분 강력한 북풍이다. 따라서 북쪽에 있는 마요르카까지 가기는 어렵다 해도, 동쪽으로 가는 것은 제노바 선원들이라면 가능했다.

오늘날 '베자이아'(Bejaia)라고 불리는 '부지'는 북아프리카의 다른 항구도시들과 마찬가지로 해적의 본거지가 되어 있었지만, 에스파냐 군대가 알제만을 바라보는 '엘 페논'을 점거했을 때 이 만의 곳에 있는 요새도 점거했다. '엘 페논'은 바르바로사가 탈환해버렸지만, 부지의 요새에는 아직 에스파냐 수비대가 주둔해 있었다. 그곳에 가서 날씨가 회복되기를 기다리자는 것이다. 카를로스도 이슬람 땅에서 포로가 되고 싶지 않으면 도리아의 제안을 받아들일 수밖에 없었다.

그런데 이 작고 좁은 요새 안에서 카를로스는 한 달 가까이나 발이 묶이게 된다. 날씨가 전혀 회복되지 않았던 것이다. 그렇다 해도 마음이 편안한 한 달은 아니었을 게 분명하다. 알제에 있는 하산 아가가 마음만 먹으면 이슬람 땅에 고립되어 있는 이 작은 요새쯤은 쉽게 공략할 수 있었기 때문이다. 요새 공략에 서투른 이슬람 해적의 성향이 여전하기를 바랄 수밖에 없었다.

11월 28일에야 겨우 날씨가 회복되어 카를로스도 다시 배를 탈 수 있었다. 에스파냐 남부의 항구도시 카르타헤나에 도착한 것은 12월 3일이었다. 카르타헤나에서 왕궁이 있는 바르셀로나로 돌아간 것이 언제였는지는 알려져 있지 않다. 승리를 축하하는 개선은 전혀 아니었기 때문에 조용히 돌아갔는지도 모른다.

1541년의 알제 원정은 이렇게 끝났다. 일설에 따르면 인적 손실은 1만 명이고 배는 150척을 잃었다지만, 정확한 수는 지금까지도 알려져 있지 않다. 에스파냐인은 패배한 경우에도 정확한 기록을 남기는데 베네치아인만큼 집착하지 않는다. 하지만 이것이 해안에 상륙한 뒤알제로 가는 데 이틀, 돌아오는 데 사흘 걸린 원정의 결과였다.

책임이 누구에게 있는지는 명명백백하다 해도 좋았다. 악천후 때문이었다고는 하지만, 날씨가 나빠지기 쉬운 계절에 원정을 결행한 것은 어디까지나 카를로스다. 하지만 드러내놓고 카를로스를 비난한 사람은 아무도 없었다.

기독교 세계의 통치자, 그중에서도 특히 신성로마제국 황제는 신으로부터 기독교도들에 대한 통치를 위임받은 사람이다. 따라서 신의 뜻을 전하는 대리인인 로마 교황이 황제의 관을 씌워주지 않는 한, 황제도 정식으로 그 지위에 앉은 것이 아니다. 황제에게 책임을 묻는 것은 곧 신에게 책임을 묻는 것이다. 독실한 기독교도들이 신에게 책임을 물을 수 있을 리가 없다. 장군에게는 책임을 물을 수 있었다. 장군은 인간인 황제나 왕이 임명하기 때문이다.

그래서 카를로스 황제는 책임을 추궁당하지 않았고, 그 자신이 이 원정 결과를 어떻게 생각하고 있었는지도 알려지지 않았다. 그에 대한 감개 같은 말은 한 마디도 남아 있지 않다. 또한 벼락에 맞아 죽거나 심장마비로 죽지도 않았다. 그런 일이 일어났다면 신의 천벌이 내린 것이 되겠지만.

이 알제 원정이 실패한 뒤, 지중해 세계에서는 해적들이 더욱 공격적이 되고 횡포가 더욱 심해질 것은 충분히 예상할 수 있었다. 어쨌든 기독교 세계에서는 최고의 지위에 있고 최강의 권력을 가진 카를로스가 일개 해적에게 져서 퇴각했기 때문이다.

에스파냐인에게 용기나 적극성이 부족했던 것은 아니다. 그들에게 부족한 것은 일을 실천할 때의 '감각'이었다.

카를로스의 이 실책을 누구보다도 기뻐한 것은 프랑스 왕이다. 물론 프랑수아 1세도 파리에서 축하연을 열지는 않는다. 프랑스 왕도 신으로부터 프랑스 기독교도에 대한 통치를 위임받은 몸이다. 주교가 왕관을 씌워주는 것이 그 증거다. 하지만 같은 기독교도라도, 파워게임의 한쪽 상대가 실패한 것은 또 다른 문제가 되었다.

프랑수아에게는 라이벌인 카를로스의 위세가 떨어진 지금이야말로 독일과 에스파냐 연합군의 기세를 물리칠 좋은 기회라고 생각했다. 그러려면 투르크와의 군사동맹이 좀더 실질적인 효력을 발휘해야 한다고 생각한다. 프랑수아 1세는 투르크의 술탄 술레이만과 좀더 밀접한 관계를 맺기 위해, 교섭에 전권을 부여한 밀사의 파견을 명했다.

베네치아의 '인텔리전스'

프랑스 왕을 대신하여 교섭을 추진할 밀사인 이상, 에스파냐에도 교황청에도 베네치아공화국에도 눈치를 채이면 안 된다. 그러려면 파리에서 투르크의 수도 콘스탄티노플까지의 먼 길을 은밀하고 안전하게, 게다가 재빨리 소화할 필요가 있다.

바닷길은 선택 대상에 들어가지도 않았다. 한 척이 아니라 여러 척의 배로 선단을 짤 수밖에 없는데, 그 선단은 마르세유에서 출항한 뒤에는 도리아가 감시하는 리구리아 해역을 지나야 하고, 그다음에는 오르시니 백작의 교황청 함대가 순찰을 돌고 있는 티레니아해를 무사히 빠져나가야 한다. 그다음에도 베네치아 함대가 감시하고 있는 이오니아해에 이어 에게해를 지나야 하는데, 콘스탄티노플까지 그 먼 길을 무사히 갈 수 있다는 보장은 전혀 없었다.

베네치아와 투르크는 이 시기에 우호적인 관계에 있었다. 하지만 그것은 우호적인 통상을 서로 인정한 것뿐이고, 프랑스가 투르크와 맺고 있는 군사동맹은 아니다. 따라서 베네치아의 친구는 투르크라 해도, 그 투르크의 친구인 프랑스까지도 친구가 되는 것은 아니다. 그래서 남의 눈에 띌 수밖에 없는 호송선단이 딸린 배로 밀사를 보낼 수 없는 프랑스 왕은 나름대로 묘안을 생각해냈다.

교역상인으로 변장하여 파리를 출발한 뒤, 알프스를 넘어 토리노로 가서 강을 오가는 배를 타고 베네치아에 도착하면, 베네치아부터는 상선으로 갈아타고 투르크의 수도 콘스탄티노플로 가는 방법이다. 이 시기에 토리노와 밀라노와 제노바가 있는 이탈리아 북서부는 에스파냐 치하에 있었고, 베로나와 파도바가 있는 북동부는 베네치아공화국 영토여서, 북이탈리아만 해도 양분되어 있었다.

밀사가 '비즈니스맨'으로 변장하고 잠행하면 에스파냐와 베네치아의 눈을 속일 수 있다고 생각한 것이다.

에스파냐 당국의 눈은 속일 수 있었다. 하지만 나중에 첩보기관의 본가라고 자타가 인정하는 영국의 첩보 관계자한테서 "첩보기관은 중세의 베네치아에서 시작되었다"는 말까지 들은 베네치아공화국의 눈은 속일 수 없었다. 두 밀사가 파리를 떠난 시점에서 베네치아는 이미 그것을 알고 있었다. 어쨌든 국왕을 대신하여 교섭을 도맡은 만큼, 밀사는 둘 다 거물이었다. 한 사람은 카를로스의 외교관을 지내다가 프랑스 왕 쪽으로 돌아선 인물이었고, 또 한 사람은 에스파냐파인 도리아가 지배하는 제노바에서 프랑스파라는 이유로 반체제파가 된 제노바의 명문 프레고소 가문의 일원이었다.

상인으로 변장한 두 밀사는 여행하는 상인답게 각자 하인을 한 사람씩만 데리고 토리노에 무사히 도착했다. 토리노부터는 배를 세내어 포강을 내려가면 베네치아공화국 영토로 들어갈 수 있다. 유럽 경제의 중심이었던 베네치아에는 유럽 전역에서 상인들이 모여든다. 그들 틈에 섞여서 들어갈 뿐이니까, 베네치아 영토 안에서 신분이 탄로날 위험은 없다고 믿었다.

토리노에서 배를 탈 수는 있었다. 하지만 강을 오가는 배인 만큼, 단숨에 포강을 내려갈 수는 없다. 도중에 포강 연변에 있는 도시에 몇 번 들러야 한다. 이것은 정박할 때마다 육지의 숙소에 묵을 수 있기 때문에 여행자에게도 평판이 좋아서, 포강을 따라 내려가면서 정박을 거듭하는 것은 관례가 되어 있었다.

피아첸차에 들러서 밤을 보내고 이튿날 아침에 배를 타면 다음 기항지는 베네치아 영토인 크레모나다. 피아첸차에 도착한 밤의 일이었다. 밀사 두 사람이 묵고 있던 숙소를 복면으로 얼굴을 가리고 검은 망토

서지중해와 그 주변

를 두른 사내 몇 명이 습격했다. 다른 투숙객은 아무 피해도 입지 않았다. 밀사 두 사람만 소리를 지를 새도 없이 그 자리에서 살해되었다. 밀사의 두 하인은 공포에 질려 부들부들 떨고 있었지만, 복면을 쓴 사내들은 두 하인에게는 눈길도 주지 않고 나타났을 때처럼 재빨리 어둠 속으로 사라졌다.

프랑수아 1세가 이 사건을 안 것은 도망쳐 돌아온 두 하인이 자초지종을 보고했기 때문이다.

사건은 베네치아 영토 안이 아니라, 비록 경계 부근이기는 하지만 에스파냐 왕이 지배하는 지역에서 일어났다. 프랑스 왕은 카를로스에게 공식으로 항의했다.

밀사가 살해당했는데 공식으로 항의한다는 것도 이상한 일이지만, 여기에는 내막이 있다. 이로써 프랑스 왕이 투르크의 술탄에게 밀사를 파견한 것도 공개되어버렸지만, 여기에도 내막이 있었다.

프랑스 왕은 에스파냐가 어떻게 나오느냐에 따라 에스파냐와의 휴전협정을 파기할 수도 있다고 말하기까지 했다. 프랑스 왕은 카를로스와의 휴전을 파기하는 이유로 이 사건을 활용하기로 마음먹은 것이다.

프랑수아 1세의 강경한 항의를 받고 카를로스는 전혀 관여하지 않았다고 대답한다. 이탈리아반도에서 에스파냐 세력을 총괄하는 사람은 바스토 후작인 알폰소 다바로스인데, 그도 신에게 맹세코 모르는 일이라고 대답했다.

로마에서는 교황 바오로 3세가 이런 일로 말미암아 기독교 세계의 양대 강국이 휴전을 파기하면 안 된다고 두 왕에게 호소했다. 그리고 특히 프랑수아 1세에게는 이교도 국가인 투르크와의 동맹이야말로 반드시 파기해야 한다고 강조한 친서를 보냈다.

유일하게 침묵을 지킨 것은 베네치아공화국이었다. 베네치아는 자국 영토 안에서 일어난 사건이 아니라고 말했을 뿐, 줄곧 침묵을 지켰다.

하지만 베네치아공화국, 특히 '10인위원회'가 침묵을 지킨 것은 그것만이 아니었다.

밀사가 살해되었을 때 프랑스 왕이 투르크의 술탄에게 보낸 친서도 빼앗겼는데, 거기에 대해서도 침묵을 지켰다.

친서에는 에스파냐와의 휴전협정을 파기하고 프랑스와 투르크의 공동전선에 전력을 투입할 작정이며, 투르크도 헝가리를 공격하는 육지 쪽에 20만 병력의 투입을 결의해야 한다고 씌어 있었다. 또한 남부 이탈리아를 포함하여 에스파냐 치하에 있는 영토 전체를 바다에서 공격할 때는 프랑스 해군도 투르크 해군에 협력하겠다고 씌어 있었다.

이것을 공표하면 기독교 세계 전역에서 프랑스 왕에 대한 비난이 일어날 것은 분명하다. 오랫동안 싸워온 가톨릭과 프로테스탄트라는 두 세력에서도 공통의 적인 이슬람에 대항하려면 기독교 세계가 단결해야 하지 않느냐는 목소리까지 나오게 되었기 때문이다.

하지만 베네치아는 그것을 공표하지 않았고, 공표할 수도 없었다.

공표하지 못한 이유는 간단하다. 다른 나라, 그것도 대국인 에스파냐가 지배하는 지역에서 제3국 사람을 살해한 사실이 드러나버리기 때문이다. 하지만 공표하지 않은 것은 그것과는 다른 이유 때문이었다.

이탈리아반도는 사실상 에스파냐 치하에 들어가 있었다. 그중에서 유일하게 독립을 유지하고 있는 것은 베네치아공화국뿐이다. 카를로스가 베네치아를 노리고 있다는 것은 베네치아 사람들도 알고 있었다. 하지만 그 카를로스도 근처에 프랑스라는 무시할 수 없는 적이 있는 한, 공략하기가 쉽지 않을 게 분명한 베네치아에 손을 댈 여유는 없다.

베네치아공화국은 에스파냐와 프랑스의 사이가 나쁜 편이 유리했다. 사실상 해적 집단인 투르크 해군과 프랑스 해군의 공동투쟁은 걱정하지 않았다. 프랑스 해군의 실력은 무시해도 좋은 수준과 규모였기 때문이고, 강력한 육군을 보유하지 않은 베네치아가 걱정해야 할 것은 육지 쪽에서의 공격이었다. 그래서 에스파냐군의 기세를 억제하는 다른 세력이 있는 편이 편리했다.

밀사 두 사람은 죽여놓고, 하인도 죽이려고 마음만 먹으면 둘 다 죽일 수 있었는데 도망치게 내버려두었다. '10인위원회'의 진정한 속셈은 두 밀사가 에스파냐 영토 안에서 살해된 것을 프랑스 왕에게 알리는 데 있었기 때문이다.

여기까지 생각이 미치기 때문에 첩보기관을 '인텔리전스'라고도 부른다. 정보는 모으는 것만으로는 어중간하고, 그것을 어떻게 활용하느냐가 중요하다.

어쨌든 프랑스 왕은 이제 투르크와의 관계를 비밀리에 진행할 필요는 없다고 생각한 듯, 당당하게 콘스탄티노플로 대사를 보내기로 결정했다. 물론 대사를 보호할 호위선도 딸려 보냈다. 이렇게 되면 다른 나라보다 먼저 외교관들의 안전을 보장해온 베네치아는 방해 행위를 할 수 없게 되었다.

'국빈'이 된 바르바로사

프랑스 왕과 투르크 술탄 사이에 어떤 합의가 이루어졌는지는 알려지지 않았다. 구체화된 것은 프랑수아 1세가 투르크 해군 총사령관의 지위에 있는 바르바로사를 공식으로 프랑스에 초대한 것뿐이다. 그리고 이것은 1543년에 실현되었다.

물론 바르바로사가 올 때까지 1년 동안 카를로스도 팔짱을 긴 채 보낸 것은 아니다.

종종 제노바에 가서 대책을 짰다. 안드레아 도리아, 바스토 후작 다바로스, 시칠리아의 '부왕'인 페란테 곤차가, 토스카나 대공 코시모 데 메디치, 그리고 교황의 대리인 루이지 파르네세. 이들 다섯 사람이 제노바에서 늘 카를로스를 만난 사람들이었다.

카를로스의 후원을 받아 피렌체의 지배자로 복귀한 메디치 가문의 코시모가 여기에 끼게 된 것은 카를로스가 20만 두카토를 받고 리보르노를 양도했기 때문이다. 오랫동안 바다로 나가는 출구를 탐냈던 피렌체도 이제 드디어 자기 항구를 갖게 되었다. 중세 중반에는 해양국가로 융성을 누린 피사는 아르노강을 거슬러 올라가지 않으면 닿을 수 없는 항구였기 때문에, 오랫동안 상류에서 흘러드는 토사가 축적하여 항구로는 쓸모가 없게 되어버렸다. 반면에 리보르노가 오늘날까지 항구로 쓰이고 있는 것은 16세기 중엽인 이 시기에 메디치 대공이 대규모 공사를 벌인 덕분이다. 지금까지 해적과는 무관했던 피렌체도 이제 자기 항구를 갖게 되었기 때문에 이슬람 해적에 대한 공동전선의 일원이 된 것이다.

1543년 봄, 약속대로 바르바로사는 병사만 해도 1만 4천이 탄 150척의 대선단을 이끌고 투르크의 수도 콘스탄티노플을 떠났다. 바르바로사가 탄 기함에는 프랑스 대사도 동승했다. 초대한 쪽이 초대받은 자를 목적지까지 동행하는 거니까, 외교 의례에는 맞다. 하지만 초대받은 자가 해적이면, 초대자인 프랑스 왕이 기다리는 마르세유까지 가는 항해도 정규 해군 총사령관의 공식 방문으로 끝날 리가 없었다.

에게해를 남하하여 이오니아해를 가로지를 때까지는 바르바로사도 꾹 참았던 모양이다. 하지만 5월 중순에 이탈리아반도에 접근한 뒤에는 인내심도 한계에 다다랐는지 모른다. 바르바로사의 명령으로

150척의 선단은 둘로 나뉘어, 한쪽은 이탈리아 남부의 풀리아 지방을 약탈하러 가고, 바르바로사가 이끄는 본대는 메시나해협으로 들어가 메시나 건너편에 있는 레조를 습격했다.

레조 주민은 투르크 선단이 메시나해협에 들어왔을 때부터 이미 산으로 달아났기 때문에, 해적들이 상륙했을 때는 저항하는 자가 아무도 없었다. 하지만 약탈할 물건은 남아 있었다. 그리고 도망칠 기회를 놓친 사람도 항상 있게 마련이었다. 납치된 사람들은 빈 몸으로 해적선에 탈 것을 강요받는 것은 아니다. 해적들이 약탈한 물건이며 음료수에 음식까지 짊어지고 배에 타야 한다. 이 광경을 보고 있던 프랑스 대사가 어떤 생각을 했는지는 알려지지 않았다. 우리 왕이 미워하는 적 카를로스의 백성이라고밖에는 생각지 않았을지도 모른다. 끌려간 사람들 가운데 젊고 아름다운 여자가 하나 있었는데, 그 여자는 그날 밤 안으로 개종을 강요당하고 바르바로사의 부하 한 사람이 그 여자를 차지했다. 이것도 선원들의 화제가 되었으니까 프랑스 대사가 모를 리는 없었다.

이탈리아 남부의 서해안을 따라 티레니아해를 북상하는 도중에 풀리아 지방을 약탈하고 있던 별동대가 본대를 따라잡았다. 바르바로사와 부하들은 칼라브리아와 캄파니아의 해안선을 훑는 듯한 느낌으로 북상해간다. 해안선을 훑는다는 것은 북상하는 중에도 종종 상륙하여 약탈과 납치를 계속한다는 뜻이었다.

그것을 계속하는 동안 로마의 외항 오스티아에 접근한다. 테베레강을 거슬러 올라가면 로마에 닿는다는 것쯤은 신참 해적도 알고 있다. 바르바로사도 로마에 일격을 가하고 싶은 유혹에 사로잡힌 모양이지

바르바로사　　　　　　　프랑수아 1세

만, 그것은 포기했다. 동행한 프랑스 대사가 교황이 있는 곳을 공격하면 프랑스 왕도 기뻐하지 않을 거라고 말했기 때문이다. 그래서 오스티아항에서는 물과 식량만 빼앗는 데 그쳤다.

거기서부터는 이탈리아반도를 따라 북상하는 것을 그만두고, 북서쪽으로 키를 돌린다. 코르시카와 사르데냐 사이를 빠져나가 단숨에 마르세유로 가려는 것이다. 이것은 도리아가 있는 제노바 근해를 지나가지 않아도 된다는 이점이 있었다.

7월 5일, 바르바로사는 150척을 이끌고 마르세유에 당당히 입항했다.

프랑수아 1세는 궁전에서 기다리고 있었지만, 궁정 신하들은 항구까지 마중을 나와 있었다. 보기 드문 구경거리에 대한 호기심인지, 항구는 군중으로 가득 메워져 있다. 거기에 투르크 궁정의 고관인 파샤두 명을 거느리고 투르크 해군 총사령관이 내려섰다.

황금색으로 빛나는 기다란 투르크풍 옷을 걸치고 가지각색의 보석으로 장식된 하얀 터번을 두른 바르바로사의 호화롭고 위풍당당한 모습은 서민만이 아니라 모든 사람의 눈길을 빨아들였다. 그렇게 사람들의 눈길이 쏠린 가운데 프랑스 고관들의 안내를 받으며 궁전으로 간 바르바로사는 기다리고 있던 프랑수아 1세로부터 따뜻한 환영을 받았다.

축하연으로 끝난 첫날 밤을 바르바로사가 어디에서 어떻게 보냈는지는 알려져 있지 않다. 하지만 이튿날 아침에 그는 선착장에서 부하 해적들에게 지시를 내리고 있었다.

여기까지 오는 동안 약탈한 물건과 납치한 사람들을 배에 실어 북아프리카까지 돌아가는 데 필요한 25척을 골라낸 것이다. 그날도 항구는 구경꾼들로 메워져 있었다. 묶여서 끌려가는 사람도, 그것을 구경하는 사람도 같은 기독교도였다. 배 25척은 구경하는 프랑스인의 눈앞에서 떠나갔다.

프랑스 왕의 연회에는 프랑스파로 알려진 이탈리아 귀족들도 초대되어, 프랑스 왕의 소개에 따라 바르바로사에게 축사를 늘어놓고 있었다.

그중에는 오르시니 백작도 있었다.

백작은 안드레아 도리아가 카를로스의 장수가 되어 전출한 뒤, 거의 줄곧 교황청 해군 사령관으로 지내온 사람이다. 자네티노 도리아와 함께 바르바로사의 오른팔이라고 불린 투르구트를 체포한 공로자이기도 했다. 도리아의 지휘로 해적과 싸울 때는 항상 교황청 해군을 이끌고 참전한 사람이기도 하다. 그 오르시니 백작이 무슨 생각으로 바르바로사 앞에 고개를 숙였는지는 모르지만, 그가 이 자리에 있는 것만큼 분열됐던 이탈리아의 당시 상황을 잘 반영하는 것도 없었다.

로마의 유력한 귀족은 중세부터 줄곧 콜론나와 오르시니 두 가문이 차지해왔다. 하지만 두 집안은 경쟁관계여서 늘 사이가 나쁘다. 그래서 콜론나 가문이 에스파냐에 접근하면 오르시니 가문은 프랑스에 접근한다. 오르시니 백작은 교황청 해군 사령관이기는 했지만 오르시니 가문의 일원이기도 했다.

제노바도 유력한 네 가문이 항상 두 파로 나뉘어 오랫동안 내부다툼을 거듭한 나라였다. 도리아와 스피놀라의 연합에 맞서는 것은 피에스키와 프레고소 가문의 연합이다. 도리아가 카를로스의 해군 장수가 된 지금, 프레고소는 프랑스 왕의 밀사가 되어 투르크로 간다.

피렌체도 국내가 두 파로 분열되어 있다는 점에서는 마찬가지였다. 메디치 가문과 스트로치 가문은 항상 숙적관계에 있었다.

중세에 '교황파'와 '황제파'로 나뉘어 싸우던 것과 다름이 없지만, 그것이 르네상스를 거쳐 근세에 들어오면 '프랑스파'와 '에스파냐파'로 나뉘었을 뿐이다.

자력으로 권력을 획득할 수 없는 자는 항상 다른 나라나 다른 사람의 도움을 빌려서 그것을 이루려 한다. 이런 이탈리아인의 성향에 대한 분노가 마키아벨리로 하여금 『군주론』을 쓰게 했다. 『군주론』에 대해서는 어떤 비판도 할 수 있지만, 위선이라는 비판만은 할 수 없다. 이런 종류의 내분과 무관한 나라는 베네치아공화국뿐이었다. 그 베네치아는 상세하고 정확한 기록을 남겼지만, 인간의 현실을 경고한 『군주론』을 낳지는 못했다. 그들에게는 그것이 필요없었기 때문일까.

젊은 시절에 이탈리아에서 레오나르도와 미켈란젤로와 라파엘로를 소개받고 기쁜 나머지 흥분을 감추지 못한 프랑수아 1세도 50세를 눈앞에 둔 나이가 되어 있었다. 하지만 호기심은 전혀 쇠퇴하지 않았던 모양이다. 투르크 해군 총사령관에게 마르세유항을 가득 메우고 있는 투르크 함대를 보고 싶다고 말했다. 왕의 소원은 당장 받아들여졌다.

갤리선과 범선을 둘러보았다는데, 기독교 국가의 항구에 정박해 있는 그 배들의 갑판 밑에는 기독교도인 노잡이들이 쇠사슬에 묶인 채 처박혀 있었다.

그 기독교도들은 일찍이 레오나르도 다 빈치를 프랑스로 초빙한 프랑수아 1세의 감수성을 조금도 건드리지 않았던 모양이다. 아니면 그것이 인간성의 현실인지도 모른다. 왕만이 아니라 서민의 생각을 반영하는 연대기에도 그런 기록은 남지 않았으니까.

바르바로사는 그 후 1년 가까이나 마르세유에 눌러앉는다. 프랑스에서 받는 환대가 마음에 들었다기보다, 투르크와 프랑스의 공동투쟁을 구체화하는 것이 그에게 주어진 임무였기 때문이다.

하지만 바르바로사는 투르크 해군 총사령관일 뿐만 아니라 해적이기도 했다. 8월 말이 가까워졌을 때 프랑스와 투르크의 연합군이 에스파냐 치하에 있는 지방을 공격하기 시작한 것도 결국에는 해적의 습격과 마찬가지가 되었다.

그들이 노린 곳은 니스에서 산레모에 이르는 코트다쥐르 일대다. 하지만 도리아도 가세한 에스파냐과 제노바인들의 반격은 끈질겨서, 아무리 바르바로사가 직접 지휘한다 해도 전과가 별로 오르지 않았다.

그보다 이슬람 해적과 손잡고 해적질을 하면서도 부끄러워하지 않는 프랑스에 기독교 세계의 비난이 집중되었다. 그것은 비난이라기보다 증오였고, 프랑수아 1세도 그대로 내버려둘 수는 없게 되었다.

그런데 바르바로사는 계속 눌러앉아 있었다. 마르세유가 알제와 마찬가지로 그의 본거지가 된 것처럼 해적선단을 이끌고 마르세유를 떠나 약탈하고 불지른 뒤 마르세유로 돌아오는 것이다.

여기에는 프랑수아 1세도 난처해졌다. 그래서 지중해 동방으로 돌아가는 게 어떠냐고 넌지시 권해보았지만, 넌지시 말해도 해적에게는 통하지 않는다. 프랑스 항구에 제 세상인 양 거리낌 없이 드나드는 것도 그만두지 않는다. 결국 80만 스쿠도나 되는 거금을 받고서야 겨우 떠나게 되었다. 파리 전체를 살 수 있다는 금화 80만 냥을 바르바로사의 요구대로 그의 면전에서 세어서 1천 냥씩 자루에 넣는 작업에 밤낮으로 꼬박 사흘이 걸렸다고 한다.

요란하게 펼쳐진 프랑스와 투르크의 동맹은 이런 결말로 끝났다. 일찍이 마키아벨리가 프랑스인은 정치를 모른다고 썼지만, 그 구절이 새삼 생각난다.

1544년 봄이 되어서야 겨우 바르바로사는 마르세유를 떠났다. 투르크 해군의 정식 총사령관이니까, 지휘를 맡고 있는 함대를 이끌고 콘스탄티노플로 돌아가지만, 근본이 해적인 만큼 목적지로 직행할 마음은 나지 않는다. 또한 해적은 필요에 따라 빼앗는 것이 버릇이 되어 있기 때문에, 장거리 여행에 필요한 물자를 미리 준비할 생각도 하지 않는다. 그래서 돌아가는 길에도 해적질을 계속하면서 항해하게 되었다. 이번에도 그것을 볼 수밖에 없었던 것은 프랑스 왕의 명령으로 콘스탄티노플까지 바르바로사를 동행하게 된 피렌체인 루이지 스트로치였다.

하지만 카를로스와 장수들이 제노바에 모여 대책을 짠 덕분에, 바르바로사가 돌아가는 길인 이탈리아반도의 티레니아해 쪽은 수비가 훨씬 강화되어 있었다. 도리아가 지키는 제노바는 물론, 메디치가 보강한 리보르노, 교황청 해군기지가 있는 치비타베키아에는 100척이 넘는 바르바로사 선단의 공격에도 견딜 수 있는 방위체제가 갖추어져 있었다. 하지만 해적도 신선한 물과 식량 정도는 보급하지 않으면 안 된다. 결국 1544년에도 방위력이 약한 지방과 그곳에 사는 서민이 희생되었다.

하지만 이렇게 수비가 견고한 지역을 피해서 항해하고 있던 바르바로사도 딱 한 번만은 이탈리아반도에 접근했다. 그것은 엘바섬에 들렀을 때인데, 목적은 해적질이 아니었다. 콘스탄티노플을 떠날 때 부하인 '유대인 시남'에게 한 약속을 지키기 위해서였다.

해적의 아들

9년 전 카를로스가 지휘하는 기독교군이 튀니스를 공격했을 때 '유대인 시남'의 아들이 포로가 되었는데, 그 당시 열 살밖에 안 된 소년이었기 때문에 이 공격에 참가한 피옴비노 영주가 맡아서 키우게 되었다. 시남이 바르바로사에게 부탁한 것은 그 아들을 도로 빼앗아서 데려와 달라는 것이었다.

엘바섬에 선단을 정박시킨 바르바로사는 그곳에서 그리 멀지 않은 피옴비노의 영주에게 전령을 보냈다. 전령이 지참한 편지에는 시남의 아들을 돌려보내든가 아니면 공격당할 것을 각오하라고 씌어 있었다.

피옴비노의 영주인 아피아노는 지난 9년 동안 시남의 아들을 친자식처럼 키웠다. 시남의 아들은 라틴어부터 이탈리아어와 프랑스어까지 자유자재로 구사할 뿐만 아니라, 당시에는 최고의 교양까지 갖춘 젊은이로 성장해 있었다.

청년은 가겠다고 말했다. 르네상스풍 복장을 한 청년이 투르크의 배를 타고 멀어져가는 것을 아피아노 백작은 눈물을 흘리며 전송했다고 전해진다. 바르바로사도 약속을 지켜서, 피옴비노항에는 손가락 하나도 대지 않고 떠나갔다.

이듬해, 투르크 술탄의 명령으로 홍해의 난바다를 지나가는 포르투갈 선박을 습격하는 임무를 맡은 '유대인 시남'은 마침내 아들과 재회한다. 하지만 훌륭하게 성장한 아들을 다시 만난 해적은 기쁜 나머지 심장마비라도 일으켰는지, 그 직후에 갑자기 죽었다고 전해진다.

또한 같은 시기에 투르크 주재 베네치아 대사가 본국에 보낸 보고서에는 서양 언어를 자유자재로 구사하는 젊은 투르크 관료에 대한 이야기가 적혀 있는데, 이 젊은이가 시남의 아들과 동일인이라면, 9년 동안 이탈리아에서 자란 해적의 아들은 아버지의 뒤를 잇지 않았다는 이야기가 된다. 유럽 국가들과의 외교관계가 활발해지고 있던 당시의 투르크제국에서는 서양 언어를 알고 유럽 사정에도 밝은 관료가 더욱 필요해지고 있었다.

프랑스 왕 프랑수아 1세는 투르크의 술탄 술레이만과 맺은 동맹의 실효성을 높이려고 해적이자 투르크 해군 총사령관인 바르바로사를 프랑스로 초빙했고, 바르바로사가 거의 1년 동안 마르세유에 눌러앉은 이유는 그것이었다.

이것으로 프랑수아 1세는 무엇을 얻었을까.

적어도 방위체제 강화에 힘을 쏟을 수밖에 없었던 카를로스가 이탈리아반도를 완전히 제패하는 것은 막을 수 있었다. 카를로스는 베네치아공화국 영토로 쳐들어가는 것을 단념해야 했기 때문이다. 하지만 이것은 프랑스보다 베네치아에 이로웠다. 또한 헝가리 전선에서도 결국 술레이만이 20만 병력을 투입하지 않았기 때문에 카를로스를 궁지에 빠뜨리지 못했다.

그 대신 프랑수아 1세가 확실히 잃은 것은 있었다.

첫째, 80만 스쿠도나 되는 거금을 바르바로사에게 지불할 수밖에 없었다는 것이다. 이것을 기록한 베네치아의 사료에서는 '부오나 우시타'(buona uscita)라는 말을 사용했는데, 이 말이 오늘날에는 아파트에 눌러앉은 임차인을 얌전히 내보내기 위해 아파트 주인이 주는 돈이라는 뜻으로 쓰이고 있다.

둘째, 기독교 세계 전역에서 프랑스 왕에게 요란한 비난이 쏟아졌다는 것이다.

왕쯤 되면 세간의 비난 따위는 신경쓰지 않는다는 생각이 전부 다 옳은 것은 아니다. 민중 쪽에서 일어난 비난은 종종 반대파에 대의명분을 주게 된다. 전제군주라 해도 여론을 계속 무시하는 것은 자기 몸을 베는 칼날이 될 수도 있다.

어쨌든 1년 가까이나 마르세유를 제 본거지처럼 드나든 바르바로사와 그 부하들이 가져온 피해는 엄청난 것이었다. 공식적으로는 에스파냐에 대한 군사행동, 실제로는 해적질이 초래한 인적 피해만 해도 1만 5천 내지 2만 명이나 되는 기독교도가 납치되었다. 이런 '수확'이 쌓일 때마다 바르바로사는 해적선의 일부에 실어서 북아프리카로 보냈다.

물론 북아프리카의 대다수 항구도시에 있었던 '목욕장'에 보내기 위해서다. 그 수는 근래에 없이 많아서, 북아프리카 일대에서는 당분간 노잡이를 보충할 필요가 없다고 말할 정도였다.

기독교도 납치는 노잡이를 비롯한 노동력 확보를 위해서만 이루어진 것은 아니다. 이 시점에서도 500년 동안이나 계속된 '구출수도회'와 '구출기사단'의 활동으로 중노동에 걸맞지 않은 노인이나 병자도 돈이 된다는 것을 북아프리카 사람들은 알게 되었다. 그래서 북아프리카로 가는 배에 왜 납치했는지 알 수 없는 사람들까지 타고 있는 것을 마르세유 사람들은 1년 동안이나 목격해왔다.

그리고 '구출수도회'는 불쌍한 사람들을 되살 기금을 모으는 수단으로 쓸모없는 나침반을 각 교회에 놓아두고 거기에 기부금을 넣는 방법을 활용하고 있었는데, 남프랑스의 교회에도 그 나침반은 놓여 있었다.

반역은 프랑스 왕의 발밑에서도 일어나고 있었다. 왕의 외교에 불만을 품은 제후의 자제들 가운데 이슬람 해적에 대한 적대를 명확히 밝히고 있는 몰타 기사단에 지원하는 사람이 늘어난 것이다.

따라서 프랑수아 1세가 80만 냥이나 되는 금화를 주면서까지 바르바로사를 내보낸 이유는 충분히 있었다.

하지만 똑같은 일도 나라에 따라 전혀 다르게 받아들인 예는 역사에 수없이 많다.

1년 동안의 마르세유 체재를 마치고 콘스탄티노플로 돌아간 바르바로사는, 위로는 술탄에서부터 아래로는 항구에서 일하는 하역 인부에

이르기까지 거국적인 환영을 받았다. 그리고 그 후 2년 동안 투르크제
국 안에서 존경을 한몸에 받으며 여생을 보낸다. 그는 1546년에 죽었
지만, 지금도 이스탄불에 남아 있는 그의 묘소에는 참배하는 터키인이
끊이지 않는다. 바르바로사는 현대의 터키인에게도 '터키 해군의 시
조'로 여겨지고 있다.

그 바르바로사가 술탄에게 받은 관직명은 그 후에도 대대로 이어지
지만, 나는 그것을 '해군 총사령관'이라고 번역할 수밖에 없었다. 하
지만 이슬람교도에게 가장 정통적 언어인 아랍어에서는 사령관을 의
미하는 'amir'와 해군을 의미하는 'al-bahr'를 합성한 낱말로 나타낸
다. 이것이 이탈리아어에서는 'ammiraglio'(암미랄리오)가 되고, 영
어로는 'admiral', 프랑스어로는 'amiral', 에스파냐어로는
'almirante'가 된다. 이 점에서도 바르바로사는 해군사에 남을 자격이
있었다.

다만 이스탄불을 방문하여 오늘날의 터키인에게 그의 묘소가 있는
곳을 물어볼 때는 'Khair-ad-Din'(하이르 앗딘)이라고 말하지 않으면
통하지 않는다. '바르바로사'는 유럽인이 붙인 별명이었기 때문이다.

만년에는 은퇴생활을 즐기기로 작정한 듯한 바르바로사를 대신하여
술탄 술레이만이 투르크 해군 총사령관에 임명한 것은 투르구트였다.
도리아가 간신히 붙잡을 수 있었는데도 3,500두카토 정도의 몸값을
받고 풀어준 그 투르구트다.

해적 두목이 정규 해군 총사령관이 되는 것은 이제 투르크 해군에서
는 상례가 되어가고 있었다. 그리고 투르크 해군 총사령관의 담당 해
역이 기독교 세계와 마주 보는 서부 지중해인 것도 상례가 되어가고
있었다.

투르구트, 복귀하다

투르구트(Turgut)가 정확히 몇 년에 태어났는지는 알려져 있지 않다. 하지만 그의 경력으로 미루어보아 투르크 해군 총사령관에 취임한 해에는 37세 안팎이 아니었을까.

태어난 곳은 소아시아의 아나톨리아 지방이고, 순수한 투르크인이라는 것이 그의 자랑이었다. 이 남자가 해적으로서가 아니라 투르크인으로서 행동하는 경우가 종종 보이는 것도 이런 태생 때문이 아닐까 여겨진다.

젊은 나이에 군대에 투신했지만, 처음 얼마 동안은 육군에서 병사로 복무한 모양이다. 하지만 투르크의 자랑이라는 육군에도 상비 군사력은 예니체리 군단밖에 없다. 예니체리 군단은 투르크군 최고의 정예로 알려져 있지만, 그 일원이 될 수 있는 것은 어릴 때 강제로 끌려와 이슬람교로 개종당한 기독교도뿐이다. 투르크인이 들어갈 수 있는 군대는 전쟁이 일어날 때마다 편성되는 군대밖에 없었다. 그래서 투르구트도 이집트에서 전쟁이 끝나자마자 실직했고, 해적 세계에 발을 들여놓은 것도 그 세계에서는 어느 민족 출신인지가 문제되지 않았기 때문이기도 했다.

신참 시절에는 제르바섬을 본거지로 삼고 있던 '유대인 시남' 휘하에서 일했지만, 여기서 두각을 나타낸 투르구트는 바르바로사의 눈에 띄게 된다. 그의 이름이 서양 기록에 처음 실린 것은 1533년에 베네치아 상선을 습격했을 때였다.

베네치아인은 장사란 정확한 장부가 있어야 비로소 성립된다고 생각하는 상인처럼 모든 것을 기록했기 때문에, 자국 선박을 습격한 이 젊은 해적의 이름까지 기록에 남겼다. 베네치아가 직접 관계하지 않은 일까지 기록하는 그들의 성향은 지금까지도 베네치아 고문서 보관소 가 지중해 세계 역사의 보물창고인 이유다.

그로부터 5년 뒤, 바르바로사와 도리아가 정면으로 대결했는데도 기묘한 형태로 끝나버린 '프레베자 해전'이 벌어진다. 이때 투르구트 는 서른 살쯤 된 젊은 나이에도 불구하고 바르바로사의 오른팔 노릇을 충분히 해낼 수 있을 만큼 성장해 있었다.

'프레베자 해전'은 기묘한 형태로 끝났다 해도, 이긴 것은 바르바로 사다. 그래서 이슬람 쪽도 기독교 해군은 겁낼 필요가 없다고 생각했 는지, 바르바로사는 아직 젊은 투르구트에게 서지중해를 맡겼다.

그 덕분에 도리아도 투르구트를 배제하는 일에 전념할 수밖에 없었 고, 오랜만에 안드레아 도리아다운 멋진 전략을 구사한 결과 투르구트 를 사로잡는 데 성공한다. 투르구트가 붙잡혔다는 소식이 지중해 전역 에 퍼진 것도 해적으로서 투르구트의 가치를 증명하고 있었다.

하지만 도리아는 이 투르구트를 다시 풀어주게 된다. 3,500두카토의 몸값이 너무 싸지 않으냐 하는 문제는 제쳐놓고라도, 그가 자유롭게 풀어준 해적은 이제 살 날이 얼마 남지 않은 늙은 해적이 아니다. 30대 에 갓 접어든 젊은이에다 해적으로서 재능이 풍부하다는 것을 실증한 남자를 우리에서 내보내준 것이다.

그 해적이 5년 뒤에 투르크 해군 총사령관이라는 공식 지위까지 얻 어서 돌아왔다. 공을 세우고 명성을 얻은 바르바로사를 대신하여 마흔 살도 안 된 신임 총사령관이 기독교 세계를 궁지에 몰아넣을 전권을 얻어서 돌아온 것이다.

이 1545년부터 1560년까지 15년 동안, 지중해 서부는 '투르구트의 바다'가 된다. 투르크 해적에 맞서는 나라도 없고 그럴 사람도 없어졌기 때문이다.

1547년, 프랑스 왕 프랑수아 1세가 죽었다. 뒤를 이은 것은 앙리 2세인데, 그가 아버지한테 물려받은 것은 카를로스에 대한 증오뿐이었다.

2년 뒤인 1549년에는 로마 교황 바오로 3세도 세상을 떠난다. 반종교개혁파 세력이 점점 강해지는 로마교황청에서 그래도 프랑스와 에스파냐의 관계를 개선하려고 애썼고, 해적을 앞세운 투르크의 공세에 맞서서 기독교 국가들을 단결시키려는 노력도 아끼지 않았다는 점에서는 로마 교황다운 교황이었다. 바오로 3세 이후에는 에스파냐 왕의 뜻대로 움직이는 교황들이 이어지게 된다.

'카를로스 프리메오'라는 이름의 브랜디가 지금도 에스파냐에서 만들어지고 있는데, 그래서는 아니지만 에스파냐인에게 카를로스 1세는 특별한 사람이다. 에스파냐 역사에서 카를로스의 치세만큼 넓은 영토를 가진 적은 없었다. 그리고 1545년에는 아직 45세에 불과했다. 하지만 열여섯 살 때부터 계속 최고 자리에 앉은 사람이다. 젊은 나이에 활약하기 시작한 사람에게는 활력이 쇠퇴하는 시기도 일찍 찾아온다. 게다가 오랜 경쟁자가 퇴장하자 목표를 잃어버렸는지도 모른다. 실제 나이에 어울리지 않게 이 무렵부터 카를로스는 눈에 띄게 소극적이 되었다. 이 사람이 죽음을 맞이한 것은 1558년이지만, 그보다 몇 년 전부터 이미 궁전보다는 수도원에서 보내는 날이 많아졌다.

50세가 넘은 뒤에 활약을 시작한 도리아는 나이에서 20세를 뺀 것이 실제 나이라는 말을 들은 시기가 오래 계속되었다. 그래도 1545년에는 79세를 맞았다. 게다가 2년 뒤에 제노바에서는 '피에스키의 난'이라고 불리는 사건이 일어나, 도리아는 여든 살이 넘은 몸으로 잠시나마 제노바에서 도망쳐야 했다.

도리아의 압도적인 위세에 반발한 피에스키 가문이 쿠데타를 기도했지만 결국 실패로 끝나고, 도리아는 제노바로 귀환할 수 있었다. 하지만 후계자로 결정해둔 자네티노 도리아가 이 소란의 와중에 살해된다. 7년 전에 투르구트를 붙잡은 공로자로서 안드레아 도리아의 후계자가 되기에 가장 어울린다고 도리아만이 아니라 카를로스한테도 총애를 받았던 젊은 장수가 해적을 상대로 싸우다가 죽은 것이 아니라 자국의 내란으로 목숨을 잃고 말았다.

이것이 투르구트가 돌아왔을 당시 기독교 세계의 상황이다. 지중해 서부 전역이 '투르구트의 바다'가 된 것도 당연했다.

투르크 해군 총사령관이 된 투르구트는 본거지를 알제도 아니고 튀니스도 아니고 젊은 시절의 '집'이었던 제르바섬도 아닌 마디아(Mahdia)로 결정했다. 튀니지 동쪽에 있는 항구인데, 이 항구는 원래 북아프리카가 처음 이슬람화했을 때 성도(聖都)로 건설된 카이루안의 외항이었다. 이슬람 세계의 맹주인 투르크제국의 순수한 일원임을 자부하는 투르구트로서는 동쪽의 바그다드에 필적하는 이슬람 서쪽의 성도를 등에 업은 항구에 본거지를 두어 기독교 세계와 맞서는 이슬람 교도의 책무를 자신에게 강력하게 부과하려는 마음이 아니었을까 하고 상상해본다.

한편 기독교 쪽은 앞에서 말한 그런 상태에 있었다. 투르구트는 바르바로사처럼 100척이 넘는 배를 이끌고 다닐 필요도 없었다. 마디아에서 북상하여 해적질에 전념하는 데 그가 평소에 이끌고 다닌 배는 40척 안팎에 불과했다. 상대가 약해져 있었기 때문에 이 정도로도 충분했던 것이다.

카를로스도 도리아도 교황청도 팔짱을 끼고 투르구트를 보고만 있었던 것은 아니다. 하지만 전처럼 단호하게, 게다가 대군을 편성하여 단번에 공세를 취하지는 않았다는 것이다.

알렉산드로스 대왕도 말했듯이, 전쟁이란 어느 쪽이 먼저 주도권을 잡느냐에 달려 있다. 주도권만 잡으면 그 후의 싸움도 유리하게 진행할 수 있기 때문이다. 반대로 주도권을 적에게 빼앗기면 아무리 애를 써도 계속 뒷북만 치게 되고, 이래서는 결과가 뻔하다고 체념해서 가진 힘을 모두 투입하여 승부를 걸어보아도 그것조차 결정타가 되지 못한다.

이런 관점에서 보면 투르구트가 투르크 해군 총사령관에 취임한 이후 15년 동안 지중해 세계의 주도권은 투르구트와 그의 부하 해적들이 쥐고 있었다고 말할 수밖에 없다.

해적이 해상에서 싸움을 걸어왔다면, 정면으로 맞서 싸우는 해전에서는 강한 기독교 쪽이 주도권을 탈환했을 것이다. 비록 늙었어도 바다의 늑대라는 말을 들은 안드레아 도리아가 아직 살아 있었기 때문이다. 하지만 그것을 알고 있었던 투르구트는 정면으로 맞서는 해전은 철저히 피하고, 철저히 게릴라 전법에만 의존했다.

투르구트는 이 점에서도 뛰어난 지도자였다고 생각되지만, 조직을 만드는 솜씨도 교묘했다. 알제를 본거지로 활약하고 있는 하산 아가를 비롯하여 서유럽에 이름이 알려진 사람만 해도 예닐곱 명이나 되는 해적 두목이 제각기 본거지로 삼고 있는 북아프리카 각지의 항구에서 북상하여 독자적으로 해적질에 열을 올리는 방식을 활용했다.

이 시기의 투르구트와 부하 해적들의 습격을 서유럽 쪽에서는 폭풍과 새떼를 의미하는 'storm'이라는 낱말로 형용했다. 새는 하나의 대집단이 아니라 소규모 무리로 나뉘어 행동한다. 북아프리카에서 북상하는 해적집단도, 무리는 다르지만 일제히 내리덮치는 새떼처럼 지중해의 물결이 닿는 지방을 습격해오곤 했다.

몰타 기사단

이런 상황에서도 해적의 '스톰'에 집요하게 맞선 것이 몰타 기사단이다.

로도스섬이 본거지였던 시대에는 '로도스 기사단', 몰타섬을 본거지로 삼은 뒤에는 '몰타 기사단'이라고 불리게 되었지만, 정식 명칭은 '성 요한 기사단'이다. 창설된 것은 서기 1113년으로 거슬러 올라가고, 성지 팔레스타인을 찾는 기독교도 순례자들을 치료하기 위해 창설되었지만, 십자군 시대의 다른 종교적 기사단들과 마찬가지로 십자군 원정으로 탄생한 십자군 국가를 지키는 목적이 더 커진다. 기독교도를 이슬람교도한테서 지킨다는 목적을 이루기 위해 이들은 항상 최전선에서 이슬람과 맞서는 전사가 되었다.

단원이 되려면 엄격한 조건이 부과되었고, 귀족이거나 귀족에 필적하는 유력한 가문 출신이어야 했다. 하지만 처음부터 국경을 초월한 국제적인 조직으로 태어났고, 그 형태를 계속 유지해왔다. 참고로 이 시기의 기사단장은 영국인인 셰링이었다.

국제적인 조직이라면 1197년에 프로방스 지방 출신인 프랑스인 수도사 마타가 창설한 '구출수도회'도, 1218년에 에스파냐인 놀라스코가 창설한 '구출기사단'도 마찬가지다. 창설자의 출신지와는 관계없이 유럽 전역에서 온 지원자로 구성되어 있었기 때문이다.

이 시대에도 두 단체는 완벽하게 활동하고 있었다. 그것은 아직도 수요가 있었다는 뜻이지만, '구출수도회'와 '구출기사단'은 몸값도 낼 수 없는 사람들을 구출한다는 목적은 같아도 활동의 색깔이 좀 다르다.

'구출수도회'는 몸값을 치르고 고국으로 데리고 돌아갈 뿐만 아니라 그들이 수용되어 있는 '목욕장' 안에 작은 교회를 짓고 정신적인 면에서 도움을 주는 것도 중시했다. 또한 진료소도 설치하여 병이나 상처도 치료해주고 있었다. 그러기 위해 한동안 이교의 땅인 북아프리카에 체재하는 수도사도 적지 않았다.

기독교도이기는 하지만 수도사가 아니라 기사들의 조직인 '구출기사단'은 몸값을 치르고 고국으로 데리고 돌아가는 활동에만 집중한 것 같다. 그래서인지 '구출기사단'의 활동은 바다에 면한 항구도시의 '목욕장'에만 한정되지 않았다. 튀니지에서도 알제리에서도 모로코에서도 내륙까지 들어가서, 이제 고향으로 돌아갈 희망까지 잃은 상태로 혹사당하고 있는 기독교도 노예를 찾아다니는 것은 오로지 이들의 역할이었다. 해안지방과는 달리 북아프리카의 내륙지방은 기독교도에게는 위험한 지역이었지만, 기사인 이상 그 위험도 감수했다. 내륙에 간

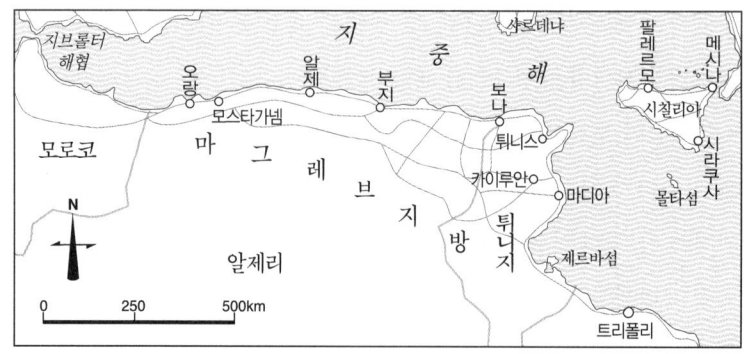

북아프리카와 몰타섬

채 돌아오지 못한 기사도 적지 않다. 항상 둘이 함께 행동했는데도 사고는 끊이지 않았다.

이 두 조직은 요즘으로 치면 국경 없는 의사회나 적십자라고 생각되지만, 같은 국제적 조직이라도 몰타 기사단에 대해서는 그런 생각을 가질 수 없다.

몰타 기사단도 창설된 이래 전통을 지켜, 의료를 기사단의 중요한 임무로 삼고 있었다. 몰타섬에 있는 기사단 병원의 의료 수준은 그 당시에는 유럽의 최고 수준으로 알려진 베네치아공화국의 병원에 필적한다는 평가를 받을 정도였다.

하지만 기사단의 주요 임무는 어디까지나 이슬람과 싸우는 것이었다. 기독교 국가에서 모여든 기사들은 이슬람과 싸우는 전사였다. 몰타 기사단의 기사가 되려면 귀족 출신이라는 것이 필수조건이었는데, 같은 몰타 기사단에 속해 있어도 의료에 종사하는 의사에게는 귀족 혈통을 요구하지 않은 것이 그것을 보여준다. 투르크군의 공격을 받고 어쩔 수 없이 로도스섬을 떠난 뒤에도 갈 곳을 찾지 못하고 있던 기사단에 몰타섬을 준 것은 카를로스지만, 지도를 보면 당장 알 수 있듯이 이슬람과 맞선 최전선에 자리 잡고 있는 것이 몰타섬이었기 때문이다.

하지만 이 몰타 기사단에도 약점이 있었다. 기사가 되려면 귀족 태생이어야 한다는 조건이 붙었기 때문에, 기사의 수가 항상 적었다는 것이다. 종교 기사단의 기사는 수도승과 같다고 여겨졌기 때문에 결혼이 금지되어 있었다. 그래서 외부에서 보충할 수밖에 없었고, 그것이 기사의 절대수가 적었던 요인이다. 이런 이유로 기독교 연합군을 결성할 때에도 몰타 기사단의 배는 언제나 서너 척밖에 참가하지 못했다. 그보다 많은 갤리선에 태울 만한 병사가 없었기 때문이다.

그런데도 몰타 기사단이 이슬람과 맞서는 최전선에 계속 설 수 있었던 것은 적인 이슬람 해적과 똑같은 짓을 그들 자신도 저질렀기 때문이다.

기독교 국가의 갤리선 가운데 이슬람교도를 쇠사슬로 묶어놓고 노를 젓게 한 것은 몰타 기사단의 배뿐이다. 섬 전체가 황무지 같은 몰타섬에는 원래 주민이 적었다는 이유도 있었다. 하지만 몰타 기사단의 배는 사로잡은 이교도를 노잡이로 부리는 데 그치지 않고, 다른 면에서도 해적과 똑같은 방식을 사용했다. 이슬람의 배가 보이면 습격하여 사람과 물건을 빼앗고, 배도 사용할 수 있는 상태면 몰타섬으로 끌고와서 자기네 배로 개조하고, 쓸모가 없어 보이면 그 자리에서 불태우거나 침몰시키는 식이다. 최전선에 서는 이상 '눈에는 눈, 이에는 이'로 나갈 작정이었는지도 모른다. 적과 같은 전법으로 싸우는 것이 적을 이기는 가장 효과적인 방법이기는 하지만.

그런데 이 몰타섬에는 '목욕장'은 없었다. 또한 기사단은 사로잡은 이슬람교도를 기사단의 수입원으로 삼아서, 몸값을 내면 풀어준 것도 아니었다.

다만 포로 교환은 겉으로 드러나지 않게 이루어지고 있었던 모양이다. 해적에게 붙잡힌 것이 확실한 기사가 그 후에도 계속 활약한 예는 적지 않지만, 그 기사들이 어떻게 몰타로 돌아갈 수 있었는지에 대해 기사단의 기록은 완전한 침묵을 지키고 있다.

해적이든 기사든 유능한 인재를 잃는 것은 기쁜 일이 아니다. 그래서 해적 쪽에서도 몰타 기사단의 기사를 사로잡은 경우에는 기사단의 포로가 된 해적과 교환하기 위해 남겨두지 않았을까.

투르구트가 붙잡혔을 때, 겹겹이 묶여 있으면서 욕설을 퍼붓는 이 해적에게 "투르구트 선장, 이것도 전쟁에서는 늘 있는 일이지요"라고 말한 것은 몰타 기사단의 기사인 라 발레트였다.

그런데 이렇게 말한 라 발레트 자신이 2년도 지나기 전에 투르구트의 부하인 '칸디아의 외발'한테 붙잡히고 말았다. 물론 '외발'은 이미 자유를 되찾은 투르구트에게 그것을 보고했다. 투르구트가 '목욕장'에 가두어두라고 대답했기 때문에, 몰타 기사단의 기사는 스스로 원하지 않으면 '목욕장'에 갇히지 않을 터인데 라 발레트만은 한동안 '목욕장' 경험을 쌓게 된다. 그런데 이 사람도 어느새 몰타로 돌아가서 전보다 더욱 활발한 활동을 재개한다.

도리아의 숙적이 바르바로사였다면 투르구트의 숙적은 오베르뉴 지방 출신의 프랑스 기사인 장 파리소 드 라 발레트다. 그것도 1565년의 몰타섬 공방전에서 절정에 이를 때까지 무려 20년에 걸친 숙적이다. 게다가 두 사람은 엎어지면 코 닿을 거리에서 마주 보고 있었다. 한 사람은 몰타, 또 한 사람은 튀니지 동해안에서.

몰타 기사단이 이슬람과 맞서는 최전선에 서게 된 이상, 각지에서 온 함대가 집결하는 곳도 몰타섬의 항구였다. 하지만 당시 유럽이 해적에 대해 소극적이었다는 것은 몰타에 집결한 함대에도 드러나 있었다.

몰타 기사단—갤리선 4척

교황청 해군—3척

시칠리아—4척

치갈라 자작—3척

모나코공국—2척

기타—2척

합계—18척

시칠리아에서 온 4척은 에스파냐 왕이 명령했기 때문인데, 이것은 카를로스가 몰타 기사단을 전면에 내세워 이슬람에 대한 대리전을 치르고 있었다는 것을 보여준다. 치갈라 자작은 제노바의 내란에 패하여 시칠리아로 이주한 제노바인으로서, 시칠리아에 소유하고 있는 영지를 지키기 위해 이 무렵부터 자기 갤리선을 이끌고 해적과의 싸움에 참가하게 되었다.

오늘날까지 건재한 모나코공국도 원래는 제노바 시민이 내란에 패하고 모나코로 이주하여 세운 나라다. 모나코는 해적이 습격해도 달아날 산지가 없는 해안에 있다. 자위를 위해서는 이슬람에 맞서서 일어날 수밖에 없었다. 기타 2척은 이탈리아 각지에서 온 지원병으로 구성되고, 바닷가에 토지를 가진 사람들이 자금을 염출하여 편성한 갤리선이다. 대국이 지켜주지 않는 이상, 스스로 자신을 지킬 수밖에 없었다.

얼핏 보기만 해도 오합지졸이라는 것을 알 수 있는 함대였다. 이래서는 투르구트가 '푸스타'라고 불리는 소형 갤리선 40척만 있으면 충분하다고 생각한 것도 당연했다.

하지만 이 정도 규모의 함대라도 해적선이 보이면 과감하게 싸움을 걸었다. 그런데 몇 번이나 되풀이해 말하지만, 해적은 해전을 좋아하지 않는다. 갤리선은 전투용 배이기 때문에 갤리선단이라는 것을 알자마자 도망쳐버린다. 그래서 몰타 기사단이 주도하는 기독교 함대가 할 수 있는 일은 적을 쫓아서 흩어버리는 것뿐이었다.

하지만 해적들은 흩어져서 행동한다. 한 사람은 쫓아버릴 수 있어도 다른 해적에게는 손이 미치지 않는다. 해적 한 사람을 추격하는 동안, 투르구트의 북상을 허락해버리는 일이 종종 일어났다.

한번은 유럽 각지에서 모은 7만 두카토나 되는 자금을 싣고 몰타로 가던 기사단의 배가 나폴리 근처의 포추올리항에 들렀을 때, 습격해온 투르구트와 부하들이 배를 통째로 빼앗은 적이 있다. 이 자금은 카를로스가 몰타섬과 함께 양도하여 몰타 기사단의 영토가 되어 있던 리비아의 트리폴리에 방위시설을 건설하기 위한 자금이었다. 기사단은 당장 배와 돈을 도로 빼앗으려 했지만, 배만이라도 되찾을 수 있었던 것은 2년이 지난 뒤였다.

그럭저럭하는 동안 1550년이 가까워졌다. 기독교도에게는 25년마다 한 번씩 돌아오는 '성년'(聖年)에 해당한다. 21세기인 지금도 '성년'에는 많은 신자가 로마를 찾지만, 16세기에 살았던 사람들에게 여행은 군사용이나 상업용이 아니면 순례여행밖에 없었다. 늙은이도 젊은이도, 부자도 빈자도 '성년'이 되면 일제히 로마로 향한다. 그해에 로마를 방문하면 다른 해보다 상당히 할증된 면죄를 얻을 수 있었기 때문이다. 선남선녀에게는 여행길의 위험보다 면죄라는 이익이 더 중요했다. 죽은 뒤 천국에 갈 수 있느냐 아니면 지옥에 가느냐를 결정하는 데에는 생전에 비축한 죄가 얼마나 많으냐가 큰 영향을 미쳤기 때문이다.

'성년'을 로마에서 맞으려고 모여드는 순례자들의 안전을 보장하는 것은 원래는 주최자인 교황청의 역할이다. 하지만 로마 교황에게는 군사력이 없다. 그래서 기독교도를 보호할 책무를 진 신성로마제국 황제가 그 역할을 맡는다는 것이 기독교회의 결정이었다.

하지만 카를로스는 쉰 살이 가까워질수록 적극성을 잃고 있었다. 그래서 도리아에게 또다시 어떻게든 하라고 명령했다. 순례자들 중에는 바다로 오는 사람보다 육로를 택하는 사람이 많다. 하지만 육로라 해도 로마에 가까워질수록 바다 가까이를 지나게 된다. 그것은 고대 로마 가도를 지나오기 때문인데, 바다 가까이를 지나는 길은 평탄하기는 하지만 해적에게 습격당할 위험도 많았다.

어떻게든 하라는 카를로스의 명령을 받은 도리아는 84세가 되어 있었지만, 자기가 몸소 지휘하겠다고 결정한다. 그리고 그가 생각한 전략도 도리아답게 대담무쌍하기는 했지만, 일시적인 효과밖에 없는 것이었다.

도리아는 에스파냐 해군 총사령관인 이상, 도리아가 출전한다면 몰타 기사단을 포함한 모든 참가국의 함대가 그의 휘하에 들어간다. 이때의 전력은 알려지지 않았지만, 도리아 자신의 배 20척에 에스파냐에서도 참가했고, 교황청 해군의 3척, 몰타 기사단의 4척, 그리고 피에스키의 난을 진압한 제노바에서도 참가했고, 시칠리아와 남부 이탈리아에서도 참가했다니까 갤리선만 해도 50척은 되었을 것이다. 그리고 병참을 중요시하는 도리아는 수송선단이 없는 원정 따위는 생각지도 않았다. 갤리선과 범선을 모두 합하면 100척은 되지 않았을까.

그렇기는 하지만 도리아는 투르구트가 북상하기를 기다렸다가 맞아 싸우지 않고, 투르구트의 본거지인 마디아 자체를 공격하기로 마음먹었다.

늙어서도 도리아는 일단 시작하면 행동이 재빨랐다. 집결지를 한 곳으로 결정하고 거기에 전체가 모일 때까지 기다리지 않고, 제노바·치비타베키아·나폴리·메시나에서 모을 수 있는 배만 모으면서 남하하는 방법을 택한다. 시칠리아 난바다에서 몰타 기사단의 4척이 합류하여 비로소 모든 배가 모였다. 그리고 이 모든 배가 튀니지 동부에 있는 마디아로 직행했다. 도리아는 육지에서 공격하는 전법은 처음부터 버렸다. 육상 전력이 충분치 않았기 때문이다.

투르구트의 본거지 마디아에 대한 공격은 7월 11일에 시작되었다. 해상에서 포격을 퍼부은 뒤, 상륙한 병사와 그들을 맞아 싸우는 해적 사이에 백병전이 이어진다.

육지로 옮겨서 벌어지는 전투는 격렬했고, 전사자와 부상자도 처음부터 속출했다. 수용할 수 있었던 전사자와 구출해낸 부상자는 배에 태워 몰타섬으로 보낸다. 이 피스톤수송을 되풀이하는 동안 7월이 지나고 8월도 지났다.

9월이 되어서야 드디어 마디아가 함락되었다. 적의 대부분을 죽이거나 포로로 잡고, 마디아 시내에 있었던 '목욕장'에서는 700명이나 되는 기독교도를 해방할 수 있었다.

기독교 쪽의 희생은 전투가 가장 치열했던 7월에만 80명이 전사했고 부상자는 200명이 넘었다고 한다. 가장 많은 희생자를 낸 것은 몰타 기사단이었다. 30명이나 되는 전사자는 두 달이 넘도록 늘 선두에 서서 싸운 결과였다.

전사한 기사들은 시칠리아에서 가장 아름다운 교회로 알려진 몬레알레 대성당에 매장되었다. 그곳에는 카를로스가 직접 펜으로 썼다는 문장이 새겨져 있다.

〈이 대리석 바닥 밑에는, 대의를 위해 목숨을 버렸기 때문에 인생을 도중에 단절할 수밖에 없었던 전사들이 잠들어 있다. 하지만 그들이 죽음으로써 남긴 업적은 영원하다. 이 영웅들을 이끈 강한 신앙심 앞에서는 신도 그들에게 천국의 최상석을 주실 것이다. 그들의 용기는 우리에게도 영광을 가져다주었고, 육신에서 흘러내린 그들의 피는 이 전사들이 지나가는 과정에 불과한 이 현세에서 불멸의 내세로 갈 때 빛나는 무장으로 바뀔 것이다.〉

기독교 세계의 속계 최고위자로서는 당연한 조사지만, 문제는 이슬람 쪽에도 똑같이 생각한 사람들이 있다는 것이었다.

공략한 마디아에는 에스파냐 병사 1천 명이 주둔하게 되었다. 그리고 튀니스와 마찬가지로 해적 대신 현지인 '수장'(베이)을 앉혀서 마디아 통치를 맡기게 된다. 조건은 튀니스를 공략했을 때와 마찬가지로 마디아를 해적 본거지로 만들지는 않겠다는 것뿐이다. 이 전후 처리를 도리아가 믿고 있었다고는 생각되지 않지만, 도리아로서는 어떻게든 하라는 카를로스의 명령만은 일단 완수했다. 이 1550년 1년 동안은 해

노년의 안드레아 도리아

적선이 순례자들을 태운 배를 습격하여 북아프리카의 '목욕장'이 순례자들로 가득 채워지는 일만은 일어나지 않았다.

10월 중순, 기독교 쪽의 배들은 모두 마디아를 떠나 각자의 출항지로 돌아갔다. 도리아도 제노바로 돌아갔다. 하지만 그는 이번 전과에 만족하지 않았다. 투르구트를 놓쳐버렸기 때문이다. 투르구트는 재빨리 옛날 보금자리인 제르바섬으로 도망쳤다.

그런데 이듬해인 1551년이 되자마자 투르구트가 제르바섬에서 설욕전을 준비하기 시작했다는 정보가 제노바의 도리아에게 들어왔다. 도리아는 항해에 적합한 봄이 되지 않았는데도 제르바섬을 공격할 함대 편성 작업에 착수한다. 갤리선을 28척밖에 모으지 못했지만, 85세의 해군 장수는 그 함대만 이끌고 제노바에서 북아프리카로 단숨에 남하하여 지체 없이 제르바섬의 항구를 공격하기 시작했다.

하지만 28척은 너무 적었다. 또한 육상 전력도 너무 적었다. 도리아는 제르바항에 대한 포격을 계속하면서 시칠리아나 나폴리로 쾌속선을 보냈다. 병력을 모아서 보내달라고 부탁했지만 허사였다. 지원자가 줄었다기보다, 지원자를 모집하는 쪽의 열의가 부족했다. '성년'의 열기가 식으면서 이슬람 해적에 대한 적대의식도 줄어든 것이다.

투르구트가 또다시 달아난 것을 알았을 때, 도리아는 공격 중지 명령을 내린다. 그리고 휘하에 있는 모든 배에 각자 조국으로 돌아가라고 명령했다. 1551년은 도리아가 도리아다운 싸움을 한 마지막 해였다. 85세라는 나이는 그에게도 무겁게 덮쳐오고 있었다.

철수를 결심하고, 가능한 한 피해를 줄이면서 철수하는 것도 지도자에게는 쉽지 않은 임무다. 하지만 전투를 시작해놓고 중간에 포기하는 것만큼 적에게 용기를 주는 것도 없다. 지난해에 공략한 마디아는 물론, 어떻게든 해적을 배제해온 튀니스에서도 해적 세력의 반격이 시작되었다.

하지만 만회를 위해 제일 먼저 일어나야 할 카를로스는 권력에 대한 집착을 계속 잃어가고 있었다. 우선 네덜란드와 부르고뉴 지방의 지배권을 아들 펠리페에게 넘겨준다. 이어서 지배하고 있던 신세계와 남부 이탈리아와 시칠리아의 통치권도 펠리페에게 주었다. 그리고 56세에 수도원에 들어가기 전에 마지막으로 한 일은 동생이자 헝가리 왕인 페르난도에게 신성로마제국 황제 자리를 넘겨준 것이었다. 만년을 수도승으로 보낸 카를로스가 세상을 떠난 것은 1558년이었다.

도리아도 늙어가고 있었다. 딱 한 번 투르크 해군이 코르시카를 영유하려 했을 때는 40척을 이끌고 몸소 출전했다. 코르시카까지 이슬람화하면, 코르시카와 마주 보는 제노바는 문을 연 것이나 마찬가지가 되기 때문이다. 하지만 이것도 일시적인 성과만 거두고 끝나버린다. 투르크 해군이 물러가주었기 때문에 일이 커지지 않았을 뿐이다.

이 도리아도 카를로스보다 2년 뒤인 1560년에 세상을 떠난다. 94세라는 보기 드문 장수를 누린 뒤에 찾아온 죽음이었다.

프랑수아 1세의 뒤를 이어 프랑스 왕위에 오른 앙리 2세는 늙은 카를로스가 소극적이 된 틈을 이용하여 에스파냐의 우위를 뒤엎으려 했다. 하지만 그 방법은 선왕인 프랑수아를 흉내낸 것에 불과했다. 적의 적은 내 편이라고 생각하는 것은 잘못이 아니다. 하지만 그것을 추진하는 방법에서는 정치적 감각이 부족했다.

투르크 해군과 함대를 짜서 에스파냐가 지배하고 있는 나라들을 분탕질하고 다니는데, 투르크가 보낸 갤리선이 120척인 반면 프랑스에서 참가한 갤리선은 20척이다. 공격할 곳을 선정하고 공격 방식을 결정하고 약탈한 사람과 물건을 분배할 때도 위험부담을 많이 진 쪽이 결정권을 갖는 것은 당연하다. 투르크와 공동 투쟁하여 프랑스가 얻은 것은 또다시 기독교 세계의 비난과 경멸뿐이었다.

이 때문에 마음이 약해졌는지, 아니면 지난해 전투에서 또다시 에스파냐군에 졌기 때문에 단념했는지, 1559년 4월에 앙리 2세는 에스파냐 왕 펠리페 2세와 강화를 맺는다. 기독교 세계의 양대 강국이 화해하는 것은 누구나 환영했기 때문에, 프랑스에서 열린 축하행사들은 오래간만에 유럽 사람들의 눈길을 끌 만큼 호화롭게 진행되었다.

그런데 앙리 2세라는 왕은 정치적으로도 천박했지만 개인적으로도 그런 성향이 강했던 모양이다. 축하행사로 열린 마상 창시합에 왕이 직접 출전한 것이다.

게다가 상대 기사에게 적당히 하지 말고 제대로 하라고 말한 모양이다. 그것은 공정했지만, 그 말을 곧이곧대로 받아들인 상대가 찌른 창이 왕의 오른쪽 눈을 관통했다. 말에서 떨어진 왕은 곧 숨을 거두었다. 왕비인 카트린 드 메디시스(메디치 집안의 카테리나)의 면전에서 일어난 사고였다. 앙리 2세가 남긴 것은 종파의 차이를 기치로 내걸고 골육상쟁하는 프랑스다. 그 프랑스의 통치자들은 지중해와 이슬람에 신경을 쓸 수 없었을 것이다. 결국 유럽 제일의 실권자는 에스파냐 왕 펠리페 2세가 되었다.

'제르바의 학살'

펠리페 2세도 높은 평가를 받은 아버지의 뒤를 잇자마자 그 아버지를 능가할 생각밖에 하지 않는 아들이라는 점에서는 예외가 아니었다. 카를로스가 끝내 탈환하지 못한 리비아의 트리폴리를 탈환하기로 결정한 것이다. 다만 아버지와 아들의 차이점은, 카를로스가 몸소 군대를 지휘하는 경우가 적지 않았던 반면 아들 펠리페에게는 그런 성향이 없었다는 것이다. 에스파냐의 전성기는 카를로스와 펠리페의 시대라고 하지만, 펠리페 2세는 자기 손을 더럽히는 군주, 바꿔 말하면 자신도 위험부담을 지는 타입의 군주는 아니었다.

또한 트리폴리를 탈환하겠다는 펠리페의 주장도 생각해보면 이상한 트집이었다.

리비아의 트리폴리가 얼마 동안 에스파냐 영토였던 적은 없다. 1530년에 카를로스는 성 요한 기사단에 몰타섬을 주었을 때 트리폴리도 주었다. 양쪽 다 소수나마 거기에 살고 있는 이슬람교도를 몰아내고 너희 영토로 삼으라는 식의 무책임한 양도였다.

몰타섬은 갈 곳이 없었던 성 요한 기사단이 전력을 다해 자기네 본거지로 개조했지만, 트리폴리까지는 손을 쓰지 못했다. 몰타는 바다에 떠 있는 섬이지만, 트리폴리는 북아프리카의 일부인 만큼 건설하기도 쉽지 않고 방위하기도 어려웠기 때문이다. 요새만 짓고 부대를 주둔시켰지만, 한 번 공격당하고 철수했다. 몰타를 요새화하고 지키는 것만으로도 힘든데, 바다 건너 트리폴리까지 기사단의 방위권 안에 넣는 것은 순수 전력인 기사의 수가 1천 명을 넘은 적이 없는 몰타 기사단에는 지나치게 무거운 부담이었다.

그런데 펠리페 2세는 그것을 대신해주려고 마음먹은 것이다. 몇 번이나 되풀이 말하지만, 에스파냐 왕들의 신앙심은 같은 시대의 이탈리아인과 비교하면 하늘과 땅 차이가 날 만큼 두터웠다. 그렇기 때문에 신을 위해서라는 한 마디로 무작정 돌진해버리는 데가 있다.

그리고 '그리스도 연합'이라고 이름지은 이 계획은 세대교체 시기와 일치했다는 점도 간과할 수 없다. 어쨌든 세대가 바뀐 것은 기독교 쪽이고, 이슬람 쪽은 세대가 교체되지 않았기 때문이다. 투르크의 술탄은 여전히 술레이만이었고, 해군 총사령관으로서 현장 지휘를 맡고 있는 것은 여전히 투르구트였다.

에스파냐 왕 펠리페 2세는 1527년에 태어났으니까, 트리폴리 탈환을 계획한 해부터 그것이 실패로 끝나는 해까지는 삼십대 초반의 나이에 해당한다. 한 나라의 왕으로서는 지나치게 젊은 나이는 아니다. 하지만 스스로 전쟁터에 나가지 않는 이 최고사령관이 현장 지휘를 맡긴 것은 다음 두 사람이었다.

한 사람은 이 시기에 '부왕'이라는 이름으로 에스파냐 왕을 대신하여 시칠리아를 통치한 메디나 코엘리다. 이 사람은 무인이라기보다는 궁정관료였다. 위험부담을 지고 싶지 않은 인물이 위험부담을 지고 싶지 않은 사람의 명령이 있어야만 움직인다면 어떻게 될까. 그런데 펠리페 2세는 이 인물을 현장에서 자신의 대리, 즉 '그리스도 연합군'의 총사령관에 임명한 것이다.

또 한 사람은 안드레아 도리아의 뒤를 이은 잔안드레아 도리아였다. 20대에 갓 접어든 젊은이지만, 종조부인 안드레아 도리아한테서 그가 소유한 선박과 선원을 비롯하여 모든 것을 물려받았다. 도리아에게는 아들이 없었고, 후계자로 삼을 작정이었던 자네티노 도리아, 즉 투르구트를 포획한 공로자는 제노바 전체를 혼란에 빠뜨린 '피에스키의 난' 때 살해되었다.

펠리페 2세는 이들 두 사람에게 '그리스도 연합'의 운명을 맡겼다. 나중에 비범한 두 장수보다 평범한 한 장수가 낫다고 말한 나폴레옹이 이것을 알았다면 뭐라고 말했을까.

'그리스도 연합'이라고 이름을 짓기는 했지만, 프랑스는 참가하지 않았다. 베네치아공화국도 프랑스와는 다른 이유로 참가하지 않았다. 결국 이때도 참가국은 여느 때와 마찬가지였다. 전함인 갤리선의 수를 살펴보면 다음과 같다.

교황청—3척

몰타 기사단—5척

제노바—13척

나폴리——5척

시칠리아——8척

피렌체——4척

합계——38척

제노바에서 보낸 13척은 에스파냐 왕에게 고용되어 있는 도리아 휘하의 선단이고, 나폴리와 시칠리아는 에스파냐의 지배를 받는 남부 이탈리아에 속한다. 피렌체에서 보낸 4척은 토스카나 대공 메디치가 힘을 쏟고 있는 항구도시 리보르노에서 온 배다. 메디치 집안은 이 무렵부터 이슬람과의 투쟁에는 적극적으로 관여하게 되었다.

이 38척에 모나코공국의 2척과 치갈라 자작의 2척 등, 각지의 영주들이 지휘하지만 비용은 에스파냐 왕이 부담하는 15척을 더하면 모두 53척이 된다. 에스파냐 본국에서 참가한 배는 없지만 제노바와 나폴리와 시칠리아에서 참가한 26척에 기타 15척을 합하면, 에스파냐 왕 펠리페 2세로서는 갤리선을 41척이나 참전시켰다고 생각했을 것이다. 여기에 타는 병사 1만 4천 명도 대부분 에스파냐 병사였으니까, 에스파냐는 전체의 5분의 4를 부담한다고 펠리페 2세가 생각했다 해도 틀린 것은 아니었다.

그래도 이 정도 규모의 전력이라면 투르구트와 충분히 대등하게 싸울 수 있었다. 다만 시간을 낭비하지 말아야 한다는 조건이 붙기는 했지만.

우선 모든 배가 메시나에 집결할 때까지 시간이 너무 오래 걸렸다. 그래서 메시나를 떠났을 때는 이미 가을로 접어든 뒤였다. 가을은 지중해에서도 날씨가 불안정하게 변하는 계절이다. 몰타섬 남쪽으로 갈 때까지는 좋았지만, 그곳에서 날씨가 나빠져서 몰타 항에 긴급 피난할 수밖에 없었다.

하지만 더 곤란한 일은 몰타를 떠났다가 되돌아가기를 다섯 번이나 되풀이해버린 것이다. 유능하고 강력한 지도자가 없었기 때문에, 벽에 부딪혀도 도전을 거듭하면 언젠가는 길이 열릴 거라고 믿고, 길을 돌아가는 것도 타개책이 될 수 있다는 것을 알지 못했다. 그 결과 시간만 헛되이 지나갔고, 그것이 투르구트에게 방위체제를 강화할 시간을 주게 되었다.

기독교군이 쳐들어온다는 것을 알자마자 투르구트는 북아프리카 전역에서 기독교와 맞서 싸울 지원병을 모집했다. 그 덕분에 날이 갈수록 트리폴리 전체가 '성전'이라는 이유로 지원한 이슬람 남자들로 넘쳐나게 되었다. 북아프리카 원주민인 베르베르인은 투르크의 지배를 기꺼이 받아들인 것은 아니다. 그들은 종종 반기를 들었지만, 기독교도가 공격해온다고 하자 그런 생각은 말끔히 잊고 투르크의 깃발 아래로 달려온 것이다.

그럭저럭하는 동안 겨울로 접어들었다. 이 시기에 몰타섬에서는 이탈리아인 토목기사를 초빙하여 섬을 요새화하는 작업이 막 시작된 참이어서, 많은 병사가 체재하기에 적당한 도시 시설은 만들어져 있지 않았다. 몰타섬 자체도 겨울을 보내기에 좋은 것은 기후뿐이고, 그밖에는 아무것도 없었다. 체재 기간이 길어질수록 병사들도 점점 염증이 난다.

게다가 투르구트는 트리폴리 방위에만 전념하고 있었던 것은 아니었다. 부하 해적들에게 명령하여 이탈리아 남부를 습격하는 방법으로 후방교란작전도 전개하고 있었다. 병사들 중에는 이탈리아 남부에서 온 지원자도 많았다. 고향이 약탈당하고 가족이 납치당하는 게 아닐까 하고 걱정하다가 배를 훔쳐 탈주하는 사람도 나오게 되었다.

잔안드레아 도리아가 트리폴리 원정을 중지하고 귀국하는 게 어떠냐고 말을 꺼냈다. 하지만 에스파냐 왕의 대리로서 임무를 완수하는 것밖에 생각지 않은 메디나 코엘리는 왕에게 지령을 청했으니까 거기에 대한 회답이 올 때까지는 계획을 바꿀 수 없다고 주장한다. 그런데 왕의 지령은 좀처럼 오지 않았다. 그러는 동안 해가 바뀌어 1560년이 되었다.

1560년 2월 10일이 트리폴리 원정을 다시 시작하는 날로 결정되었다. 2월에 바다로 나가는 것은 미친 짓이지만, 왜 그런 결정이 내려졌는지는 알 수 없다. 실제로 겨울에 출항하는 위험은 곧 현실이 되었다. 출항한 지 며칠 뒤에 벌써 폭풍을 만난 것이다. 그래서 트리폴리를 향해 남하하다가 남서쪽으로 떠밀려 제르바 근처에 있는 알칸타라라는 해변에 표착해버렸다.

어쩔 수 없이 그곳에 상륙하여 음료수라도 보급하기로 했다. 하지만 해적들의 소굴로 유명한 제르바섬 바로 근처다. 또한 그곳에는 베르베르인의 마을이 있었다.

해적과 토착민의 습격을 받고, 물을 보급하기는커녕 병사를 150명이나 잃고 말았다. 게다가 수질이 좋지 않은 물을 마셨기 때문인지 환자가 속출했다. 잔안드레아 도리아도 병상을 떠날 수 없게 되었다.

이래서는 떠날 수밖에 없었지만, 모든 배에 부상자와 환자가 수용되어 마치 병원선 같았다. 이것이 병사들의 사기를 더욱 떨어뜨렸다.

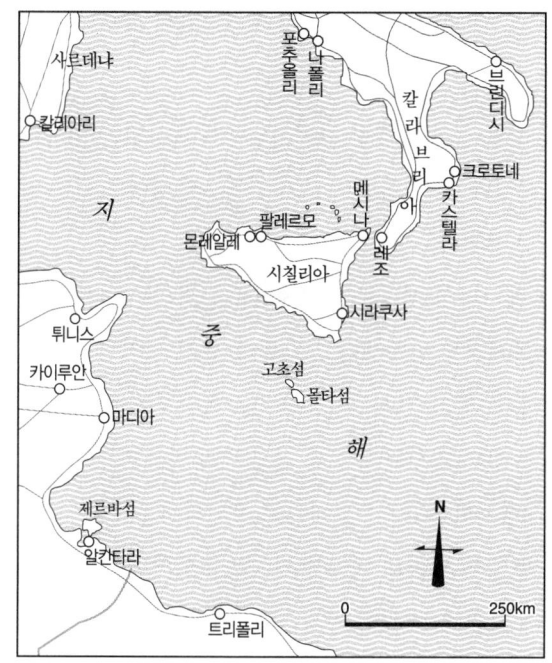

시칠리아와 그 주변

그래도 2월 17일에 떠나기는 떠났다. 하지만 배들이 향한 곳은 몰타
섬도 아니고 메시나도 아닌 트리폴리였다. 에스파냐 왕의 대리인 메디
나 코엘리가 왕이 트리폴리 공략을 철회하지 않은 이상 그것을 계속할
수밖에 없다고 고집을 부렸기 때문이다. 메디나 코엘리는 원정군 총사
령관이고, 최종 결정권은 그에게 있었다.

알칸타라에서 트리폴리로 가는 동안에도 상식으로는 생각할 수 없
는 일이 벌어졌다. 도중에 해변에 함대를 세워놓고, 트리폴리 공격에
동원할 수 있는 사람을 세는 작업을 시작한 것이다. 게다가 이 작업에
만 13일이나 걸렸다. 이것도 왕의 병사를 이끌고 가는 이상 그것이 몇

명인지 알아둘 의무가 있다고 메디나 코엘리가 주장했기 때문에 시작된 일이었다.

3월 2일에 장수들을 소집하여 열린 작전회의에서 쓸모없는 병사의 수가 2천 명으로 밝혀졌다. 적의 얼굴도 보기 전에 2천 명이나 되는 병사가 전선에서 탈락한 셈이다.

여기에 깜짝 놀란 메디나 코엘리는 트리폴리를 공략하는 것은 그만두고 제르바섬으로 목적지를 바꾸겠다고 말했다. 단지 여기서 가려면 트리폴리보다 제르바가 더 가깝다는 이유만으로 목적지를 변경한 것이다. 작전회의에서는 몰타 기사단 단장에 취임한 라 발레트를 비롯하여 많은 사람이 반대했지만, 메디나 코엘리는 물러서지 않았다. 다른 누구보다도 지위가 높은 이 남자의 머리를 차지하고 있었던 것은 빈손으로 펠리페 2세 앞에 나갈 수는 없다는 생각뿐이었다.

작전회의에서 메디나 코엘리에게 반대한 것은 라 발레트만이 아니었다. 교황청 해군을 이끌고 있던 오르시니도 원정을 계속하는 데 반대했다. 바르바로사 시대의 오르시니가 아니라, 그와 같은 가문에 속하는 다른 오르시니였다.

특히 오르시니는 그 직전에 베네치아에서 극비 정보를 받았다. 베네치아공화국은 투르크와의 통상조약을 중시하여 원정에 참가하지 않는 경우에도, 투르크의 수도에 상주시키고 있는 대사가 본국 정부에 보내오는 정보를 기독교 쪽에 종종 흘려주고 있었다. 이것은 같은 기독교 국가라는 연대감 때문이 아니라, 기독교 세계와의 관계를 결정적으로 단절하지 않기 위한 방책이었다.

오르시니에게 극비로 전달된 정보는 투르구트가 신뢰하는 부하인 울루치 알리를 콘스탄티노플에 보내서 '그리스도 연합군'을 맞아 싸울 때 원군을 파견해달라고 술탄 술레이만에게 요청했다는 것이었다.

로마의 유력 귀족인 오르시니 가문은 오랜 경쟁자인 콜론나 가문에 대항하기 위해 에스파냐보다 프랑스 쪽에 가까운 것으로 알려져 있다. 베네치아는 프랑스파가 아니었지만, 에스파냐에 반대한다는 점에서는 오르시니와 이해관계가 일치했다. 그래서 베네치아는 투르크의 정보를 기독교 세계에 흘릴 때는 오르시니에게 흘렸다. 에스파냐 왕의 대리인 메디나 코엘리와 에스파냐의 용병대장인 잔안드레아 도리아에게도 흘리지 않았고, 에스파냐의 전위부대 같은 몰타 기사단에도 흘리지 않았다. 그렇기 때문에 작전회의에서 오르시니는 정보의 출처를 밝힐 수 없었다. 그리고 이 시점에서는 아직 피얄레 파샤가 이끌고 온다는 원군이 콘스탄티노플을 출발했다는 확실한 정보까지는 입수하지 못했다.

이것이 원정을 계속하자는 메디나 코엘리의 주장에 반대하면서도 따라갈 수밖에 없었던 요인이다. 그리고 정찰하러 나간 배가 돌아와서, 적은 트리폴리 방위에 노력을 집중하고 있는지 제르바 방위는 허술하다고 보고했기 때문에, 그 정보를 토대로 제르바 공격이 결정되었다.

실제로 제르바의 수비는 허술했다. 3월 7일, 해상에서 포격을 퍼부은 뒤 상륙작전이 시작되었다. 열흘 동안 계속된 백병전은 '그리스도 연합'의 승리로 끝났다. 해적 쪽의 사망자는 200명, 부상자는 600명이 넘은 반면 '그리스도 연합'은 사망자 25명, 부상자는 30명이었다. 3월 19일, '목욕장'에서 해방된 사람들을 포함한 전원이 요새 건설공사에 착수했다.

무엇 때문인지, 에스파냐인들은 공략하자마자 요새 건설공사에 착수한다. 요새에 틀어박히지 않으면 안심할 수 없는지도 모른다.

그래서 요새가 지어지고 있는 동안, '그리스도 연합군'의 간담을 서늘하게 하는 정보가 들어왔다.

피알레 파샤가 투르크 원군을 이끌고 온다는 정보는 역시 현실이었다. 게다가 갤리선만 해도 80척이나 되는 대군이다. 투르크 궁정의 고위관료인 피알레 파샤는 서부 지중해의 지형에 밝지 않지만, 원래 이탈리아인으로 투르구트 휘하의 해적이 된 울루치 알리가 동행하고 있었다.

이탈리아 남부의 칼라브리아 지방은 이웃한 풀리아 지방과 함께 고대에는 '대(大)그리스'(Magna Grecia)라고 불릴 만큼 번영한 지방이다. 기원전 6세기에는 피타고라스가 이곳에 학교를 열었다. 지금은 원기둥이 하나 남아 있을 뿐이지만, 고대에는 지중해에서 웅장하고 화려하기로 손꼽힌 헤라 신전이 있었던 곳도 피타고라스 학교가 있었던 크로토네다. 로마 시대에도 이곳의 번영은 계속되었다. 그것은 '팍스 로마나'가 기능을 발휘하고 있었기 때문이다. 중세에 들어오면 옛날의 '대그리스'도 해적의 파도가 밀어닥치는 지방의 하나에 불과하게 된다. 16세기가 되어도 그 상태는 전혀 달라지지 않았다.

이 크로토네에서 곶을 돌면 카스텔라라는 작은 어촌이 있는데, 이곳이 울루치 알리라는 투르크식 이름으로 개명하기 전에는 조반니 디오니지 갈레니라는 이름이었던 남자가 태어난 곳이다.

소년 시절, 그는 해적에게 부모와 함께 납치된다. 아버지와 어머니가

'목욕장'에서 죽은 뒤, 혼자 남겨진 소년은 노예시장에서 해적에게 팔린 모양이다. 어떤 과정을 거쳤는지는 알 수 없지만, 이슬람으로 개종하여 울루치 알리라는 이름으로 불리게 된 갈레니는 해적 세계에서 주목을 받게 된다. 완력보다 지능이 뛰어났기 때문이라지만, 어른으로 성장하면서 투르구트 휘하에서도 유난히 눈에 띄는 존재가 되어 있었다. 이 울루치 알리가 투르구트가 죽은 뒤 투르크 해군을 이끌어가게 된다.

피얄레 파샤도 원래 기독교도였던 울루치 알리의 의견을 받아들였는지, 콘스탄티노플에서 온 투르크의 80척은 트리폴리로 곧장 직행하지 않았다. 그보다 몰타섬에 근접해 있는 고초섬을 습격한 것이다. 고초섬이 공격당하고 있는 것을 알면 몰타 기사단은 당장 제르바 공격을 그만두고 몰타를 지키러 돌아올 거라고 생각했는지도 모른다. 실제로 그렇게 되었다.

4월 4일, 몰타 기사단의 5척을 이끌고 원정에 참가한 라 발레트에게 급보가 날아왔다. 그는 당장 작전회의 소집을 요구했고, 그 자리에서 몰타를 지키기 위해 돌아가야 하기 때문에 1척은 남겨놓더라도 나머지 4척은 공격에서 빠질 수밖에 없다고 말했다. 작전회의에 참석한 오르시니는 이때 비로소 베네치아의 정보가 현실이 된 것을 알았다. 그래서 그는 몰타 기사단만이 아니라 모두 철수해야 한다고 주장했다. 메디나 코엘리는 이제 결단력을 잃어버린 것처럼 머리를 감싸쥘 뿐이었다. 라 발레트는 결론이 나올 때까지 기다리지 않았다. 몰타 기사단의 4척은 그 직후 제르바항을 떠났다. 계절은 4월, 무사히 귀환하는 것만 생각하고 모두 달아난다면 지금이 가장 좋은 기회였다.

하지만 이때도 그들은 시간을 낭비한다. 작전회의는 밤마다 열리고 있었지만 결론은 계속 미루어졌다. 철수를 주장하는 것은 오르시니 한 사람만이 아니라, 병이 나아서 회의에 참석하게 된 잔안드레아 도리아도 이제는 분명 철수파였다. 하지만 시칠리아의 '부왕'이자 에스파냐왕의 대리인 메디나 코엘리의 우유부단은 전혀 나아지지 않는다. 그래서 몰타 기사단이 떠난 뒤에도 무려 한 달을 허비해버렸다. 이렇게 되면 당연한 일이지만, 피얄레 파샤는 라 발레트가 4척을 이끌고 돌아왔기 때문에 수비가 더욱 강화된 몰타섬에는 손을 대지 않고 원래의 목적지인 제르바로 남하하기 시작했다.

도무지 결단을 내리려 하지 않는 메디나 코엘리 앞에 젊은 도리아가 새로운 전략을 제시했다.

아마 내일 아침이면 피얄레 파샤의 80척은 제르바 앞바다에 나타날 것이다. 따라서 자기는 제노바의 갤리선 13척을 이끌고 오늘밤에 출항하여 곶의 반대쪽에 숨어서 날이 밝기를 기다리겠다. 그리고 적의 80척이 제르바항에 들어오면 당장 그 배후를 차단하겠다. 적은 80척이지만, 앞쪽의 요새와 항구 안에 있는 아군 선박에서 포격을 하고, 뒤쪽을 막고 있는 우리 배 13척이 동시에 포격을 퍼부으면 적은 손을 들수밖에 없다. 이것이 22세의 젊은이인 잔안드레아 도리아의 전략이었다.

메디나 코엘리는 이 제안을 전면적으로 물리치지는 않았다. 하지만 그대로 동의하지도 않았다. 에스파냐 왕의 대리인 자기가 20대 젊은이의 의견을 그대로 받아들이면 체면이 깎인다. 우두머리보다 우두머리의 대리 가운데 체면을 중시하는 사람이 많다. 그래서 메디나 코엘리는 절충안을 제시했다. 그는 총사령관이니까 제안이라기보다 명령했지만, 그의 말에 따르면 절충안이기 때문에 가장 좋은 안이라는 것이었다.

그의 제안은 도리아가 이끄는 13척이 출항하는 시간을 오늘밤이 아니라 내일 새벽으로 늦추자는 것이었다. 그래서 제노바의 배들이 출항하는 시간은 이튿날인 5월 11일 새벽으로 결정되었다.

그런데 새벽이 가까워질 무렵, 바람이 북풍으로 바뀌었다. 북풍이면 출항하는 배에는 역풍이 된다. 갤리선은 역풍이라도 지그재그로 항해하면 나아갈 수 있는 삼각돛과 오늘날의 모터에 해당하는 노로 움직이기 때문에, 출항이 불가능한 것은 아니다. 하지만 적이 가까이 다가와 있을 때 속도가 떨어진 상태로 출항하는 것은 위험했다. 그것은 노잡이조차도 알고 있었다.

모두 공황 상태에 빠졌다.

그래서 또다시 시간을 낭비하고 있는 동안, 젊은 도리아가 예상했듯이 적이 모습을 드러냈다. 적선 80척은 북풍을 뒤에서 받고 있다. 이 순풍을 이용하여 울루치 알리가 이끄는 전위부대 20척이 제르바항 안으로 돌입했다.

항구 안은 대혼란에 빠졌다. 모두 요새로 도망쳐 들어가려고 한다. 배에 있던 사람들까지도 배를 버리고 요새로 달아났다.

울루치 알리는 이끌고 온 배에서 투르크 병사들을 상륙시켜 기독교도 병사들을 뒤쫓게 하지 않았다. 그보다는 항구 안에 정박해 있는 '그리스도 연합'의 배를 먼저 포획했다. 배를 지킬 병사들이 달아나버렸기 때문에 대부분의 배는 사실상 무방비 상태에 놓여 있었다. 항구 어귀에 닻을 내리고 있던 20척이 당장 포위되었다.

그러는 동안 피얄레 파샤가 이끄는 본대도 항구 안으로 들어왔다. 80척이 한 덩어리가 되어 '그리스도 연합' 함대를 '사냥'하기 시작한 것이다. 이것은 '전투'가 아니라 '사냥'일 뿐이었다.

이곳에서 달아나려면 적선 사이를 빠져나가 역풍을 뚫고 탈출해야 한다. 상당히 노련하게 키를 다루고 노잡이들이 일사불란하게 움직이지 않으면 불가능한 일이었다.

우선 몰타 기사단의 갤리선 1척이 적선 사이를 돌파하여 항구 밖으로 도망쳐 나갔다. 오르시니가 탄 교황청 기함이 그 뒤를 따른다. 피렌체의 갤리선 1척도 그 뒤를 따랐다. 그리고 다른 24척도 아군 배가 뚫어준 길을 돌진하여 항구 밖으로 도망칠 수 있었다. 마지막으로 에스파냐에서 보내온 몇 척이 이들 갤리선의 뒤를 따른다. 하지만 이 배들은 범선이다. 노라는 모터를 갖추고 있지 않았다. 그래도 항구 밖까지는 어떻게든 도망쳐 나올 수 있었다.

하지만 투르크 쪽도 잠자코 있지는 않았다. 당장 30척이 추격해온다. 이 배들은 갤리선이라서 에스파냐 범선들과의 거리는 순식간에 좁혀졌다.

그런데 쫓아온 투르크의 갤리선단에 맹렬한 포격이 퍼부어졌다. 항구 밖으로 나오기는 했지만 거기에 배를 세우고 기다리고 있던 교황청 기함이 대포를 쏘아댄 것이다.

이것이 추격해온 투르크 갤리선의 기세를 꺾었다. 이렇게 되면 투르크 선원들의 기량이 드러난다. 당황한 그들은 자기들끼리 충돌하기 시작하여, 당장 5척이 전선에서 탈락했다. 하지만 추격해오는 투르크 배에 맞선 것은 오르시니가 지휘하는 한 척뿐이었다. 그 배에 25척의 투르크 갤리선단의 포격이 집중되었다.

교황청의 기함은 돛대 3개 가운데 '주돛대'라고 불리는 중앙돛대가 부러졌고, 부러져서 떨어지는 돛대에 맞아 배 오른쪽에 늘어서 있는 노들이 대부분 부러져버렸다. 이 상태는 배가 항해할 수 없다는 것을 의미한다. 오르시니가 선택할 수 있는 길은 두 가지밖에 남아 있지 않았다.

첫째, 몸값을 내고 석방되기를 기대하고 투항한다. 교황청 해군 사령관이라는 그의 지위와 로마의 양대 귀족 가운데 하나인 오르시니 가문의 우두머리라는 신분이면, 그것은 충분히 가능한 일이었다.

둘째, 아군이 달아날 수 있도록 방패가 되어주는 것이다. 아군의 모든 배가 안전권에 다다를 때까지 계속 싸워야 하니까, 이것은 죽음과 마찬가지였다.

플라미니오 오르시니가 어느 쪽을 선택했는지는 알 수 없다. 하지만 그 후 그가 행동한 방식으로 미루어보아 아무래도 두 번째 길을 선택한 것 같다.

그의 배는 기함이니까 돛대가 3개인 대형 갤리선이다. 따라서 이물과 고물만이 아니라 옆구리에도 대포가 늘어서 있다. 그 대포들이 모두 불을 뿜었다.

항해할 수 없으니까 움직일 수 없다. 하지만 바다 위의 요새가 될 수는 있었다. 투르크의 배는 10척이 넘으면 통제하기가 어려워진다. 오르시니의 명령에 따라 그곳을 포탄이 직격했다. 투르크 쪽도 멀어져가는 기독교 쪽의 배들을 추격할 형편이 아니다. 포격을 피하면서 그래도 필사적으로 교황청 기함에 접근하려 한다. 하지만 그러면 산산조각이 나는 일만 기다리고 있을 뿐이었다.

해상에서의 격투는 붙잡힌 몇 명 가운데 하나인 요리사의 증언에 따르면 한 시간은 족히 계속되었다고 한다. 병사만이 아니라 선원에서부터 노잡이에 이르기까지 마치 지옥의 가장자리에 세워지기라도 한 것처럼 절망 속에서 필사적으로 싸웠다.

이 격투 끝에 투르크 병사가 손에 넣은 것은 불에 타서 배의 형태조차 남지 않은 교황청 기함이었다. 끝까지 격투를 계속하고, 적병이 배위로 올라온 뒤에 벌어진 백병전에서도 몸소 칼을 휘두르며 싸움을 계속한 오르시니도 선교 앞에 쓰러진 채 움직이지 않았다.

적병은 그 오르시니의 목을 반월도로 단칼에 베고는 머리카락을 움켜쥐고 잘린 목을 높이 쳐들었다. 그러자 투르크의 배 위에서 환성이 터져나왔다. 목이 잘린 오르시니의 몸은 전사한 병사와 선원과 노잡이들의 주검과 함께 그 자리에서 바다로 던져졌다. 그리고 간신히 격투에 결말을 지은 투르크 선단은 배의 형태도 남아 있지 않을 만큼 파괴된 교황청 기함의 부러진 돛대에 오르시니의 목을 매달고 제르바항으로 개선했다.

갓 건설된 요새로 달아난 '그리스도 연합'의 병사들과 요새를 공격하는 투르크 병사들의 공방전은 그 후에도 한 달 동안 계속되었다. 요새의 병사들도 자기를 기다리는 운명을 알고 있기 때문에 필사적이었다. 하지만 사방팔방에서 공격을 받아도 원군이 도착할 가망이라도 있다면 버틸 수 있겠지만, 그럴 가망은 없었다.

공방전이 한 달을 넘겼을 때, 메디나 코엘리와 도리아가 몇몇 부하들만 데리고 탈출하여 배를 타고 시칠리아까지 달아났다. 일설에 따르면 울루치 알리가 도망치게 해주었다고 한다. 그 진위는 알 수 없지만, 누군가가 시칠리아까지 배를 제공한 것은 사실이다. 두 사령관이 떠난 뒤에도 일주일 동안 저항을 멈추지 않았던 요새는 7월 30일에 함락되었다.

투르크 병사들은 용서하지 않았다. 숨을 쉬고 있는 자는 모두 그 자리에서 살해되었기 때문에, 함락 상황을 전할 수 있는 증인은 아무도 없다.

전사한 '그리스도 연합' 병사들의 주검은 교외의 한곳에 모았지만, 매장되지도 않았고 화장되지도 않았다. 단지 몸에 걸친 것만 모조리 벗겨내고 겹겹이 쌓아올린 채 방치했다. '그리스도의 개들의 무덤'이라고 불리는 뼈무덤이 된 것은 세월이 흐른 뒤였다. 두개골이나 뼈만 남으면 긁어모아서 피라미드 모양으로 쌓아올려 뼈무덤이 되었을 뿐이다.

이 뼈무덤은 19세기 중엽까지 볼 수 있었다고 한다. 1846년에 뼈무덤을 철거해달라는 튀니지 주재 프랑스 대사의 요구에 따라 뼈무덤이 사라졌다는 기록이 있기 때문이다. 285년 동안이나 존재했다지만, 그렇게 오랫동안 비바람에 노출되어도 인골이 남을까. 아니면 튀니지 사람들의 쓰레기장이라도 되어 있었던 것은 아닐까. '그리스도의 개들의 무덤'이라는 말만 남고.

에스파냐 왕 펠리페 2세의 제창으로 시작된, 트리폴리 탈환을 위한 '그리스도 연합'은 이렇게 끝났다. 손실은 다음과 같다. 괄호 안은 이 원정을 떠났을 때의 수를 나타낸다.

갤리선──29척(53척)

수송용 범선——14척(40척)

전사자 총수——1만 8천 명(2만 5천 명)

이것이 1560년에 이루어진 원정의 냉엄한 현실이다. 투르구트가 지키는 트리폴리를 공격할 예정이었는데, 투르구트와는 얼굴을 맞대지도 못한 채 자멸해버린 것이 '그리스도 연합'의 결말이었다.

물론 이 패배의 책임을 에스파냐 왕에게 묻는 목소리도 일어나지 않았다. 그 왕의 대리로 참전한 메디나 코엘리의 '부왕' 자리도 흔들리지 않았고, 그 후에도 그는 계속 시칠리아를 다스렸다. 잔안드레아 도리아도 여전히 에스파냐 왕의 용병대장이었다.

하지만 역사에서 '제르바의 학살'이라고 불리는 이때의 패배가 지중해 세계에 영향을 주지 않을 리는 없었다. 사람은 자신감이 생기면 자기가 가진 자질 이상의 능력을 발휘하는 경우가 있다. '제르바의 학살' 이후의 해적들이 바로 그러했다.

그것도 당연하지 않은가.

20년 전에는 알제를 공략하려 한 카를로스를 물리치고, 이번에는 트리폴리를 공략하려 한 펠리페의 군대를 물리쳤다. 불과 20년 사이에 유럽 최강국인 에스파냐의 왕을 2대에 걸쳐 두 번이나 연달아 패퇴시킨 것이다. 해적들이 '우리 천하'라고 생각한 것도 당연하다. 아무리 투르크제국이 후원했다 해도 전선에서 싸운 것은 그들이었기 때문이다.

해적 산업

이익을 위해서만 해적질을 하는 '피라타'(pirata)라도 실제로 해적질에 종사하는 사람의 수는 적다. 하지만 그 수로도 해적질을 계속할 수 있는 것은 이 '핵'의 주변에 동조자나 이해관계가 일치하는 사람이 많기 때문이다. 가족이나 친족만이 아니라, 도망쳐오면 숨겨주고 빼앗아온 물건을 팔아주고 납치해온 사람들의 처우에 관여하고 배를 만들거나 수리하는 사람들인데, 이런 관계자들이 있기 때문에 해적질도 직업으로 성립하는 것이다.

한편 '코르사로'(corsaro)는 국가의 공인을 받아 해적질을 하는 사람들이라서, '핵'의 주변도 더 대규모가 된다. 기업체라고 생각해도 좋을 정도이고, 그 내부도 더 조직화되는 것은 대규모 조직이 기능을 발휘하게 하려면 당연한 귀결이다. 그 전형이 알제인데, 16세기 후반에 알제의 번영은 눈부실 정도여서, 거리나 항구는 동시대의 제노바나 나폴리에 육박한다는 말을 들을 정도였다.

그런데 이탈리아의 항구도시에서 이 알제를 비롯한 북아프리카 항구도시로 수출되는 물산과 그 배가 북아프리카에서 가지고 돌아오는 물산의 차이는 인상적이기까지 하다. 한 마디로 말하면 유럽에서는 강철제 무기에서 범포에 이르는 공업제품이 북아프리카로 수출되고, 북아프리카에서 유럽으로 수출되는 것은 대부분 농산물이다. 그것도 밀이나 올리브유 같은 주요 농산물이 아니라 대추야자가 많다. 대추야자만은 유럽에서 나지 않기 때문이다.

이래서는 유럽 쪽의 완전한 수출 초과다. '사하라의 황금'을 수입하여 수출입의 저울은 균형을 이루고 있었지만, 이 상태는 10세기 이후 변함이 없었다. 그런데도 북아프리카는 쇠퇴하기는커녕 번영을 누리고 있다. 해적이 일대 산업화했고, 게다가 그 상태가 오랫동안 계속되었기 때문이다.

　해적의 수익 분배도 세월이 흐름에 따라 '진화'하고 있었다.
　해적이 본거지로 삼은 곳은 지중해 연안의 항구도시들인데, 그 항구
도시를 포함한 주변 일대를 통치한 것은, 전에는 '아미르'이고 그 후에
는 '베이', 16세기부터는 '파샤'(총독)라고 불리게 된 사람들이다.
　그 '파샤'에게해적질을 해서 얻은 수익의 12퍼센트가 상납된다.
　그밖에 항구를 정비하는 비용으로 1퍼센트가 나간다.
　그리고 이것이 중요한데, 모스크나 모스크에 딸린 학교 운영비로
1퍼센트는 반드시 내도록 정해져 있었다.
　이것은 기부금이니까 퍼센트까지는 정해지지 않았지만, 빈민을 구
제하기 위한 기부금도 내야 한다. 코란에도 나와 있듯이 가난한 사람
들에게 도움의 손길을 뻗는 것은 이슬람교도의 중요한 책무로 되어 있
었기 때문이다. 보통은 실제로 빈민구제를 하고 있는 조직이나 단체에
기부하는 방법으로 그 책무를 수행했다.
　이렇게 지불하면 남는 것은 수익의 80퍼센트 내지 85퍼센트 안팎일
텐데, 그것을 둘로 나누어 절반은 선주와 선장에게 분배된다. '레이스'
(reis)라고 불리는 선장은 해적 두목이니까, 수익의 40퍼센트 이상이
자본가와 경영자의 몫이 되는 셈이다.
　나머지 절반은 해적선에 탄 모든 사람에게 '레이스'의 결정에 따라
지불된다. 노잡이는 노예니까, '레이스'는 출항하기 전에 '목욕장' 관
리인에게 노예를 빌리는 값을 치러야 한다. '목욕장'의 관리 운영은
'파샤'가 관할했던 모양이다.
　이것을 보면, 북아프리카의 해적업은 주산업이기는 했지만 국영기

업은 아니었다는 생각이 든다. 법인세가 없기 때문은 아니라 해도, 나라의 설비를 빌려 쓰고 그 사용료를 내는 느낌이다. 같은 시대 베네치아공화국에서 국유 갤리선을 개인 교역상인에게 빌려주는 제도가 생각난다. 북아프리카의 해적업도 국가가 모든 면을 규제하는 국영기업이 아니었기 때문에 생산성도 높았을 것이다. 그렇다면 우수한 인재가 모인 것도 당연하지 않았을까.

게다가 해적 세계는 같은 시대의 기독교에 비하면 상당히 개방적이기까지 했다.

당시 유럽 국가들 가운데 베네치아는 합리적이지만 사회적 패배자에 대한 배려도 잊지 않는 국가체제를 실현한 유일한 나라였지만, 그 베네치아에서도 지도층에 들어가려면 실적만으로는 충분치 않았다. 베네치아인의 피를 이어받은 사람에게만 주어지는 '베네치아공화국 시민' 자격을 가져야 했다.

반면에 이슬람 해적의 세계에서는 '피'가 아니라 '능력'에 시민권이 주어진다. 바르바로사처럼 그리스인이라도, 시남 같은 유대인이어도, 울루치 알리처럼 이탈리아인이라도 이슬람교로 개종만 하면 무한한 길이 열려 있었다.

이런 남자들이 자신감을 가지면 어떻게 될까. 그리고 그들을 활용하는 데 아무런 망설임도 느끼지 않는 대국이 뒤에 버티고 있다면 어떻게 될까.

16세기 후반에도 기독교 세계는 이 난제에 어떻게 대처할 것인지를 계속 강요당하게 된다.

'제르바의 학살' 직후의 영향은 '제르바 쇼크'라고 불러도 좋은 상태였고, 이렇게 되면 누구나 맨 먼저 하는 일은 자기 가족을 지키는 것이다.

11년 뒤 레판토 해전에서 교황청 해군 사령관을 맡게 되는 마르칸토니오 콜론나는 로마에 머물고 있을 때 영지인 안치오와 네투노──불행히도 둘 다 해변도시──의 주민 대표에게 이런 편지를 보냈다. '제르바의 학살'이 일어난 지 불과 열흘 뒤의 날짜로 되어 있는데, 로마 교황에게는 뉴스도 빨리 도착했을 것이다.

〈우리 왕(펠리페 2세)의 군대가 북아프리카에서 투르크군에 비참하기 이를 데 없는 패배를 당했다는 소식을 받았소. 30척이 넘는 배를 잃었다니까, 그 배들은 그대로 해적선단의 증강에 직결된다고 생각하는 편이 좋소. 앞으로는 해적의 습격이 더욱 심해진다는 뜻이오.

따라서 주민들은 지금 당장이라도 산지로 피난을 떠나는 게 좋겠소. 특히 여자와 아이들은 모두 피난해야 하오. 산악지대에 영지가 없는 나는 어디로 피난하라고 지시할 수는 없지만, 모두 의논해서 안전하다고 여겨지는 곳을 골라 가능한 한 빨리 피난하도록 하시오. 또한 피난 생활이 길어질 게 분명하니까, 필요한 것은 모두 갖고 떠나시오.

방위를 위해 남자들만이라도 시내에 남는다는 데에는 찬성도 반대도 할 수 없는 심정이오. 당신들이 효과가 있다고 생각한다면 남는 것도 좋지만, 그것도 신께서 당신들의 죽음을 아직 바라지 않는 경우에만 효과를 기대할 수 있다고 생각해주시오.

교황 성하와도 이야기했는데, 성하께서도 내 생각에 동의한다고 말씀하셨소.〉

이것은 이탈리아반도 남쪽 끝처럼 해적에게 습격당해도 뉴스가 되지 않는 지방의 이야기가 아니다. 로마에서 50킬로미터밖에 떨어지지 않은 안치오와 네투노의 이야기다. 이들 두 항구도시 앞에 펼쳐진 바다는 교황청 해군의 순찰 해역이었지만, 트리폴리 원정에 갤리선만 해도 3척을 참가시킨 교황청 해군은 그중 2척을 잃고 사령관 오르시니도 전사했다. 주민의 안전을 책임진 영주가 할 수 있는 일이라고는 기껏해야 주민들의 피란을 권하는 것뿐이었다.

해적 울루치 알리

자신감이 붙은 해적들은 활동무대를 이탈리아 남부나 중부에만 한정하지 않게 되었다. 투르구트의 부하인 울루치 알리는 갤리선 몇 척만 이끌고 지중해를 북상하여, 제노바의 담당 해역인 이탈리아 북부의 해변 도시나 마을을 차례로 습격하는 대담한 짓을 저지른다.

바로 그 무렵, 니스와 가까운 빌라프랑카항에 사보이아(프랑스어로는 사부아) 공작이 부인과 함께 머물고 있었다. 사보이아공국은 토리노를 수도로 하는 이탈리아의 작은 나라지만, 이탈리아보다 프랑스 왕가와 인연이 깊다. 공작부인도 프랑스 왕실 출신이다. 공작 내외가 있다는 것은 사보이아 궁정 전체가 있다는 뜻이다. 부근 일대를 분탕질하면서 정보도 모으고 있던 울루치 알리가 그것을 놓칠 리 없었다.

당시의 사보이아 공작은 역대 공작들 중에서도 용맹하기로 이름난 에마누엘레 필리베르토였다. 망루에서 해적이 접근한다고 알려주어도 도망치려 하지 않고 부하들을 이끌고 해적과 대결한다. 사보이아 공작 휘하에는 보병 300명과 소총수 25명에 100명도 채 안 되는 가신이 있었다.

하지만 서전이 우세하게 전개된 데 기분이 좋아져 있을 때, 울루치 알리가 산그늘에 감추어둔 제2군이 배후에서 습격하여, 넓지도 않은 해안에서 협공당하게 된다. 결국 병사 100명과 가신 40명이 포로가 되어버렸다.

해적에게 붙잡힌 사람들의 운명은 당시에는 누구나 알고 있었다. 노예로 팔리거나 갤리선 노잡이가 되어 평생을 쇠사슬에 묶여 지내야 한다. 그들을 저버리면, 그들의 주군인 사보이아 공작의 이름에 평생 지울 수 없는 상처가 난다. 공작은 몸값을 교섭하기 위한 사절을 울루치 알리에게 보낼 수밖에 없었다.

해적한테서는 당장 대답이 왔다. 모두 140명인 포로의 몸값으로 1만 2천 두카토를 내라는 것이었다. 막대한 금액에 놀란 사보이아 공작은 울루치 알리가 덧붙인 조건을 읽고, 굴욕감을 못 이겨 얼굴이 창백해졌다.

"몸값은 사보이아공국의 화폐나 금은 도구나 보석류가 아니라 베네치아나 제노바의 금화로 지불하시오. 그것을 준비하려면 약간의 시일이 필요할 테니, 그동안 우리는 항구에서 기다리고 있겠소."

사보이아 공작이 미친 듯이 화를 낸 것도 무리는 아니었다. 당신 나라 돈은 믿을 수 없고, 당신들이 갖고 있는 금은이나 보석도 대단한 것은 아닐 테니까, 몸값은 화폐로서 신용도가 높은 베네치아나 제노바의 금화로 지불하라는 뜻이었기 때문이다. 게다가 당신들은 신용할 수 있는 그런 금화도 많이 갖고 있지 않을 테니까, 그것을 조달하는 동안 항구에서 기다리겠다고 말하기까지 했으니, 화가 나서 속이 부글부글 끓어오른 것도 당연했다. 하지만 울루치 알리는, 공국이라 해도 알프스 근처의 소국에 불과한 사보이아의 내부 사정을 환히 알고 있었다. 사보이아 공작은 제노바 은행에 급히 사람을 보낼 수밖에 없었다.

그런데 금화만 도착하면 모든 것이 끝난다고 자신을 타이르며 꾹 참고 있던 공작에게 항구에서 기다리는 울루치 알리가 또다시 골치 아픈 난제를 가져왔다.

"투르크 술탄의 신하로서, 우리 주군과 동맹관계에 있는 프랑스 왕의 고모님이신 사보이아 공비(公妃)에게 주군을 대신하여 인사를 드리기 위해 방문하고자 합니다."

울루치 알리의 보스인 투르구트는 투르크 해군 총사령관의 지위에 있다. 따라서 울루치 알리의 주군도 투르크 술탄이다. 그 사람이 공작부인을 예방하겠다고 말한 것은 도리에 맞는 일이다.

하지만 공작부인을 해적과 만나게 하면 공작부인의 친정인 프랑스 왕실에 변명할 수가 없다. 굴욕적인 패배를 당한 뒤 막대한 몸값을 지불하고 게다가 해적한테 공작부인을 만나게 해주었다면 세간의 웃음거리가 될 것은 뻔하다. 사보이아 공작은 수도원에라도 틀어박힐 수밖에 없을 것이다. 그렇다고 해서 해적의 제의를 거부하면, 붙잡힌 140명은 그 자리에서 목이 날아갈지도 모른다. 용맹하기로 이름난 사보이아 공작도 궁지에 빠져 머리를 감싸쥐고 말았다.

그런 공작을 가신들은 그저 지켜볼 수밖에 없었지만, 한 궁녀가 나서서 공작에게 말했다.

"제가 공비님의 대역을 맡겠습니다."

이리하여 유럽 전역의 궁정에서 한때 좋은 화젯거리가 된 가짜 공작부인 사건이 시작되지만, 그 자세한 자초지종을 여기에 쓰고 있다가는 이야기가 너무 옆길로 빠져버린다. 또한 이 이야기는 오래전에 『사랑의 풍경』이라는 제목의 책에서 '에메랄드빛 바다'라는 에피소드로 다루었다. 이 가짜 공작부인 사건이 그 후 어떻게 되었는지 알고 싶은 분은 소설 형식으로 된 그 글을 읽어보시기 바라고 여기서는 다음 이야기로 넘어가겠지만, 어쨌든 '제르바의 학살' 이후 해적의 횡포는 더욱 대담해졌고, 반대로 기독교 쪽은 점점 소극적으로 대응하게 되었다.

그런 가운데 거의 유일하게 이슬람 해적에게 과감하게 맞선 것이 바로 몰타 기사단이다. 언제나 갤리선 몇 척밖에 쓸 수 없는 상태였지만, 기사들의 사기는 전혀 쇠퇴하지 않았다. 전통적으로 프랑스 출신 기사가 많아서 기사단의 공용어도 라틴어와 프랑스어로 정해져 있었고, 몰타 기사단에 지원하는 기사들의 3분의 1이 프랑스 출신이었다는 점도 흥미롭다. 이들의 주군인 프랑스 왕이 투르크와 동맹을 맺은 데 대한 반발이 그런 형태로 나타났는지도 모른다.

성 스테파노 기사단

이 시기에 기사단이 또 하나 창설된다. 정식 명칭은 '성 스테파노 해상 기사단'이고, 토스카나 대공 코시모 데 메디치가 열심히 관여하여 만들어진 기사단이었다.

목표는 단 하나. 이슬람 해적을 격파하는 것이다. 이제 '몰타 기사단'이 통칭이 된 '성 요한 기사단'에는 의료라는 임무도 있었지만, '성 스테파노 기사단'에는 이슬람 해적과 싸우는 목적밖에 없다.

몰타 기사단 단원은 유럽에서는 '푸른 피'라고 불리는 귀족 출신이어야 한다는 조건이 붙었지만, 성 스테파노 기사단의 단원이 되려면 보통의 '붉은 피'로 충분했다. 메디치 집안부터가 상인 출신이고, 피렌체가 번영한 것은 경제 덕분이다. 그 피렌체인이 중심을 이룬 기사단이 귀족의 피를 자격 조건으로 삼는다면 유럽 전체의 웃음거리가 될 뿐이다. 메디치 가문에서 프랑스 왕에게 시집간 카트린 드 메디시스조차 항상 상인의 딸이라는 비아냥을 듣고 있었다.

성 스테파노 기사단의 본부는 피사에 있었지만, 기사단 소속의 선박은 리보르노항에 기지를 두었다. 리보르노가 토스카나대공국의 외항이었기 때문이다. 즉 새로 창설된 '성 스테파노 기사단'은 성미가 강하기로는 누구에게도 뒤지지 않는 토스카나 사람이 이슬람 해적을 상대로 마음껏 난폭하게 날뛰는 조직으로 창설된 거나 마찬가지였다. 하지만 그렇기 때문에 해적들이 제 세상인 양 으스대며 설치고 다니게 된 지중해에서 '몰타 기사단'과 함께 용맹하고 과감하게 해적과 부딪치는 해상 세력이 될 수 있었다. 덧붙여 말하면, 두 기사단이 서로 연대하여 해적과 싸우는 공동투쟁이 종종 이루어졌다.

그렇기는 하지만, 두 기사단이 바다에 내보낼 수 있는 전력은 언제나 갤리선 3척 내지 5척뿐이었고, 배가 두 자릿수인 10척 이상으로 늘어난 적은 한 번도 없었다. 이래서는 울루치 알리가 해적 한 부대를 이끌고 행동할 때의 전력과 비슷할 뿐이다. 게다가 이슬람 해적은 이 정도 규모의 선단을 동시에 대여섯 개나 지중해 각지로 내보내고 있었다.

서부 지중해에서 해적선단을 보아도 달아나지 않고 맞서는 기독교 세력이 이들 두 기사단뿐이라면, 이슬람교도는 누구나 이렇게 생각할 것이다. 이 기회에 지중해 서부까지도 단숨에 '우리 바다'로 바꾸고, 그 여세를 몰아 70년 전에 쫓겨난 이베리아반도에 다시 상륙하여 유럽 제일의 대국인 에스파냐를 이슬람화하자고. 투르크의 술탄 술레이만도 그렇게 생각했다.

살아 있을 때부터 술레이만은 '대제'라는 존칭으로 불린 사람이다. 대제는 동서고금을 불문하고 역사상으로는 영토를 확대한 군주에게 바쳐지는 호칭이다. 술레이만은 40년이 넘는 긴 치세 동안 내정도 충분히 정비했지만, 영토 확대라는 면에서도 전임자들에게 뒤지지 않는다. 육지에서는 베오그라드와 부다페스트를 정복했고, 빈에서도 투르크군이 멀리 바라보이는 것이 일상적인 상태가 되었다. 바다에서도 지중해 동부는 '투르크의 바다'라고 해도 좋았다.

이런 술레이만이 지중해 서부까지 제패할 길을 가로막은 것이 바로 몰타 기사단이었다. 기사단이 지금까지 쌓은 실적으로 보아도, 작은 섬에 틀어박혀 있는 소규모 전력이라고 무시하고 지나가는 것은 허락되지 않았다. 어쨌든 기사단은 이슬람의 배를 보면 그것이 군선이든 상선이든 관계없이 습격해오기 때문이다. 그들은 우선 몰타를 함락시키기로 결정한다. 먼저 몰타를 함락시킨 뒤에 서쪽으로 향하기로 결정한 것이다.

제6장

반격의 시대

몰타섬 공방전

술레이만이 기사단과 싸운 것은 처음이 아니었다. 43년 전인 1522년에 그가 직접 지휘한 투르크군은 로도스섬을 공격하여 반년 뒤 공략에 성공했다. 그 술탄에게 투르크 궁정의 고위관료들은 로도스섬과 몰타섬의 면적 차이를 거론하며, 로도스섬도 반년 만에 공략할 수 있었으니까 몰타섬은 한 달이면 족할 거라고 말했다.

이 말을 술레이만이 믿었는지 어떤지는 알 수 없다. 다만 몰타섬을 공격할 때 투입한 전력은 로도스섬을 공략했을 당시의 절반 정도밖에 되지 않았다. 그것으로 미루어 보면 술레이만도 몰타섬 정도는 간단히 함락할 수 있다고 생각했는지 모른다. 하지만 절반 정도의 전력이라도 정예를 골라서 투입했다. 술레이만도 로도스섬을 쉽게 공략하지 못한 경험이 있기 때문에, 이번에는 몰타섬에 틀어박혀 있는 기사단의 실력을 과소평가하지 않은 것 같다.

의사로서 현장에 있었던 사람이 공방전 2년 뒤에 썼다는 기록에 따르면, 술레이만이 몰타에 투입한 병력은 3만 명이 넘고 배는 200척에 이르렀다고 한다.

그 3만 명 가운데 주전력의 핵심을 이루는 것은 투르크군의 꽃이라고 불린 예니체리 군단병 6천 명이다.

여기에 투르크어로 '시파히'(Spahi)라고 불린 병사가 1만 명. 이들은 투르크에 정복되어 투르크제국에 병합된 발칸 지방 출신 병사들이다.

거기에 '야얄라르'(Iayalar)라고 불린 투르크제국 동방 출신 병사

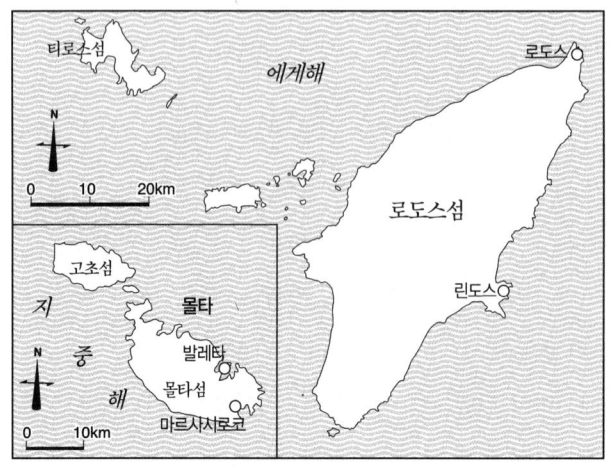

몰타섬과 로도스섬

5천 명이 추가된다.

이것으로 벌써 2만 1천 명이 된다. 이 2만 1천 명이 주전력이다. 그 밖에 북아프리카 전역에서 해적이 소집되었고, 전쟁을 돈벌이 기회로 생각하여 각지에서 모여든 모험가들도 있다. 특별한 기능이 필요한 선원이나 포수까지 더하면, 총병력은 5만 명이라고 말하는 것이 현실적인 규모가 아니었을까. 그래도 로도스섬을 공략했을 당시의 절반이었다.

흥미로운 것은 이 투르크군 병사들 가운데 태어날 때부터 이슬람교도는 소수파였다는 점이다.

예니체리 군단병은 앞에서도 말했듯이 소년 시절 투르크 국내에 사는 기독교도 부모와 강제로 헤어져 병사로 키워진 남자들이고, 이슬람교로 개종하기는 했지만 원래는 기독교도였다. 또한 '시파히'도 투르크에 정복된 동유럽 국가에서 소집한 남자들이니까, 이쪽은 아직도 그리스정교를 믿는 기독교도였을 가능성이 높다. 제국 동방에서 소집된

'야얄라르' 5천 명만 태어났을 때부터 이슬람교도가 아니었을까.

투르크제국에서 종교는 술탄에게 충성하는 절대조건은 아니었다. 태어났을 때는 어떤 종교를 믿었든 간에 그 후 이슬람으로 개종하면 문제는 없다는 것이다. 투르크제국의 이런 사고방식은 술레이만이 몰타 공략을 맡긴 두 사령관에게도 나타나 있었다.

육군 총지휘를 맡은 것은 전쟁 경험도 많고 용장으로 알려진 무스타파 파샤, 해군을 맡은 것은 술레이만의 손녀사위인 피얄레 파샤다.

이들 두 사람 가운데 태어났을 때부터의 이슬람교도는 무스타파였다고 한다. 피얄레의 전쟁 경력은 알려지지 않았지만, 궁정 고관이었다니까 원래는 기독교도가 아니었을까. 투르크제국에 사는 기독교도 소년을 강제로 모아서 편성한 것이 예니체리 군단인데, 그중에서도 특히 잘생기고 머리도 좋은 소년은 궁정관료가 되도록 특별한 교육을 받는다. 그들 가운데 장관까지 출세한 자도 적지 않았기 때문에, 술탄의 손녀사위가 된 사람이 있어도 이상할 것은 없었다. 술탄의 하렘에는 여자가 300명이나 있었다니까, 태어나는 아이도 많았을 것이다.

술레이만은 이들 두 사령관 외에 트리폴리 총독이 된 투르구트도 사령관으로 임명했다. 투르구트가 가세했다는 것은 몰타 공략전에 북아프리카 해적도 총동원된다는 뜻이다.

몰타를 단번에 공략하고 싶다고 술레이만이 생각하고 있었다는 증거는 또 하나 있다.

그것은 대군이 원정할 때 빼놓을 수 없는 병참 문제다.

로도스섬을 공략할 때는 섬 자체가 넓고 풍요로운 곳이었기 때문에,

술레이만 시대의 지중해 세계

군량은 현지에서 조달할 수 있었다. 또한 로도스섬은 투르크 영토인 소아시아와 가까웠기 때문에, 무기나 기타 보급품은 소아시아에서 로도스섬까지 피스톤수송을 하기가 쉬웠다.

하지만 몰타섬에서는 그것을 기대할 수 없다. 섬도 작은데다 황폐한 곳이어서 식량이나 음료수조차 현지에서 조달할 수 없다. 그렇다고 해서 콘스탄티노플이나 이집트의 알렉산드리아에서 운반하기에는 너무 멀다. 가까운 거리에 있는 북아프리카의 도시들은 해적업은 번성해도 다른 산업은 발달하지 않았다.

그래서 콘스탄티노플에서 출항할 때 모든 보급품을 신고 갈 수밖에

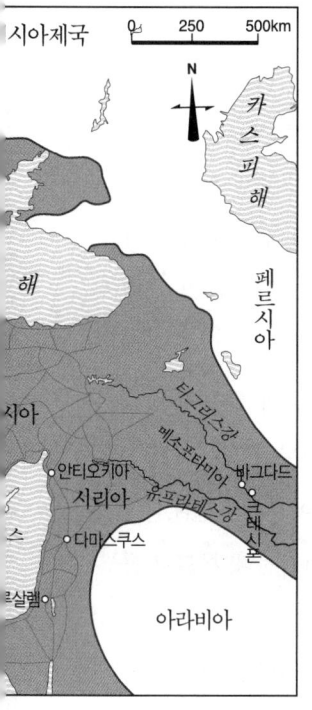

없었다. 식량은 물론 대포와 포탄·화약·무기·갑옷 등 전쟁에 필요한 것은 모두 가져간다. 투르크인이 좋아하는 '로쿰'(꿀과자)까지 가져갔다니까, 투르크군은 전성기 때 투르크제국의 생활수준을 전선에서도 유지할 작정이었나 하는 생각이 든다.

그런데 도대체 그런 보급품을 몇 달 치나 준비했을까. 200척이나 되는 배들 대부분이 수송선으로 쓰였다지만, 설마 투르크 고관들이 호언장담했듯이 한 달이면 몰타섬이 함락될 거라고 믿고 한 달 치를 준비했을까. 아니면 신중하게 생각해서 두 달 치 정도를 준비했을까.

어쨌든 이것이 현실로 옮겨지는 것은 1565년이다. 그때까지 연기된 것은 술레이만의 아들이 페르시아 땅에서 반기를 드는 바람에 그 반란을 진압하기 위해 무스타파 파샤가 동방으로 갈 수밖에 없었기 때문이다. 진압에 성공한 무스타파가 돌아온 이듬해, 투르크 대군은 몰타를 공략하기 위해 수도 콘스탄티노플을 떠날 수 있었다.

그해에 술탄 술레이만은 일흔 살이 되어 있었다. 투르크군을 맞아 싸우는 몰타 기사단 쪽에도 일흔 살 노인이 있었다. 단장으로서 몰타 기사단을 이끌고 있는 장 파리소 드 라 발레트였다. 프랑스 오베르뉴 지방의 명문 출신으로, 젊은 시절 기사단에 들어온 뒤로는 평생 한 번도 고향에 돌아가지 않았다고 할 만큼 기사단에 모든 생애를 바친 남자였다.

　하지만 이들 두 노인의 공통점은 일흔 살이라는 나이뿐이었고, 두
사람은 전혀 다른 세월을 걸어왔다. 술레이만은 전성기 투르크제국의
군주로서 영광과 명성, 권력과 사치에 둘러싸여 살아온 반면, 프랑스
인 기사는 그 네 가지를 하나도 맛본 적이 없는 인생을 보냈다. 두 사람
은 이제까지 딱 한 번 얼굴을 맞댄 적이 있었는데, 그것은 둘 다 28세
때인 1522년이었다.

　로도스섬을 둘러싼 공방전이 반년에 걸친 격전 끝에 막을 내렸을
때, 승리자인 술레이만은 패배한 기사들을 정말 신사적으로 대했다.
무기를 가지고 섬에서 떠나는 것을 인정한 것이다. 이것은 유럽에서는
'무인의 명예'라 하여 패자에 대한 최고의 예의로 여겨진다. 투르크 술
탄은 기사단장에게 말했다.

　"나는 이겼소. 하지만 당신과 당신 부하들처럼 용감하고 의로운 사
람들을 집에서 쫓아내야 하는 사태에 진심으로 슬픔을 느끼지 않을 수
없소."

　이 자리에는 기사단장(델 카레토)의 비서관이었던 라 발레트도 있
었다. 하지만 술레이만은 자기와 동갑인 그 기사에게 눈길도 주지 않
았을 것이다. 라 발레트는 기사단장과 동행한 18명의 기사 가운데 한
사람일 뿐이었으니까. 하지만 라 발레트는 잊지 않았다.

　몰타 공방전이 벌어지는 동안, 라 발레트가 보고 있었던 것은 무스
타파 파샤나 피얄레 파샤가 아니라 술레이만이었을 거라고 나는 확신
한다. 일흔 살 노인은 그 자리에 없는 일흔 살 노인을 응시하면서 계속
싸웠다. 왜냐하면 스물여덟 살이었던 그해부터 43년 동안 라 발레트가

술레이만
현대 미국 국회의사당 부조에서. 솔론과
『로마법대전』을 편찬한 유스티니아누스
대제 등과 함께 걸려 있는 것으로 보아 역
사상 중요한 입법자의 한 사람으로 여겨지
고 있었던 게 분명하다.

라 발레트
영국에서 출판된 I.C. Lochhead의 *The Siege of
Malta, 1565*(1970년)에서.

걸어온 인생은 험하고 혹독한 길이었기 때문이다. 스물여덟 살 때의
그 사건이 없었다면 그렇게 험한 길을 걸을 필요는 없었다.

로도스섬에서 쫓겨난 기사단을 기다리고 있었던 것은 8년이나 되는
유랑의 세월이었다. 크레타섬, 시칠리아의 메시나, 나폴리, 치비타베키
아를 전전했지만, 어디에서도 오래 있지 못했다. 시대는 이성과 지성
을 중시한 르네상스의 세례를 받은 뒤였다. 성 요한 기사단을 십자군
시대의 유물로 보는 사람이 많았다. 교황청 해군기지가 있는 치비타베
키아에서 식객 노릇을 한 몇 년 동안은 그래도 존재이유를 보여줄 수
있었다. 교황청 해군의 규모도 몇 척 정도에 불과했기 때문에, 해적을
격퇴할 때 교황청 해군과 힘을 합쳐 활약할 수 있었기 때문이다. 하지
만 식객의 처지인 것은 변함이 없다. 기사단은 각국과 접촉하여 자신

들의 본거지를 둘 수 있는 곳을 찾으려고 계속 노력했다.

1530년에 드디어 에스파냐 왕 카를로스가 몰타섬이라면 줄 수 있다는 뜻을 전해왔다. 에스파냐 영토도 아니고 에스파냐 병사가 주둔해 있는 것도 아닌 외딴섬을 주겠다는 거니까 무책임한 소리지만, 기사단은 달리 선택할 길이 없었다. 카를로스는 매사냥용 매를 1년에 한 마리씩 헌상하는 조건으로 몰타섬을 기사단에 넘겨주었다. 카를로스는 튀니스를 공략하고, 비록 실패로 끝나기는 했지만 알제 공략도 시도한 사람이다. 몰타의 매가 탐났던 것도 아니고, 이슬람에 대한 증오로 일관해온 기사단을 이슬람과 맞선 최전선에 놓아두려는 의도로 몰타섬을 주었을 게 분명하다. '몰타 기사단'의 기사들은 적과 마주 보는 변경의 요새로 보내진 병사나 마찬가지였다.

카를로스가 양도했을 당시의 몰타섬을 보았을 때는 섬으로 이주한 기사들도 어이가 없었을 것이다. 그중 한 사람이었던 라 발레트는 서른여섯 살이 되어 있었다.

로도스섬을 떠난 것은 8년 전이니까, 기사들의 머릿속에는 아직 로도스섬의 기억이 또렷이 남아 있었을 것이다. 기후는 1년 내내 온난하고, 기온도 25도를 넘을 때가 드물고, 온종일 어디에선가 불어오는 산들바람이 살갗을 부드럽게 어루만져준다. 로도스섬은 장미꽃이 피는 섬이라는 뜻이고, 아름다운 이 섬에는 무엇보다도 역사가 있었다.

긴 역사를 가지고 있다는 것은 사람들이 항상 즐겨 살아온 곳이라는 뜻이다. 넓은 경작지는 없었지만, 땅은 기름지고 물도 풍부하다. 좋은 항구가 있었기 때문에 옛날부터 해운과 통상으로 번영해왔다.

주민은 그리스계여서 문화적으로도 풍요롭다. 지금도 바티칸 미술관의 보물로 꼽히는 '라오콘 군상'은 로도스섬의 예술가가 만든 작품이다. 섬 동쪽 절벽 위에 우뚝 솟아 있는 린도스 신전 유적에 서서 눈 아래 펼쳐진 지중해를 바라보면 고대 문명을 생각지 않을 수 없을 것이다.

로마 시대에도 로도스섬의 존재가치는 전혀 줄어들지 않아서, 이 섬에 이주한 그리스의 고명한 학자의 학원에 로마의 지적 상류계층에 속하는 젊은이들이 모두 배우러 갔다. 지식인은 호사스러울 필요는 없어도 쾌적한 거라면 좋아하는 인종이다. 이런 생활방식을 일본에서는 '청빈'이라고 말한다. 키케로와 카이사르도 로도스 유학파였지만, 고대의 로도스섬은 온화하면서도 품위있는 쾌적함으로 사람들을 끌어당겼다. 이 로도스섬이 200년 동안 기사단의 집이었다.

몰타 기사들의 전투복 가슴은 기사단이 창설된 이래 줄곧 붉은 바탕에 하얀 십자로 덮여 있다. 하지만 일상복의 가슴에는 검은 바탕에 하얀 변형 십자가 붙어 있는 것이 로도스섬을 떠난 이후 기사단의 제복이 되었다. 바탕을 검은색으로 한 것은 잃어버린 로도스섬을 그리워하며 애도하는 마음을 표현한다. 말하자면 상복을 입은 셈인데, 그것도 모두 술레이만의 투르크 탓이었다.

'몰타의 매'

몰타섬에는 로도스섬에 있었던 것이 아무것도 존재하지 않았다. 오늘날 우리 눈에 보이는 몰타섬은 공방전이 끝난 뒤 라 발레트가 다시 쌓아올린 것을 바탕으로 그 후 오랫동안 덧붙이기를 계속한 결과다. 1530년에 이 섬으로 이주해온 기사들의 눈에 비친 몰타섬을 상상하려면, 지금 있는 것을 모조리 지워버릴 필요가 있다. 즉 아무것도 없는 몰타가 기사단이 본거지로 삼으려 했던 당시의 몰타였다.

바위투성이의 땅. 물도 적고, 빗물을 모아서 여과하지 않으면 마실 수도 없다. 황량한 땅이라서 비도 적다. 기온도 여름에는 40도에 육박하는 더위가 계속되고, 아프리카에서 불어오는 시로코(남동풍)가 그것을 혹서로 바꾼다. 그런데 겨울이 되면 풍향이 완전히 달라져서, 혹독한 마에스트랄레(북서풍)가 휘몰아친다. 바위투성이여서 경작에도 적합하지 않고, 섬 전역에 흩어져 사는 1만 명이 채 안 되는 농민들은 소나 산양을 키워서 생계를 꾸리고 있었다. 바다에 둘러싸여 있지만 어업도 성하지 않다. 해안 근처에 살면 해적에게 납치당하는 게 고작이었다.

이런 곳에 역사가 만들어질 리가 없었다. 로도스섬에 남기고 온 모든 것이 그리워지는 나날이었지만, 십자군 시대에 창설된 템플 기사단이나 튜턴 기사단처럼 끝나고 싶지 않으면 이 몰타섬을 새 집으로 바꿀 수밖에 없었다.

새 집으로 바꾸기 위한 자금은 기사단으로서 유럽 각지에 소유하고 있던 부동산에서 들어오는 수입과 명문 집안 출신으로 개인 재산이 많은 기사들의 기부금, 그리고 해적질로 얻은 수익금으로 충당했다. 하지만 템플 기사단처럼 독자적인 금융업에 손을 대지 않은 것은, 재산을 노린 프랑스 왕에게 궤멸당한 템플 기사단과 같은 운명을 바라지 않았기 때문일 것이다. 그리고 성 요한 기사단에는 좋은 수입원이 있었다. 로도스섬에 있을 당시와 마찬가지로 이슬람의 배가 보이면 습격하여 재물을 빼앗는 것이다. 몰타섬에 이주한 뒤에도 이 일을 계속하면 수입원이 되는 동시에 기독교 세계의 최전선 보루의 역할도 해낼 수 있었다.

오늘날 몰타섬에서 볼 수 있는 기사단 건물은 바로크 양식으로 호화롭지만, 1565년 몰타 공방전 당시 기사들의 생활은 이런 호사와는 전혀 관계가 없는 소박한 것이었다. 교회는 지을 수 있었다. 몰타 기사단의 특징인 의료를 베풀기 위한 병원도 지을 수 있었다. 또한 로도스 시대와 마찬가지로 각각의 모국어에 따라 분류된 기사관도 지을 수 있었다. 하지만 어느 건물도 기껏해야 지금 로도스섬에 남아 있는 건물과 같은 수준이거나 그 이하였다. 절대로 지금 몰타에 남아 있는 화려하고 호화로운 바로크 양식의 건축물은 아니었다. 어쨌든 환경이 열악한 데다 아무것도 없는 섬으로 옮긴 지 아직 35년밖에 지나지 않았다.

하지만 이렇게 전과는 전혀 다른 가혹한 환경에서 35년 동안 살아온 기사들은 동시대의 유럽 궁정에서 화려하게 살고 있는 사람들과는 달리 어떤 상태도 참고 견딜 수 있는 정신과 육체의 소유자로 바뀌어 있었다.

날마다 해적과 대면하는 기사들에게는 죽음도, 쇠사슬에 묶인 포로 생활도 결코 특별한 사건은 아니었다. 라 발레트도 마흔일곱 살이 된 1541년에 이슬람 해적에게 붙잡혀 1년 동안 노잡이로 지냈다. 포로 교환 덕분에 자유를 되찾은 모양이지만, 곧장 몰타섬으로 돌아가 아무 일도 없었던 것처럼 과거의 생활을 다시 시작했다.

몰타 기사단에서는 기사들의 투표로 단장을 선출한다. 다만 단장이 결정되면 모든 권한이 단장에게만 집중되는 것은 교황청의 체계와 비슷했다. 라 발레트는 기사단장에 선출된 해에 예순세 살이었다. 하지만 평범한 예순세 살은 아니었다. 그것은 라 발레트만이 아니라 모국에서의 우아하고 안락한 생활을 버리고 몰타에 와 있는 다른 기사들도 마찬가지였다.

술레이만이 아들의 반란을 진압하기 위해 몰타 공략을 연기한 것은 결과적으로 라 발레트에게 충분한 방위를 준비할 시간 여유를 주게 된다.

일흔 살의 기사단장은 냉철하게 준비를 진행했다. 많은 일을 동시에 진행할 필요가 있었다.

기사단은 몰타로 옮기자마자 바위투성이 땅을 깊이 파서 넓은 저수지를 만들어 음료수 문제를 해결했다. 저수지를 깨끗하게 유지할 책임은 기사단에 딸린 의사의 임무였다. 지중해성 기후에서는 늦가을과 이른봄이 우기가 된다. 비가 내릴 때마다 빗물은 저수지에 저장되었다.

식량은 가까운 시칠리아나 남부 이탈리아에 전년도 수확기부터 이미 매입처를 확보해두었다. 하지만 꼭 필요한 것만 사들였다. 밀과 올리브유, 양파, 염장 고기와 치즈가 비축 식량의 태반을 차지했다. 포도주는 사치품이었고, 하물며 과자 따위에 관심을 기울일 여유는 없었다. 감미료는 벌꿀이었다. 그밖에 거친 땅에서도 잘 자라고 값도 싼 카루바 열매도 필요했다. 말린 카루바를 빻으면 밀가루 대용품이 되었다. 치즈와 카루바는 몰타에서도 생산되었지만, 몰타 농민에게 그것을 사지는 않았다. 몰타 농민들도 언제까지 계속될지 모르는 농성 생활을 견뎌야 했기 때문이다.

라 발레트는 몰타 주민들 중에서도 노약자나 아녀자들은 섬 중앙에 있는 오래된 성벽으로 둘러싸인 산촌에 피난시키기로 했다. 적을 맞아 싸우는 세 곳의 요새는 순수한 전투원인 남자들만 지키기로 한 것이다. 기사단에 속하는 기사는 결혼이 금지되어 있기 때문에 처자식이 없지만, 의료에 종사하는 의사에게는 독신까지 요구하지 않았다. 기사단에 속해 있어도 기사가 아닌 이런 사람들의 처자식도 산촌으로 피난시켰다.

라 발레트는 투르크 대군을 태운 대선단이 이듬해 봄에는 몰타로 오는 것이 확실해지기 전에 이미 유럽 각국에 원군을 파견해달라고 요청했다. 그 요청에 응해온 나라는 에스파냐뿐이었다. 펠리페 2세는 시칠리아를 통치하는 '부왕'인 돈 가르시아 데 톨레도에게 1만 6천 명의 병사를 모으라고 명령했다. 다만 이 원군을 언제 몰타로 보내라고 명언하지는 않았다.

성 요한 기사단의 기사가 되어도 모두 본거지에 대기하고 있는 것은 아니다. 기사가 되겠다고 서약한 뒤에도 계속 모국에서 사는 사람도 적지 않다. 로마 교황이었던 클레멘스 7세도 성 요한 기사단의 기사였다.

라 발레트는 기사단의 존속이 위태롭다 하여, 모국에 남아 있는 이 기사들도 소집했다. 하지만 종교적 기사단의 단원이 되는 것 자체가 지원제이기 때문에, 소집에도 강제성은 없다. 그래도 기사단의 위기를 모른 체할 수는 없었다. 그래서 몰타에 달려오지 않고 그 대신 자금을 원조하는 기사도 적지 않았다. 라 발레트는 이렇게 될 것을 미리 내다보았는지 자금 원조도 기꺼이 받으라고 명령했기 때문에, 유럽으로 간 몰타의 배는 소집에 응한 소수의 기사 외에 그 자금으로 사들인 대량의 무기를 싣고 돌아오게 되었다.

몰타 기사단의 지원 요청에 응하는 나라가 적었던 것은, 본격적으로 나오는 투르크군 앞에서 몰타 기사단이 겪을 운명은 뻔하다고 누구나 생각했기 때문이다. 하지만 배는 보내오지 않아도 사람은 보내왔다. 몰타에 도착하기 시작한 4천 명이나 되는 지원병은 대부분 이탈리아 반도나 시칠리아에서 지방 영주들이 고용하여 보낸 용병들이었다.

이리하여 전운이 수평선 위에 나타날수록 지중해 한복판에 떠 있는 작은 섬 몰타에도 사람들이 모여들기 시작했다. 전부터 몰타에서 살았던 사람도 가세하여, 기사의 총수는 501명이 된다. 그들 가운데 프랑스 출신이 200명, 이탈리아 출신이 171명으로 대세를 차지했고, 그밖에 에스파냐인도 적지 않았다. 프로테스탄트 세력이 강한 독일 중부에서도 13명, 영국국교회를 설립하여 가톨릭에서 떨어져나간 영국에서도 기사 3명. 여기에 기사단 관계자로서는 하인이나 기타 잡일을 하는 100명이 추가된다. 이탈리아에서도 4천 명의 지원병이 가세했고, 몰타 농민 5천 명도 방어전에 참가하게 되었다.

농민들은 전투에 참가하겠다고 나섰지만, 전투를 경험한 적은 한 번도 없었다. 그런 남자들을 병사로 양성하는 것은 기사들의 역할이었다. 아마 「7인의 사무라이」에 묘사된 것과 비슷한 방식으로 농민들을 훈련시켰을 것이다. 하지만 아무리 훈련해도 즉석에서는 병사로서 제구실을 할 수 없다. 그래도 보조병으로나마 그들이 임무를 완수해주기만 하면, 주전력인 기사도 활약할 수 있었다.

수비군 병사의 수는 이들을 모두 합해도 9,600명밖에 안 된다. 이 병력으로 5만 명을 맞아 싸우게 된다. 하지만 주전력인 기사는 500명뿐이다. 투르크 쪽 주전력이 예니체리 군단이라면, 이 500명이 6천 명을 상대로 싸우게 된다. 유럽 각국이 몰타 기사단의 운명도 이제 끝났다고 생각한 것도 무리는 아니었다.

하지만 라 발레트는 옥쇄하겠다는 생각에 도취하는 지도자는 아니었다. 몸소 경험한 로도스섬 공방전을 참고하여 전략과 전술을 생각했다.

로도스섬 공방전 당시, 수비군에게 가장 큰 타격을 준 것은 성벽을 직격하는 대포보다 성벽 아래까지 판 땅굴에 화약을 채워넣고 폭발시켜 성벽을 토대부터 파괴해버리는 투르크군의 전술이었다.

이 전술을 몰타에서는 쓸 수 없다. 적어도 쉽게 쓸 수는 없다고 라 발레트는 판단했다. 로도스섬의 토양은 부드러웠지만, 몰타는 바위투성이 땅이어서 땅굴을 파기가 어렵다. 투르크군이 여느 때처럼 인해전술을 쓴다 해도, 바위땅을 파는 공사에는 상당한 시간이 걸린다. 따라서 땅굴을 동시에 몇 개씩 파는 것은 불가능하다. 땅굴의 수가 적으면, 그것을 발견하고 대처할 수 있는 확률도 높아진다.

또한 몰타섬은 바위땅이지만, 한 덩어리로 된 바위가 아니라 암석지대다. 대포의 선진국인 투르크군의 포격은 그들에게 계속 포격당한 빈 사람들이 몇 세기 동안이나 잊지 않았을 만큼 무시무시했지만, 거포라 해도 좋은 투르크의 대포를 활용하려면 그것을 설치할 수 있을 만큼 확고한 지반이 필요하다. 암석지대에서는 대포를 설치하기가 쉽지 않다. 포대가 안정되지 않으면 포격도 위력을 발휘할 수 없다. 로도스섬에서는 쉬웠던 이 일이 몰타섬에서는 쉽지 않았다.

이것이 로도스처럼 견고한 요새가 아직 지어지지 않은 몰타섬을 방위하는 라 발레트의 전략을 결정지었다. 대포에 직격당할 것을 미리 계산에 넣고, 한 겹의 견고한 성벽으로 지키는 것이 아니라 몇 겹의 방벽으로 지키자는 것이다. 방벽 하나를 파괴해도 그 앞을 방벽이 또 하나 막아서는 식이다. 이것은 완전히 심리작전이었다.

그렇게 되면 보급로가 긴 것도, 투르크군 병사들이 높은 생활수준에 익숙해져 있다는 것도 수비 쪽에는 훌륭한 무기가 된다. 가장 짧은 보급로는 시칠리아를 공격하여 필요한 것을 빼앗는 방법이지만, '제르바의 학살' 이후 시칠리아 남해안도 방비가 강화되었다. 쉽게 빼앗아서 돌아올 수는 없다. 한편 북아프리카의 항구도시는 대군이 필요로 하는 것을 모두 공급할 수 있는 힘이 없었다. 게다가 몰타섬에는 물도 없다. 결국 투르크 대군은 가져온 보급품만으로 5만 명이 넘는 사람을 먹이면서 공격을 계속해야 한다.

이 '몰타 공방전'에서 라 발레트의 전략을 한 마디로 말하면 몰타섬이 가진 불리함을 방위에 활용하여 유리함으로 바꾼 것이었다.

라 발레트가 가장 두려워한 것은 로도스 공방전 때 그랬듯이 대군이 상륙하여 육로로 공격해오는 것이 아니었다. 그보다는 투르크 쪽이 이 대군을 실어온 배를 이용하여 시칠리아로 가는 해로를 차단하는 것이었다. 펠리페 2세가 약속한 1만 6천 명의 원군이 몰타에 도착할 수 있는 길은 어떻게든 열어두어야 했다. 그래서 기사단에 가장 중요한 갤리선 5척을 모두 시칠리아 방향에 해당하는 북서쪽 바다로 내보냈다. 에스파냐 출신 기사인 로메가스가 이끄는 이 5척은 몰타섬 북서쪽 끝에 있는 후미를 기지로 삼아서, 투르크 해군이 이쪽 방향으로 오려고 하면 당장 가로막는 임무를 부여받았다.

라 발레트는 외지에서 온 지원병과 섬 주민을 포함해도 1만 명이 채 안 되는 병력으로 투르크군을 이길 수 있다고는 생각하지 않았다. 시칠리아에서 원군이 도착할 때까지 버티는 것밖에 생각지 않았다. 그래서 팔레르모에 있는 에스파냐 왕의 대리인 돈 가르시아에게 특별히 임명한 기사를 보냈다. 원군이 조금이라도 일찍 출발하도록 시칠리아 '부왕'을 설득하는 것이 이 기사의 역할이었다.

몰타 기사단의 배는 5척밖에 안 되지만, 모두 돛대가 두 개인 대형 갤리선이다. 그것을 전력으로 만들려면 한 척당 최소한 20명의 전투원이 필요하다. 이 역할도 베테랑 기사가 아니면 해낼 수 없었다. 따라서 이 단계에서 이미 라 발레트 곁에는 400명도 채 안 되는 기사밖에 남아 있지 않았다. 이 400명 중에는 몰타에 온 지 얼마 되지 않아서 이슬람교도와 싸우는 게 이번이 처음인 젊은 기사도 적지 않았다. 용기만은 충분한 이 젊은이들을 활용하는 데에는 라 발레트도 조금 애를 먹게 된다.

일흔 살의 '몰타의 매'는 중세 기사라는 말을 들으면 누구나 머리에 떠올리는 모습—번쩍번쩍 빛나는 강철제 갑옷으로 머리부터 발끝까지 감싸고 화려한 깃털장식이 달린 투구를 쓴 모습—의 기사 따위는 필요로 하지 않았다. 화려한 장식으로 덮인 말에 올라타고 견고한 성벽을 등지고 큰 창을 꼬나쥔 기사도 필요없다.

반도 끝을 요새화한 세 곳에 모든 방위력을 집중하기로 결정한 그는, 하나가 함락되어도 다음 방벽이 막아서고 그곳이 함락되어도 또 다음 방벽이 막아서는 방식으로 섬을 지켜낼 생각이었다. 이 방식에서는 화려함 따위는 어디에서도 찾아볼 수 없고, 불굴의 의지와 착실한 인내력만이 승부를 결정한다.

라 발레트는 기사들이 투구에 깃털장식을 다는 것을 금지했다. 또한 온몸을 감싸는 갑옷 착용도 금지했다. 허락한 것은 머리를 보호하는 투구와 흉갑뿐이었다. 또한 연락에 필요한 경우가 아니면 말을 타는 것도 금지했다. 즉 기병을 보병으로 바꾼 것이다. 유럽에서 갓 도착한 젊은 기사들은 불만스러운 듯했지만, 단장의 명령은 절대였다. 하지만 이로써 중무장은 경무장이 되어 싸우기가 더 쉬워진다. 예상되는 공방전은 여름에 벌어질 테고, 몰타의 여름은 지독하다. 그 더위 속에서 치열한 전투가 벌어지는 것이다.

공방이 시작되다

1565년 5월 18일, 3월 22일에 콘스탄티노플을 떠났다는 투르크 대군이 몰타섬 앞에 모습을 드러냈다. 예상대로 투르크군은 몰타섬 남동부에 입을 벌리고 있는 마르사시로코만으로 들어온다. 193척으로 이루어진 함대가 실어온 대군이 상륙할 수 있는 곳은 몰타섬에서는 여기밖에 없었다. 24킬로그램이나 되는 포탄을 쏠 수 있다는 대포 50문도 양륙된다. 10만 번이나 포격할 수 있다는 포탄과 화약도 양륙되었다. 물론 줄잡아 3만 명이라는 병사들도 상륙한다. 그리고 공성전에 필요한 모든 것을 양륙하는 데에만 열흘이 넘게 걸렸다. 초강대국의 위용을 반영하여 모든 것이 대규모였고 어마어마했다.

그런데 상륙과 양륙을 끝낸 선단은 그곳에 닻을 내리지 않고 섬을 서쪽에서부터 빙 돌아 북쪽으로 올라가기 시작했다. 라 발레트는 마음만 조급한 젊은 기사들에게 이슬람교도에 대한 첫 경험을 시키기 위해 그 선단을 감시하도록 내보냈다. 말을 타고 가는 것이 허락되어 만족한 젊은이들은 바다 위를 항해하는 투르크 선단과 병행하는 형태로 육로를 나아갔다.

이래서는 당연히 적도 눈치를 챘다. 상륙한 투르크 부대와 작은 충돌이 일어나, 그들 가운데 프랑스 기사와 포르투갈 기사가 붙잡혀버렸다. 포르투갈 기사는 혹독한 고문도 견뎌냈지만, 프랑스 기사는 몰타의 방위가 허술한 곳이 비르구라고 털어놓았다.

투르크 해군 사령관은 술탄의 손녀사위인 피얄레 파샤다. 육군을 지휘하는 무스타파 파샤를 앞질러 첫 승리를 거둘 수 있다고 생각한 피얄레는 그 말에 곧바로 덤벼들었다.

이제 모든 배가 비르구로 간다. 그리고 그곳에 도착하자마자 배에 탄 병사들을 모두 상륙시킨다. 피얄레 파샤는 붉은 바탕에 하얀 반달이 새겨진 투르크 국기가 몰타에 처음 나부낄 그 첫 전투를 기함 위에서 관전하기로 했다.

하지만 젊은 프랑스인 기사의 자백은 거짓이었다. 비르구에는 몰타 수비군이 대기하고 있었다. 그들은 격렬하게 반격했고, 피얄레 파샤는 고전을 강요당한 끝에 퇴각하는 자기 병사들을 관전하게 되었다. 그 옆에 꽁꽁 묶여 있으면서도 냉소를 지은 채 자기 자백의 성과를 바라보고 있던 프랑스 기사에게는 육신을 손상시키면서 천천히 죽이는 가장 잔혹한 처형이 기다리고 있었다.

지금도 바다에서 몰타로 다가가면, 맨 먼저 눈앞에 다가오는 것이 성 엘모곶 끝에 서 있는 요새의 위용이다. 이 요새를 함락시키지 않으면, 그 뒤에 있는 성 안젤로 요새와 성 미켈레 요새에 도달할 수 없다.

라 발레트도 성 엘모 요새의 중요성을 잘 알고 있었다. 평소에는 6명

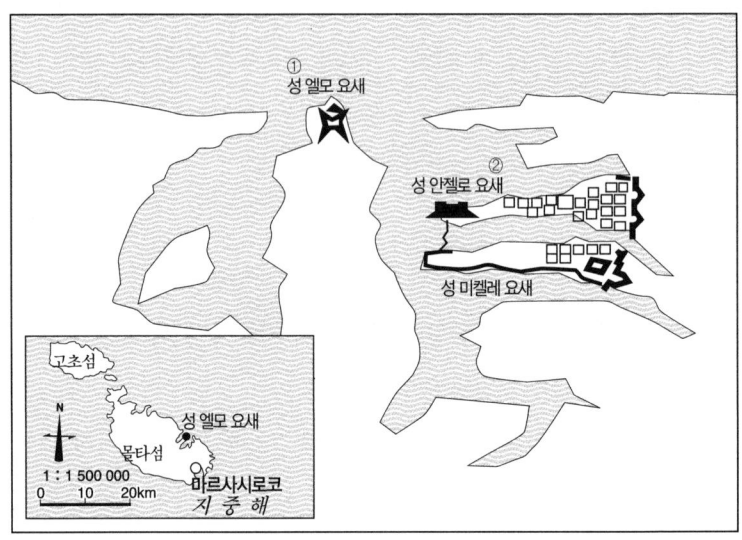

공방전 이전의 요새

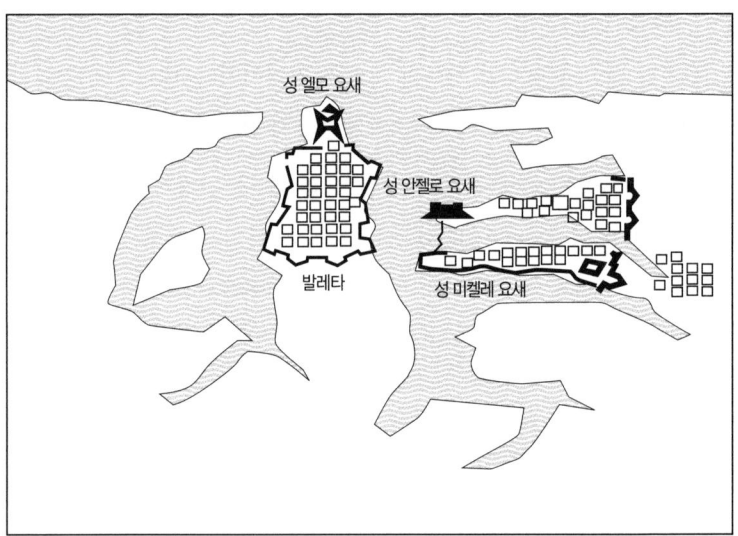

공방전 이후의 재건

① 성 엘모 요새

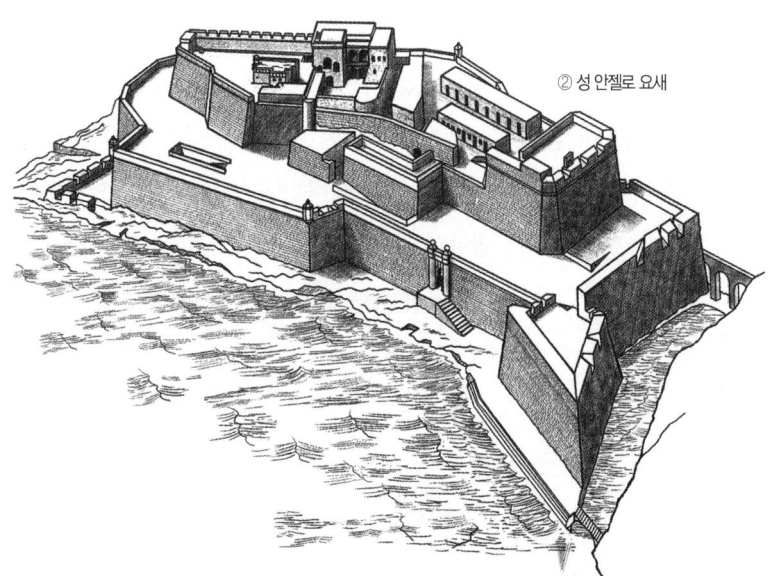

② 성 안젤로 요새

S.C. Spiteri의 *Fortless of the Cross, Hospitaller Military Architecture(1136-1798)*에서
인용(4점 모두).

투르크군의 대포

의 기사와 600명의 병사가 지키는 이 요새에 새로 46명의 기사와 200명의 병사를 보냈다. 기사 52명과 병사 800명으로 이루어진 수비대의 지휘는 노련한 이탈리아 기사인 브롤리오가 맡았다.

5월 31일에 이루어진 투르크군의 몰타 공격은 이 성 엘모 요새에 대한 포격으로 시작되었다. 하지만 대포를 늘어놓은 곳은 끝에 성 엘모 요새가 서 있는 반도가 아니라, 바다를 사이에 두고 북쪽에 솟아 있는 곳이었다. 절벽 위라서 발붙일 곳이 마땅치 않다. 게다가 사이에는 바다가 가로놓여 있다. 투르크군이 자랑하는 대포도 이래서는 바다에 물보라를 일으킬 뿐이었다.

이것을 안 무스타파 파샤는 바다로 불쑥 튀어나간 반도 끝에 있기 때문에 육지에서 공격할 수 있는 성 안젤로 요새와 성 미켈레 요새도 동시에 공격하라고 명령한다. 라 발레트가 수비력을 집중하고 있는 세 요새를 모두 한꺼번에 함락시킬 생각이었던 것이다. 하지만 여기에는 사이에 바다라는 장애물은 없었지만, 암석지대에 포대를 설치하기가

예니체리 군단병

더 힘들었다. 또한 성 안젤로 요새와 성 미켈레 요새 사이에는 로프와 쇠사슬로 만든 다리가 바다 위에 걸쳐져 있어서, 고립된 요새를 공격하는 것이 아니었다. 고립되어 있다면 훨씬 공격하기가 쉽다.

이렇게 육지 쪽에서 공격하는 투르크군에 대해서는 라 발레트가 고안한 기묘한 신병기가 활약했다.

그것은 불길을 내뿜는 고리인데, 마나 무명 헝겊을 감은 고리를 기름에 적셔서 만든다. 이것을 대량으로 예니체리 군단을 향해 던지는 것이다. 예니체리 군단병들은 술탄의 근위병이라서, 군장도 길고 화려하다. 싸울 때는 긴 옷자락을 허리띠에 끼운다. 하지만 이 호화로운 군장이 그들의 자랑이었기 때문에, 적이 눈앞에 오지 않는 한 옷자락을 길게 늘어뜨린 채 놓아두는 버릇이 있었다.

이 화염 고리 작전은 예니체리 병사를 상대하지 않아도 효력을 발휘했다. 무더위 속에서 싸우고 있는데 투르크 모자도 터번도 벗으려 하지 않는 그들은 화려한 헝겊으로 만든 군장도 벗지 않고, 가지각색의 천막에 불이 붙기만 해도 당황한다. 이것을 본 라 발레트는 기병대를 보내 병사들이 나간 뒤 비어 있는 천막촌에 불을 지르고 다니게 했다. 투르크 병사들은 여기에 더욱 침착성을 잃었다. 자신의 소중한 물건이 잿더미가 되기 때문이다.

투르구트가 도착하다

6월 2일, 투르구트가 갤리선 13척과 함께 도착했다. 북아프리카의 각 항구도시를 돌면서 '마타시에테'라고 불리는 병사들을 모으느라 늦었지만, 이 아랍어는 기독교도 병사를 최소한 6명 죽이겠다고 알라에게 맹세한 병사라는 뜻이다. 북아프리카의 이슬람교도 중에서는 가장 광신적이고 사나운 남자들로 알려져 있고, 무기는 커다란 반월도였다. 투르구트는 그런 남자들을 1,600명이나 모아서 왔다. 이튿날, 울루치 알리도 해적 800명을 데리고 몰타에 들어왔다.

해적들의 참전으로 성 엘모 요새에 대한 공격이 더한층 격렬해졌다. 바다를 사이에 두고 있었던 지금까지의 포격에다 육지 쪽에서의 공격이 추가되었기 때문이다. 이 전술 변경은 투르구트의 의견을 받아들인 결과였다고 한다. 그래서 이곳 전투에서는 투르구트가 직접 선두에 선다. 투르구트는 '이슬람의 미친 개'라는 별명으로 불리며 공포의 대상이었던 1,600명의 마타시에테를 거느리고 성 엘모 요새를 습격했다.

바다를 사이에 둔 포격이라 해도, 수없이 쏟아대는 일을 무한정 되풀이하면 효과는 나타나게 마련이다. 물량작전은 투르크군의 장기여서, 연일 포격을 받은 성 엘모 요새는 밤새 보수작업을 해도 따라가지 못할 만큼 피해를 입고 있었다. 하지만 투르구트가 제안했다는 육지에서의 공격에도 결함은 있었다. 오른쪽에 있는 성 안젤로 요새와 성 미켈레 요새로부터 포격을 정통으로 받게 된다는 것이다. 마치 옆구리를 적에게 계속 드러내고 있는 배와 마찬가지였다. 몰타 기사단은 대포의 수는 투르크군보다 적었지만 명중률은 뛰어났다. 바다에 떠 있는 배 위에서 쏘는 것도 오랜 경험으로 익숙해져 있었다.

6월 17일, 그중 한 발이 투르구트가 이끄는 마타시에테들이 방패로 삼고 있던 큰 바위에 정통으로 떨어졌다. 포탄을 맞고 산산조각난 바위 파편이 앞장서서 싸우고 있던 투르구트의 머리를 날려 보냈다.

투르구트가 죽자, 성 엘모 요새에 대한 공격도 무스타파 파샤의 손으로 돌아갔다. 대포를 쏘고 허물어진 성벽에 병사들이 매달리는 공격이 매일처럼 되풀이되었다.

성 엘모 요새는 보기에도 무참하게 무너졌고, 요새를 사수하겠다고 맹세한 수비대도 기사와 병사를 합하여 852명이었던 것이 200명 이하로 줄어들어 있었다. 하지만 그 200명은 끝까지 손을 들지 않았다. 그리고 투르크 쪽은 성 엘모 요새에서만 4천 명을 잃었다.

눈에는 눈

6월 23일, 성 엘모 요새로부터의 포격이 잠잠해졌다. 한 달 가까이나 되풀이된 격투 끝에 마침내 요새가 함락된 것이다. 그날 요새 안으로 쏟아져 들어간 투르크 병사들은 부상자도 포로로 잡지 않았다. 그 자리에서 모조리 목을 베어 죽였다.

열 명은 남아 있었다고 전해지는 기사들에게는 더욱 잔혹한 죽음이 기다리고 있었다. 산 채로 가죽을 벗기고 통나무에 묶어서 바다에 던져버린 것이다. 해류는 성 엘모 요새 앞을 지나 후미 안으로 흘러든다. 그 해류가 기사들의 주검을 성 안젤로 요새가 있는 해안까지 실어갈 것을 내다본 처형이었다.

그 직후 투르크 육군 사령관인 무스타파 파샤는 라 발레트에게 전령을 보내 이렇게 말하게 했다. 기사단장도 이런 죽음을 맞고 싶지 않으면, 로도스섬 공방전 때 술레이만이 허락한 것과 같은 명예로운 철수를 나도 허락할 테니까 받아들이라고.

라 발레트는 그 전령에게 말했다.

"돌아가서 무스타파에게 전해라. 무스타파가 손에 넣을 수 있는 몰타의 땅은 그 자신의 무덤뿐이라고."

게다가 라 발레트는 전령이 그 말을 무스타파 파샤에게 전했을 무렵을 가늠하여 다음 행동을 취했다. 그때까지 포로로 잡고 있던 투르크 병사들을 적이 볼 수 있는 성벽 위로 모두 끌어내어 차례로 목을 베는 광경을 여봐란 듯이 적에게 보여준 것이다. 그리고 포탄 대신 그들의 목을 투르크군 진영으로 쏘아 보냈다. 이리하여 몰타 공방전은 '눈에는 눈, 이에는 이'로 계속 이어지게 되었다.

몰타 기사단은 강철 같은 의지를 가진 단장 밑에서 조금도 흔들리지 않았지만, 흔들리기 시작한 것은 투르크군 쪽이었다. 이미 공방전은 술레이만에게 약속한 한 달을 넘기고 있었다.

한 달만 공격하면 붉은 바탕에 하얀 반달이 새겨진 깃발이 몰타섬에 높이 휘날릴 터였는데, 그 깃발이 펄럭이고 있는 곳은 성 엘모 요새뿐이다. 아성이라 해도 좋은 성 안젤로 요새와 성 미켈레 요새 위에는 아직도 붉은 바탕에 하얀 십자가 새겨진 기사단 깃발이 펄럭이고 있었다.

공격 방식을 비난한 것은 피알레 파샤다. 해상에 있어야 하는 그는 육지로 올라가 육군 사령관인 무스타파 파샤에게 사사건건 이의를 제기하게 되었다. 물론 무스타파가 그것을 좋아할 리는 없다. 나란히 말을 몰면서 말다툼을 계속하는 두 사람을 지켜보는 병사들 사이에서 전쟁에 대한 염증이 고개를 쳐들기 시작했다.

비범한 두 장수보다 평범한 한 장수가 낫다는 말도 있지만, 두 사령관에게 각기 다른 임무를 맡길 경우에는 임명할 때 최종 결정권이 어느 쪽에 있는가를 분명히 해두어야 한다. 그런데 술레이만은 이것을 게을리한 것 같았다.

그리고 몰타 공방전 때 투르크 쪽의 두 장수는 둘 다 비범하지도 않았다.

무스타파 파샤는 전쟁 경험이 풍부했지만, 그것은 도나우강 연안의 헝가리나 메소포타미아 지방처럼 넓은 평원에 대군을 전개해놓고 싸우는 전투였다. 좁고 지형이 복잡한 몰타섬에서, 그중에서도 바위투성이의 좁은 지대에서 싸우는 데에는 익숙하지 않았다. 이런 곳에 적을 모아놓고 승부를 내기로 결정한 라 발레트의 전략에 완전히 넘어가버렸다.

한편 피얄레 파샤는 비범하기는커녕 평범하지도 않았다.

우선 200척에 가까운 함대를 지휘하고 있으면서도 그것을 활용할 줄 몰랐다. 시칠리아로 가는 해로를 봉쇄하여 시칠리아에서 오는 원군을 저지할 생각 따위는 머리 구석에서도 번득이지 않았던 모양이다. 그 덕분에 몰타 기사단의 갤리선 5척은 공방전이 말기에 이를 때까지 실업 상태로 보낸다.

하지만 그보다 더 중대한 태만은 성 안젤로 요새와 성 미켈레 요새를 바다 쪽에서 공격하는 것을 시도해보지도 않았다는 것이다. 성 엘모 요새를 함락시켜 후미 안으로 드나드는 것은 자유로워졌다. 후미 안에 배를 들여놓고 배 위에 설치된 대포로 포격을 퍼부었다면 두 요새는 바다와 육지 양쪽에서 포격을 받게 되어 있었다. 그런데도 그가 지휘하는 배들은 멀찌감치 떨어져 있어서 안전한 후미 안에 닻을 내린 채였다. 투르크 병사들조차 피얄레 파샤는 술탄이 맡긴 함대를 한 척도 잃지 않고 콘스탄티노플로 돌아가는 것밖에 생각지 않는다고 수군거릴 정도였다.

그런데도 피얄레 파샤는 공략이 지연되는 책임은 무스타파 파샤에게 있다고 주장하면서, 연장자에다 경험도 풍부한 무장 앞에서 한 걸음도 물러서지 않았다. 이들 두 사람의 관계는 야전에서 온갖 고초를 겪으며 사령관 자리까지 올라간 사람과 참모본부의 엘리트 참모와 비슷하다. 하지만 이런 경우에 고자세로 딱딱거리는 것은 항상 후자 쪽이다.

한편, 수비하는 기사단 쪽의 곤경도 점점 심해질 뿐이었다. 집요하게 끈질긴 투쟁은 계속하고 있었지만, 전력은 확실히 줄어들고 있었다. 베네치아공화국과 나란히 당시의 최고 수준으로 평가받은 기사단 소속 의사들도 병원에 실려온 부상자들이 숨을 거두는 것을 지켜볼 수밖에 없었다. 실려왔을 때는 이미 손을 쓸 수 없는 상태였기 때문이다. 그것은 다리 하나가 날아가거나 화살이 배에 깊이 박혀도 움직일 수 있는 동안은 계속 싸웠다는 뜻이다.

그리고 애타게 기다리는 시칠리아의 원군은 한 달이 지나도 도착하지 않았다. 시칠리아에서 온 소식은 병사가 모이지 않는다는 것뿐이었다.

펠리페 2세가 약속한 1만 6천 명의 병사를 시칠리아 전역에서 모을 수 없을 리는 없었다. '부왕'이라는 이름으로 에스파냐 왕으로부터 시칠리아 통치를 위임받고 있는 돈 가르시아는 투르크군의 공격이 확실히 예상되었을 무렵 몸소 몰타섬을 방문하여 라 발레트와 방위를 협의했으니까, 당초에는 원군 파견에 적극적이었다. 하지만 이 사람은 에스파냐 왕 밑에 있는 관료다. 직속상관인 펠리페 2세가 유럽에서의 전쟁에 마음을 빼앗겨 몰타에 대한 관심이 줄어들기 시작한 것을 민감하게 알아차리고 몰타에 원군을 파견하는 데 소극적이 되어 있었다. 전처럼 적극적이었다면, 자신과 동격인 나폴리의 '부왕'에게도 호소하여 1만 6천 명 정도는 쉽게 모을 수 있었기 때문이다.

이제 라 발레트는 1만 6천이라는 수를 고집하지 않았다. 모을 수 있는 만큼만 보내달라고 요청했다. 그리고 원군이 시칠리아에서 몰타로 올 때는 기사단의 갤리선 5척을 호위로 붙여주겠다고 제의하기까지 했다. 그래도 돈 가르시아의 모호한 태도는 변하지 않았다.

이렇게 7월이 지나고 8월로 접어들었다. 사하라사막의 모래가 섞여 누런색을 띠고 게다가 바다 위를 불어오기 때문에 습기를 잔뜩 머금은 시로코(남동풍)는 거기에 익숙지 않은 투르크 병사들을 괴롭혔다. 또한 투르크식 복장은 무엇 때문인지 겨울에 적합하도록 만들어져 있다. 군장도 문화니까, 전투하는 지역에 따라 다르게 만들 수는 없다. 로마 제국의 군단병은 추운 북유럽에서도 팔과 다리를 드러낸 그 군장으로 싸웠다.

투르크군 병사들은 식량이 부족하지는 않았다. 하지만 풍부했던 것이 줄어드는 것을 보면, 그것만으로도 인간은 결핍감을 느끼게 된다. 전쟁터에서는 그것이 기아에 대한 두려움으로 이어진다. 그들의 마음 속에서는 모국으로 돌아가는 데 걸리는 두 달 동안의 항해에 대한 걱정까지 오가게 되었다.

절대적으로 부족한 것은 신선한 물이다. 지중해 남쪽에서는 여름에 비가 거의 내리지 않는다. 원래 나무가 적은 몰타섬에는 자연히 솟아나는 물도 없었다. 신선한 물이 부족하면 질병이 발생한다. 투르크군 진영에서는 두 요새에서 가해지는 포격이나 종종 게릴라 공격을 펴는 기사들의 교란작전에 희생되는 병사보다 질병으로 인한 희생자가 더 늘어나고 있었다. 이것이 투르크군 병사들의 사기를 더욱 떨어뜨렸다.

무스타파 파샤도 초조해지고 있었다. 몰타에 도착한 5월 18일부터 헤아리면 벌써 석 달이나 몰타에 발이 묶여 있다. 전황을 타개하려면 전술을 바꿀 필요가 있었다.

두 요새가 튀어나와 있는 후미 안에 비로소 선단을 들여놓았다. 바다 쪽에서 두 요새를 공격하려는 것인데, 우선 배 위에서 포격을 퍼부은 다음 병사를 상륙시키는 것은 아니다. 요새에서 바다에 면해 있는 쪽은 손바닥만큼 좁은 띠 모양의 땅이 둘려 있을 뿐이고, 그곳에서 바로 성벽이 높이 솟아 있다. 무스타파는 그 좁은 땅에 병사를 상륙시켜 그물사다리로 성벽을 기어오르는 방식을 쓰라고 명령했다. 이것은 해군 장수가 쓰는 전법이 아니다. 그는 어디까지나 육군 장수였다.

이런 움직임을 기사단 쪽에서는 일찌감치 알아차린다. 라 발레트의 명령에 따라, 참전한 몰타 주민들 중에서도 특히 농민 출신 병사들이 선발되었다. 좁은 땅에 진을 친 농민병들은 상륙하는 투르크 병사를 습격하여 목을 베는 임무를 부여받았다. 평소 소나 양을 키우는 그들은 긴 칼을 휘두르는 데에는 익숙지 않아도 단검을 다루는 데에는 익숙했다. 그래서 바다 쪽에서 이루어진 이 공격도 무스타파가 기대한 효과는 거두지 못했다.

8월에 접어든 뒤 두 요새에 대한 투르크군의 총공격은 매번 실패로 끝난다. 10분의 1 정도의 전력으로 거기에 맞서는 기사단 쪽은 당연히 희생도 컸다. 하지만 투르크군도 처음에는 1만 5천 명을 투입했고 다음에는 2만 명을 투입했지만, 진영으로 돌아온 것은 기껏해야 3분의 2밖에 되지 않았다. 총공격을 지휘하고 막사로 돌아오는 무스타파 파샤를 피얄레 파샤가 심하게 질책하며 몰아세운다. 이제 그것은 병사들에게도 익숙한 풍경이 되어 있었다.

수비하는 기사들도 숨이 곧 끊어질 듯한 상태였지만, 공격하는 투르크 쪽 상황도 계속 악화하고 있었다. 이렇게 9월이 되었다.

9월 7일, 무스타파 파샤는 선원까지 동원하여 벌써 몇 번째인지 알 수 없게 된 총공격을 지휘하고 있었다. 그때 그에게 피얄레 파샤한테서 연락이 왔다. 시칠리아의 원군을 태운 선단이 몰타의 갤리선 5척의 호위를 받으며 접근해온다는 소식이었다.

이 소식은 수비를 진두지휘하고 있던 라 발레트에게는 그보다 일찍 전해졌다. 몰타의 5척을 이끄는 로메가스가 알려주었기 때문인데, 로메가스의 편지에는 원군이 1만 6천 명이 아니라 6천 명이 채 안 된다는 것도 적혀 있었다.

하지만 라 발레트는 1만 6천 명의 원군이 오고 있다고 공표했다. 그리고 그것을 명기한 쪽지를 화살에 묶어서 투르크군 진영에 대량으로 쏘아 보냈다.

이것이 무스타파 파샤한테서 마지막 투지를 빼앗았다. 주전력은 3만 명, 그밖의 사람들을 포함하면 5만 명이나 되었던 투르크군은 그 중 2만 명을 전투와 질병으로 잃었다.

무스타파 파샤는 모두 배에 타라고 명령했다. 피얄레 파샤도 여기에는 동의했다. 병사들도 이제 한시도 몰타에 있을 마음이 나지 않았을 것이다. 천막도 재빨리 걷고, 승선도 놀랄 만큼 신속하게 진행되었다.

그런데 떠났을 터인 투르크군이 이틀 뒤인 13일에 되돌아왔다. 어디서 어떻게 알았는지는 모르나, 시칠리아에서 도착한 원군이 1만 6천 명이 아니라 6천 명도 안 된다는 것을 알고 일말의 기대를 품게 된 무스타파 파샤가 그렇다면 싸워볼 만하다고 유턴을 명령했기 때문이다.

그런데 몰타섬 북부에 상륙하여 전쟁터를 향해 행군하기 시작한 원군은 6천 명이 채 안 되었지만, 투르크군은 이제 완전히 투지를 잃고 있었다. 무스타파 파샤의 눈앞에서 투르크군은 적에게 쫓겨 흩어졌을 뿐이다. 투르크군 사령관은 다시 승선을 명령할 수밖에 없었다. 그리고 이번에는 정말로 투르크로 떠났다.

방위 성공

원군 병사들이 본 것은 여기저기 허물어진 성벽과 직격탄을 맞고 이제 형체를 잃어버린 요새였다. 그리고 어이없을 만큼 파괴된 돌덩어리 사이에서 나타난 것은 다쳐서 피투성이가 된 더러운 기사와 병사들이었다. 지옥을 본 사람으로밖에 보이지 않는 그 형상을 보고, 원군 병사들은 순간 멈칫했을 정도였다.

기사단의 정식 기록에도 정확한 생존자 수는 나와 있지 않다. 무라토리(18세기 이탈리아의 고전학자·역사가)가 옛날 기록을 모아서 편집한 『이탈리아 연대기』라는 책에 기독교도, 즉 수비군 사망자의 수는 4천 명이라고 기록되어 있고, 기사는 일설에 따르면 240명, 또 다른 설에 따르면 300명이 전사했다고 나와 있을 뿐이다.

그 중간을 잡아서 270명이라 해도, 라 발레트 휘하에서 실제로 전투에 참가한 기사는 400명이 채 안 되니까 무려 70퍼센트 가까운 기사가 목숨을 잃은 셈이다. 세 명 가운데 두 명이 전사한 것이다. 이것이 넉 달 동안 공방전을 견뎌낸 대가였다.

몰타 공방전에서 승리했다는 소식은 눈 깜짝할 사이에 유럽 전역에 퍼졌다.

에스파냐 왕 펠리페 2세는 기사단장 라 발레트에게 상찬으로 가득 메워진 친서를 보낸다.

신성로마제국 황제이자 합스부르크 왕가 출신인 막시밀리안도 그에게 축사와 찬사를 보냈다.

로마 교황 비오 4세는 병상에 누워 있었지만, 축복의 사절을 일부러 몰타에 파견하여 라 발레트에게 추기경의 지위를 주겠다고 전하게 했다.

프랑스에서 아들인 왕(샤를 9세)의 섭정을 맡고 있던 카트린 드 메디시스는 기사단장이 프랑스 태생인 것은 프랑스의 자랑이라고, 라 발레트가 들었다면 쓴웃음을 지었을 게 틀림없는 말을 의기양양하게 떠벌렸다고 한다.

이런 각국 권력자들의 반응보다 서민들이 훨씬 솔직했다. 유럽 전역의 교회에서는 이슬람을 상대로 오랜만에 거둔 승리를 축하하여 종이라는 종은 모두 울려댔다. 교회종은 울리는 방식에 따라 기쁨의 종인지 경종인지 조종인지를 구별한다. 당시 사람들은 종소리를 듣기만 해도 그 차이를 당장 알 수 있었다. 영국국교회를 설립하여 가톨릭교회와 분리되어 있던 엘리자베스 1세 시대의 영국에서도 교회종이 기쁨을 알리며 울려 퍼졌다고 한다.

그중에서 유일하게 들뜨지 않은 것은 라 발레트와 그의 휘하에서 끝까지 싸운 기사들일 것이다.

라 발레트는, 기독교회에서는 교황 다음의 고위 성직자이고 게다가 안락하고 우아한 여생을 보내기에 충분한 수입까지 보장되는 추기경에 임명하겠다는 교황의 제의를 정중하게 사절했다. 그에게 찬사를 보내온 유럽 전역의 왕과 제후들 중에는 필요한 것이 있으면 원조하고 싶다고 제의한 사람도 있었다. 그러면 라 발레트는 당장 자금 원조를 요청했다. 넉 달 가까운 공방전으로 완전히 파괴되어버린 몰타를 재건하려면 칭찬의 말이나 추기경의 지위보다는 자금과 기사(技師)가 필요했던 것이다. 몰타에 초빙된 다섯 명의 기사는 모두 그 방면에서는 당시 선진국이었던 이탈리아인이다. 그중 한 사람은 펠리페 2세가 보내준 에스파냐 왕실의 전속 건축기사였다.

그 후 현재에 이르기까지 몰타섬의 수도는 '발레타'(Valletta)라고 불린다. 이 이름을 붙인 것은 지나칠 만큼 당연하게 여겨질 정도다. 현대의 '발레타'는 공방전 이후 라 발레트가 세운 도시를 골격으로 삼고 있기 때문이다. 그 후 200년 동안 수없이 개축되고 장식되었지만, 그래도 공방전 이후에 재건된 것이 바탕을 이루고 있다.

투르크의 술탄 술레이만은 공방전 이듬해에 세상을 떠났다. 하지만 그와 동갑이었던 라 발레트에게는 늙어서 편안한 죽음을 맞을 여유는 없었다. 공방전 내내 진두지휘를 맡은 이 남자는 전쟁이 끝난 뒤의 부흥에서도 진두지휘를 계속했다.

초강대국 투르크와 맞서 끝까지 싸운 덕분에 몰타 기사단의 명성은 유럽 전역에 퍼졌고, 기사단에는 자금과 사람이 모이게 되었다. 그 기사단을 상징한 것이 바로 라 발레트였다. 그는 몰타가 재건될 때까지는 죽을 수 없었다. 광적인 남자였지만, 현실적이고 합리적인 남자이기도 했다.

라 발레트는 공방전이 벌어진 지 3년 뒤인 1568년에 몰타에서 죽었다. 그의 시신은 공방전의 승리를 축하하여 세워진 빅토리아 교회에 매장되었다. 몰타 기사단은 1798년에 나폴레옹에게 쫓겨나 지금은 로마에 본부를 두고 있다. 하지만 라 발레트의 무덤만은 그대로 몰타섬에 남아 있다.

성 엘모도 성 안젤로도 성 미켈레도 완전히 재건되었다. 지금도 바다에서 몰타섬으로 들어가는 경우에는, 아침 햇살을 가득 받은 성 엘모 요새가 몰타섬을 찾는 사람들을 맨 먼저 마중하게 된다. 유럽과 몰타섬을 잇는 연락선은 무엇 때문인지 이른 아침에 몰타섬에 도착한다.

이 요새의 위용에는 누구나 압도당할 게 분명하다. 1800년부터 150년 동안 영국이 영유하던 시대에 보강되었다지만 그것은 항공기 시대에 적응하도록 강화된 것이고, 공방전 이후 몰타 부흥에 실제로 종사한 이탈리아 기사가 남긴 스케치를 보면 16세기 후반에도 이미 그 위용은 압도적이었다는 것을 알 수 있다. 몰타섬은 영국이 그곳을 기지로 삼는 데 집착한 것을 보아도 상상할 수 있듯이, 지중해 한복판에 떠 있는 항공모함이 되었다. 항공모함은 움직이는 요새이고 요새도시는 움직이지 않는 항공모함으로 여겨지지만, 몰타는 독립하여 EU(유럽연합)의 일원이 된 지금도 여전히 전략적 요충이다.

몰타 공방전에서 실패한 것을 안 술레이만은 젊은 시절에 로도스섬에서 신사적으로 행동한 것을 후회하지 않았을까. 그때 신사연하며 기사들에게 명예로운 철수를 허락했기 때문에, 용맹한 '몰타의 매'를 하늘로 날려 보냈으니까.

역사도 정치도 군사도 경제도 그 뒤에 '학'(學)이 붙으면 당장 인간의 심정에 대한 배려가 줄어드는 것 같다. 형태도 없고 숫자로 나타낼 수도 없는 인간의 심정을 배려하는 것은 엄밀해야 하는 학문에 어울리지 않기 때문일까.

물론 아무 대책도 세우지 않고 정신주의만 제창하는 것은 어리석기 짝이 없는 짓이다. 하지만 대책을 세울 수 있는 힘이 있는데도 체념하고는 이제 무슨 짓을 해도 헛수고라고 생각하는 사람들에게 절대 헛수고가 아니라는 것을 깨우쳐주는 데 도움이 된다면, 정신주의도 쓸데없는 것은 아니다.

넓은 영토를 갖고 육군과 대포의 위력으로 동유럽을 제패하고 중부 유럽에까지 세력권을 넓히고 있던 투르크제국에 비하면, 몰타섬은 겨자씨만 한 땅밖에 없고, 몰타 기사단의 군사력도 한 번 불면 날아가버릴 정도에 불과했다.

하지만 이 몰타 기사단은 투르크 술탄이 요란하게 보낸 대군을 상대로 끝까지 싸워서 승리를 얻어냈다. 유럽 전체가 '불가능'하다고 믿은 일이 '가능'하다는 것을 보여주었다. 무패의 투르크군이 무패가 아니라는 것을 보여주었다.

또한 해적들도 장기적인 공방전에서는 전황을 결정하는 요소가 되지 않는다는 사실이 이제 서민들의 눈에도 분명해졌다. 해적은 약자를 습격하여 재물을 빼앗는 경우에만 위협이 된다. 그것은 해상에서 당당하게 정면 대결하는 해전에서는 해적이 이긴 적이 거의 없다는 이제까지의 오랜 역사가 실증하고 있었다.

마음만 먹으면 이길 수 있다는 것을 알면, 인간은 적을 맞아 싸울 체제를 강화하는 데에도 진지해진다. 물론 그것은 서민의 수준이 아니라 해안에 영지를 가진 영주의 수준이었지만, 높은 절벽 위에라도 바다에 면하여 성벽을 쌓게 되었다. 아직도 '사라센의 탑'이라고 불리는 망루에서 해적선이 수평선에 나타났다는 것을 알려도 이제 사람들은 산으로 달아나지 않게 되었다. 요새에 틀어박혀 영주의 지휘 아래 해적을 맞아 싸우게 된 것이다.

이탈리아반도의 바닷가에 세워진 요새들은 대부분 16세기 후반인

이 시기에 건설되었다. 나중에 개조된 것도 많지만, 그래도 토대는 이 시대에 놓인 것이다. 16세기 후반인 이 시대에 가장 바빴던 사람은 요새를 건축하는 기사였을 게 분명하다. 몰타 공방전을 경계로 수요가 훨씬 늘어났기 때문이다.

방위력을 증강하기 위해 정신면에서나 자금면에서 노력을 아끼지 않게 된 것은 사람들의 심정이 '아무리 애써봤자 헛수고다'에서 '헛수고는 아니다'로 바뀐 증거가 아닐까.

유럽 역사 전체로 보면, 몰타 공방전은 지방의 한 사건에 불과했다. 하지만 지중해 세계에 사는 사람들에게는 프랑스에서 일어난 신교도와 구교도의 골육상잔이나 에스파냐군을 고전시킨 네덜란드인의 저항이나 엘리자베스 여왕 치하에서 영국이 두드러지게 대두한 것보다도 몰타의 승리가 훨씬 중대한 영향을 미쳤다. 참고로 영국이 대영제국이 된 시대를 상징하는 셰익스피어는 몰타 공방전이 일어나기 1년 전에 태어났다.

투르크군이 몰타에서 철수할 수밖에 없었다 해도, 그것이 곧 지중해에서 해적 세력의 쇠퇴로 이어진 것은 아니었다.

무스타파 파샤도 피얄레 파샤도 처벌을 받기는커녕 해임되지도 않았다. 술탄 술레이만은 그 후 1년도 지나기 전에 세상을 떠났기 때문에, 투르크군의 해체로 이어질 우려가 있는 결단은 내릴 마음이 나지 않았는지도 모른다.

술레이만도 늙었지만, 그 밑에서 각지를 편력하며 싸운 무스타파도 늙었을 것이다. 피얄레 파샤는 전과 마찬가지로 투르크 해군을 맡고 있었지만, 그는 젊어도 능력이 없었다. 그래서 피얄레가 이끄는 80척이 습격해도 서양은 해적이 습격했을 때와 같은 피해는 입지 않았다.

투르구트가 죽은 뒤 트리폴리 총독에 임명된 울루치 알리는 이슬람으로 개종하기는 했지만, 이탈리아에서 태어난 해적이다. '디반'이라고 불리는 투르크제국 정부도 이 시점에서는 아직 울루치 알리를 투르크 해군 총사령관에 임명하려고는 하지 않았다. 피얄레도 개종하기 전에는 기독교도였을 텐데, 45세 안팎으로 같은 또래인 이 두 사람의 승진 속도가 다른 것은 투르크에서 인재 등용 체제가 경직화하기 시작한 조짐으로 생각할 수도 있다. 울루치 알리는 트리폴리를 기지로 삼아 여전히 정력적으로 해적질을 되풀이하고 있었지만, 투르크제국에서는 이전만큼 강력한 지원은 하지 않게 되었다. 지원이 전과 같았다면, 공방전이 끝난 직후에 라 발레트가 몰타 부흥에 그렇게 전념할 수 없었을 것이다.

술레이만은 반세기에 가까운 세월 동안 투르크제국의 절대군주로 군림해왔다. 오랜 세월에 걸쳐 친숙해진 유능한 군주의 통치가 끝난 직후에는 어느 나라나 어느 민족도 정체기에 들어간다. 그로 말미암아 투르크제국의 공세가 약해진 것은 지중해 세계의 기독교도에게는 비교적 평온한 시절이 도래한 것을 의미했다. 1565년의 몰타 공방전 이후 5년은 이렇게 지나갔다.

투르크와 베네치아

마키아벨리가 말했는지 아니면 구이차르디니의 책에 나왔는지는 잊었지만, 오랫동안 내 머리에서 떠나지 않는 구절이 있다.

"현실주의자가 잘못을 저지르는 것은, 상대도 자기와 똑같이 생각할 테니까 미련한 짓만은 하지 않을 거라고 생각했을 때다."

베네치아공화국은 물산을 통해 동방과 서방을 잇는 교역국가로 번영해왔다. 16세기에 접어든 뒤에는 자국에서도 물품을 생산하는 공업국이 되었지만, 서구의 제품과 동방의 물산을 중개하는 입장은 크게 변하지 않았다.

이 베네치아는 경제 관계가 순조롭게 진행되는 것을 가장 중요하게 생각했고, 필요도 없는데 영토를 넓히고 우쭐대는 영토욕과는 무관했다. 선박의 기항지와 물산을 교류하는 거점만 필요하기 때문에 타민족에 대한 지배욕도 없었다. 또한 타민족이 자기와 다른 종교를 믿어도 전혀 관심을 갖지 않았다. 로마 교황도 자기는 모든 기독교도에게 신의 지상 대리인이지만, 베네치아인에게만은 그렇지 않다고 말하면서 탄식했을 정도다.

한편 투르크의 술탄 술레이만도 이슬람 세계의 맹주로서 '이슬람의 집'을 확대하는 데에는 열심이었지만, 그것을 실현할 때 광신적이지는 않았다. 그는 기사단을 로도스섬에서 쫓아낸 장본인이지만, 로도스 시절의 기사단은 이슬람의 배가 보이면 습격하여 빼앗는 것이야말로 종교 기사단의 책무라고 믿었던 집단이고, 따라서 그들을 몰아내는 것은 종교상의 문제가 아니라 치안상의 문제가 된다. 기사단이 본거지로 삼고 있던 로도스섬은 투르크제국의 양대 도시인 수도 콘스탄티노플과 이집트의 알렉산드리아를 잇는 해상에 자리 잡고 있었기 때문이다.

이제 투르크제국이 자기네 바다라고 믿어 의심치 않는 동지중해 해역에 베네치아공화국도 영토를 갖고 있었다. 큰 곳만 해도 키프로스섬과 크레타섬이 베네치아의 영토다.

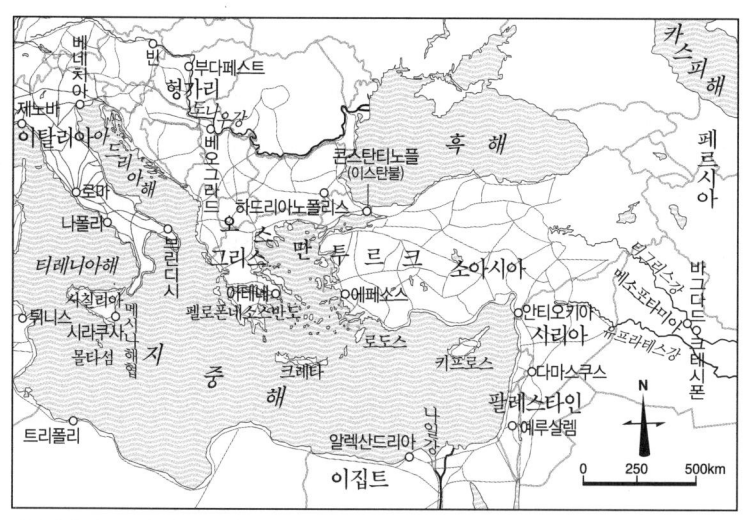

이탈리아 및 동지중해

술레이만이, 아라비아반도를 제패하느라 고생하고 있을 당시 무함마드의 생각을 투영하고 있는 코란 구절을, 오리엔트 전역을 제패하여 대제국이 된 지금도 지켜야 한다고 생각하는 광신적인 이슬람교도였다면, 로도스섬에 이어 키프로스와 크레타도 기독교도의 손에서 빼앗아 '이슬람의 집'에 병합했을 것이다.

하지만 술레이만은 그렇게까지는 하지 않았다. 현실 노선이랄까, 균형 잡힌 외교랄까. 그 선을 넘지 않고 반세기를 통치해왔다. 물론 술레이만 시대에도 이따금 키프로스나 크레타를 군사적으로 위협하기는 했다. 그래도 베네치아가 교역을 계속할 수 있는 것은 어디까지나 투르크제국이 허락해주기 때문이라는 사실을 베네치아에 일깨워주기 위한 과시의 범위를 넘지 않았다.

술레이만은 베네치아의 존재가치를 알고 있었다. 그의 치세에 투르크제국은 최전성기를 맞았다. 이 시대의 투르크제국에서는 투르크가 지배하는 오리엔트 전역이 정치적으로 안정되었고, 그 결과 생산성이 올라가고 물산의 양과 질도 비약적으로 향상되었다.

한편 서쪽에서도 16세기에 접어든 것이 출발점이라도 되는 것처럼 프랑스·에스파냐·독일·영국 등 중앙집권적인 영토형 국가가 일제히 출범했다. 서쪽도 물건을 사고팔기에 좋은 상대가 되어가고 있었다.

게다가 동쪽과 서쪽은 경쟁 상대도 아니었다. 동쪽과 서쪽은 각기 다른 물품을 생산하고 있었기 때문이다.

이 동쪽과 서쪽을 잇는 데 베네치아는 가장 적임자였다.

첫째, 영토욕이 없다. 둘째, 종교에 구애받지 않는다.

그리고 가장 중요한 그들의 이점은 계속성을 가장 중시하고 있었다는 점이다.

베네치아인은 단판 승부 타입의 거래에서는 경쟁자들에게 뒤질 때가 많았다. 하지만 베네치아공화국의 경제정책은 언제나 상대도 이익을 보게 해주는 것과 약속을 지키는 것, 이 두 가지를 통해 계속성을 중시하는 것으로 일관해왔다.

아프리카를 도는 새 항로가 발견되어 포르투갈이 향신료 원산지인 인도와 직접 거래하는 길을 열었을 때도, 이제까지 향신료 시장을 독점해온 베네치아는 이 위기를 다음과 같은 방식으로 극복했다.

포르투갈의 개입으로 실업자가 된 아랍인 중개상에게 다시 일거리를 보장하기 위해서라도 이들 아랍 상인이 사막을 건너 지중해 동안까지 향신료를 가져오면 갤리선이 그것을 받아서 서구로 실어오는 방식이다. 갤리선은 노라는 모터가 달려 있어서 도착일을 상당히 정확하게 지킬 수 있었다. 포르투갈의 리스본이 향신료 무역의 중심지였던 것은 바스코 다 가마가 새 항로를 발견한 직후뿐이다. 그 후에는 다시 베네치아가 향신료 시장의 중심이 되었다.

투르크제국이 과거의 로마제국처럼 각자에게 잘하는 분야를 맡기는 방침으로 일관했다면, 예를 들어 학문과 예술은 그것을 장기로 삼는 그리스인에게 맡기고, 장사는 유대인과 그리스인에게, 기병은 기마민족인 무어인이나 갈리아인에게, 궁수는 오리엔트 남자들에게 맡기는 식이었다면, 투르크제국과 베네치아공화국 사이도 잘되어가고 있었을 것이다.

로마인은 자신들의 이 방식을 '관용'(클레멘티아)이라고 불렀다. '관용'이라면 강자가 약자에게 '은혜를 베푸는' 것처럼 들리지만, 고대 로마인에게 '클레멘티아'는 그런 정서적 감정이 아니다. 공생해야 하는 상대가 잘하는 분야에서 능력을 발휘하게 함으로써 그 사람의 존재이유를 확인시키고, 그것을 기반으로 하여 운명공동체로 만들어가려는 냉철한 지배 철학이었다.

하지만 일신교도인 투르크인은 다신교도인 로마인이 아니었다. 자기가 믿는 신만 신이라고 생각하는 일신교에서는 신앙에 열심일수록 자기와 다른 신앙을 가진 자를 자신과 동등하게 생각지 않는다.

따라서 베네치아와 투르크의 관계는 언제나 긴장을 내포한 채 진행될 수밖에 없었다. 투르크의 각 분야에 잠입한 밀정들이 베네치아의 '10인위원회'(C.D.X.)에 몰래 보내는 정보와 주재 대사의 극비정보를 한 번 읽어보기만 해도, 우호통상조약을 맺고 있는 투르크가 베네치아에는 가상적국 1호였다는 것을 알 수 있다. 베네치아는 프랑스나 에스파냐 주재 대사를 역임한 베테랑 중의 베테랑을 투르크 주재 대사로 파견하는 것이 보통이었다. 게다가 만약의 경우를 고려하여 가족을 떼어놓고 혼자 부임하게 했다.

그런데 해상 전력에서는 베네치아가 우위에 있었지만, 육상 전력에서 투르크는 술탄의 말 한 마디로 베네치아 인구 전체와 맞먹는 병력도 쉽게 편성할 수 있는 나라다. 이런 나라와의 외교는 당시 베네치아 대사가 말한 '유리알 유희'와 비슷했다. 다만 베네치아 쪽에는 '유리알'을 떨어뜨릴 마음이 전혀 없다는 것을 덧붙여놓고 하는 '유리알 유희'였다. 따라서 투르크 쪽에 '유리알'을 떨어뜨리고 싶은 유혹에 사로잡히는 사람이 나오면, 그 순간 '유희'는 더 이상 '유희'가 아니게 된다.

키프로스의 포도주

술레이만의 뒤를 이어 투르크제국의 술탄이 된 것은 아들 셀림이다. 아버지가 장수를 누렸기 때문에, 대제국의 최고 권력을 손에 넣은 해(1566년)에 셀림 2세는 이미 마흔두 살이 되어 있었다.

하지만 황태자 시절이 길었던 것은 아니다. 장남이고 게다가 유능했던 이복형이 아버지의 뒤를 이을 것으로 여겨졌기 때문에, 까다로운 지방을 통치하는 따위의 요직은 모두 이 형에게 집중되었고 셀림은 후계자가 아닌 왕자로서 쾌락만 탐닉하는 생활을 했다.

그런데 2년 전에 형이 실각했기 때문에, 술탄 자리가 동생인 셀림에게 돌아온 것이다. 이복형 바예지드가 페르시아에서 일으킨 반란은 셀림의 생모이자 술레이만이 총애하는 왕비였던 록셀라나가 꾸민 모략이라는 것이 베네치아 첩보기관의 정보지만, 진상은 알 수 없다. 어쨌든 셀림은 자기가 앉으리라고는 상상도 하지 않았던 술탄의 자리에 마흔두 살 나이로 앉게 되었다.(이 대목은 일반적으로 알려진 역사 기록과 다르다. 자료에 따르면 술레이만은 두 명의 아내 — 마히데브란, 휘렘(일명 록셀라나) — 에게서 여덟 아들을 낳았는데, 1550년대에 살아남은 것은 마히데브란 소생의 무스타파와 록셀라나 소생의 셀림·바예지드·지한기르였다. 장남 무스타파는 친아들을 술탄의 후계자로 삼으려는 록셀라나의 음모에 의해 1553년에 살해되었고, 그러자 지한기르는 비관 자살하고 말았다. 1558년에 록셀라나가 사망하자 동복형제인 셀림과 바예지드 사이에 권력투쟁이 벌어졌는데, 여기서 패한 바예지드는 1561년에 페르시아(이란)로 달아나 반란을 일으켰다가 살해되었다 - 옮긴이)

술탄이 된 직후, 셀림은 축하하러 온 베네치아 대사에게 베네치아공화국과는 돌아가신 아버지 때와 다름없는 관계를 유지하고 싶다고 말하는 등, 표면적으로는 아무 변화도 보이지 않았다. 하지만 상대의 말을 전적으로 믿으면 국익을 짊어진 외교관이 될 수는 없다. 베네치아 대사는 새 술탄의 언행에는 특별한 주의를 기울일 필요가 있다는 것을 본국 정부에 일찌감치 보고했다. '디반'이라고 불리는 내각의 대신들이 베네치아 대사를 대하는 태도가 미묘하게 달라진 것은 큰 위험의 전조였다

42년 동안이나 '위대한 술레이만'의 아들로 살아온 셀림의 심정에는 동정이 간다. 하지만 콘스탄티노플을 함락하여 비잔티움제국을 멸

망시켰기 때문에 '정복왕'이라고 불린 메메드 2세의 뒤를 이은 바예지드 2세는 아버지의 위업을 정착시키는 데에만 전념했다. 그가 없었다면 다음 술탄인 셀림 1세의 이집트 제패도, 그다음 술탄인 술레이만의 중부 유럽 대공세도 이루어지지 않았거나 훨씬 나중에야 이루어졌을 것이다. 확대나 개혁이 이루어진 뒤에는 그것을 정착시키는 과정이 반드시 필요하지만, 술레이만의 뒤를 이은 셀림 2세에게는 그런 인식이 부족했다. 마흔두 살에야 겨우 양지바른 길로 나온 이 최고권력자는 아버지가 하지 않은 일을 하는 것에만 관심을 쏟았다.

우선 키프로스를 공격하기로 결정한다.

왜 크레타가 아니라 키프로스일까.

키프로스 쪽이 보급로가 더 짧다는 것은 대신들이 나중에 붙인 이유이고, 술탄 셀림의 본심은 키프로스를 자기 것으로 만들면 그 섬의 포도주도 자기 것으로 만들 수 있다는 것이었다.

키프로스산 포도주는 이 섬이 베네치아 영토가 된 뒤 100년 동안 베네치아인의 효율적인 농장 경영과 품질 관리로 최고 명주의 지위까지 얻게 되었다. 이 섬에서 생산되는 마르바시아 포도주는 당시 유럽에서는 현대의 샴페인과 같은 지위를 누리고 있었다.

어쨌든 키프로스산 포도주와 이오니아해에 떠 있는 베네치아령 체팔로니아섬의 특산물인 건포도는 신흥국 영국으로 가는 주요 수출품이기도 했다. 이런 수출품은 지브롤터해협을 지나 영국의 사우샘프턴 항에 하역되었고, 그것을 판 돈으로 영국산 양모를 사서 베네치아로 돌아온다. 이 양모를 베네치아의 공장에서 최상급 모직물로 제조하여, 그것을 다시 영국으로 가져가서 파는 것이다. 당시 영국은 엘리자베스 여왕도 이탈리아어를 이해했다고 할 만큼 이탈리아 열기가 높았고, 베네치아산 고급 직물에는 최상의 시장이 되어 있었다. 셰익스피어의 작품이 대부분 이탈리아를 무대로 하고 있는 것도 엘리자베스 시대 영국인의 기호를 반영한다.

키프로스산 포도주가 그렇게 유명해진 것은 모두 베네치아인이 경영했기 때문이다. 키프로스를 손에 넣는다고 해서 고급 포도주도 그대로 손에 넣을 수 있는 것은 아니다. 하지만 이슬람교도의 계율을 지켜 공공연히 술을 마시지는 않았지만 사적인 자리에서는 술을 무척 좋아했던 셀림은 거기까지는 생각지 않았다.

아버지가 정복하지 못한 키프로스를 정복하고 고급 포도주까지 내 것으로 만든다는 생각이 '유리알 유희'를 끝내버렸다. 그리고 투르크의 수도 콘스탄티노플에 10만 명이 넘는 대군과 200척이나 되는 배가 집결하자, 마침내 베네치아는 오랫동안 애써 유지해온 중립을 버리게 되었다.

"강국이란 전쟁도 평화도 자기 뜻대로 되는 국가를 말합니다. 우리 베네치아공화국은 이제 그런 처지가 아니라는 것을 인정할 수밖에 없습니다."

이것이 16세기 초에 베네치아 외교를 일선에서 담당하고 있던 프란체스코 소란초가 정부에 보낸 보고서의 한 구절이다. 베네치아공화국은, 동쪽에서는 투르크가 대두하고 서쪽에서는 프랑스와 에스파냐가 강대해지고 있던 16세기 초에 벌써 자국이 점하고 있는 위치를 냉철하게 확인하고 있었다는 것을 보여준다. 그렇기 때문에 현실적인 동시에 때로는 한 걸음도 물러서지 않는 의연한 외교가 필요했는데, 16세기 후반에 접어든 1570년에 그 외교를 담당한 사람은 우연히도 프란체스코 소란초의 아들인 조반니 소란초였다. 로마교황청에 파견되어 그곳에서 투르크와 맞설 연합함대를 실현하려고 애쓸 때, 그의 머리를 스친 것은 죽은 아버지가 남긴 그 구절이 아니었을까.

레판토로 가는 길

베네치아공화국은 중세의 전성기인 13세기부터 이미 각국에 대사나 영사를 상주시킨 유일한 나라였지만, 중대한 문제가 있으면 본국에서 특명 전권대사가 파견된다. 주재 대사는 특명대사가 부임하면 그 지휘를 받도록 되어 있었다.

특명 전권대사로서 로마에 부임한 조반니 소란초의 첫 번째 임무는 투르크와 맞설 연합함대 결성을 호소해달라고 로마 교황 비오 5세를 설득하는 것이었다. 하지만 이것은 그렇게 간단한 일이 아니었다.

비오 5세는 교황으로 선출되기 전에는 광신적이고 잔혹한 추궁으로 악명이 높았던 이단재판소 판사를 30년이나 역임한 사람이다. 스코틀랜드 여왕 메리 스튜어트를 붙잡은 영국 여왕 엘리자베스를 공공연히 비난한 것도 이 교황이었다. 그 이유는 메리 스튜어트가 가톨릭교도라는 데 있다. 프랑스에서 종교를 기치로 내걸고 진행되는 신교도와 구교도의 권력투쟁에서도 가톨릭교도라는 이유만으로 카트린 드 메디시스에 대한 지지를 분명히 밝혔다. 같은 이유로 독일의 프로테스탄트나 네덜란드의 시민계급은 비오 5세에게는 이교도보다 더한 원수였다.

이처럼 반종교개혁의 부산물인 비오 5세가 경제적 이유로 이슬람 국가인 투르크와 협정을 맺고 있는 베네치아를 좋게 볼 리가 없었다. 그리고 당시 베네치아는 종교와 언론의 자유를 보장하는 나라여서, 이단재판소의 감옥에서 용케 탈출한 사람들에게 도움의 손길을 뻗은 사람은 누구나 베네치아로 도망치라고 말했을 정도였다. 로마교황청이 금서로 지정한 책들도 베네치아의 서점에는 당당하게 진열되어 있었다.

이 시기의 베네치아는 로마 교황을 필요로 하고 있었다. 그래도 키프로스 구원을 표면에 내세우면, 이교와 이단의 패배를 볼 때까지는 고기를 끊고 달걀밖에 먹지 않는 비오 5세를 설득할 수 없다. 그래서 소란초 대사는 늙은 교황의 가슴속에 불타는 십자군 정신을 이용하기로 했다. 이제 살 날이 얼마 남지 않았다고 생각하고 있던 교황은 거기에 완전히 넘어갔다.

로마 교황의 이용 가치는 교황이 가진 약간의 군사력이 아니다. 신의 지상 대리인 자격으로 강국의 지배자들을 움직이는 영향력에 그 가치가 있다. 하지만 당시 유럽의 열강들은 신의 대리인인 교황의 호소에 쉽게 응할 수 있는 상태가 아니었다.

신성로마제국 황제 막시밀리안은 헝가리를 둘러싸고 투르크군을 맞아 싸우는 중이어서, 거기에서 손을 뗄 수 없는 상태였다.

카트린 드 메디시스가 섭정을 하고 있는 프랑스는 2년 뒤에 일어날 '성 바르톨로뮤의 학살' 직전의 상태였다. 국외 문제에 관심을 갖는 것 자체를 생각할 수 없는 형편이었다.

결국 30여 년 전에 '프레베자 해전'에서 기묘하게 패배한 쓰디쓴 경험을 잊을 수는 없었지만, 의지할 만한 유럽 대국은 에스파냐밖에 없

펠리페 2세

었다. 적어도 에스파냐와는 지중해 세계에서 공통된 이해관계를 갖고
있었다.

하지만 교활한 펠리페 2세는 이교도와의 대결을 기치로 내건 십자
군 따위에는 속지 않았다. 그는 연합함대 결성의 진짜 의도가 키프로
스 구원이라는 것을 눈치채고 있었다. 하지만 에스파냐의 역대 왕들은
'가톨릭 왕'이라고 불리는 영예를 누린다. 로마 교황의 요청을 계속 무
시하는 것은 용납되지 않았다. 그래서 에스파냐는 새로운 제안을 내놓
는다. 베네치아가 어느 나라보다 많은 배를 제공하고, 그 연합함대의
총사령관을 잔안드레아 도리아가 맡는다면 에스파냐도 참가하겠다는
뜻을 전해온 것이다.

잔안드레아는 에스파냐 왕 밑에서 일하는 해군 장수다. 종조부인 안
드레아 도리아와 마찬가지로 자기 소유 선단과 함께 고용된 바다의 용
병대장이었다. 프레베자 해전 때 안드레아 도리아에게 쓴맛을 본 베네
치아가 그를 사령관으로 받아들일 수는 없다. 베네치아는 펠리페 2세

의 제안을 정면으로 반대한다. 교섭은 암초에 올라앉고 말았다.

키프로스 공방전

그 1570년 6월에 키프로스섬에 대한 투르크군의 대공세가 시작되었다. 해상 봉쇄를 명령받은 갤리선 수만 해도 160척이었다. 그밖에 10만 명이나 되는 병사를 실어 나르는 헤아릴 수 없이 많은 범선이 키프로스 바다를 메운다. 이 병사들은 키프로스섬에 몇 개나 있는 해변에서 동시에 상륙하기 시작했다. 바다에 둘러싸인 섬에서는 그것을 저지할 수도 없다. 투르크 대군의 총지휘는 무스타파 파샤가 맡는다. 5년 전 몰타 공방전에서 끝까지 공격하지 못하고 철수할 수밖에 없었던 이 노장은 이번에도 실패하면 목을 베겠다는 술탄 셸림의 말에 필사적인 기분으로 키프로스 땅을 밟았다.

투르크의 공격에 맞서 일어설 수밖에 없는 키프로스를 지키는 것은 섬 주민인 그리스인 민병대 500명을 포함해도 4천 명이 채 안 되었다. 베네치아 본국은 일단 크레타에서 보급물자와 약간의 원군을 보내 파마구스타에 상륙시킬 수 있었다. 섬의 북동쪽 끝에 있어서 요새화된 파마구스타는 수비가 견고하여, 투르크군도 아직 접근조차 못했기 때문이다.

그와 동시에 베네치아 본국에서는 세바스티아노 베니에르가 이끄는 130척의 갤리선 함대가 출항했다. 또한 크레타섬에 상주하는 함대 사령관 마르코 퀘리니에게는 급히 코르푸섬에 가서 베니에르를 만나 투르크군의 포위망을 돌파하기 위한 작전을 논의하라고 명령한다.

베네치아 본국과 크레타섬에서 떠난 함대가 코르푸에서 합류한 것

에게해와 그 주변

은 8월 4일이었다. 하지만 베니에르 휘하의 130척이 아드리아해를 남하하는 동안 함대에 전염병이 돌아서 계속 환자가 발생했다. 이런 상태로는 키프로스에 갈 수도 없고, 투르크의 160척과 싸울 수도 없었다.

그러는 동안 소란초 대사가 애쓴 보람도 없이, 연합함대 결성을 위한 교섭은 순조롭게 진척되기는커녕 지지부진한 상태였다.

교황 비오 5세는 계속 친서를 보내 에스파냐 왕을 재촉했다. 그래도 펠리페 2세의 태도는 미적지근했다. 한편 교황청 해군 사령관에 임명된 마르칸토니오 콜론나는 베네치아까지 가서 에스파냐 왕의 제안을 받아들이는 게 어떠냐고 설득하지만, 베네치아 정부는 자국 선박과 사람을 용병대장에게 맡길 수는 없다고 완강하게 거부했다.

그래도 로마 교황의 거듭된 요청에 더 이상 대답을 미룰 수 없게 된 펠리페 2세는 일단 잔안드레아 도리아가 이끄는 에스파냐 함대를 동방으로 보냈다. 하지만 도리아에게 명확한 명령을 내리지는 않았다.

최고 지위에 있는 사람은 움직이지 말라고 명확하게 명령할 필요는 없다. 상대가 움직이지 않기를 바란다면, 애매한 태도를 취하기만 하면 된다. 신하는 그런 군주를 보고, 지금은 움직이지 않는 편이 좋겠다고 스스로 판단한다. 그리고 펠리페 2세의 깊은 뜻은 베네치아공화국에 이로운 일을 에스파냐가 도와주지는 않겠다는 것이었다. 이 펠리페 2세는 비난의 이유가 될 만한 위험이 있는 증거는 문서든 말이든 일절 남기지 않는 군주이기도 했다.

이런 왕의 생각을 등에 업고 동쪽으로 간 도리아는 크레타섬으로 이동해 있던 베네치아 함대와 합류했다. 하지만 그는 우선 콜론나가 총사령관에 취임하는 게 어떠냐는 교황의 타협안에 반대한다. 이어서 베네치아 함대의 현재 상태로 보아 월말까지는 더 이상 동쪽으로 나아가는 것이 무리라는 이유를 들어, 자기 소유 선단의 출발을 거부했다.

크레타섬에 집결한 전력은 도리아가 이끌고 온 에스파냐 선단을 포함하여 갤리선 180척에 갈레아차 12척으로, 키프로스를 포위하고 있는 투르크 해군에 충분히 맞설 수 있는 전력이었다. 하지만 도리아는 그래도 생각을 바꾸지 않았다. 또한 전염병으로 베네치아의 전력이 약해진 것도 사실이기는 했다.

필사적으로 크레타섬 주민을 모아 부족한 승무원을 다 채운 것은 9월 중순이었다. 9월 18일, 모든 배가 키프로스로 출항했다. 하지만 그 직후에 키프로스섬의 수도인 니코시아가 함락되었다는 소식이 전해졌다.

함락된 것은 연합함대가 크레타를 떠나기 열흘 전인 9월 8일이었다고 한다. 투르크 대군의 공격을 석 달 동안이나 버틴 뒤의 함락이었다.

방어전에 앞장섰던 베네치아인들은 모두 장렬하게 전사했다. 백 년 동안이나 베네치아 영토였던 키프로스섬의 운명은 이제 섬 북동쪽에 있는 파마구스타를 지킬 수 있느냐 없느냐에 달려 있었다.

이 소식을 받았을 때, 함대는 이미 키프로스에 절반쯤 와 있었다. 하지만 당장 의견 차이가 표면화한다. 베네치아의 사령관들은 그대로 키프로스에 가는 것이 당연하다고 주장한다. 반면에 에스파냐 왕의 뜻을 헤아리는 도리아는 벌써 태반이 투르크의 손에 들어간 키프로스를 구하려고 일부러 서쪽에서 온 것은 아니라고 반박한다. 결국 2,500명의 병사를 태운 20척을 파마구스타에 원군으로 보낸 뒤, 나머지 배들은 모두 서쪽으로 돌아가게 되었다. 하지만 이 20척도 해적 울루치 알리가 이끄는 해적선단에 앞이 가로막혀 파마구스타에 가까이 가지도 못하고 돌아설 수밖에 없었다.

그럭저럭하는 동안 지중해에 부는 바람도 점점 차가워지면서, 적보다도 무서운 악천후의 계절이 다가왔다. 바로 그때 바다의 신 포세이돈이 자신의 존재를 인간들에게 과시하듯 폭풍우가 닥쳐왔다. 이렇게 되면 모든 배가 단번에 파마구스타항으로 피난해 들어가거나 아니면 서쪽으로 물러갈 수밖에 없다. 이런 경우, 사람들은 자연히 익숙한 곳으로 돌아가는 쪽을 택한다.

베네치아 함대는 크레타와 코르푸로, 에스파냐 함대는 시칠리아로, 도리아는 자기 소유 선단만 이끌고 제노바로 제각기 돌아가서 겨울을 나게 되었다. 도리아는 내년에는 좀더 일찍 오겠다고 약속한다. 베네치아 함대도 내년 봄이 오자마자 집결할 생각이었기 때문에 본국으로 돌아가지 않고 가까운 크레타와 코르푸에서 겨울을 나기로 한 것이다.

파마구스타를 버린 것은 아니었다. 겨울에는 남쪽의 키프로스섬도 기후가 혹독해서, 육상 전투도 사실상 휴전 상태가 된다. 브라가딘 총독을 비롯한 5천 명이 지키고 있는 파마구스타는 완벽하게 요새화되어, 베네치아의 해외 영토 중에서는 코르푸와 크레타에 버금가는 견고한 구조로 알려져 있었다. 적의 10만 대군을 상대로 그곳을 지키는 전력은 5천 명밖에 안 되지만, 군량은 부족하지 않다. 겨울 동안은 버틸 수 있을 것으로 여겨졌다.

그렇다 해도 1570년의 연합함대는 180척의 갤리선과 '갈레아차' 12척을 거느리고도 한 번 싸워보지도 않고 해산한 셈이 되었다. 명확한 계약은 때로 인간의 마음을 되돌리는 역할도 하는데, 그런 계약을 맺지 않았던 것이 중요한 원인이었다. 로마에 눌러앉아 있는 특명대사 소란초의 최대 임무는 어느 나라도 발뺌할 수 없을 만큼 명확한 계약이라는 형태로 연합함대를 결성하는 것이었다.

연합함대 결성

1570년에서 1571년에 걸친 겨울 동안, 교섭은 베네치아와 로마와 마드리드에서 난항을 겪으면서도 계속되고 있었다. 쟁점은 다음 네 가지다.

1) 총사령관을 누구로 할 것인가.

2) 부사령관 자리에는 어느 나라의 누구를 앉힐 것인가.

3) 전략 목표를 어디로 정할 것인가.

4) 경비는 어떻게 분담할 것인가.

에스파냐는 잔안드레아 도리아를 총사령관으로 추천한다. 베네치아는 단호히 반대한다.

베네치아는 새로 베네치아 해군 총사령관에 임명된 세바스티아노 베니에르를 추천했다. 에스파냐는 여기에 단호히 반대한다.

교황이 제안한 마르칸토니오 콜론나는 베네치아도 받아들이지 않았고, 에스파냐도 역시 거부한다.

꼼짝할 수 없는 교착 상태는 지난해와 조금도 달라지지 않았다.

부사령관에 마르칸토니오 콜론나를 앉히는 데에는 베네치아도 에스파냐도 굳이 반대하지 않았지만, 총사령관에게 무슨 일이 일어나면 당장 총사령관을 대신하여 총지휘를 맡는 것이 부사령관이다. 육군 장수로는 잘 알려져 있지만 해전은 경험해본 적이 없는 콜론나에게 그 자리를 간단히 맡길 수는 없었다. 콜론나가 부사령관 자리를 차지할 경우, 나머지 두 나라—에스파냐와 베네치아—의 사령관과 협의하여 모든 작전을 결정한다는 조건을 달아서 겨우 콜론나로 낙착되었다.

전략 목표도 총사령관 인선과 마찬가지로 에스파냐와 베네치아의 의견이 좀처럼 일치하지 않았다. 북아프리카를 목표로 삼자고 주장하는 에스파냐와 레반트(동지중해 연안지역)를 주장하는 베네치아가 정면으로 대립해 있었다. 베네치아 쪽 대표가 동지중해에서 투르크에 일격을 가하지 않는 한 북아프리카에는 절대로 가지 않겠다고 말하자, 에스파냐 왕의 대리로 교섭을 맡은 사람은 그렇다면 연내에 연합함대가 출동하기는 어려울 거라고 되받은 적도 있었다.

하지만 이 문제도 겨우 결론에 이르렀다. 동지중해든 서지중해든 투르크의 주력 함대와 마주치면 교전하기로 결정한 것이다. 그 후의 행동은 해전을 치른 뒤에 논의하기로 했다.

집결지는 지중해 한복판이라는 이유로 시칠리아의 메시나로 정해졌다. 집결 시기는 되도록 일찍 집결한다는 것만 정해졌다.

경비 분담이라 해도, 각국이 각자 자금을 가져와서 한곳에 모아놓고 그것을 쓰는 것은 아니다. 각국이 배와 선원, 노잡이와 대포를 비롯한 무기 등 전쟁에 필요한 모든 것, 그리고 현대의 '해병'에 해당하는 전투원을 독자적으로 편성하되, 그것을 어떤 비율로 부담할지를 결정하는 것이다.

이런 의미의 부담률은 에스파냐가 18분의 11, 베네치아가 18분의 7로 결정되었다. 이들 두 나라 이외의 나라가 제공하는 전력은 훨씬 적기 때문에, 특별히 명기할 필요도 없다고 여겨졌을 것이다.

문제는 참전하는 배의 수가 결정되지 않았다는 것이다. 베네치아와 에스파냐가 협정으로 결정한 부담률을 지키는지 안 지키는지는 집결지에 도착한 배를 볼 때까지는 알 수 없었다.

마침내 총사령관 인선 문제가 결말이 났다.

에스파냐가 도리아 대신 추천한 사람은 오스트리아 공 돈 후안이다. 카를로스 황제의 서자니까, 펠리페 2세의 이복동생이 된다. 스물여섯 살인 이 귀공자는 육전에서는 얼마간 실적을 올렸지만 해전을 총지휘해본 경험은 한 번도 없었다. 하지만 베네치아는 연합함대 결성을 서두르고 있었다. 도리아를 강요당하는 것보다는 낫다고 생각했는지, 베네치아는 돈 후안의 총사령관 임명을 받아들였다.

그래도 베네치아는 조건을 달았다. 연합함대 총사령관 돈 후안은 베네치아 해군 총사령관 베니에르와 교황청 해군 총사령관 콜론나와 합의하지 않고는 어떤 작전도 결정할 수 없다는 조건이다. 그리고 해전이 벌어질 경우, 돈 후안의 기함을 중앙에 놓고 베니에르의 베네치아 기함과 콜론나의 교황청 기함이 각각 좌우에서 옆구리를 굳게 지킨다는 것도 조건으로 달았다. 에스파냐 쪽도 이 조건은 받아들였다.

1571년 5월 25일 로마와 베네치아와 마드리드에서 동시에 조인된 이 협정이 당장 실행에 옮겨졌다면, 키프로스섬의 파마구스타와 그곳을 지키는 사람들의 운명은 달라졌을지도 모른다. 하지만 일은 그렇게 되지 않았다.

집결지인 메시나에 어느 나라의 배보다 일찍 도착한 것은 베네치아 함대였다. 하지만 그 베네치아가 믿고 있었던 것은 펠리페 2세의 에스파냐였다.

이 시대의 에스파냐는 유럽 제일의 강국이었을 뿐 아니라, 신대륙까지 지배하여 군사만이 아니라 경제에서도 초강대국이었다.

'팍스 로마나'는 '로마에 의한 세계 질서 확립'이지만, 이 시대에 '에스파냐에 의한 세계 질서 확립'이 성립되었다 해도 이상하지는 않았다. 에스파냐는 식민지 대제국이 되기는 했지만, '팍스 브리타니카'가 되기 전에 '팍스 히스파니카' 시대는 찾아오지 않았다. 그 첫째 요인은 근시안적이라고 말할 수밖에 없는 에스파냐인의 정치감각에 있었던 게 아닐까 생각한다. 즉 자신들 이외의 다른 민족을 활용하는 재능이 부족했다는 것이다. 잉카제국을 멸망시킨 것도 에스파냐인이었다.

공식적으로는 '신성동맹'이라고 불린 연합함대 결성을 위한 협정은

1571년 5월 25일에 조인되었다.

그 협정에 따라 집결지로 결정된 메시나에 어느 나라보다 일찍 베네치아 함대가 도착했다. 6월 초에는 이미 모든 함대의 메시나 입항이 끝나 있었다.

교황청 해군은 실제 전력이 3척을 넘지 못한다. 그래서 토스카나 대공 메디치가 비용을 부담하여 9척을 갖추었고, 그것을 합하여 12척이 콜론나가 이끄는 교황청 해군으로서 메시나에 입항한 것은 7월 초였다.

그런데 에스파냐 함대를 이끌고 올 터인 총사령관 돈 후안은 아무리 기다려도 도착하지 않는다. 6월 6일에 마드리드를 떠나 승선지인 바르셀로나로 간 것까지는 알려져 있었다. 하지만 그 후 제노바에 들렀다가 메시나로 갈 예정이었는데, 예정된 도착일이 지나도 전혀 모습을 나타내지 않는다. 메시나에서 기다리는 베니에르와 콜론나는 또다시 펠리페의 고식적인 방해가 아닐까 하고 걱정하기 시작한다. 하지만 돈 후안은 왕의 가신인 궁정관료가 아니다. 이 젊은 귀공자는 펠리페 2세의 뜻을 헤아리는 데 관심이 없다기보다, 그것을 잊어버리는 경향이 있었다.

그래도 바르셀로나와 제노바에서 이복형 펠리페가 명령한 일을 끝내느라 두 달 가까이나 써버리고, 8월 23일에야 겨우 메시나에 도착했다. 이로써 연합함대도 적을 찾아 항구를 떠날 수 있게 되었다.

메시나에 집결한 연합함대의 실태는 다음과 같다.

베네치아(6척의 갈레아차를 포함하여)──110척

에스파냐(본국 에스파냐에서)──14척

(에스파냐 지배하의 나폴리와 시칠리아에서)——36척

(도리아 소유 선단)——22척

합계——72척

교황청(토스카나 대공한테 얻은 배도 포함하여)——12척

몰타 기사단——3척

사보이아공국——3척

기타——3척

총계: 전력인 갤리선——203척

전령이나 정찰용인 소형 갤리선——50척

수송용 대형 범선——30척

이 배에 탈 사람들은

지휘관급——300명

이탈리아 병사——2만 명

에스파냐 병사——8천 명

선원 등——1만 3천 명

노잡이——4만 3,500명

총계는 8만 명을 가볍게 넘었다.

베네치아는 110척을 투입한 반면, 에스파냐 왕이 투입한 배는 에스파냐가 지배하는 이탈리아 남부와 시칠리아에서 온 배를 포함하고 거기에 에스파냐 왕 밑에서 일하는 도리아의 선단을 추가해도 72척밖에 안 된다. 이래서는 양국의 경비 분담률을 반영하지 않을뿐더러 오히려 베네치아의 부담이 더 커진다. 하지만 에스파냐 쪽은 육상전의 베테랑 8천 명을 참전시켰다고 말하면서, 베네치아 쪽의 비난에는 귀를 기울

이지도 않았다.

그래도 펠리페 2세의 생각을 반영해서인지, 아니면 에스파냐라는 나라가 원래 해운국이 아니라는 것을 보여주고 있는지, 에스파냐 본국에서 온 배가 전체의 10분의 1도 안 된다는 사실은 많은 것을 생각하게 한다.

'갈레아차'라고 불린 배는 범선과 갤리선을 합한 느낌을 주는 대형선인데, 이 시기의 베네치아가 개발한 신병기다. 노로도 움직이는 이 '갈레아차'의 특징은 전후좌우에 빈틈없이 늘어선 대포에 있었다. 이 배는 '물에 떠 있는 포대'라고 불리고, 해전이 벌어지면 맨 먼저 해상을 일주하면서 적에게 포격을 퍼부어 적의 진영을 무너뜨리는 것이 이것을 개발한 베네치아 엔지니어들의 의도였다. 따라서 베네치아가 투입한 6척의 갈레아차에는 전문 기사들도 타고 있었다. 이 신병기가 '레판토 해전'에서 기선을 제압하게 된다.

레판토 해전

메시나항을 가득 메운 이 대규모 함대는 그 위용으로 보는 사람을 압도했을 게 분명하다. 그리고 이 함대를 총지휘하는 것이 자기라고 생각하면, 돈 후안이 아니더라도 누구나 가슴이 뜨거워졌을 것이다. 왕의 동생인 젊은이를 감시하기 위해 따라온 에스파냐 고관이 무어라고 말해도 돈 후안의 생각은 바꿀 수 없었다.

9월 28일, 함대는 메시나를 떠나 적을 찾아서 동쪽으로 간다. 기독교 세계에서 연합함대가 결성된 것을 안 술탄이 내보냈다는 투르크 함대가 콘스탄티노플을 떠나 서쪽으로 향했다는 정보도 들어와 있었다.

그 투르크 함대를 이끌고 있는 것은 술탄이 특별히 총사령관으로 임명한 알리 파샤다. 이 사람은 해전 경험은 없었지만, 궁정에서도 가장 지위가 높은 고관이었던 모양이다. 그가 타는 기함에 400명이나 되는 예니체리 군단병이 타고 있는 것만으로도 투르크제국이 이번만은 해적한테 맡기지 않고 자국의 정예를 투입한 것을 알 수 있었다. 전력인 갤리선은 270척. 다만 이것은 '푸스타'라고 불리는 소형 갤리선도 포함한 수이기 때문에, 해상 전력은 기독교 진영과 비슷하다. 그래도 역시 차이는 있었다.

'레판토 해전'이라는 이름으로 역사에 남게 될 해전에 기독교 쪽은 전술상 중요하기 이를 데 없는 좌익 끝과 우익 끝에 베테랑 중의 베테랑을 배치한다. 한 사람은 베네치아의 해군 장수인 아고스티노 바르바리고였고, 또 한 사람은 에스파냐 왕에게 고용된 몸이지만 바다를 잘 알고 있는 제노바인 잔안드레아 도리아였다. 이슬람 쪽도 같은 생각이었는지, 이들과 상대하는 위치에 베테랑을 배치했는데 그것이 둘 다 해적이었다.

바르바리고와 상대하는 우익 끝에는 시로코라는 별명으로 불린 샬루크, 그리고 도리아와 상대하는 좌익 끝에 배치된 것은 울루치 알리였다. 샬루크는 이집트 알렉산드리아 총독, 울루치 알리는 알제 총독이라는 공식 지위를 가질 만큼 출세해 있었다. 하지만 둘 다 과거에 해적질을 한 것이 아니라 현재도 해적이다. 또한 투르크 함대의 후위를 지휘하고 있는 사람도 몰타 공방전 때 전사한 투르구트의 아들이니까 역시 해적이다. 이들 세 사람 외에도 요소요소에 베테랑 해적이 배치되어 있다. 그뿐만 아니라 각 배의 선장 이름으로 미루어보면, 투르크 함대의 절반 이상은 해적선이었던 것 같다. 그리고 이렇게 써두면 새삼 말할 필요도 없을 정도지만, 투르크 함대의 모든 배에서 쇠사슬에 묶여 노를 젓는 노잡이는 기독교도였다.

기독교 쪽에도 전투가 끝나면 석방한다는 조건으로 죄수를 노잡이로 쓴 배도 있다. 하지만 그들도 전투가 시작되면 당장 쇠사슬에서 풀려났다. 침몰하는 배와 운명을 같이하는 것만은 피하게 해주려고 생각했는지도 모른다.

어쨌든 이 두 가지 점이 전력에서는 거의 대등했던 '레판토 해전'에서 이슬람 쪽과 기독교 쪽의 차이였다. 총사령관 자리에는 양쪽 다 해전 경험이 없는 풋내기가 앉아 있었기 때문이다.

그 풋내기를 이슬람 쪽에서는 해적, 기독교 쪽에서는 베네치아의 해군 장수가 전문가로서 뒷받침하고 있는 점도 비슷했다.

생각해보면 지중해 세계 최대이자 최후의 해전이 될 '레판토 해전'은 양쪽 다 '바다의 전문가'들—한쪽은 해적, 또 한쪽은 상설 해군을 유지하는 유일한 국가였던 베네치아의 남자들—이 처음으로 정정당당하게 정면으로 격돌한 해전이었다고 말할 수 있을지도 모른다.

메시나를 떠나 동쪽으로 향했지만, 연합함대의 행방을 결정할 사람들의 마음이 하나로 똘똘 뭉친 것은 아니었다.

계절도 9월 중순을 지나고 있었다. 도중에 기항한 코르푸섬에서는 동행한 에스파냐의 궁정관료들이 대함대가 항해하기에는 위험한 계절로 접어들었다는 이유를 들어 내년 봄까지 항해를 연기하자고 제안했고, 한때는 돈 후안까지도 그 제안에 마음이 흔들릴 정도였다. 하지만 베네치아 쪽은 단호히 속행을 주장했다. 나중으로 미루었다가 시나 브로 흐지부지될 것을 우려했기 때문이다.

하지만 바로 그때 키프로스에 유일하게 남아 있던 파마구스타가 함락되었다는 소식이 들어왔다.

수도 니코시아가 함락된 뒤에도 반년이 넘도록 공방전을 견뎌온 키프로스섬 최대의 항구 파마구스타도 마침내 투르크의 손에 넘어간 것이다.

투르크군이 키프로스에 상륙한 지도 벌써 1년이 넘었는데, 그동안 줄곧 공격을 계속하고 있었다는 이야기가 된다. 총사령관인 무스타파 파샤는 몰타 공방전의 전철을 밟게 되는 것을 가장 우려하고 있었다. 그래서 책략을 썼다. 군량도 떨어지고 무기와 탄약도 없고 원군이 도착할 거라는 희망도 잃어버린 수비대 쪽에 무사히 섬에서 떠나게 해준다는 조건으로 성문을 열라고 제의한 것이다. 로도스섬을 공략했을 때 술탄 술레이만이 기사단에게 베푼 관대한 조치를 본받고 싶다면서. 키프로스 총독인 마르칸토니오 브라가딘은 키프로스에 거주하는 베네치아인만이 아니라 다른 주민들의 신변안전까지도 절대 보장한다는 약속을 받고, 성문을 열기로 결심했다.

하지만 무스타파 파샤는 술레이만의 신사적인 행동이 그 후 어떤 결과로 이어졌는지를, 몰타에서 철수했을 때의 투르크군 사령관으로서 뼈저리게 맛본 사람이었다. 약속 따위는 처음부터 지킬 마음이 전혀 없었다.

성문을 연 뒤, 베네치아인들이 먼저, 귀족이든 상인이든 관계없이 모두 잔인하게 약탈당한 뒤 목이 잘렸다. 섬 주민인 그리스인에게도 베네치아 편에 서서 투르크와 싸운 벌이 내려졌다. 섬 주민 가운데 노인과 아이들은 살해되고, 나머지는 모두 노예로 팔렸다.

강제로 입회하여 이런 일을 모두 지켜볼 수밖에 없었던 총독 브라가딘에게는 1년 동안이나 투르크군에 저항한 벌로 특별한 죽음이 준비되어 있었다.

베네치아인 총독은 우선 산 채로 온몸의 살가죽이 벗겨졌다. 그리고 그 상태로 바닷물에 수없이 빠뜨려진다. 그래도 아직 숨이 붙어 있었던 브라가딘에게 휴식이 찾아온 것은 목이 잘려나간 뒤였다.

투르크군 병사들은 벗긴 피부를 다시 꿰맨 다음, 그 속에 짚을 채워 넣고 잘려나간 머리를 꿰매 붙였다. 사람의 피부를 뒤집어 쓴 이 짚인형은 투르크의 수도 콘스탄티노플로 보내져 중앙 광장에 전시된 뒤, 투르크 각지를 순회하며 구경거리가 되었다고 한다.

이런 자초지종에 대한 정확한 보고가 늦어진 것은 수비 쪽이 몰살당해서 베네치아 본국에 그 사실을 전할 배도 띄울 수 없었기 때문이다. 하지만 그것을 안 지금, 그때까지 일촉즉발 상태에 있었던 에스파냐 병사와 베네치아 선원들의 대립도 사라졌다. 모두 비통한 마음으로 투르크의 만행에 분노를 불태우며 복수를 맹세한 것이다.

이제 돌아가자고 말하는 사람은 아무도 없었다.

그 후에 이어진 해전을 여기서 상세히 쓰는 것은 물리적으로 불가능하다. 그것만으로 끝나버려서 그다음을 서술할 여지가 없어지기 때문인데, 전투는 육상에서 벌어지든 바다를 무대로 벌어지든 간에 시시각각 변화하는 상황을 모두 추적하지 않는 한 전모를 파악할 수 없다는 성질을 갖는다. 따라서 요약으로 끝나는 것은 아니지만, 그렇다고 해서 밀도를 묽게 하지 않고 그것을 계속 써내려가면 큰 줄거리를 놓쳐 버릴 위험도 내포한다.

이것은 베네치아공화국의 탄생부터 죽음까지를 다룬 『바다의 도시 이야기』를 집필할 때에도 직면한 문제였다.

그때 내가 선택한 방법은 『바다의 도시 이야기』에서는 대충 언급하고, 그 전투의 자세한 내용은 다른 책 한 권으로 쓰는 방법이었다. 따라서 『바다의 도시 이야기』 상·하 두 권을 다 쓴 뒤, 모두 베네치아공화국이 관여한 『콘스탄티노플 함락』과 『로도스섬 공방전』과 『레판토 해전』의 세 작품이 쓰였다. 세 작품 다 지중해를 무대로 이슬람교와 기독교가 격돌한 이야기니까, '몰타섬 공방전'도 거기에 추가될 자격은 충분히 있었다. 하지만 그때 그것을 쓰지 않은 것은, 몰타섬을 둘러싼 공방전만은 베네치아가 관여하지 않았기 때문이다.

그렇게 해서 『레판토 해전』은 20여 년 전에 한 작품으로 마무리되어 있다. 따라서 여기서는 그 책을 읽어보시라고 고개 숙여 부탁할 수밖에 없다. 정말 시시한 이유로—사령관들 가운데 혼자만 전사한 것은 불쌍하다는 이유로—베네치아의 해군 장수 바르바리고를 사랑의 주인공으로 묘사했지만, 그 픽션 부분이 없어도 순수한 해적으로 이루어진 샬루크 휘하의 우익 56척을 수심이 얕은 해역으로 몰아넣어 궤멸시킨 아고스티노 바르바리고의 전술은 당시에도 높은 평가를 받았다. 이 바르바리고가 지휘하는 좌익에서 레판토 해전의 승리를 알리는 깃발이 다른 어느 곳보다 먼저 올라가게 된다. 그리고 사랑 이야기라는 채색이 없어도 레판토 앞바다를 무대로 펼쳐진 해전은 그것만으로도 충분히 극적이었다.

1571년 10월 7일, 그리스 서부와 파트라스만(파트레만) 바깥 해상에서 벌어진 '레판토 해전'은 기독교 쪽의 압승으로 끝났다. 이것은 갤리선끼리의 해전으로는 마지막이 되었다.

다섯 시간이 넘는 격투의 결과를 이슬람 쪽에서 보면 다음과 같다.

전사자의 수──바다에 빠져 실종된 사람을 제외해도 8천 명.

총사령관 알리 파샤를 비롯하여 투르크 궁정 고관의 대부분. 예니체리 군단장과 그 부하 400명. 또한 레스보스·키오스·네그로폰테(에보이아)·로도스 등 투르크가 공략하여 영토로 삼은 섬들의 총독들도 전사자 명단에 올랐다. 유명한 해적이었던 바르바로사(붉은 수염)의 두 아들도 레판토에서 전사했다. 우익을 이끌고 싸운 해적 샬루크는 중상을 입고 이틀 뒤에 죽었다.

지휘관급으로 도망치는 데 성공한 사람은 좌익을 지휘한 울루치 알리뿐이다. 해적을 포함하여 투르크 함대의 중심을 이루었던 사람들이 거의 다 전사한 셈이 된다.

포로가 된 사람의 수──약 1만 명.

이들 가운데 알리 파샤의 두 아들은 돈 후안이 에스파냐 왕에게 바치는 선물로서 펠리페 2세가 있는 마드리드로 보내졌다.

이슬람 함대에서 노잡이로 혹사당하다가 레판토 해전 이후에 해방된 기독교도의 수는 무려 1만 5천 명에 이르렀다고 한다.

불에 타서 침몰한 이슬람 쪽의 배──갤리선만 해도 80척.

포획된 배는 갤리선 117척, '푸스타' 20척을 합하여 137척. 여기에는 지금까지 해적에게 포획된 기독교 국가의 배도 10척 가까이 포함되어 있었다.

그런데 승리했다고는 하지만 기독교 쪽의 희생도 결코 적다고는 말할 수 없었다.

전사자의 수—7,500명.

부상자의 수—8천 명.

이들 중에는 바르바리고가 지휘하는 좌익에 배속되어 분전하다가 왼팔에 총알을 맞은 젊은 날의 세르반테스도 포함되어 있었다.

전사자와 부상자의 수를 주요 참가국별로 분류하면 다음과 같다.

	전사자	부상자
베네치아	4,836명	4,584명
에스파냐	2,000명	2,200명
교황청	800명	1,000명

베네치아만 전사자와 부상자의 수가 자세한 것은 전통적으로 정확한 통계를 중시해온 국가적 특성 때문이다. 에스파냐와 교황청은 이 점에서는 너무 대략적이었다.

그래도 베네치아가 치른 희생이 얼마나 컸는지는 분명하다. 특히 지휘관급 전사자가 많은 것이 눈에 띈다. 교황청 기함에 타고 있던 오르시니 가문의 두 사람을 제외하면, 지위가 높은 무인들 가운데 전사한 사람은 대부분 베네치아의 통치계급에 속하는 남자들이었다.

함장급 희생자는 18명이 모두 베네치아인이다. 바르바리고 가문에서는 좌익을 지휘한 아고스티노 바르바리고를 포함하여 4명. 콘탈리니 가문도 2명. 소란초 가문과 베니에르 가문에서도 함장급 희생자가 한 명씩 나왔다. 베네치아 1천 년 역사를 장식한 명문 중의 명문 집안들이 레판토 전사자 명단도 장식한 것이다.

베네치아에서 전력을 다해 싸운 것은 통치계급에 속하는 남자들만이 아니었다. 전사자와 부상자를 직능별로 분류해보면, 토목기사에서 노잡이와 요리사에 이르기까지 모두 한 덩어리로 똘똘 뭉쳐서 적과 맞섰음을 알 수 있다.

베네치아공화국은 지금까지 '유리구슬'이라도 되는 것처럼 신중하게 투르크제국과의 정면충돌을 피해왔다. 하지만 더는 그럴 수 없다는 것을 알자 과감하게 일어섰다. 그것이 베네치아의 '레판토 해전'이었다.

'레판토' 이후

승리는 사람들을 기분좋게 도취시킨다. 하지만 승리에 도취한 사람은 종종 본래의 목적을 잊어버리게 된다.

'레판토'가 결승점이 아니라 출발점이 될 수 있다는 것을 알고 있었던 나라는 베네치아공화국뿐이었다.

이제 투르크 해군은 존재하지 않는 거나 마찬가지였다. 이 기회를 활용하여 철저히 투르크를 공격하자는 베네치아의 주장은 레판토에서 거둔 압승에 도취한 사람들의 귓가를 스쳐 지나갔을 뿐이었다.

물론 이듬해 봄에 돈 후안은 약속대로 메시나에 들어와 있었다. 하지만 1572년의 돈 후안은 지난해의 돈 후안이 아니었다. 베네치아에 이로운 싸움은 하지 말라는 에스파냐 왕 펠리페 2세의 태도는 지난해보다 더욱 집요하게 왕의 젊은 동생을 속박하고 있었다.

결국 나갔다 들어오기를 되풀이하며 시간을 낭비한 끝에 10월 20일이 되자 이제 항해에 적합한 계절이 아니라는 이유로 연합함대는 해산하고 말았다. 에스파냐 왕은 로마 교황에게 내년에는 더욱 강력한 함대를 파견하여 이슬람 세력과 맞서겠다고 약속했지만, 베네치아는 그를 믿지 않게 되었다.

베네치아는 투르크와 단독 강화조약을 맺기로 결의했다. 극비로 일을 추진할 경우 전권을 위임받는 기관인 '10인위원회'는 콘스탄티노플 주재 대사에게 본격적으로 강화 교섭을 시작하라고 지시한다. 키프로스 포기를 명시한 강화조약이 조인된 것은 연합함대가 아무 일도 하지 않고 해산한 날부터 넉 달이 지난 1573년 3월이었다.

베네치아공화국에서 현대 국가의 국회에 해당하는 것은 원로원이다. 그 원로원에도 알리지 않고 극비로 진행한 교섭 결과를 유럽 국가들이 안 것은 조인이 끝난 뒤였다. 배신자라는 비난이 베네치아에 집중되었고, 몰타 기사단은 베네치아의 배를 보면 기독교 국가의 배인데도 습격했을 정도다.

하지만 베네치아는 그 후 70년 동안 투르크와 평화를 누린다. 그로써 다시 서쪽과 동쪽을 잇는 역할로 돌아갔고, 그 열매인 번영을 누리게 된다.

그렇다면 '레판토 해전'에서 치른 희생은 허사였던가.

허사는 아니었다.

투르크의 술탄은 도망쳐 돌아온 울루치 알리를 이번에는 정식으로 투르크 해군 총사령관에 임명하여 투르크 해군의 재건을 맡겼다. 울루치 알리도 콘스탄티노플 주재 베네치아 대사가 경탄했을 만큼 재빨리 그 임무를 완수했다. 하지만 재건된 것은 배의 수뿐이었다. 그 배를 활용할 능력을 가진 사람까지는 원래대로 돌려놓지 못했다.

'오스만제국의 위대한 해군'이라고 불린 투르크 함대는 레판토 해전 직전에 출현하여 레판토 해전과 함께 사라졌다.

그리고 아버지 '술레이만 대제'가 하지 않은 일을 내가 해낸다는 생각에 집착한 셀림도 베네치아와의 강화를 받아들였다. 현실노선에 눈을 떴다기보다, 베네치아 해군을 적으로 삼았을 경우의 불리함을 인정할 수밖에 없었을 것이다.

투르크의 수도 콘스탄티노플에 주재하는 베네치아 대사로서 해전 이전부터 해전 이후까지 5년 동안이나 어려운 임무를 수행한 바르바로는 강화조약이 조인된 뒤에 귀국했다. 베네치아에서는 귀임한 대사가 원로원에서 보고 연설을 하는 것이 상례로 되어 있다. 바르바로도 보고 연설을 했는데, 그것은 정부의 방침을 통렬하게 비난한 것이어서 회의장에 앉아 있던 정부 수뇌와 원로원 의원들의 안색이 변할 정도였다. 적국에서 5년 동안 근무하느라 체력은 완전히 소모되어 있었지만, 대사는 연설에서 이렇게 말했다.

"국가의 안정과 영속은 군사력으로만 보장되는 것은 아니다. 타국이 우리를 어떻게 평가하고 있는지도 중요한 요소가 된다. 거기에는 타국에 대한 의연한 태도도 큰 의미를 갖는다.

지난 몇 년 동안, 투르크인은 우리 베네치아가 결국 타협으로 도망친다는 것을 깨닫고 있었다. 그것은 그들에 대한 우리 태도가 예의를 지킨다는 외교적 필요 이상으로 비굴했기 때문이다. 베네치아는 투르크의 약점을 지적하기를 삼가고, 베네치아의 우위를 명언하는 것을 게을리했다.

그 결과 투르크인 본래의 오만과 거만과 건방짐에 제동을 걸 수 없게 되었고, 그들을 불합리한 정열로 내몰게 되어버렸다. 피정복민이자 하급관리에 불과한 그리스인에게 들려 보낸 통지서 한 장만으로 키프로스를 획득할 수 있다고 생각하게 한 것은 베네치아 외교의 수치일 뿐이다."

멀리 떨어진 영국인들까지 열광했다는 레판토 해전의 승리는 투르크 해군의 궤멸을 초래하여, 서방에 대한 투르크제국의 공세를 꺾게 되었다.

육상에서는 빈을 지키는 데 성공하여, '이슬람의 집'이 서쪽으로 확대되는 것을 저지했다. 레판토에서의 승리는 해상에서 서방에 대한 공격을 저지했다. 투르크제국은 술레이만의 죽음과 함께 쇠퇴하기 시작했다고 한다. 눈에 보이는 형태는 쇠퇴하지 않았지만, 그 형태가 이제 더 이상은 확대되지 않는 형태라면 차이는 확실히 있었다.

그리고 인간은, 달아나지 않고 맞섰을 때의 효과를 보면, 그 후에는 도망치지 않게 된다. 레판토 해전이 미친 정신적 영향은 그저 끝까지 참고 견딘 몰타 공방전 때보다 훨씬 컸다. 레판토에서는 격돌하여 승리했기 때문이다.

투르크도 해군 국가는 아니라는 사실이 레판토에서 실증되었지만, 에스파냐도 그것을 곧 실증하게 된다. 유명한 에스파냐의 무적함대가 엘리자베스 여왕 치하의 영국 해군과 격돌하여 완패한 것은 1588년, 레판토 해전이 일어난 지 겨우 17년 뒤의 일이었다.

투르크 함대도 해전을 벌이지 않는 동안에만 '오스만제국의 위대한 해군'이었듯이, 에스파냐의 '무적함대'도 베네치아의 참가 없이 그들끼리만 싸운다면, 해전을 벌이지 않는 동안에만 무적이었을 것이다.

에스파냐 무적함대의 패배는 지중해에서 대서양으로 세계의 중심이 이동하는 전조이기도 했다.

하지만 전조는 미래에 일어날 일이 미리 나타나는 조짐일 뿐이다. 통치자는 지금 현재 눈앞에서 벌어지고 있는 사태에 대한 대책을 게을리할 수 없다. 유럽 전체가 레판토 해전의 승리로 들끓고 있는 동안, 베네치아공화국만은 투르크와 다시 좋은 관계를 맺은 뒤에도 냉철함을 잃지 않았다.

우선 해군을 양이 아니라 질적으로 강화한다. 레판토 해전에서도 위력을 발휘한 신병기 '갈레아차'가 모든 기지에 배속되었다.

그리고 레판토 해전을 치르고 개선장군으로 귀국한 베네치아 해군 총사령관 베니에르를 공화국 통령으로 선출했다. 이것은 한 마디로 말해서, '호전파는 육지에 올려놓았다'는 메시지를 투르크에 보낸 것이기도 했다.

그와 동시에 특명 전권대사로 로마에 파견되어 기독교 연합함대를 실현하는 데 이바지했고 결국 레판토 해전의 승리를 이끌어낸 소란초를 바다로 내보냈다. 동지중해를 담당하는 해군 사령관으로 전선에서 근무하게 된 이 전직 외교관은, 베네치아가 투르크와 우호통상조약을 맺은 데 분노한 몰타 기사단의 습격을 받고 싸우다가 전사했다. 베네치아공화국은 원수정 시대의 로마제국과 마찬가지로 문관 경력과 무관 경력을 구별하지 않고 재능있는 인재는 어디에든 활용하는 나라였다.

제 7 장
지중해에서 대서양으로

인간 세계를 생각하면 유감스러운 일이기는 하다. 하지만 전쟁의 열기를 식히는 것은 평화를 바라는 사람들의 목소리가 아니라, 노골적으로 표현하면 돈의 흐름이 막혔을 때가 아닐까 하는 생각이 든다.

　물론 사람들이 평화를 바라는 것도 간접적으로는 효력을 발휘한다. 전쟁에 대한 염증이 생겨나는 것은 패배한 뒤인 경우가 압도적으로 많은 것도 사실이고, 인간은 패배하면 자신을 반성하게 되기 때문이다. 또한 패배의 책임자인 통치자도 패배에 따른 압력을 느끼지 않을 수 없다. 그래서 통치자도 소극적이 되고, 그것이 돈의 흐름을 막는 결과로 이어지는 게 아닐까.

　'레판토 해전' 이후, 승리한 기독교 국가들은 분열하고, 베네치아공화국과 투르크제국은 레판토 이전의 관계로 돌아갔다. 투르크가 계속 서방으로 진격할 마음이 있었다면, 베네치아가 중립으로 돌아선 이상 투르크의 적은 에스파냐뿐이니까, 바다에서 싸운다면 단연 유리해졌을 것이다. 에스파냐 해군의 실상은 17년 뒤 무적함대의 참패가 보여주었기 때문이다.

　술탄 셀림도 레판토에서 패배한 직후에는 울루치 알리에게 투르크 함대의 재건을 맡겼다. 이탈리아 태생인 이 해적은 수송선까지 포함하면 300척이나 되는, 수에서는 레판토 이전과 같은 규모의 함대를 편성하는 데 성공했다.

　그런데도 셀림은 투르크 해군 총사령관에 임명한 울루치 알리에게 통상적인 해적행위 이상의 것을 주문하지 않았다. 레판토에서 맛본 패배는 아버지 술레이만을 능가하고 싶다는 셀림의 욕망에 찬물을 끼얹은 게 아닐까.

베네치아공화국과 단독 강화를 맺은 것은 레판토 해전 2년 뒤인 1573년이었다. 술탄 셀림은 그 이듬해에 죽었다. 술에 취해 욕실에서 미끄러져 타일 바닥에 머리를 부딪친 것이 원인이었다. 그 뒤를 이어 투르크 술탄이 된 사람이 무라드 3세다.

새 술탄은 투르크제국의 역대 술탄들처럼 러시아나 그루지야나 카프카스 태생의 여자한테서 태어나지 않았다. 새 술탄의 생모는 하렘의 여자라는 신분은 같았지만, 베네치아공화국 귀족의 딸이었다.

하렘의 베네치아 여자

베네치아의 명문인 베니에르 가문의 딸 체칠리아는 열두 살 때인 1537년에 아버지가 소유하고 있는 크레타섬의 장원에 머물다가 본국으로 돌아가기 위해 아버지와 오빠와 함께 배를 타고 베네치아로 가고 있었다.

그 배가 해적의 습격을 받았다. 아버지와 오빠는 해적을 맞아 싸우다가 죽고, 소녀는 다른 사람들과 함께 해적의 포로가 되었다.

해적 두목은 밤색 고수머리에 초록빛 눈을 가진 이 예쁜 소녀를 술탄에게 바쳤다. 다른 사람들과 마찬가지로 콘스탄티노플의 노예시장에 나왔다면 당장 그곳에 살고 있는 베네치아 상인들의 눈에 띄어, 이런 경우에 상례로 되어 있는 구제 시스템이 작동하여 베네치아 사람들이 되었을 것이다. 하지만 술탄의 하렘에 들어가버리면, 대사가 움직여도 어찌해볼 도리가 없다.

그래도 베네치아 정부는 체칠리아가 납치된 지 1년도 지나지 않은 1538년에 원로원에서 체칠리아 베니에르가 베네치아 귀족의 딸이라는 증명서를 투르크 궁정에 보내기로 결의하고 실행했다. 투르크인은 붙잡은 사람이라도 지위가 높은 경우에는 특별대우를 해주는 경향이 있었다.

또한 소녀를 헌상받은 술탄 술레이만은 이 베네치아 소녀를 자신의 하렘에 넣지 않고 아들 셀림에게 양도했다. 이 시기에는 술레이만의 장남인 바예지드가 후계자로 술탄 자리에 오르리라는 것을 아무도 의심하지 않았기 때문에, 아버지로서는 평생 빛을 보지 못할 차남에게 좋은 놀이 상대를 선물할 작정이었는지도 모른다. 셀림은 체칠리아보다 한 살 위였다.

하지만 베네치아공화국은 증명서를 보낸 것으로 의무를 다했다고 생각할 나라는 아니다. 투르크의 수도 콘스탄티노플에 주재하는 역대 베네치아 대사들의 임무에는 누르바누라는 투르크식 이름으로 개명한 하렘의 체칠리아와 계속 연락을 취하는 것이 추가되었다. 하렘은 금남의 구역이기 때문에, 유대인 여자 보석상을 매수하여 중개 역할을 맡겼다.

처음 얼마 동안은 모국 베네치아를 생각나게 하는 베네치아 특산의 섬세한 레이스나 금실 무늬가 떠 있는 유리 향수병을 이용했는지도 모른다. 하렘의 여자들 사이에 소문이 날 만한 값비싼 물건은 눈에 띄기 때문에 엄금되었다.

밤색 고수머리의 소녀는 환경 변화에 대한 적응력도 뛰어났던 모양이다. 2년쯤 뒤에 셀림의 아들을 낳았다. 체칠리아는 그 무렵에는 이미 셀림의 애첩 제1호로 꼽히게 된다.

그런데 아버지 술레이만에게 반기를 든 바예지드가 참수를 당했기 때문에, 셀림은 갑자기 술레이만의 후계자로 뛰어오른다. 그리고 2년 뒤에는 술레이만의 죽음으로 술탄의 자리에 앉았다. 체칠리아도 하렘 생활 30년 만에 투르크 술탄의 정비 네 명 중에서도 제1왕비가 된다. 과거의 미소녀는 어느새 마흔 살이 넘은 중년여인이 되어 있었다.

베네치아의 일개 귀족의 딸이 대제국 전제군주의 총애를 받는 정실 왕비가 되었으니 옥가마를 탄 게 아니냐고 생각한다면 완전한 잘못이다. 16세기에는 투르크도 가장 전성기에 있었지만, 베네치아공화국도 번영의 절정기에 이르러 있었기 때문이다.

21세기인 현재 베네치아 거리를 뒤덮고 있는 눈에 보이지 않는 얇은 회색 베일을 벗기고 꼼꼼히 씻고 문질러 닦으면, 그 밑에서 나타나는 것은 찬란하게 빛나는 화려하고 호화로운 16세기의 베네치아다. 당시 베네치아는 유럽의 보석상자였다. 그리고 화려한 것은 거리만이 아니라, 거기에 사는 여자들도 삶을 즐기고 있었다. 베네치아공화국에서는, 외국의 국가원수를 주빈으로 하여 통령 관저에서 열리는 무도회의 꽃은 통치자계급에 속하는 귀족 여자들이었다. 유럽 여자들의 유행은 이 베네치아에서 시작되었다.

한편 같은 시대의 투르크에서는 부도 사치도 남성에게만 집중되어 있었다. 하렘 여자들의 외출은 특별한 때 외에는 허용되지 않았다. 외출이 허락된 경우에도 사방을 두꺼운 장막으로 가린 가마에 타야 하고, 뱃놀이를 할 때는 미늘창을 통해서만 밖을 볼 수 있었다. 보석 장식품만은 풍부했지만, 그것으로 몸을 꾸며도 남에게 보이는 것은 허락되지 않았다. 술탄을 제외하고 하렘에 사는 것은 수백 명이나 되는 여자들과 거세된 남자 노예뿐이었다. 자유를 구가하고 남자보다 더 호사를 누린 베네치아의 상류층 여자에게 하렘은 상당한 적응력이 없으면 견딜 수 있는 환경이 아니었다.

8년에 걸친 셀림의 치세 동안 체칠리아가 무엇을 할 수 있었는지는 사실 의심스럽다. 그동안 셀림은 키프로스섬을 공략하기로 결정하여 실행했고, 패배했다고는 하지만 레판토 해전을 명령했기 때문이다.

하지만 씨를 뿌리고 소중히 키우는 것은 그것이 언젠가는 열매를 맺을 때가 온다고 생각하기 때문이다. 첩보활동은 뜻밖에 견실한 인내를 필요로 한다. 레판토 해전이 벌어진 지 3년 뒤인 1574년, 베네치아가 투르크와 우호통상관계를 재개한 지 1년 뒤, 마침내 열매가 열렸다.

체칠리아의 아들이 무라드 3세라는 이름으로 술탄 자리에 오른 것이다. 여자라면 마음대로 골라 가질 수 있는 술탄이지만, 어머니는 한 사람뿐이다. 투르크 수도에 주재하는 베네치아 대사로부터 체칠리아에게 전해지는 요청이나 제안도 극비라는 점에서는 전과 다름이 없었지만, 전에 비해 훨씬 구체적이 되었을 것이다.

술탄의 하렘에서 가장 권세를 휘두르는 여자는 술탄의 총애를 받는 왕비가 아니다. 후계자를 낳았다는 것도 결정타가 되지는 않는다. 하렘의 진짜 여주인은 현재의 술탄을 낳은 생모다. 이제 마흔아홉 살이 된 과거의 고수머리 소녀는 그것을 철저히 활용했다.

톱카프 궁전 안에 있는 하렘에서 가장 안쪽에 있었던 거실을 출입구와 가장 가까운 곳으로 옮겼다. 그 후 이 구역은 술탄의 모후가 거처하는 곳으로 정착하게 된다.

이 자리를 차지하게 되면, 그곳에서 시작되어 안쪽으로 이어진 긴

복도를 따라 늘어서 있는 술탄의 네 왕비와 애첩들의 방을 감시할 수 있다. 또한 그 방들과 근접해 있는 술탄의 거처에서 하렘의 바로 밖에 있는 '디반'으로 가려면 아무래도 어머니의 거실 앞을 지나가야 하게 되었다. '디반'은 술탄이 대신들과 회의를 하는 넓은 방을 가리킨다.

이리하여 국정을 돌보기 위해 하렘을 나가거나 회의를 끝내고 하렘으로 돌아올 때마다 예의로라도 어머니께 인사를 빠뜨릴 수 없는 술탄은 반드시 체칠리아의 방에 들르게 되었다. 이래서는 체칠리아가 투르크제국에서 일어나는 일을 훤히 알게 된 것도 당연하다. 그뿐만 아니라 모후가 별실에서 각의를 방청한다는 소문까지 나게 되었다.

하지만 이렇게 잘 진행되고 있던 베네치아와 투르크의 관계에 장애물이 될 만한 인물이 딱 하나 있었다. 그것은 투르크의 재상(총리)인 소콜루였다. 무라드는 술레이만 이래 3대의 술탄을 모신 이 재상을 한때 멀리한 적도 있었지만, 소콜루는 유능하고 청렴한 관료로 알려져 있었다. 투르크인치고는 광신적인 데가 전혀 없고, 합리적이고 현실적이며 게다가 유능했다. 베네치아 첩보기관의 분류에서는 베네치아에 호의적인 고관으로 되어 있었다. 하지만 궁정관료 중에서는 드물게 투르크족 출신인 이 사람은 투르크의 이익이 베네치아의 이익과 충돌하면 주저없이 투르크의 이익을 지킬 사람이기도 했다.

언제부터 모후가 술탄에게 재상을 배제하라고 속삭이기 시작했는지는 알 수 없다. 이런 경우 투르크에서는 늘 반역죄를 뒤집어씌웠지만, 이 재상에게는 반역죄만은 씌울 수 없었다. 3대의 술탄을 모신 소콜루의 충성심을 의심하는 사람은 아무도 없었기 때문이다.

그래서 모후는 술탄의 전매품으로 되어 있는 화약을 소콜루가 밀매

하여 막대한 부를 축적했다고 술탄에게 쏘삭거렸다. 그리고 화약 거래를 실증하는 계약서까지 보여주었기 때문에 술탄도 어머니의 말을 믿었다. 이렇게 세심한 준비가 필요한 일을 하렘 안에 있으면서 해낼 수 있을 리가 없다. 누군가 외부 사람이 준비하여 몰래 모후에게 전달한 게 분명하다. 이로써 재상의 죽음은 결정되었다.

항례적인 각의가 열리고, 아무것도 모르는 재상과 대신들이 안건을 토의하고 있을 때, 갑자기 문이 열리더니 한 흑인 노예가 달려 들어왔다. 단검을 손에 든 흑인은 중앙에 앉아 있는 소콜루에게 덤벼들었다.

재상은 소리를 지를 새도 없이 살해되었다. 대신들은 큰 소리로 호위병을 불렀다. 하지만 그때 옆방에서 나타난 술탄이 재상의 죄를 설명했다. 대신들은 반신반의하면서도 납득할 수밖에 없었다.

하지만 얼마 후 재상은 억울하게 죄를 뒤집어쓴 것으로 밝혀진다. 콘스탄티노플의 서민들은 모후의 권세욕이 낳은 비극이라고 수군거렸다. 콘스탄티노플에 거주하는 유럽 각국의 상인들도 이 사건과 베네치아의 관계를 의심하지 않았다. 하지만 베네치아 쪽 사료에는 극비문서에도 이 관계를 암시하는 기록이 전혀 남아 있지 않다.

그런데 그 후 얼마간 세월이 흐른 1582년 6월에 베네치아 정부의 최고결정기관인 '10인위원회'는 술탄의 모후에게 줄 선물 구입비로 2천 두카토나 되는 거금을 지출하기로 결정했다. 소콜루 살해와 이 거금 지출 사이에는 사건의 열기가 식을 만한 기간이 가로놓여 있다는 느낌이다. 재상 살해 사건과 모후의 관계를 상상하게 하는 사료는 이것 외에는 하나도 남아 있지 않다.

그 문제의 진위는 지금도 알 수 없지만, 1583년에 체칠리아가 죽을 때까지, 그리고 어머니가 죽은 뒤에도 그 아들인 무라드가 술탄 자리에 앉아 있던 1595년까지 4반세기 동안 투르크와 베네치아의 평화가 깨진 적은 한 번도 없었다. 열두 살 때 투르크의 하렘에 들어간 고수머리의 예쁜 소녀는 하렘 안에 있어도 여전히 베네치아의 여자였을까.

1583년의 어느 겨울날, 베네치아 서민들은 산 마르코 성당에서 울려 퍼지는 우울한 음색의 조종이 누구를 위한 것인지 알지 못했다. 산 마르코 성당도 '10인위원회'가 의뢰했기 때문에 조종을 울렸지만, 그것이 누구의 죽음을 위한 것인지는 듣지 못했다.

기사와 해적

레판토 해전 이후에도 해적들의 횡포는 전혀 줄어들지 않았다. 투르크 해군 총사령관에 임명된 울루치 알리는 유능한 조직자이기도 했는지, 투르크 해군이 양적으로는 레판토에서 패배한 뒤 오래지 않아 재건되었다. 그리고 베네치아와 투르크의 우호통상관계가 재개되었기 때문에 레판토 승리의 원동력이었던 베네치아 해군은 이제 투르크의 적이 아니었다.

그럼에도 불구하고 레판토 이후 서구에 대한 투르크 해군의 위협은 분명히 줄어들었다. 베네치아 여자를 어머니로 둔 술탄이 즉위하면서 유럽을 정복하겠다는 투르크의 의욕이 떨어졌기 때문일까.

어쨌든 지금까지 투르크 해군의 첨병 역할을 맡아온 북아프리카 해적들에게는, 풍족했던 자금을 비롯한 모든 면에서의 원조가 점점 줄어들기 시작한 것은 사실이었다.

서구 쪽에서도, 떠오르는 영국을 포함하여 유럽 대륙을 무대로 패권 경쟁을 벌이느라 지중해 세계에 대한 관심이 줄어들었다. 이런 일종의 공백상태에서는, 수는 적어도 정예만 모여 있는 집단이 정식 무대에 등장할 여지가 생긴다. 레판토 이후, 해적질을 본업으로 삼아왔기 때문에 그 일을 계속할 수밖에 없는 해적과 지중해에서 대결한 것은 몰타섬을 본거지로 하는 성 요한 기사단과 중부 이탈리아의 리보르노에 기지를 둔 성 스테파노 기사단이었다. 몰타 기사단의 깃발이 붉은 바탕에 하얀 십자라면, 성 스테파노 기사단의 깃발은 하얀 바탕에 붉은 십자였다.

십자군 시대부터 살아남은 유일한 기사단인 몰타 기사단은 창설 당시부터 시작한 의료활동을 여전히 기치로 내세우고 있었지만, 오랜 역사 속에서 저절로 축적된 자산──이탈리아반도를 비롯한 유럽 각지의 소유지──에서 나오는 수익을 주된 재원으로 삼고 있다. 몰타 기사단은 수도(修道) 기사단이라서 기사를 '수도사'라고 불렀고, 프랑스를 중심으로 한 유럽 각국의 귀족 자제들이 단원으로 지원하여 기사단을 구성하고 있었다.

한편 16세기 초에 창설된 성 스테파노 기사단은 창설자가 초대 토스카나 대공인 코시모 데 메디치였고, 역대 기사단장도 토스카나 대공이 맡도록 되어 있다. 말하자면 토스카나 출신 남자만으로 구성된 기사단이다. 귀족의 피를 이어받은 사람만 단원이 될 수 있다는 자격 조건은 없었지만, 이탈리아에서 성미가 제일 강하다는 피렌체를 중심으로 한 토스카나 남자들의 집단이고, 르네상스의 발상지인 만큼 종교적 색채는 강하지 않다. 따라서 단원들은 신에게 독신을 서약하는 '수도사'가 될 필요는 없었다.

하지만 이들 두 기사단은 한 번도 10척 이상의 배를 가진 적이 없었다. 그래서 소수정예주의로 일관할 수밖에 없었다.

다만 약한 전력으로 싸우는 경우에도 유효한 전략은 있다. 그것은 적과 같은 전법으로 싸우는 것이다. 습격하여 재물을 약탈하고 사람을 납치하는 해적의 전법을 두 기사단도 그대로 답습하고 있었다.

리보르노항에는 '목욕장'도 있었다. 하지만 북아프리카 각지의 '목욕장'이 납치해온 기독교도에게 강제노동을 시키기 위한 수용소인 반면, 리보르노의 '목욕장'은 북아프리카의 '목욕장'에 수용되어 있는 기독교도와 교환할 때까지 이슬람 포로를 수용해두는 시설이었다. 몰타 기사단에서는 포로를 갤리선 노잡이로 이용했지만, 성 스테파노 기사단의 갤리선 노잡이는 극소수의 예외를 제외하면 언제나 기독교도 지원자였다.

그래도 리보르노에서는 쇠사슬에 묶인 이슬람 해적의 모습을 보는 일이 드물지 않았을 것이다. 지금도 시내에는 해적에게 승리한 것을 기념하여 이슬람 해적 네 명을 본뜬 승전기념비가 남아 있다.

아프리카와 가까운 몰타섬과 중부 이탈리아의 리보르노가 본거지니까, 두 기사단이 각각 아프리카 근해와 티레니아해를 분담했나 하면 그렇지는 않았다. 서로 적대하지는 않았지만, 교황의 제창으로 기독교 국가들이 연합함대라도 결성하지 않는 한 공동투쟁 전선을 짠 적도 없다. 두 기사단은 독자적으로 이슬람과 싸우고 다녔던 모양이다. 게다가 투르크의 바다가 되어 있는 동지중해에까지 원정을 가기도 했으니까, 난폭하게 설치고 다닌다고 말해도 틀린 말은 아니었다.

성 스테파노 기사단의 배를 지휘하는 사람들 중에는 피렌체의 명문 출신 남자들이 많았다. 바다에 둘러싸여 있는 몰타 기사단이라면 모를까, 바다에 면해 있지 않은 피렌체 남자들이 어떻게 배를 지휘했을까 하고 생각하겠지만, 그렇게 생각하는 쪽이 이상하다. 생각해보면 원양 항로를 따라 신대륙으로 가서 아메리카 대륙에 자기 이름을 남긴 아메리고 베스푸치도 피렌체 시민이고, 아직도 뉴욕의 허드슨강에 걸려 있는 다리 이름에 남아 있는 베라차노도 피렌체 근교의 키안티 태생이었다.

두 기사단은 평소에는 7척이나 8척의 갤리선밖에 보유하지 않는다. 성 스테파노 기사단은 그것을 양분하여, 한 조는 토스카나 근해를 지키고 다른 조는 적을 찾아 멀리 나간다. 이것을 항해에 적합한 봄부터 가을까지 몇 번 교대한다.

1579년에는 리돌피가 지휘하는 성 스테파노 기사단의 3척이 동지중해까지 원정하여, 서지중해 해역에서 해적질을 마치고 돌아오는 해적선 4척을 포획하는 데 성공했다. 그들은 해적에게 사로잡혀 있던 200명을 구하고, 해적선 노잡이로 혹사당하고 있던 기독교도 200명이 넘게 구출하여, 모두 배에 태우고 리보르노로 돌아왔다.

같은 해, 이번에는 다른 조가 서지중해에서 해적선 6척과 맞붙어 1척은 격침시키고 5척은 포획하고 300명이나 되는 기독교도 노잡이를 구출하여 데리고 돌아왔다.

이듬해는 성 스테파노 기사단에는 모든 일이 뜻대로 되는 해였던 모양이다.

우선 3척이 알제 근처의 요새를 공격하여, 그곳에 붙잡혀 있던 기독교도들을 도로 빼앗았을 뿐 아니라 알제리인을 40명이나 포로로 잡아서 리보르노로 개선했다.

그다음에 출항한 4척은 당시에는 레반트라고 불린 동지중해까지 원정하여 투르크의 대형 범선을 습격해서 많은 물자와 포로로 잡은 투르크인 30명과 함께 귀항했다.

기사단의 배는 이슬람의 배만 보면 습격했기 때문에, 그것이 해적선인지 상선인지는 문제가 되지 않았다. 실제로 해적선이라도 검은 바탕에 하얀 해골을 그린 깃발을 내걸고 있는 것은 아니고, 보통 배를 가장하는 경우가 많아서 분간할 수가 없었다.

이렇게 성 스테파노 기사단이 투르크제국의 내해로 여겨지는 동지중해까지 원정하여 설치고 다니자 투르크의 술탄도 방치할 수 없게 된다. 어머니가 베네치아 여자인 술탄 무라드는 토스카나 대공 메디치에게, 베네치아와 맺고 있는 것과 같은 우호통상조약을 맺고 싶다고 제안했다. 요컨대 투르크의 상선은 공격하지 말라는 것이다.

하지만 같은 이탈리아반도에 자리 잡고 있으면서도, 피렌체를 중심으로 하는 토스카나와 베네치아는 달랐다.

베네치아공화국은 자국 제품이나 특히 독일제가 유명했던 강철제 갑옷을 오리엔트로 가져가고, 오리엔트에서 후추를 비롯한 향신료를 서구로 가져오는 교역국이다. 반면에 토스카나 지방은, 피렌체공화국이었던 시절에는 경제입국이었지만, 토스카나대공국이 된 16세기 이후에는 주산업이 농업으로 바뀌었다. 투르크와의 관계에 베네치아만큼 신경을 쓸 필요가 없었다.

토스카나 대공과 투르크 술탄 사이에 우호조약은 맺어지지 않았고, 여전히 대공이 기사단장을 맡고 있는 성 스테파노 기사단의 활약도 전혀 달라지지 않았다.

덧붙여 말하면, 키안티 지방이 토스카나산 와인의 중심이 된 것은 토스카나 대공이 포도주 진흥에 힘을 쏟은 데에서 시작되었다. 이것도 쓸데없는 이야기인지 모르지만, 현대 이탈리아의 해군병학교는 리보르노에 있다. 다만 이탈리아 해군의 해병대본부는 베네치아에 있고, 해병대 깃발에는 지금도 과거 베네치아공화국의 국기가 사용되고 있다.

성 스테파노 기사단이 지중해를 설치고 다니면, 몰타 기사단도 지고 있지 않았다. 몰타 기사단의 해적선 습격과 그에 따른 수확을 열거한 사료만 보아도 당시 몰타 기사단의 특별한 처지를 상상할 수 있다.

몰타섬은 리보르노와는 달리 이슬람 일색인 북아프리카에 온몸을 노출시키고 있는 상태였다. 리보르노항의 요새화는 미켈란젤로를 비롯한 토스카나 건축기사들에게 맡겼기 때문에 견고하기 이를 데 없었지만, 몰타섬의 요새화는 당시 그 방면의 선진국이었던 이탈리아의 건축기사들을 총동원하여 훌륭하게 이루어져 있었다. 요새를 지은 방법만 보아도 최전선기지라는 것을 납득할 수 있다. 농산물 수출항이기도 했던 리보르노와 달리, 몰타섬의 수도 발레타는 순수한 군항이다. 하나하나의 요새를 강화하는 것이 아니라 발레타라는 이름으로 정착된 수도의 도심 전체를 요새화한 것이 몰타 기사단의 본거지였고, 그것 하나만으로도 최전선에서 이슬람과 맞서 있는 몰타 기사단의 존재이유를 보여주었다.

또한 섬 전체에 요새가 점점이 흩어져 있는 몰타섬 자체가 바다에 떠 있는 요새였다.

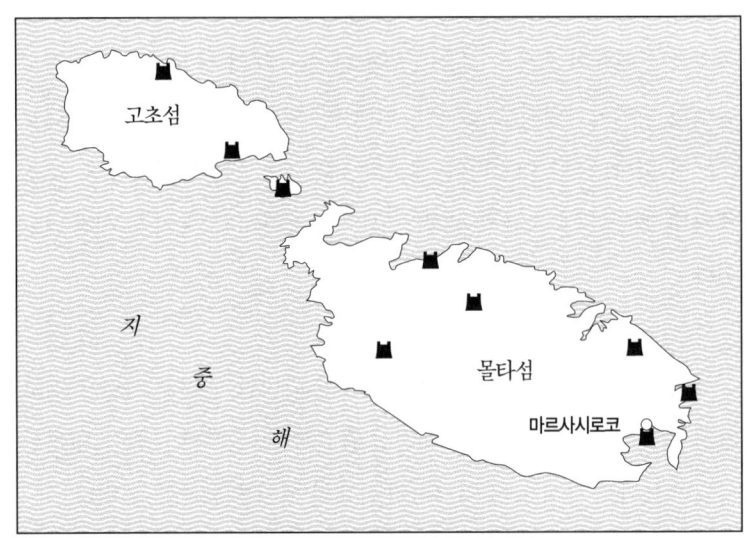

1565년의 공방전을 전후한 몰타섬의 감시체제(1620년까지)

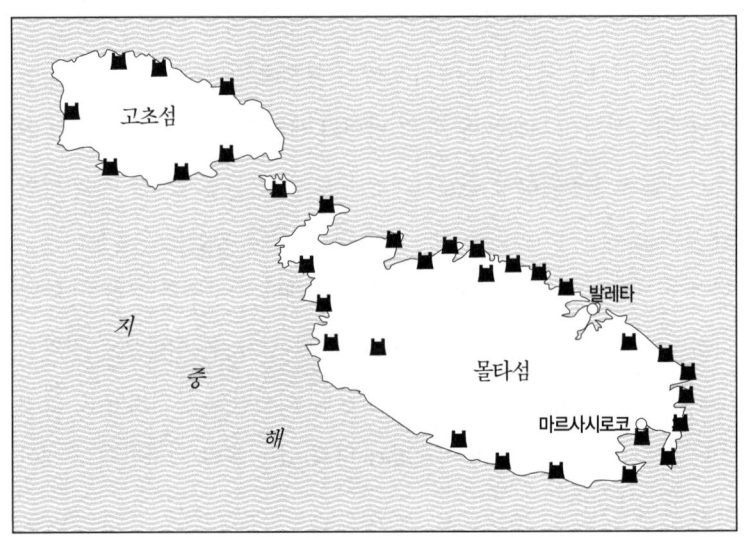

기사단이 지배한 몰타섬의 감시체제(1620년 이후)

몰타 기사단도 성 스테파노 기사단과 마찬가지로 교대제를 채택했다. 아니, 나중에 창설된 성 스테파노 기사단이 선배 격인 몰타 기사단을 모방했다고 말해야 할 것이다.

두 기사단 모두 선단을 양분하여, 한 조는 근해를 경비하고 또 한 조는 멀리 나가서 해적선을 쫓아다니는 방식인데, 이것은 군용 갤리선이 열 척도 채 안 되는 조직으로서는 어쩔 수 없이 선택한 길이기도 했다.

하지만 이 방식으로 일관했다는 것은 서너 척으로 이루어진 선단이 항해의 계절에 해당하는 봄부터 가을까지는 항상 적을 쫓아다니고 있었다는 이야기가 된다. 적을 맞아 싸우는 것이 아니라 적을 추격하는 것이다. 이 방식은 해상충돌을 싫어하는 해적에게는 무시할 수 없는 위협이 되었다.

레판토 이후의 지중해에서는 이들 두 기사단이 서로 경쟁이라도 하는 것처럼 붉은 바탕에 하얀 십자가 새겨진 깃발을 내건 몰타의 배와 하얀 바탕에 붉은 십자가 새겨진 깃발을 내건 토스카나의 배가 사납게 날뛰게 된다. 이렇게 되자 남이탈리아와 시칠리아의 영주들까지도 지금까지처럼 달아나지 않게 되었다. 나폴리나 팔레르모에서도 해적선에는 적극적으로 맞서게 된 것이다.

한편에서는 북아프리카의 해적들이 수세로 돌아서기 시작했다.

투르크 해군 총사령관에 취임한 울루치 알리는 알제 총독에도 임명되어 있었다. 하지만 원래 기독교도였던 이 해적 두목은 레판토에서 맛본 경험 때문에라도 두 번 다시 해전에는 호소하지 않게 되었다.

그러면서도 북아프리카에서 이슬람 세력을 유지하는 것은 결코 게을리하지 않았다. 튀니스도 이제 명실공히 이슬람 쪽으로 돌아와 있었

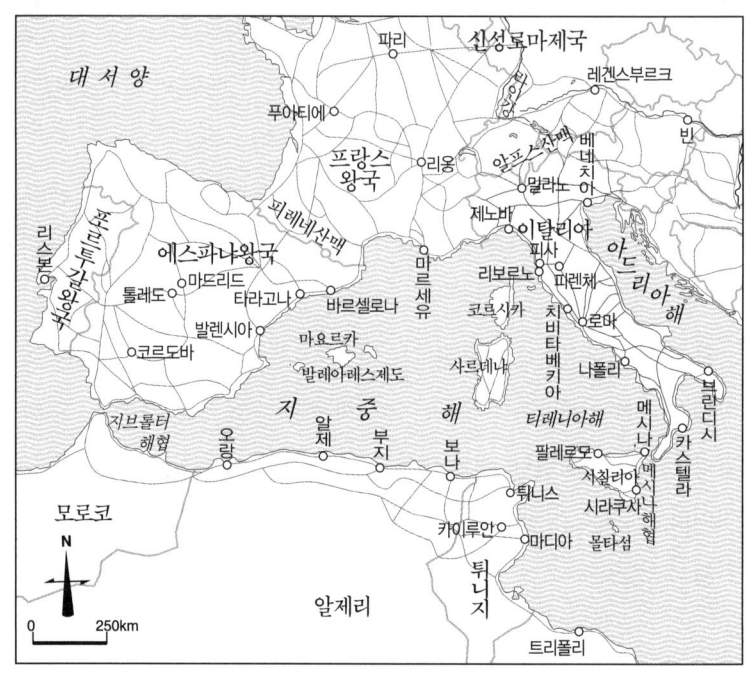

대서양

파리
신성로마제국
레겐스부르크
푸아티에
빈
프랑스
왕국
리옹
알프스산맥
베네치아
밀라노
피레네산맥
제노바
이탈리아
포르투갈왕국
리스본
에스파냐왕국
피사
리보르노
피렌체
아드리아해
톨레도
마드리드
코르시카
치비타베키아
로마
타라고나
바르셀로나
마르세유
발렌시아
마요르카
사르데냐
나폴리
브린디시
코르도바
발레아레스제도
메시나
카스텔라
지중해
알제
부지
티레니아해
보나
팔레르모
메시나해협
시칠리아
지브롤터해협
오랑
시라쿠사
모로코
튀니스
N
카이루안
마디아
몰타섬
250km
튀니지
알제리
트리폴리

서지중해와 그 주변

다. 트리폴리도, 그 자신이 총독 자리에 앉아 있는 알제도, 몰타 기사단
이나 성 스테파노 기사단의 접근조차 허락하지 않았다.

때로는 존재를 증명하려는 것처럼 공격하지만, 기묘한 형태로 나뉘
어 사는 상태가 지중해 세계에 퍼져가고 있었다.

지중해 세계의 황혼

역사는 개개의 인간 때문에 바뀌는 것은 아니라고 역사학자들은 말
한다. 나도 절반쯤은 동의한다. 하지만 나머지 절반 정도는 바뀔 가능
성도 있지 않을까. 지금도 나는 오래전 이탈리아의 경제학자가 쓴 책

에 나온 구절을 잊을 수 없다.

"오늘날까지 인류는 온갖 정치체제를 생각해냈다. 왕정. 귀족정이라고도 불리는 과두정. 민주정. 그리고 공산주의 체제. 하지만 지도자가 없는 정치체제만은 생각해내지 못했다."

지금도 요인 암살에 대한 대책은 계속되고 있다. 그것은 개개인의 생각이 국가의 방향을 결정할지도 모른다고 사람들이 생각하기 때문이 아닐까.

'레판토' 이후 투르크제국의 지중해 쪽 진용은 꽤 흥미롭다.

투르크의 술탄 무라드는 어머니가 베네치아 여자다. 투르크 해군 총사령관을 맡고 있는 울루치 알리는 물론 이슬람으로 개종하기는 했지만 원래는 남부 이탈리아의 풀리아 지방에서 태어난 이탈리아인이다. 그리고 노령으로 은퇴한 뒤에는 콘스탄티노플에서 조용한 여생을 보내게 된 울루치 알리 대신 술탄 무라드가 투르크 해군 총사령관에 임명하여 지중해 세계를 맡긴 인물도 역시 시칠리아에서 태어난 이탈리아인이었다.

'시남 파샤'는 투르크제국에서의 이름이고, 이 사람의 원래 이름은 스키피오 치갈라다.

제노바 시민이었지만, 제노바 특유의 국내 권력투쟁에 패하여 시칠리아로 이주한 뒤 그곳에서 어엿한 영주가 된다. 영주가 되면, 자기 영지에 사는 백성의 안전을 지킬 의무가 있다. 그래서 이 집안도 두세 척이나마 갤리선을 갖게 되었고, 영지를 습격해오는 북아프리카 해적과 싸우는 것이 치갈라 집안 남자들의 전통이 되었다.

1561년, 몰타 공방전이 벌어지기 4년 전, 레판토 해전이 일어나기 10년 전, 치갈라 집안의 가장은 그해에도 해적을 맞아 싸우기 위해 출항한다. 맏아들 스키피오도 아직 열 살밖에 안 되었지만 동행했다.

하지만 그해에는 상대가 안 좋았다. 저 유명한 투르구트였던 것이다. 치갈라 선단은 패배를 당했고, 포로가 된 치갈라 집안의 가장은 투르구트의 비위라도 건드렸는지 감옥에 갇혔고 거기서 죽는다. 하지만 함께 붙잡힌 아들 스키피오는 투르구트가 술탄에게 헌상하기로 했기 때문에 콘스탄티노플로 보내졌다.

그 시기의 술탄은 대제라고 불린 술레이만이었다. 좋은 집안에서 태어난 소년 스키피오는 품위가 몸에 배어 있었다. 술레이만은 그것이 인상에 남았는지, 소년의 이름을 시남으로 바꾸게 하고 자기가 사는 톱카프 궁전에서 키웠다. 이슬람교로 개종시킨 것은 물론이다.

시남은 술레이만이 기대한 대로 성장했다. 금발에 푸른 눈을 가진 시남은 검은 머리와 검은 눈을 가진 사람들로 가득한 투르크 궁정에서는 역시 이채로운 존재였지만, 투르크인은 지위가 높은 사람의 아들이라는 이유만으로 경의를 표한다. 술레이만도 이 젊은이에게는 소년 시절에 강제로 끌려온 수많은 기독교도와는 다른 대우를 해주었다. 투르크 궁정관료도 아니고, 예니체리 군단병도 아니다. 예니체리 군단에 들어가기는 했지만, 군단장 후보생이라는 느낌으로 처음부터 한 부대의 부대장에 임명되었다.

시남은 순조롭게 출세하여 예니체리 군단의 군단장이 되었고, '시남 아가'라고 불리게 되었다. '아가'(aga)는 '우두머리'라는 의미인 모양이다.

그 후의 승진도 눈부셔서, 술탄은 그를 페르시아 태수로 임명하여 페르시아 전역의 통치를 맡긴다. 유프라테스강과 티그리스강 사이에 끼어 있는 메소포타미아 지방에는 이슬람-아랍인이 성도로 건설한 바그다드가 있었다. 투르크제국의 융성으로 이슬람 세계의 수도가 콘스탄티노플(지금의 이스탄불)로 옮겨졌지만, 이슬람 세계의 수도는 바그다드여야 한다고 생각하는 이슬람교도가 아직도 많아서, 이 지방에서는 투르크에 대한 반란이 종종 일어났다. 이처럼 페르시아 전역의 통치를 잘하느냐 못하느냐는 투르크제국에 직접적인 영향을 주기 때문에, 페르시아 태수에는 술탄이 누구보다도 신임하는 인재를 보내는 것이 통례가 되어 있었다.

시남 파샤, 이 무렵부터 '파샤'라는 존칭으로 불리게 된 옛날의 스키피오 치갈라는 이 막중한 임무를 훌륭하게 수행한다. 술꾼인 술탄 셀림이 키프로스섬 공략에 야심을 불태우고 있는 것을 안 베네치아 정부가 동쪽의 페르시아에서 반란을 일으켜 서쪽에 대한 셀림의 야망을 꺾으려는 책략을 꾸몄지만, 그것이 불발로 끝났을 만큼 시남 파샤가 통치한 시기의 페르시아는 안정되어 있었다.

책임을 훌륭하게 수행하고 콘스탄티노플로 돌아온 시남 파샤는 쉴 새도 없이 도나우강에 파견된다. 투르크가 고생 끝에 겨우 정복한 헝가리의 통치를 맡은 것이다. 그가 헝가리를 몇 년 동안 통치했는지는 알려지지 않았다. 하지만 시남 파샤가 유럽 쪽의 기록에 등장하는 것은 1594년 술탄 무라드가 은퇴한 울루치 알리를 대신하여 그를 투르크 해군 총사령관에 임명한 해부터다. 시남 파샤는 갤리선 70척과 수송선 30척으로 이루어진 대함대를 이끌고 9월에 지중해 한복판에 떠 있는 시칠리아섬의 난바다에 모습을 드러냈다. 이름이 스키피오 치갈라였던 시절부터 33년 세월이 흐른 뒤였다.

　봄에 콘스탄티노플을 출항한 함대는 우선 이집트로 간다. 시남은 동지중해가 투르크제국의 바다임을 재확인하는 것을 우선했기 때문이다. 그것을 끝내고 뱃머리를 서쪽으로 돌려 이오니아해를 지나 시칠리아 앞바다에 나타났을 때는 벌써 9월로 접어든 뒤였다. 그래도 동쪽으로 돌아가지 않은 것은 어떤 정보를 얻었기 때문이다.

　당시 시칠리아를 '부왕'이라는 이름으로 통치하고 있던 총독은 상관인 에스파냐 왕 펠리페 2세의 뜻에 따르는 것만 생각한 나머지, 시남이 투르크 해군 총사령관에 임명된 것을 알자마자 아직 살아 있는 시남의 어머니 루크레치아와 치갈라 집안을 계승한 시남의 동생과 그 가족을 감옥에 처넣었다. 감옥이라 해도 지하감옥 같은 가혹한 환경은 아니었던 모양이지만, 투옥된 사실에는 변함이 없었다. 그렇게 하면 투르크 해군 총사령관의 행동을 견제할 수 있다고 생각했다면, 소견이 얕고 어리석다고 말할 수밖에 없었다.

　시남 파샤는 100척의 배와 함께 메시나해협으로 들어왔다. 그리고 거기에서 시라쿠사에 있는 '부왕'에게 편지 한 통을 보냈다. 자필 편지는 이탈리아어로 씌어 있었다.

　내용은 참으로 간단명료했다. 어머니와 가족을 만나고 싶다. 이 요청이 거부되면 시칠리아의 모든 항구도시를 불바다로 만들겠다는 것뿐이었다. 편지는 시칠리아 태생의 기독교도였다가 이슬람으로 개종한 사람이 '부왕'에게 전달했다.

　거부하는 것은 논할 거리도 못 된다. 에스파냐 왕의 가신이 할 수 있는 것은 체면을 유지하면서 수락하는 것뿐이었다. 시칠리아 총독은 치갈라 일가가 시남의 배에서 보내는 하루 동안 시남의 부하 두 사람이 볼모로 총독 관저에 머물러야 한다는 조건을 내놓았고, 시남은 그 요구 조건을 당장 수락했다.

시남이 보낸 소형 갤리선에서 우선 볼모가 될 투르크 장군 두 사람이 상륙한다. 그 대신 이제 늙은 어머니와 동생 가족이 승선하고, 그 배는 난바다에 정박해 있는 투르크 해군 기함 옆에 멈춰 섰다. 기함에서 내려진 계단을 날듯이 내려온 한 중년사내가 배 위의 어머니를 꽉 끌어안았다. 33년 만의 모자 상봉이었다.

그날 저녁 해가 시칠리아의 산맥 너머로 가라앉으려 할 무렵, 기함에서 다시 계단이 내려졌다. 아들은 어머니를 부축하면서 계단을 내려와 늙은 어머니를 배 위에 앉힌 뒤 기함으로 돌아갔다. 소형 갤리선은 기함 위에서 배웅하는 시남, 그날 하루만은 스키피오 치갈라의 시야에서 점점 멀어져갔다.

치갈라 집안을 계승한 동생은 시남이 '부왕'에게 보낸 편지를 또 한 통 가져왔다. 그 편지에는 어머니 루크레치아와 치갈라 일가에 무슨 일이 있으면 그때는 시칠리아 전체를 초토로 만들겠다고 적혀 있었다.

시남 파샤는 그대로 동쪽으로 뱃머리를 돌려 투르크 함대를 이끌고 떠나갔다.

울루치 알리도 다른 지방으로 해적질을 하러 가는 것은 주저하지 않았지만, 고향인 카스텔라 주변은 분탕질하지 않았다. 시칠리아도 시남 파샤가 투르크 해군 총사령관이었던 시절에는 두드러진 피해가 기록되어 있지 않다. 이것이 '레판토' 이후의 지중해를 뒤덮기 시작한 공기였다.

다음과 같은 의문을 품는 사람이 있을지도 모른다. 왜 울루치 알리나 시남 파샤는 다시 기독교도로 돌아오려 하지 않았을까.

물론 기독교 쪽에서는 기독교로 돌아오라고 권유했다. 적의 유능한 인재를 빼내는 것은 어느 나라 어느 조직에서나 생각하는 일이기 때문이다.

하지만 그것은 한 번도 성공하지 못했다. 내가 그들의 어머니였다 해도, 돌아오지 말라고 말했을 것이다.

당시는 반종교개혁의 첨병을 자부하는 종교재판이 맹위를 떨치고 있던 시대다. 그리고 이단심문인 이 종교재판은 원래부터의 이교도를 재판하는 것을 목적으로 삼지는 않았다. 기독교도의 신앙이 옳으냐 그르냐를 문제삼았다. 또한 이교도였다가 기독교로 개종한 사람의 신앙심이 진짜인지 아닌지를 문제삼는 것이 이탈리아어로 '인퀴지치오네'(inquisizione)라고 불린 이단재판소의 목적이었다. 이탈리아에서는 갈릴레오 갈릴레이가 공격 대상이 되었고, 에스파냐에서는 기독교로 개종한 유대인을 가리키는 '마라노'(marano)에게 탄압이 집중되었다.

이것은 언제나 '산타'(Santa)가 붙어서 '성스러운 이단재판소'라고 불리고, 로마 교황의 공인까지 받은 기관이었지만, 정의를 이룬다고 믿는 사람 특유의 잔인한 고문이 저질러져 지각 있는 사람들에게 지탄을 받고 있었다.

아무리 싫어해도 이 시대의 이탈리아는 베네치아공화국을 제하고는 모두 에스파냐 왕의 지배를 받고 있었다. 에스파냐는 에스파냐를 정복한 나폴레옹이 금지할 때까지 이단으로 의심받은 사람들을 속속들이

캐고 드는 것을 그만두지 않았다. 그뿐만 아니라 나폴레옹이 실각하자마자 이단에 대한 탐색을 재개했다. 요컨대 신앙에 대해서는 집요한 나라인데, 이 에스파냐의 지배를 받은 시대의 이탈리아는 이슬람으로 개종한 사람이 돌아올 수 있는 곳은 아니었다.

기독교도로 태어났는데 이슬람으로 개종한 사람은 시남 파샤와 울루치 알리 외에도 이슬람 해적이 맹위를 떨친 1천 년 동안 수백만 명은 되었을 거라고 연구자들은 말하고 있다.

울루치 알리와 시남 파샤는 유명한 예였으니까 역사에 남았고, 유명하지 않은 대다수 사람들은 역사에 남지 않았을 뿐이다. 그리고 무명인 채 이슬람 사회로 녹아들어갔을 것이다.

하지만 '이슬람의 관용'이라 해도, 개인적으로는 무엇을 믿든 문제 삼지 않은 '카이사르의 관용'과는 다르다. 이슬람 세계에서의 '관용'은 기독교도라도 이슬람 사회에서 사는 것을 인정한다는 것뿐이고, 기독교도가 아랍이나 투르크의 이슬람교도를 통솔하는 지위에 앉는 것은 절대 불가능했다. 이슬람 사회의 요직은 어디까지나 이슬람으로 개종한 사람에게만 열려 있었다. 이슬람교 이외의 신앙을 계속 갖고 싶으면, 이슬람 세계에서는 2급 시민으로 사는 것을 각오해야 했다. 일신교는 다른 신들을 인정하지 않는 데 존립의 명분이 있는 이상, 이것도 논리적으로는 옳다. 그래도 이슬람교도는, 사는 것조차 허용하지 않은 중세와 근세의 기독교 세계에 비하면, 비록 조건은 붙었지만 상당한 '관용'이기는 했다.

그렇다 해도 '레판토' 이후의 지중해 세계가 격돌을 거듭해온 과거에 비하면 조금이나마 평온하게 변한 것은 사실이었다.

그 주된 요인이 모두 이탈리아의 피를 이어받은 투르크의 세 남자한 테 있었다고까지는 도저히 말할 수 없다. 이런 상태가 된 진짜 요인은, 동쪽의 투르크제국에서는 서방 진출에 대한 관심이 줄어들고 서쪽의 유럽에서는 지중해에서 대서양으로 각국의 관심이 옮아간 데 있었기 때문이다. 충돌은 양쪽 당사자가 모두 관심이 있으니까 일어나는 법이 기 때문이다.

따라서 격돌이 없어졌다고 해서, 기록할 가치도 없는 것으로 여겨진 일반 서민의 납치까지 사라진 것은 아니었다.

중세에 이슬람 세계로 끌려가서 강제노동에 시달리는 사람들을 구 출하기 위해 창설된 '구출수도회'와 '구출기사단'은 여전히 활동을 계 속하고 있었다. 나라나 조직의 방위에서 누락되는 사람은 어느 시대에 나 있게 마련이다. 바닷가에서 1년 내내 안심하고 사는 것이 허용되지 않는 시대가 그 후에도 150년은 계속되었다. 납치되었지만 몸값도 낼 수 없는 사람들을 구출하기 위해 설립된 이들 조직이 해산한 것은 1799년이니까, 프랑스 혁명이 일어난 지 10년 뒤였다.

하지만 지중해 연안지방에 사는 사람들의 생활은 그래도 조금씩이 나마 개선되어갔다. 그것은 '사라센의 탑'이라고 불린 망루 건설에도 나타나 있었다.

해변에 서 있는 망루에서 하얀 연기를 피워 올리면 보이는 거리에 내륙 쪽으로 망루를 또 하나 세운다. 그리고 거기에서 또 내륙 쪽으로 하얀 연기가 보이는 거리에 세 번째 망루를 세운다. 해적의 습격이 심 했던 시대에는 네 번째나 다섯 번째 망루가 세워진 곳에 사람들이 숨어 살았다. 그런데 해적의 습격이 줄어들면서, 그저 달아나기 위해서만이 아니라 언제 바닷가로 돌아갈 수 있는지를 알기 위해서도 이 봉화 방식을 사용하게 된다.

바다 근처에 사는 사람들은 이렇게 처음에는 산중에서 편안히 살 땅을 찾다가, 나중에는 해변과 산지를 왕복하며 사는 방식으로 바꾸었다. 여름철에는 산지에서 살고 가을부터 이듬해 봄까지는 해변에서 사는 식이었다. 전에는 견고한 성채 안에서 많은 병사에게 둘러싸여 사는 영주가 아니면 해변에 살 수도 없었지만, 조금씩이나마 서민도 해변에 집을 짓는 것이 가능해지기 시작했다.

'보르고'(borgo)라는 이탈리아어가 있다. 로마제국 말기의 라틴어 'burgus'에서 유래한 낱말인데, 방벽으로 둘러싸인 교외 마을이라는 뜻이고, 원래는 북방 야만족의 언어였던 게르만어에서 기원한 모양이다.

하지만 중세에 들어온 이후의 '보르고', 특히 지중해 연안지방에 사는 사람들에게 '보르고'는 북아프리카 해적한테서 도망쳐 숨어 사는 마을을 가리키는 말이었다.

그곳에서 해변으로 조금씩 돌아오기 시작한 것이 1600년대에 접어든 뒤였다. 그래도 항해에 적합한 계절이 오면 산중으로 들어가고 계절이 바뀌면 다시 해변으로 내려오는 일을 여전히 되풀이하고 있었다. 요즘 같으면 피서와 피한을 되풀이하는 우아한 생활이 아닌가 하고 생각하겠지만, 당시에는 생사가 걸려 있었으니까 진지한 이야기였다.

지금도 남이탈리아나 시칠리아나 사르데냐의 바닷가 마을에서는 한여름에 마을제를 벌이는 곳이 많다. 해외로 이주한 사람들도 돌아와서 참가할 만큼 주민이 모두 한 몸이 되어 축하하는 마을제다.

그 마을제에서는 마을 교회에 안치되어 있는 성인이나 성녀의 성상을 앞세운 행렬이 마을에서 보르고까지 이어진 산길을 행진하여 그곳에서 미사를 올린 뒤 다시 바닷가 마을로 돌아온다. 그 성인이나 성녀는 대부분 해적의 난동으로부터 마을 사람들을 구했다고 알려진 사람들이다. 마을제에서는 이런 종류의 행진이 빠지지 않는다. 지금은 해적에게 습격당하지도 않게 되었으니까 의미도 사라졌을 텐데, 여름에 지중해 연안에서 열리는 마을제만은 그 형태 그대로 계속되고 있다.

먼 옛날이기는 하지만 바다로 나간 역사를 가진 도시에서는, 해적이 수세로 돌아서기 시작한 시기를 더욱 잘 활용했을 게 분명하다.

아말피는 중세 지중해 세계에서 활약한 이탈리아의 4대 해양국가 가운데 1번 주자였다. 해안이 아름다운 이 작은 도시는 지금은 완전히 관광지가 되어 있지만, 옛 시가지를 주의 깊게 둘러보면 해적을 맞아 싸우던 시대로 돌아가는 듯한 기분이 든다.

우선 '사라센의 탑'이 바닷가와 절벽 중턱에 서 있다. 그리고 오리엔트까지 진출하여 폭넓게 교역하던 시대의 풍요로움을 생각나게 하는 화려한 교회에서부터 이미 여러 갈래의 탈출로가 뻗어 있다. 또한 좁고 구불구불한 골목은 카스바(성채도시)를 연상시키지만, 알제의 카스바 같은 구조는 아니다. 집들 아래로 뻗어 있는 좁고 어두운 골목을 지나가면 갑자기 눈앞에 작은 빈터가 나타난다. 그 빈터에는 또 하나의 골목만 뚫려 있고, 주위는 벽이 높고 창문이 작은 집들로 둘러싸여 있다. 이 두 골목 입구에 철문이라도 미끄러져 내려오면, 침입자는 당장 독 안에 든 쥐가 되었을 것이다.

그리고 모두 복선으로 뻗어 있는 골목은 교외로 나오면 포도밭 사이를 누비며 산속까지 달아날 수 있도록 되어 있다.

독자적인 해군을 가지고 적극적으로 해외로 진출하는 해양도시국가의 대열에서 탈락한 뒤의 아말피는 경쟁자였던 피사의 공격을 막고, 무엇보다도 이슬람 해적의 습격에 대비한 방위를 최대 목적으로 삼아서 도시를 건설할 수밖에 없었을 것이다. 그것이 현대까지 그대로 이어진 것이 오늘날 아말피의 매력 가운데 하나가 되어 있다.

이 아말피에도 '보르고'라고 불리는 곳이 몇 군데 있었지만, 그중에서도 가장 이상적인 '보르고'는 지금은 최고급 피서지가 된 라벨로가 아닐까 생각한다.

작곡가 바그너가 찾아간 시대에는 나귀를 타고 갈 수밖에 없었다는 산길도 지금은 자동차로 갈 수 있다. 하지만 지금처럼 산에 터널을 뚫을 때까지 라벨로는 완전히 고립된 곳이었다는 것을 마을 구조만 보아도 당장 알 수 있다. 방위를 가장 우선한 아말피와 달리 라벨로에서는 집도 골목도 무척 개방적으로 되어 있다.

전해오는 말에 따르면, 제국 말기의 로마인들이 북방 야만족한테서 달아나 숨어 산 곳이 라벨로의 기원이라고 한다. 하지만 중세에 들어오자마자 아말피의 지배를 받게 되었고, 아말피 사람들이 외적을 피해 도망쳐 들어가는 피난처가 되었다.

구불구불한 산길을 올라간 곳에 있는 라벨로는 그래도 바다가 바라보이는 높은 절벽 위에 있어서, 해적을 피해 숨어 살기에는 안성맞춤이었을 것이다. 해상에서 보면 사람이 살고 있다는 것을 전혀 알 수 없지만, 벼랑가에 서서 아래를 내려다보면 아말피항과 그 근해가 손에

잡힐 듯이 보이기 때문이다. 망루를 따라 전해지는 보고에 의존하지 않아도, 라벨로에서 보면 해적이 떠나는 것도 금세 알 수 있었을 것이다. 해상에서는 보이지 않는 이 안전한 '보르고'가 훗날 북유럽 예술가들을 매료하게 된 라벨로의 원래 존재이유였다.

지중해를 요트나 여객선을 타고 돌면 일목요연하지만, 에스파냐 동해안에서 프랑스 남해안을 지나 이탈리아반도에 들어가서 서해안을 따라 남하하면서 코르시카섬과 사르데냐섬과 시칠리아섬까지 시야에 넣으면, 옛날과 지금의 차이는 충격적이기까지 하다.

지중해 연안지방이 모두 관광지로 변모한 현재 상황에서는 그런 곳들 대부분이 과거에는 해적에게 분탕질을 당하고 사람도 살지 않는 땅이었다고는 상상할 수 없을지도 모른다.

하지만 그곳의 건물들이 대부분 오래되어봤자 바로크 시대 건물이고 일반적으로는 19세기 이후에 지어진 건물이라는 것을 알면, 왜 그이전의 건물은 적을까 하는 의문이 자연히 솟아날 것이다.

바르셀로나와 마르세유·제노바·피사·나폴리·시라쿠사·팔레르모에 오래된 건물이 남아 있는 것은 그 항구도시들이 방위력을 가지고있었기 때문이다. 다른 도시나 마을들은 해적의 습격을 걱정하지 않아도 되는 시대에 지어진 건물이 태반을 차지하고 있다. 어쨌든 7세기부터 18세기까지 1천 년 넘는 세월 동안, 북아프리카에서 습격해오는 이슬람 해적을 빼고는 지중해 세계의 역사를 이야기할 수도 없었기 때문이다.

해상에서 이들 관광지를 바라볼 때마다, 그리고 지금은 레스토랑이나 나이트클럽으로 쓰이고 있는 '사라센의 탑'을 만날 때마다 '팍스'

(평화)란 결국 일반 서민의 안전을 보장하는 것이라고 생각지 않을 수
없다. 그리고 치밀어오르는 쓴웃음을 지으며 생각한다. 인간이란 안전
만 보장되면 자기들끼리 그런 대로 잘해나갈 수 있는 존재라고.

1740년, 투르크는 해적행위를 전면적으로 금지한 '해적금지령'에
조인했다.

이 단계에서 해적은 공적인 지원을 받고 있었던 '코르사로'가 아니
게 된 것이다. 따라서 그 후의 해적은 사적인 이익을 위해서만 해적질
을 하는 '피라타'로 돌아갔다.

1816년, 일찍이 해적의 3대 기지였던 북아프리카의 주요 도시인 트
리폴리와 튀니스와 알제에서도 해적금지법이 시행되었다.

1830년, 프랑스가 알제리를 식민지화하기 시작한다.

서유럽 국가들이 모로코·튀니지·리비아·이집트로 진출하는 식민
제국주의 시대로 접어든 것이다.

1856년, '코르사로'든 '피라타'든 모든 해적행위를 엄금한다고 선언
한 '파리 선언'이 성립되었다.

해적 금지는 이제 국제적 합의가 되었다.

이리하여 적어도 지중해 세계에서는 해적이 자취를 감추었다.

민족에 따라 다른 해적 대책

로마제국

로마는 『로마인 이야기』 제3권에서 말했듯이 제정으로 이행하기 전인 기원전 67년에 이미 지중해에서 횡행하고 있던 해적을 상대로 대수술을 감행했다. 해적을 물리적으로 절멸하는 동시에 그들의 본거지를 점령하고, 해적업에 관여하고 있던 사람들을 모두 내륙지역으로 이주시키고 농지를 주어 농민으로 바꿈으로써 이 어려운 문제를 해결한 것이다.

베네치아공화국

로마와 달리 강대한 군사력을 갖지 못한 베네치아는 자국 선박의 사활이 걸린 아드리아해의 제해권을 확립하기 위해 우선 해군을 보내 해적을 크게 줄였다. 그와 동시에 해적들의 본거지를 모두 갤리선 노잡이 공급지로 삼아서 젊은이에게 고용을 보장하는 한편, 신선한 식량을 사들이고 선박수리소를 세워서 중고령층의 고용도 보장하여 운명공동체로 이끌어갔다.

베네치아의 이런 방식에 관해서는 이 책에서도 서술했지만, 『바다의 도시 이야기』 상권의 '바다로!'라는 제목의 장에서 상술했다.

에스파냐왕국의 요새 소재지와 베네치아공화국의 노잡이 공급지

에스파냐왕국

에스파냐의 해적 대책은 이 책에서도 말했듯이 해적의 본거지인 북 아프리카 항구의 바로 바깥에 있는 곶 위에 요새를 짓고 거기에 병사를 주둔시키는 방식이었다. 다만 그림에 표시된 곳을 모두 같은 시기에 유지한 것은 아니다. 또한 유지할 수 있었던 기간이 가장 길었던 튀니스조차도 40년 동안 에스파냐가 줄곧 지배한 것도 아니었다.

그리고 항구 바깥의 곶 위에 세워진 요새에서 해적선의 출입을 감시하는 것이 사실상 아무 도움도 되지 않았다는 것은 그동안 이곳을 떠난 해적에게 습격당한 기독교 국가들의 피해가 조금도 줄지 않았다는 사실이 증명하고 있다.

따라서 이들 세 민족의 해적 대책을 유효기간으로 비교하면 다음과 같다.

로마제국──기원전 1세기 후반부터 서기 6세기 전반까지 600년.

베네치아공화국──11세기 초부터 18세기 말까지 800년.

에스파냐왕국──위에 기술한 사정으로 말미암아 사실상의 유효기간은 거의 없다고 해도 좋다.

이미 간행된 관련 서적

『바다의 도시 이야기』 상·하

이것은 『로마 멸망 이후의 지중해 세계』와 짝을 이루는 작품이다. 시대도 둘 다 고대 로마가 멸망한 이후 1천 년을 다루고 있다.

다른 점은 『바다의 도시 이야기』가 베네치아에 서서 지중해를 바라보고 있는 반면, 『로마 멸망 이후의 지중해 세계』는 지중해 한복판에서 동서남북을 둘러보고 있다는 것뿐이다. 중세·르네상스·근세를 통해 각양각색의 나무토막을 이어맞춘 지중해 세계라는 쪽매붙임에서 북쪽을 차지하고 있는 큼지막한 나무토막이 바로 '바다의 도시'다.

『콘스탄티노플 함락』

『로도스섬 공방전』

『레판토 해전』

이 세 작품은 지중해를 무대로 벌어진 기독교 세계와 이슬람 세계의 대표적 전투를 묘사했다는 공통점을 갖는다.

이들 세 전투의 성적은 기독교 쪽이 1승, 이슬람 쪽이 2승이지만, 『로마 멸망 이후의 지중해 세계』 하권에서 묘사한 몰타섬 공방전을 추가하면 대전 성적은 2 대 2가 된다.

『르네상스의 여인들』

'로마의 약탈'에 관한 자세한 내용은 이사벨라 데스테를 묘사한 제
1장을 참조할 것. 베네치아공화국의 외교적 승리였던 키프로스 합병
에 관해서는 제4장 '카테리나 코르나로'에 자세히 기술되어 있다.

『체사레 보르자 혹은 우아한 냉혹』

투르크에서 망명한 왕자를 투르크 침략을 견제하는 카드로 사용한
일을 다룬 것이 제1부 '주홍색 법의' 부분이다. 중세를 뿌리친 시대의
이탈리아를 한 젊은이의 생애를 통해 묘사한 것이 이 작품이다.

『신의 대리인』

르네상스 정신은 그리스도의 지상 대리인인 로마 교황까지 바꾸어
놓았다. 십자군에 대한 사고방식도, 가톨릭의 관점에서 보면 이단인
프로테스탄트라는 신앙에 대해서도.

그중에서도 관련이 깊은 것은 비오 2세와 레오 10세를 다룬 부분
이다.

『르네상스를 만든 사람들』
『나의 친구 마키아벨리』

르네상스라는 정신 운동은 무엇보다 먼저 중세 말기 사람들이 지금
까지의 생활방식에 의문을 품은 데에서 시작되었다고 생각한다.

그리고 이런 의미의 르네상스를 가졌느냐 갖지 않았느냐가 기독교
세계와 이슬람 세계의 가장 큰 차이점이 아닐까 생각한다.

이슬람 세계는 레오나르도 다 빈치와 마키아벨리에 해당하는 사람

을 낳았을까.

그런 사람이 설령 있다 해도 내 능력으로는 그 사람들을 열거할 수 없기 때문에, 이슬람 전문가가 책으로 써줄 때까지 기다릴 수밖에 없다. 누군가가 그것을 실현해준다면, 내가 맨 먼저 그 책을 읽을 것이다.

『사랑의 풍경』

해적 울루치 알리를 등장시킨 소품이 이 가운데 하나인 '에메랄드빛 바다'다.

『침묵하는 소수』

이 책에 실린 '어느 모범수의 탈옥기'는 이단재판소가 어떤 곳이었는지를 다룬 작품이다. '행복한 남자'는 베네치아공화국의 성격을 생각하고 있던 시절에 쓴 글이다.

『이탈리아에서 보내온 편지 2』

이른바 역사의 뒷이야기라는 느낌을 주는 책이지만, 서구와 투르크의 관계는 제6화 '하렘의 프랑스 여자'에서 다루어져 있다. 제9화 '대사와 커피', 그리고 '하렘에서 온 편지'와 '노예에서 황후가 된 여자'에서는 당시에도 유럽인의 호기심을 자극한 투르크 술탄의 하렘의 실태를 묘사하고 있다.

『주홍빛 베네치아』

베네치아공화국 통령의 아들이면서 이슬람교도가 된 남자를 통해

전성기 투르크와 베네치아의 복잡한 관계를 묘사한 작품.

하지만 내가 쓰고 싶었던 것은 티치아노 시대의 베네치아였기 때문에, 작품을 쓰고 있는 동안에도 티치아노가 그린 베네치아 남자들이 머리에서 떠나지 않았다.

「황금빛 로마」

교황 바오로 3세 시대의 로마를 묘사한 작품.

연표

서기	지중해 서부	지중해 동부	그밖의 세계
1258년		바그다드가 몽골군의 맹공에 함락.	(중국) 정화(鄭和)의 남해 원정(1405~07년)
1432년		메메드 2세 출생.	
1451년		메메드 2세가 술탄에 즉위.	
1453년		비잔티움제국이 메메드 2세가 이끄는 투르크군에 수도 콘스탄티노플을 함락당하고 멸망. 그 후 콘스탄티노플은 투르크제국의 수도가 되어 이스탄불로 이름이 바뀜.	
1455년		투르크, 세르비아를 정복.	
1456년		투르크, 보스니아를 정복.	
1460년		투르크, 남하하여 펠로폰네소스반도로 진격.	
1461년		투르크, 소아시아로 진격하여 트레비존드를 정복.	
1463년		투르크의 8만 대군이 제노바공화국 영토인 레스보스섬에 진격.	(일본) 오닌(応仁)의 난(1467~77년)
1470년		투르크 해군이 250척의 선단으로 다르다넬스해협에서 출전하여 네그로폰테를 공략.	
1479년		투르크군, 베네치아 영토인 레우카스섬에 상륙하여 섬을 점거.	
1480년		투르크, 로도스섬으로 진격하지만 성요한 기사단(나중의 몰타 기사단)에 격퇴당하여 패전.	
1481년		메메드 2세 사망.	
1492년	아라곤 왕과 카스티야 여왕이 이슬람교도를 소탕하고 이베리아반도의 재정복		

1500년	(레콩키스타)을 완수. 콜럼버스가 신대륙을 발견. 교황청이 해군을 창설.		(한국) 무오사화 (1498년)
1502년	보르자 교황이 각국에 호소하여 연합함 대를 결성. 교황청 이외에 베네치아공 화국, 성 요한 기사단, 프랑스가 참가.	기독교 연합군이 레우카스섬을 공격하 여 투르크로부터 탈환.	
1508년		해적 쿠르토골리가 술탄의 명을 받고 튀니스에 가서 비제르타항을 거점으로 삼아 약탈을 개시.	
1509년	쿠르토골리가 이끄는 해적이 로마 외항 오스티아에 정박해 있는 교황청 해군 선박을 공격하여 기함을 탈취. 에스파냐군이 모로코와 알제리의 항구 도시를 공격. 그 후 알제항에 요새(엘 페논)를 건설.		
1515년	교황 레오 10세가 교황청 해군 재건에 착수. 프랑수아 1세가 프랑스 왕에 즉위.		
1516년	레오 10세의 호소에 따라 신성동맹 발 족. 교황청 해군 이외에 제노바와 베네 치아, 프랑스가 참가. 제노바의 해군 장수 안드레아 도리아와 사령관 파올로 베토리가 이끄는 신성동 맹 함대가 해적 쿠르토골리를 찾아 티 레니아해로 나감. 비제르타 공격. 카를로스 1세가 에스파냐 왕에 즉위.		
1517년	쿠르토골리가 토스카나와 라치오의 경 계에 펼쳐진 마렘마평원에 상륙하여 교 황 레오 10세를 납치하려다 미수로 끝남.	투르크, 시리아와 이집트를 정복하여 명실공히 이슬람 세계의 맹주가 됨.	(중국) 포르투갈인 이 광동에 도래
1518년	 교황청 해군이 엘바섬 부근에서 이슬람 해적선단과 격투를 벌인 끝에 사령관 베토리가 납치됨.	투르크의 술탄, 쿠르토골리를 투르크 해군 총사령관에 임명.	

1519년	도리아가 이끄는 제노바 해군이 피아노 사섬 근해에서 이슬람 해적선단과 싸워서 승리. 교황이 6천 두카토의 몸값을 치르고 베토리를 되찾음. 베토리는 해군 사령관에 복귀. 에스파냐 왕 카를로스, 카를 5세로서 신성로마제국 황제에 즉위.	
1520년		투르크 해군이 로도스섬 침략작전을 진행하지만, 기독교 연합군에 저지당함. 술레이만이 술탄에 즉위.
1521년	레오 10세 사망.	
1522년		술레이만이 로도스섬에 진격하여 점령. 성 요한 기사단은 로도스섬을 떠나 교황의 비호를 받음.
1523년	레오 10세의 사촌인 줄리오 데 메디치가 로마 교황에 즉위(클레멘스 7세).	
1524년	베토리가 이끄는 교황청 해군과 성 요한 기사단이 치비타베키아 근해에서 이슬람 해적과 싸워서 승리.	
1526년	베토리 병사. 교황청 해군 사령관 후임에는 60세의 도리아가 취임. 도리아가 이끄는 교황청 해군과 성 요한 기사단이 해적 바르바로사(붉은 수염)와 싸워 승리. 노예가 되어 있던 기독교도를 구출하지만, 붉은 수염을 사로잡는 데에는 실패.	
1527년	로마의 약탈. 카를로스가 로마로 진격하여 7일 동안 로마 시내를 파괴. 친프랑스파였던 클레멘스 7세에게 노선 변경을 강요.	
1528년	도리아가 교황청 해군 사령관직을 사임하고 일단 프랑스로 가지만, 뜻을 바꾸어 에스파냐 해군 총사령관에 취임.	
1530년	바르바로사가 오랑에서 튀니스에 걸친	

	주요 항구도시를 점거. 북아프리카 일 대의 실질적인 지배자가 됨. 카를로스, 성 요한 기사단에 몰타섬을 주둔지로 주다. 그 후 성 요한 기사단의 통칭은 몰타 기사단이 됨.	바르바로사, 북아프리카 일대를 술레이 만에게 바치고 콘스탄티노플에서 투르 크 해군 사령관에 임명됨.	(일본) 잇코잇키 폭 동(1531년)
1532년		술레이만, 카를로스의 영토인 빈 공략에 착수하는 한편 지중해에 해군을 파견.	
	카를로스, 빈에는 헝가리 왕인 동생 페 르난도, 지중해에는 도리아가 이끄는 연 합 해군을 배치하여 요격 태세를 취함. 도리아, 투르크 영토가 된 모도네 요새 를 탈환하고 레판토를 공략. 이오니아 해의 제해권을 장악.		(중국) 대동병란(大 同兵亂, 1533년)
1534년	클레멘스 7세 사망. 바오로 3세가 교황 에 즉위.	바르바로사, 투르크 해군 총사령관으로 승진.	
1535년	교황청의 호소로 결성된 신성동맹 해군 이 튀니스항을 지키는 골레타 요새에서 바르바로사가 이끄는 투르크 해군과 싸 워 승리. 바르바로사는 알제로 달아남. 바르바로사가 해적을 재편성하여 이탈 리아반도의 항구도시에 대한 공격을 재개.		
1536년	프랑수아가 술레이만과 군사동맹을 맺음.		
1537년	바르바로사가 이탈리아반도 남쪽 끝의 항구도시 카스트로에 상륙하여 요새를 쌓음. 반격에 나선 도리아가 해전에서 는 승리를 거두지만 카스트로 탈환에는 실패.		
1538년	바오로 3세가 베네치아와 에스파냐에 신성동맹을 결성하자고 제창. 각국의 군 선단이 코르푸섬에 집결하기로 결정. 5월, 프랑스와 에스파냐가 10년 동안 휴전하기로 협정을 맺음. 9월, 합계 150척의 신성동맹 함대가 모 여 코르푸섬을 출항. 산타마우라섬에서 바르바로사와 그의 오른팔인 투르구트 가 이끄는 투르크 함대와 마주쳤지만,		

	형세가 불리하다고 본 도리아가 전군에 철수명령을 내림.	
1540년	베네치아가 투르크와 강화를 맺음. 카를로스의 명령으로 도리아가 투르크와 싸울 병력을 편성. 교황청 해군과 몰타 기사단이 참가하여 투르구트를 표적으로 해전을 벌임. 이 싸움에서 완승을 거두고 투르구트도 생포하지만, 도리아는 투르구트를 풀어줌.	
1541년	카를로스가 몸소 군대를 이끌고 알제로 진격. 10월에 에스파냐 치하의 남이탈리아와 도리아 자신의 군대, 교황청 해군, 몰타 기사단이 함께 알제 근교 해변에 상륙. 카를로스 군대는 호우 때문에 고전하고 많은 희생자를 낸 끝에 철수.	
1543년	프랑수아가 투르크와 관계를 강화하기 위해 바르바로사를 국빈으로 마르세유에 초대. 바르바로사는 1년이 넘도록 마르세유에 머문 뒤 이스탄불로 돌아가 은퇴. 그 대신 투르구트가 투르크 해군 총사령관에 취임.	(일본) 포르투갈인이 다네가시마에 도래
1547년	프랑수아 사망. 아들 앙리 2세가 프랑스 왕에 즉위. 도리아의 후계자로 여겨진 자네티노 도리아가 제노바의 내란으로 목숨을 잃음.	
1549년	바오로 3세 사망.	(일본) 프란시스코 하비에르가 가고시마에 도래
1550년	카를로스가 성년(聖年)에 로마를 찾는 순례자의 안전을 지키기 위해 84세의 도리아에게 군선단 결집을 명령. 도리아가 이끄는 연합군이 투르구트가 본거지로 삼고 있던 마디아를 해상에서 공격하여 함락시키지만, 투르구트는 달아남.	(한국) 왜구가 전라도에 침입(1555년)
1558년	카를로스 사망. 아들 펠리페 2세가 에	

	스파냐 왕에 즉위.	
1559년	투르크군과 함께 에스파냐 치하의 나라들을 공격하고 있던 앙리 2세가 펠리페 2세의 에스파냐와 강화를 맺음.	
1560년	펠리페 2세, 리비아의 트리폴리를 탈환하려고 병력을 결집. 연합군은 통솔이 되지 않아 고전한 끝에 트리폴리에서 제르바섬으로 표적을 옮겨 공략. 몰타 기사단이 전선을 이탈. 연합군은 이탈리아 출신 해적 울루치 알리가 이끄는 투르크 병사들의 공격을 받고 옥쇄. 안드레아 도리아 사망.	
1565년		몰타섬을 공략하기 위해 술레이만이 결집한 대군이 이스탄불을 출발.
	투르크군, 몰타섬의 성 엘모 요새에 대한 공격을 개시. 투르구트가 휘하 군선을 이끌고 투르크군을 지원하러 도착하지만, 전투 중에 사망. 몰타 기사단은 포격으로 대항을 계속하지만, 투르크군의 공격으로 성 엘모 요새가 함락. 투르크 육군 사령관은 기사단장 장 드 라 발레트에게 항복을 권유하지만, 발레트는 거부. 고전을 계속하는 기사단에 펠리페 2세는 시칠리아에서 원군을 보내주겠다고 약속하지만 원군은 끝내 오지 않음. 투르크 해군이 후미 안으로 침입하여 성 안젤로 요새와 성 미켈레 요새를 총공격하지만 실패하고 철수. 몰타 기사단의 피해도 막심.	
1566년		술레이만 사망. 아들 셀림이 술탄에 즉위.
1568년	공방전이 끝난 뒤, 몰타섬의 요새 건설에 진력한 라 발레트가 사망.	
1570년		투르크군, 베네치아 영토인 키프로스섬을 공격하기 시작. 교황 비오 5세는 펠

	펠리페 2세가 비오 5세의 거듭된 요구에 응하여 도리아의 후계자인 잔안드레아 도리아를 에스파냐군과 함께 파견.	리페 2세에게 연합함대 결성을 재촉하지만, 펠리페는 결정을 보류. 베네치아의 구원군이 크레타섬에 도착. 에스파냐군이 베네치아군과 함께 키프로스섬으로 출발. 그 직후 키프로스섬의 수도 니코시아가 함락되었다는 소식이 들어오고, 또다시 해적의 저항과 혹독한 겨울 날씨로 앞길이 막혀 연합함대는 해산.	
1571년	에스파냐와 베네치아의 연합함대는 지난해와 마찬가지로 통솔이 안 되지만, 펠리페 2세의 이복동생을 총사령관으로 임명하는 데 합의. 각국 함대가 시칠리아의 메시나에 집결하여 투르크군을 찾아 동방으로 떠남.	키프로스섬의 도시 파마구스타가 투르크군의 공격에 함락. 레판토 해전. 연합함대와 투르크 함대가 그리스 서부의 파트라스만 바깥 해상에서 싸워서 연합함대가 승리.	
1572년	베네치아, 계속 약해지고 있는 투르크를 공격하기 위해 연합함대 재편성을 에스파냐에 호소하지만 에스파냐는 응하지 않음.		
1573년	베네치아가 투르크와 단독강화를 맺음.		
1579년	성 스테파노 기사단, 6척의 해적선과 싸워서 인질 300명을 구출.	성 스테파노 기사단이 해적선을 포획하는 데 성공. 붙잡혀 있던 수백 명의 인질을 되찾음.	
1580년	성 스테파노 기사단, 알제 근처의 요새를 공격하여 납치된 기독교도를 구출하고 알제리인 40명을 포로로 잡음.	성 스테파노 기사단이 레반트에서 투르크의 대형 범선을 공격하여 투르크인 30명을 포로로 잡음.	(일본) 도요토미 히데요시(豊臣秀吉)의 통일(1590년) (한국) 임진왜란 (1592~96년) (일본) 에도 막부 (1603~1867년) (중국) 만주족 누르

			하치가 후금(後金) 건국(1616년)
1740년		투르크가 해적행위를 전면적으로 금지하는 '해적금지령'에 국가로서 조인.	
1816년	트리폴리, 튀니스, 알제에서 해적금지법이 시행됨.		
1830년	프랑스가 알제리로 진격하여 식민지로 삼음.		
1856년	모든 해적행위를 엄금한다고 선언한 '파리 선언'이 성립.		

그림 출전 일람

269쪽   프랑스 국립도서관(프랑스 파리), 티치아노 그림 ©AKG-images
283쪽   (왼쪽) 케임브리지 대학 피츠윌리엄 미술관(영국 케임브리지), 작자 미상
        ©Bridgeman Art Library, London
        (오른쪽) 루브르 미술관(프랑스 파리), 장 클루에 그림
        ©Bridgeman Art Library, London
308쪽   팔라초 도리아 팜필리(이탈리아 제노바), 작자 미상
        ©Alinari Archives, Firenze
347쪽   (오른쪽) 이언 C. 록히드, 『몰타섬 공방, 1565년』(1970)에서
        (왼쪽) 미국 하원 회의장, 조세프 키셀레우스키 작
361쪽   그림: 미네무라 가쓰코
362쪽   왕립군사박물관(영국 리즈) ©Heritage images, London
363쪽   27쪽과 같음
390쪽   프라도 미술관(에스파냐 마드리드), 티치아노 그림 ©Scala Archives, Firenze

지도 제작: 綜合精図研究所

참고문헌

원자료(동시대인의 기술 혹은 저작)

Al-Nuwayri, *Historie des Berberes par ibn-Khaldoum*, Algeri, 1852.

Ammirato, S., *Storie fiorentine*, Firenze, 1641.

Anonimo Salernitano, *Chronicon*.

《ASV(Archivio di Stato, Campo dei Fari), Arsenale》

Barbaro, N., *Giornale dell'assedio di Constantinopoli, 1453*(E. Cornet 편), Wien, 1856

Bembo, P., *Opera omnia, Epistolae Leonis X Pont. Max. nomine conscriptae*, Venezia, 1729.

Benedetto Da S. Andrea, *Chronicon, apud Georgium Henricum Pertz*, 《Monumenta Germaniae Historiae》, Hannover, 1839.

Bertrand, H.G., *Batailles de Napoleon*, Paris, 1847.

Bullarium Romanorum, Epistola XI papae Innocentii III ad Miramolinum, 1199.

Caffaro, *Annali Genovesi*(C. Roccatagliata, Ceccardi & G. Monteleone 번역, Municipio di Geonova 편), 1923~30.

Cenni, C., *Codex Carolinus*, Roma, 1760.

Calepio, A., *Vera et fedelissima narratione del successo della espugnatione et defensione del regno di Cipro*, Venezia, 1580.

Chronicum Voltunarense.

Contarini, G.P., *Historia delle cose successe del principio della guerra mossa da Selim ottomano ai Venetiani fino al dì della gran giornata vittoriosa contra i Turchi*, Venezia, 1572.

Conti, N., *Historie dei suoi tempi*, Venezia, 1589.

Dan, P.E.P., *Histoire de Barbarie et des ses Corsaires*, Paris, 1649.

Dandolo, A., *Chronica per extensum descripta*(E. Pastorello 편), 《Rerum Italicarum Scriptores》 vol. XII, Part I, Bologna, 1938~40.

De Bourdeille Brantôme, P., *Mémoires contenans les vies des hommes illustres et grands capitains françois de son temps*, Leyde, 1665.

De Salazar, P., *Historia de la guerra y presa de Africa con la destruccion de la villa de Monastir*, Napoli, 1552.

Destructio Monasterii Farfensis, Chronicon Farfense.

Diacono, G., *Chronicon Venetum*, Roma, 1890.

Dinar, I.A., *Histoire de l'Afrique*, Tunis, 1286.

Doria, A., *Compendio delle cose di sua notizia et memoria occorse al mondo nel tempo dell'imperatore Carlo Quinto*, Genova, 1571.

Egiardus, *Annales fuldenses*, 806~7.

Ferua, A., Kirschbaum, E., Ghetti, E.J. & Apolloni, B., *Tipografia poliglotta vaticana*, 1950.

Fazzello, T., *De rebus siculis*, Catania, 1753.

Festa, N., *Le lettere greche di Federico II*, 《Archivio storico italiano》 serie V, vol. XIII, 1894.

Fontana, A., *Le glorie immortali della Sacra ed Illustrissima Religione di S. Stefano*, Fano, 1708.

Giovio, P., *Historie del suo tempo*(L. Domenichi 번역), Venezia, 1608; *Vita di Leone X.*

Giustniani, A., *Annali di Genova*, 1537.

Goussancourt, F.M., *Les Martyrologe des Chevaliers de Saint-Jean de Jérusalem dits de Malte*, Paris, 1643.

Guazzo, M., *Storie*, Venezia, 1549.

Joannis VIII, *Epistolae ad Carolum imperatorem; Epistolae imperatori et imperatrici.*

Leone Ostiense, *Chronicon; Vita Leonis.*

Liutprando, *Antapodosis.*

Malimpiero, D., *Annali veneti dell'anno 1497 al 1500*, 《Archivio storico italiano》 serie I, vol. VII, Firenze, 1843.

Marangone, *Cronache Pisane*, 《Archivio storico italiano》.

Muratori, L.A., *Annali d'Italia; Antichità italiche; Rerum Italicarum Scriptores.*

Nucula, H.(Orazio Nocella da Terni), *De bello Afrodisiensi*, Roma, 1552.

L'Ordine dei Trinitari e l'Africa, Spunti Storici, 1940.

Palermo, F., *Documenti sulla storia del Regno di Napoli*, 《Archivio storico italiano》, Firenze, 1846.

Palmers, P.R., *Libro delle redenzioni*, 1199.

Raynaldus, *Annuarium Ecclesiasticum*.

Roseo, M., *Storie del mondo*, Venezia, 1598.

Rousseau, A., *Annales Tunisiennes*, 《*Traites entre les Puissances de l'Europe et la Tunisie-Époque anterieure a l'etablissement de la Régence*》, Alger, 1864.

S. Antonino, *Chronicon*, Lugd., 1586.

Sigonio, C., *Della vita et fatti di Andrea Doria, principe di Melfi, libri due, tradotti nella nostra volgar lingua da Pompeo Arnolfini, appresso Giuseppe Pavoni*, Genova, 1598.

Teodosio Monaco, *Chronicon*.

Ulloa, A., *Vita di Carlo V*, Venezia, 1566.

Vasari, G., *Vite*, Firenze, 1906.

Ventura, A.(편), *Relazioni degli ambasciatori veneti al Senato*, vol. I~II, Biblioteca degli Scrittori d'Italia degli Editori, Arti Grafiche Gius. Laterza & Figli, Bari, 1976.

후세의 연구저작

저자 다수, *Atti del Convegno internazionale di studi federiciani, e Studi ezzeliniani*, Roma, 1963.

Agricola, G., *De Re Metallica*, book XII.

Al-Athir, A.I., *Annales du Maghreb & de l'Espagne: Traduites et annotes par Edmond Fagnan* (원저작 1231년경), Adamant Media Corporation, 2001.

Almagià, R., *Planisferi, carte nautiche e affini dal secolo XIV al XVII esistenti nella Biblioteca Apostolica Vaticana, Monumenta cartographica Vaticana*, I, Città del Vaticano, 1944.

Amari, M., *La Guerra del Vespro Siciliano*, Firenze, 1876; *I Musulmani in Sicilia*, Cantania, 1933.

Amico, V. & Di Marzo, G., *Dizionario topografico della Sicilia*, Palermo, 1855.

Anderson, R.C., *Naval Wars in the Levant, 1559~1853*, Princeton University Press, Princeton, 1952.

Annovazzi, V., *Storia di Civitavecchia*, Roma, 1853.

《Archivio Veneto》.

Arborio Mella, F.A., *Gli arabi e l'Islam*, Mursia, 1992.

Astuti, G., *L'organizzazione giuridica del sistema colonial e della navigazione mercantile delle città italiane nel Medioevo*, 《CHM》, 1962.

Babinger, F. *Due ritmi ed una narrazione in prosa di autori contemporanei intorno alla presa di Negroponte fatta dai Turchi, 1470*(F.L. Polidori 편), 《Archivio Storico italiano》, appendice, vol. IX, 1953; *Maometto il Conquistatore*, Einaudi, Torino, 1957.

Baduel, G., *L'ordine di Malta nell'assistenza ospedaliera*, 《Bollettino Stor. Ital. Art. Sanit》XIV, 1934.

Benvenuti, G., *Storia della Repubblica di Pisa*, Pisa, 1962 & 1982; *Storia della repubblica di Genova*, Milano, 1977.

Besta, E., *Il Senato veneziano(origini, costituzione, attribuzioni e riti)*, 《Miscellanea di storia veneta》 serie II, vol. V, 1899.

Biliotti, C., *Tunisi e la sua storia*, 1868.

Bognetti, G.P., *La nave e la navigazione nel diritto pubblico mediterraneo dell'Alto medioevo*, 《CHM》, 1962(=*Méditerranée et Ocean Indien: Travaux du Sixième Colloque International d'Histoire Maritime*, (M. Cortellazzo 편), no. 23, Civiltà veneziana, Studi della Fondazione Giorgio Cini, Venezia, e parte della Bibliothéque generale della ÉPHÉ(École Pratique des Hautes Études), 6 Section, Sevpen, Paris, 1970).

Boisgelin, L., *Ancient and modern Malta*, London, 1804.

Bolani D.S., *Storia di Reggio Calabria*, Napoli, 1857.

Bonolis, G., *Diritto Marittimo Medievale dell'Adriatico*, Pisa, 1921.

Borsari, S., *Il dominio veneziano a Creta nel XIII secolo*, Napoli, 1963; *Il commercio veneziano nell'Impero bizantino nel XII secolo*, 《Rivista Storica Italiana》LXXVI, 1964.

Bottarelli, G., *Storia politica e militare del Sovrano Ordine di S. Giovanni di Gerusalemme detto di Malta*, Milano, 1940.

Bouwsma, W.J., *Venice and the Defence of Republican Liberty*, University of California Press, Berkley, 1968.

Bowen, F.C., *The Sea, Its History and Romance* I~IV, London.

Bowness, E., *The Four-Masted Barque*, London, 1955.

Branca, V.(편) *Umanesimo Europeo e umanesimo veneziano*, vol. II della serie *Civiltà europea e civiltà veneziana: aspetti e problemi*, Centro di Cultura e Civiltà della Fondazione Giorgio Cini, San Giorgio Maggiore, Sansoni, Venezia, 1963.

Braudel, F., *La Méditerranée et le monde Méditerranéen a l'epoque de Philippe II*, 2 vols., Paris, 1962; Einaudi, Torino, 1976(이탈리아어판); Il Mediterraneo, Mondadori, 1990.

Brown, H.F., *The Venetian Printing Press*, London, 1891.

Browne, E.J., *La medecine arabe*, Paris, 1933.

Brunetti, M.&Vitale. E(편), *La corrispondenza da Madrid dell'ambasciatore Leonardo Donà, 1570-73*, Istituto per la collaborazione culturale Venezia-Roma, Firenze, 1963.

Caddeo, R. 외(편), *Storia marittima dell'Italia*, Garzanti, Milano, 1942.

Calegari, M., *Navi e barche a Genova tra il XV e XVII secolo*, 《Consiglio Nazionale Delle Ricerche, Centro Per La Storia Delle Tecnica in Italia》.

Calisse,. C., *Storia di Civitavecchia*.

Calixte De La Providence, P., *Trinitarie, Corsaires et Rédempteurs*, 1884.

Callisto Della Provvidenza, P., *Vita di S. Giovanni de Matha*, Roma, 1894.

Cambridge Medieval History(J.B. Bury 감수), 8 vols., Cambridge, 1911~36.

Camolieti, G., *Guida a Venezia e ai Veneziani sconosciuti*, Sucarco Edizioni, Milano, 1978.

Canale, M. G., *Nuova Istoria della Repubblica di Genova*(초판 1797), Firenze, 1858.

Capasso, C., *Barbarossa e Carlo V*, 《RSI》XLIX, 1932.

Capitani, O., *Storia dell'Italia medievale*, Laterza, 1986.

Cappelletti, G., *Storia della Repubblica di Venezia*, 13 vols., Venezia, 1850~55.

Cassandro, G., *La formazione del diritto marittimo veneziano*, 《Annali della Storia del Diritto》XII~XIII, Giuffrè, Milano, 1968~69.

Cassar, P., *Psycological and Medical Aspects of the Siege of 1565*, Malta, 1929; *Medical History of Malta*, London, 1964; *A medical service for slaves in Malta during the rule of the Order of St. John of Jerusalem*, 《Med. Hist.》 vol. XII, 3, 1968.

Cessi, R., *La Regolazione delle entrate e delle spese*, 《Documenti finanziari della Repubblica di Venezia》 serie III, vol. I, Padova, 1925; *Problemi monetari veneziani*, 《Documenti finanziari della Repubblica di Venezia》 serie IV, vol. I, Padova, 1937; *Sroria della Repubblica di Venezia*, 2 Vols., Milano-Messina, 1944~46; *La Repubblica di Venezia ed il problema Adriatico*, Napoli, 1953.

Cessi, R. & Alberti, A., *Rialto: l'isola, il ponte, il mercato*, Bologna, 1934.

Chaffanjon, A., *Les Grands Orderes de Chevaliere*, Paris, 1970.

Chalandon, F., *Histoire de la Domination normande en Italie et en Sicilie*, 2 vols., Paris, 1907.

Chambers, D.S., *The Imperial Age of Venice, 1380~1580*, 《History of European Civilization Library》(G. Barraclough 편), New York-London, 1970.

Charanis, P., *Piracy in the Aegean during the reign of Michael VIII Paleologus*, 《Annuaire de l'Istitut de Philologie et d'Histoire Orientales et Slaves》 vol. X, Université Libre, Bruxelles, 1950.

Cilento, N., *Le incursioni saracene in Calabria*, 《Atti del IV congresso storico calabrese》(Fiorentino 편), Napoli, 1969.

Contarini, G.P., *Historia delle cose successe del Principio della guerra mossa da Selim l'ottomano a Venetiani fino al di della gran Giornata vittoriosa contra Turchi*, Venezia, 1572.

Da Mosto, A., *I Dogi di Venezia nella vita pubblica e privata*, Aldo Martello, Milano, 1960.

D'Ajano, R.B., *L'industria della seta a Venezia*, 《Storia dell'econmia italiana》(C.M. Cipolla 지음) vol. I, Einaudi, Torino, 1959.

Davis, J.C.(편), *Pursuit of Power: Venetian Ambassador's Reports*, Harper Torchbooks, 1970.

De Blasiis, *Insurrezioni Pugliesi*.

De Cesare, F., *Le antichità di Pestum, disegnate e incise dall'architetto Fr. De Ces.*, Napoli, 1834.

De Pierredon, G.M., *Les Oeuvres Hospitalieres Francaises de l'Ordre de Malte (1927~1998)*, 《Societé de l'histoire et du patrimoine de l'Ordre de Malte》, Paris, 1999.

De Roover, R., *The Commercial Revolution of the Thirteenth Century*, 《Bulletin of the Business Historical Society》 vol. XVI, 1942.

Deguit, D., *Quand Malte defendait l'Occident*, 《Miroir de l'Histoire》 164, 1961.

Delaville-Leroulx, E., *Les Hospitaliers à Rhodes*, Paris, 1913.

Ducaud-Bourget, F., *La spiritualite de l'Ordre de Malte*, Roma, 1955.

Dudan, B., *Il dominio veneziano di Levante*, Bologna, 1938.

Engel, Cl.E., *L'Ordre de Malte en Méditerranée*, Paris, 1956; *Les Chevaliers de Malte, Paris*, 1972.

Erchemperto, *Chronicon Cass.*

Faglia, V., *La difesa anticorsara in Italia dal XVI secolo: Torri costiere, edifici rurali fortificati*, Istituto Italiano dei Castelli, Roma, 1974.

Fedele, P., *La battaglia del Garigliano dell'anno 915*, 《Archivio della Societá Romana di Storia Patria》 vol. XXII, Roma, 1899.

Ferraro, M.S., *Memorie religiose e civili della città di Gaeta*, Napoli, 1903.

Filippini, A.P., *Storia di Corsica*, Tournon, 1594.

Finlay, R., *Politics in Renaissnace Venice*, New Brunswick, New Jersey, 1980.

Finley, M.I. & Smith, D.M., *The History of Sicily*, Viking Press, 1987.

Folena, G., *Cultura e poesia dei siciliani*, 《Storia della letteratura italiana》(E. Cecchi & N. Sapegno 감수), vol. I, Milano, 1965 & 1987.

Formentini, U., *Genova nel basso Impero e nell'alto Medioevo*, 《Storia di Genova》(Istituto per la storia di Genova 편, M.M. Martini 감수), vol. II, Milano, 1941.

Galibert, L., *Storia di Algéri*.

Gatto, L., *Storia di Roma nel Medioevo*, Newton.

Gattola, *Historia Cassinensis, accessiones, Venetiis*, 1731.

Gay, J., *L'Italie Méridionale et l'Empire Byzantin*, Paris, 1904.

Gazzano, *Storia di Sardegna*, Cagliari, 1777.

Geanakoplos, D.J., *Emperor Michael Paleologus and the West, 1258-82: a Study in Byzantine-Latin Relations*, Cambridge, 1959.

Gerola, G., *I Plastici di fortezze venete al Museo storico navale di Venezia*, Venezia, 1931.

Gibbon, E., *Decline and Fall of the Roman Empire*, 7 vols, (J.B. Bury 편),

London, 1896.

Giglio, C., *La Barberia dalla invasione araba alla conquista turca* (*VII~ XVI*), 《Storia dei Popoli》.

Giovini, A.B., *Sulla dominazione degli Arabi in Italia*, Il Vespro, Palermo, 1979.

Gosse, P., *Storia della Pirateria*, Sansoni, 1962.

Gregorovius, F., *Storia di Roma nel Medioevo*, Einaudi, 1973.

Grendi, E., *Traffico portuale, naviglio mercantile e consolati genovesi nel Cinquecento*, 《RSI》vol. LXXX, 1968.

Guarnieri, G.G., *I Cavalieri di S. Stefano*, Pisa, 1960.

Guerrazzi, F.D., *Vita di Andrea Doria*, Milano, 1864.

Guglielmotti, A., *La Squadra permanente* (*1573~1644*), (*Storia della Marina Pontificia* 분책), Roma, 1882; *Storia della Marina pontificia*, Roma, 1866~93.

Guglielmotti, P.A., *Storia delle Fortificazioni nella Spiaggia Romana*, Roma, 1887; *Dizionario marino e militare*, Milano, 1967.

Haldun, I., *Historie de l'Afrique et de la Sicilie*.

Heers, J., *Types de navires et spécialisations des trafics en Méditerranée a la fin du Moyen-Age, in Le Navire et l'économie maritime du Moyen-Age au XVIII siècle principalement en Méditerranée*, 《Travaux du Colloque International d'Histoire Maritime, 1957》, ÉPHÉ, 6 Section, Bibliothèque générale, Sevpen, Paris, 1958; *Genes au XV siècle*, ÉPHÉ, 6 Section, 《Affaires et gens d'affaires》vol. XXIV, Sevpen, Paris, 1961.

Heiberg, J.L., *Les sciences greques et leur transmission II. L'Oeuvre de conservation et de transmission des Byzantins et des Arabes*, 《Scientia》vol. XXXI, 1922.

Hess, A.C., *The Battle of Lepanto and its place in Mediterranean History*, 《Past and Present》vol. LVII, 1972.

Heyd, W., *Le colonie commerciali degli italiani in Oriente nel Medioevo*, 2 vols., Venezia, 1866~68; *Historie du commerce du Levant*, II.

Hibbert, A.B., *The Cambridge Economic History of Europe*, vol. III, Cambridge, 1963; Einaudi, Torino, 1977(이탈리아어판).

Hill, G., *History of Cyprus*, vol. III, cap. XIV, Cambridge, 1948.

Holmes, G.C.V., *Ancient and Modern Ships*, 2 vols, London, 1916.

Hoppen, A., *The Finances of the Order of St John of Jerusalem in the sixteenth and seventeenth centuries*, 《European Studies Review》 vol. III, 1973; *The fortification of Malta by the Order of St John, 1530-1798*, 1979.

Hughes, J.Q., *The Building of Malta during the Period of the Knights of St John of Jeruslem, 1530-1795*, 1956.

Hume, E.E., *Medical Work of the Knights Hospitallers of Saint John of Jerusalem*, Baltimore, 1940.

Jardin, P. & Guyard, P., *I Cavalieri di Malta* (M. Gabbi 번역), Edizioni San Paolo, Cinisello Balsamo, Milano, 2004.

Joanne, A., *Tunis et ses environs*, Paris, 1896.

Jordan, E., *Les Origines de la Domination Angevine en Italie*, Paris, 1909.

King. J.W., *War-Ships and Navies of the World*, Boston, 1880.

La Varende, J., *Chevaliers de Malte*, Paris, 1970.

Ladage, J.H., *Merchant Ships*, Cambridge, 1955.

Lafontaine-Dosogne, J., *Monuments venetiens de Chypre, Venezia e il Levante fino al secolo XV*, Firenze, 1974.

Landström, B., *La Nave*(A. Fraccaroli 번역, A. Martello 편), Milano, 1962.

Lane, F.C., *Economic Consequences of Orgnaized Violence*, 《Journal of Economic History》 vol. XIII, 1958; *Le vecchie monete di conto veneziane ed il ritorno all'oro*, 《Atti dell'Istituto Veneto di Scienze, Lettere ed Arti》 vol. CXVII, 1958~59; *La marine marchande et le trafic maritime de Venise à travers les siècles*, 《Les Sourses de l'histoire maritime en Europe, du moyen age au XVIII siècle》, Actes du Quatrième Colloque International d'Histoire Maritime, 1959, ÉPHÉ, 6 Section, Bibliothéque generale, Sevpen, Paris, 1962; *Economic Meaning of the Invention of the Compass*, 《American Historical Review》 vol. XVIII, 1963; *Venetian Merchant Galleys, 1300-1334*, 《Speculum》 vol. XXXVIII, 1963; *Tonnages, Medieval and Modern*, 《Economic History Review》 serie II, vol. XVII, no. 2, 1964; *Navires et constructeurs à Venise pendant la Renaissnace*, ÉPHÉ, 6 Section, Sevpen, Paris, 1965; *Maritime Law and Administration, 1250-1350, Venice and History: The Collected Papers of Frederic C. Lane*, Johns University Press, Baltimore, 1966; *Pepper Prices before De Gama*, 《Journal of Economic History》 vol. XXVIII, no. 4, 1968; *Venetian*

Seamen in the Nautical Revolution of the Middle Ages, Venezia e il Levante fino al secolo XV, Fondazione Giorgio Cini, 1968; *The Enlargement of the Great Council of Venice*, 《Florilegium Historiale: Essays presented to Wallace K. Ferguson》 (J.C. Rowe & W.M. Stockdale 감수, University of Toronto Press, 1971; *Storia di Venezia* (Giulio Enaudi 편), Toiono, 1978; *Naval Actions and Fleet Organization, 1499~1502*, 《Renaissance Venice》.

Lattes, E., *Diritto marittimo Privato nelle carte liguri dei secoli XII e XIII*, Roma, 1939.

Lattes, A., *La libertà delle banche a Venezia dal secolo XIII al XVII*, 1869.

Lepore, E., *Mediterraneo e popoli italici nella transizione del V selolo*, 《Storia di Roma》.

Levi, C.A. *Navi da Guerra costruite nell'Arsenale di Venezia*, Venezia, 1896.

Lewellyh, L., *Roma nei secoli oscuri*, Laterza, Bari, 1971.

Lomax, D.W., *The Reconquest of Spain*, London, 1978.

Longo, F., *Guerra di Selim*, 《Arch. Storico Italiano》.

Lopez, R., *Il principio della guerra veneto-turca nel 1463*, 《Archivio Véneto》 serie 5, vol. XV, 1934; *Storia delle colonie genovesi*, Bologna, 1938; *Venezia e le grandi line dell'espansione commercial nel secolo XIII*, 《La civiltà veneziana nel secolo di Marco Polo》, Sansoni e Fondazione Giorgio Cini, Venezia, 1955.

Luttrell, A.T., *Venice and the Knights Hospitallers of Rhodes in the Fourteenth Century*, 《Papers of the British School at Rome》 vol. XXVI, London, 1958.

Luzzato, G., *Il debito pubblico della Repubblica di Venezia*, 《Documenti finanziari della repubblica di Venezia》, Padova, 1929; *Studi di storia economica veneziana*, Cedam, Podova, 1954; *Tasso d'interesse ed usura a Venezia nei secoli XIII~XV*, 《Miscellanea in onore di Roberto Cessi》, Roma, 1958; *Storia economica di Venezia dall'XI al XVI secolo*, Centro Internazionale delle Arti e del Costume, Venezia, 1961; *L'economia veneziana nei secoli XV e XVI*, 《Bergomum》 vol. LVIII, no 2, 1964; *Per la storia delle costruzioni navali a Venezia nei secoli XV~XVI*, 《Studi》.

Manfroni, C., *Storia della marina italiana dal trattato di Nonfeo alla caduta di Costantinopoli*, vol. II, Livorno, 1902.

Maconi, G., *Gli schiavi redenti*, Livorno, 1877.

Maggiorotti, L.A., *Architetti e architetture militari*, 《*L'opera del genio italiano all'estero*》, Roma, 1933.

Mandich, G., *Forme associative e misure anticoncorrenziali nel commercio marittimo veneziano del secolo XV*, 《Rivista delle società》 vol. VI, Milano, 1961.

Manfroni, G., *Genova*, Roma, 1929.

Marmora, A., *Della Historia di Corfù*, Venezia, 1672.

Marchesi, P., *L'castelli, Fortezze Veneziane, 1508~1799*, Rusconi Libri S.P.A., Milano, 1984.

Martini, P., *Storia dell'invasione degli Arabi in Sardegna*, Cagliari, 1861.

Mattingly, G., *Renaissance Diplomacy*, Boston, 1955.

Mazzaoui, M.F., *The Cotton Industry of Northern Italy in the Late Middle Ages, 1150~1450*, 《Journal of Economic History》 vol. XXXII, 1972.

Meursius, G., *Creta, Ciprus, Rhodus*, Amsteldam, 1675.

《Miscellanea storica ligure》, *Guerra e commercio nell'evoluzione della marina genovese tra XV e XVII secolo*, 《n.s.》 vol. II, Genova, 1970.

Mocenigo, M.N., *Storia della marina veneziana da Lepanto alla caduta della Repubblica*, Roma, 1935.

Molmenti, P., *La storia di Venezia nella vita privata*, vol. 3, Bergamo, 1927.

Monterisi, *Storia del S.M.O. di Malta*, Milano, 1940.

Morghen, R., *Il tramonto della potenza sveva in Italia*, Roma, 1937.

Mousnier, R., *Le trafic des offices à Venise*, 《Revue historique de droit français set etranger》 serie IV, vol. XXX, 1952.

Mumford, L., *The City in History*, NEW YORK, 1961.

Musset, L., *Les Invasions, Le second assaut contre l'Europe chretienne* (VII~XI siècles), 1965.

Nergri, T.O., *Storia di Genova*, Milano, 1968.

Norwich, J.J., *I Normanni nel Sud: 1016~1130*, Mursia, 1974.

Ordine S.M.H. di Malta, *A Modern Crusade*, Pubblicazione dell'Ordine di Malta, Roma.

Padula, V., *Calabria prima e dopo l'Unità*, Laterza, 1977.

Panetta, R., *I Saraceni in Italia*, Milano, 1973; *Priati e corsari turchi e barbareschi nel Mare Nostrum*, Milano, 1981.

Papadopoli, N., *Le Monete di Venezia*, 4 vols, Venezia, 1893~1919.

Pasanisi, O., *La costruzione generale delle torri marittime oridinata dalla R. Corte di Napoli nel sec. XVI*, 《Studi di storia napoletana in onore di Michelangelo Schipa》, I.I.T.E.A., Napoli, 1926.

Pastor, L., *Storia dei papi*, Roma, 1911; *Geschichte der Papste*, vol. XII, Freiburg im Breisgau, 1928.

Pertusi, A., *Venezia e l'Orente*, *vol. IV della serie Civiltà europea e Civiltà veneziana: aspetti e problemi*, Centro di Cultura e Civiltà della fondazione Giorgio Cini, San Giorgio Maggiore, Sansoni, Venezia, 1966.

Pieri, P., *Intorno alla politica estera di Venezia al principio del Cinquecento*, Tipomeccanica, Napoli, 1934.

Pinelli, A., *Codice per la veneta mercantile marina*, Venezia, 1786.

Pistarino, G., Faina, G., *Fasti del più grande porto italiano*, Tuttitalia, Sansoni-De Agostini, 1962.

Preto, P., *Venezia e l Turchi*, Firenze, 1975.

Promis, C., *Memorie dell'antica città di Luni*, Massa, 1857; *Biografie di ingegneri militari italiani*, 《Miscellanea di Storia Italiana》 vol. XV, 1874.

Queller, D.E., *Early Venetian Legislation on Ambassadors*, Droz, Genova, 1966; *The Office of Ambassador in the Middle Ages*, Princeton University Press, Princeton, New Jersy, 1967; *The Civic Irresponsibility of the Venetian Nobility*, in *Economy, Society and Government in Medieval Italy: Essays in Memory of Robert L. Reynolds*, The Kent State University Press, Kent, Ohio, 1969.

Riciniello, S., *Codice Diplomatico Gaetano*, vol. I, La Poligrafica, 1987.

Romanin, S., *Storia documentata di Venezia*, 10 vols, Venezia, 1853~61(재판 1912년, 제3판 1972년).

Romano, R., *La marine marchande venitienne au XVI siècle*, 《Les Sources de l'histoire maritime en Europe, du moyen age au XVIII siècle》, Actes du Quatrième Colloque International d'Histoire Maritime, 1959, ÉPFÉ, 6 Section, Sevpen, Paris, 1962.

Romeo, F.G., *Pirati e Corsari nel Mediterraneo, lo scontro tra cristiani e saraceni tra il IX e il XVII sec.*, Capone Editore, Lecce, 2000.

Roscoe, *Vita di Leone X*, Milano, 1817.

Rossi, E., *Una missione di Redentori a Tripoli di Barberia*, 《Rivista degli studi orientali》 vol. X, Roma, 1907.

Ruddock, A.A., *Italian Merchants and Shipping in Southampton, 1270-1600*, Southampton Records Serie, Oxford, 1951.

Ruiz, F.M., *The Battle of Lepanto and the Mediterranean*, 《Journal of European Economic History》 vol. I, Roma, 1972.

Sacerdoti, A., *Venise et les Régences d'Algér, Tunis et Tripoli (1699-1760)*, 《Revue africaine》 vol. CI, 1957; *Note sulle galere da mercato veneziane nel XV secolo*, 《Bollettino···veneziano》 vol. IV, 1962.

Santoro, R., *Le antiche torri costiere della Sicilia*, 《Rivista Marittima》, Roma, 1976.

Sassi, F., *La guerra di corsa e il diritto di preda secondo il diritto veneziano*, 《Rivista di storia del diritto italiano》 vol. II, 1929.

Schaube, A., *Handelsgeschichte der romanischen Völker des Mittelmeergebiets bis zum Ende der Kreuzzuge*, Munchen-Berlin, 1906.

Scialoja, A.(Antonio Scialoja 편), *Le galee grosse della Repubblica Veneta, I: Un precedente medioevale dei "Pools" marittimi, Saggi di storia del diritto marittimo*, Roma, 1946(《Studi in Memoria di Bernardino Scorza (Università di Bari 편, Roma, 1940)》 초판).

Sella, D., *Commerci ed industria di Venezia nel secolo XVII*, 《Studi》 no. 11, Fondazione Giorgio Cini, Civiltà veneziana, Venezia, 1961; *The rise and Fall of the Venetian Woolen Industry, Crisis and Changes in the Venetian Economy*(B. Pullan 편), Methuen, London, 1968.

Sereno, B., *Commentari della guerra di Cipro*, Montecassino, 1845.

Sestier, J.m., *La Piraterie dans l'antiquitè*, Paris, 1880.

Sforza, G., *La distruzione di Luni nella leggenda e nella storia*, Misc., F.lli Bocca, Torino, 1922.

Shaw J.S. *L'Impero ottomano dopo il 1453*, 《Storia dei Popoli》, Utete; *History of the Ottoman Empire and Modern Turkey*, vol. I, 1976.

Shuster, I., *L'Imperiale Badia di Farfa*, Roma, 1921.

Singer, C. 외, *A History of Technology*, 5 vols, Oxford, 1955~60; Boringhieri, Torino, 1966~68(이탈리아어판).

Sismonde De Sismondi, J.C.L., *Historie des Républiques Italiennes du Moyen Age*, Bruxelles, 1838.

Skinner, P., *Family Power in Southern Italy: The Duchy of Gaeta and its Neighbours*, Cambridge University Press, 1995.

Slessarev, V., *"Ecclesiae Mercatorum" and the Rise of Merchant Colonies*, 《Business History Review》 vol. XLI, no. 2, 1967.

Smith, V.H., *The Mediterranean, a memoir physical, historical, and nautical*, London, 1854.

Sorbelli, A., *La lotta tra Genova e Venezia per il predominio del Mediterraneo, I, 1350-1355, Memorie della R. Accademia delle Scieneze di Bologna*, 《Classe di scienze morali, Sezione di scienze storico-filologiche》 serie I, vol. V, 1910~11 (재판 1921).

Sottas, J., *Les messageries maritimes de Venise au XIV et XV siècles*, Paris, 1938.

Soubiran, A., *L'islam, conservatoire de la medecine*, 《Aesculape》 vol. 48, 1965.

Storia delle Civiltà Veneziana, 9 vols, Sansoni, Firenze, 1955~65 (강의록: Centro di Cultura e Civiltà della Fondazione Giorgio Cini, Isola di San Giorgio Maggiore, Venezia).

Surdich, F., *Genova e Venezia tra Tre e Quattrocento*, 《Collana storica di Fonti e Studi editi da G. Pistorini》, Fratelli Bozzi, Genova, 1970.

Taylor, E.G.R., *The haven-finding Art*, London, 1956; *Mathematics and the Navigator*, 《Journal of the Institute of Navigation》, London, 1960.

Tenenti, A., *Naufrages, corsairs et assurances maritimes á Venice, 1592-1609*, ÉPHÉ, 6 Section, Sevpen, Paris, 1959; *venezia e i corsari*, Bari, 1961; *Cristoforo da Canal: La marine venitienne avant Lepant*, Paris, 1962; *Piracy and the Decline of Venice, 1580-1615* (J.&B. Pullan 번역·용어집), Berkley, 1967.

Toti, O., *La città medioevale di Centocelle*, Allumiere, 1958.

Tucciaone, R., *I Saraceni nel ducato di Gaeta e nell'Italia centromeridionale*, Gaeta Grafiche, 1991.

Valente, G., *Vita di Occhiali*, Casa Editrice Ceschina, Milano, 1960; *Calabria, Calabresi e Turcheschi nei secoli della pirateria*, Edizioni Frama's, 1973.

Vivoli, G., *Annali di Livorno dalla sua origine sino all'anno 1840*, Livorno, 1845.

Von Hammer, J., *Storia dell'Impero Ottomano*, Paris, 1830; Storia ottomana volgarizzata, Venezia, 1830.

Von Normann Friedenfels, E., *Don Juan de Austria als Admiral der Heiligen Liga und die Schlacht bei Lepanto*, Pola, 1902.

Watson, A.M., *Back to Gold-and Silver*, 《Economic History Review》 seire II, vol. X, 1967.

Zeno, R.(Vallo), *Storia del diritto marittimo italiano nel Mediterraneo*, 《Pubblicazioni della Fondazione Vittorio Scaloja per gli Studi giuridici》 vol. III, Giuffrè, Milano, 1946.

미술관
Museo Navale, Genova
Museo Storico Navale, Venezia